High Language Learning

趙 玲華
Zhao Rinka

本気で学ぶ 上級 中国語

中国語の総合力をアップさせる
上級者のための本格的な学習書

MP3 音声付き

はじめに

精通するための中国語上級学習書

　中国語に限らず外国語の学習における発音（基礎工事）、文法（躯体工事）と語彙（建築材料）の建築構造関係および各々の重要さについてはすでに私の書いた『本気で学ぶ中国語』（発音と初級）の前書きで十分紹介いたしました。

　「発音」「初級」「中級」の学習を終えた皆さまにとって、次のステップとなる上級学習のポイントは、難しい文法事項の理解と複雑な表現力を身につけることです。外国語学習において最も難しいのはこの上級学習の段階だと言えます。上級学習者の問題は、初級と中級で習ったたくさんの語彙、フレーズ、慣用句および文法ポイントをいかに上手に実践応用するかにあります。この段階になると、日常会話には問題はありませんが、もう一歩踏み込んだ表現ができません。そして、さらに難しくなってきた文法ポイントに対するきちんとした把握、増えてきた語彙やフレーズをもっとうまく使いこなすことなど、どれもこの段階の学習者を悩ませる問題です。

　また、日常的によく使う日本語はどのように訳したら的確な中国語になるのか？　どのように学習を進めたら自分の弱点が克服でき、強みが伸ばせるのだろうか？　といった伸び悩み感を抱くのもこの頃です。

　以上の伸び悩みを解決するために、本書では学習者がつまずきがちな「満意」「満足」「经过」「通过」「懊悔」「懊恼」「懊丧」「惊讶」「吃惊」「惊呆了」「羞耻」「羞愧」「羞辱」「害羞」「弄」「搞」「打」などの使い方と使い分け、程度補語「得」と可能補語「得」および「結果補語」「複合方向補語」の役割と特徴、中国語の複雑な「過去形表現」「時間詞と時間副詞」の違い、「動量詞と時量詞」の使い方、「了」の使い方、「動詞の種類」、受け身表現「被構文」、処置文「把構文」などの文法ポイントとキーポイントを分かりやすく解説した上で、多くの例文を挙げ、上級レベルの応用会話や練習問題も多数掲載しています。

　また各課の本文、訳文、新出単語（2000個）、文型と慣用句（45例）、トピック会話（10）、応用会話（45）、大量な上級レベルの和文中訳と中文和訳の練習（400句）の各々のパートにより、徹底的に単語、文法ポイント、会話と翻訳が理解応用できるスタイルになっています。

さらに各課の最後に掲載された「豆知識」のパートでは、中国語の最新流行用語も、中国の最新社会状況もたくさん紹介されていますので、学習者がその部分の勉強を通して、中国社会の最新動向、今時の中国人が何を考えているか？などを理解できる上、中国人の生活に最もよく使われている「生きた中国語表現」を身につけることができます。

　本書の本文・例文・応用会話などには、すぐに活用でき、中国人とのスムーズかつ深いコミュニケーションがとれるように、実生活や仕事に密接した内容を採用しています。また中国語検定試験2級とHSK5級に必要な単語、フレーズ、会話および文法ポイント、慣用句、和文中訳＆中文和訳の例文と練習などを数多く取り入れていますので、中国語検定試験2級とHSK5級の受験勉強にも大いにプラスになると思います。

　本書のもう1つの大きな特徴は日本人の言いたいこと、日本社会の動きを意識的に組み込んで、それらの内容の勉強を通じて、日本人がよりスムーズに自分の考えや言いたいことを中国語で言えるように工夫しております。その部分を特に深く学習すれば、学習者の和文中訳の実力、実践応用力もぐんとアップするはずです。

　本書は中国語に精通するための総合力アップのシリーズ学習書（発音、初級、中級、上級）の最後の1冊となります。中には著者の30年以上の外国語学習・教授を通じて、体得した外国語学習の真髄と日本人の外国語習得の苦手な原因、伸び悩み解決法などをできる限り掲載しました。

　皆さまの上級レベルの総合力アップや伸び悩み解決に本書が大いに役立つことを心より願っております。

　最後に、本書の作成に協力してくださった竹中知子先生に心より感謝の意を表します。

趙玲華　2013年8月28日

目　次

はじめに ……………………………………………………………………… 3

外国語学習の真髄 …………………………………………………………… 11

第 1 課　我的中文学习（私の中国語学習）………………………………… 25

1. 本　文　25
2. 新しい単語　26
3. 訳　文　30
4. 文型と慣用句　31
5. キーポイント　38

　　1.「通过」と「经过」の違い　38

　　2. 熟語──四字成語　45

6. 文法ポイント　58

　　（1）動詞の連用文　58

　　（2）単純方向補語の「来」「去」および複合方向補語の使い方　66

　　（3）複合方向補語　71

　豆知識1 「中国語の外来語とその訳」　78

7. 宿　題　80

第 2 課　工作和人生（仕事と人生）………………………………………… 84

1. 本　文　84
2. 新しい単語　85
3. 訳　文　90
4. 文型と慣用句　91

5. キーポイント　96

　　・「后悔」「懊悔」「懊恼」「懊丧」の使い分け　96

6. 文法ポイント　「得」を使う程度補語と様態補語　101

　　(1) 補語の役割と種類　101

　　(2) センテンスの中での補語の位置　101

　　(3) 「得」の役割と意味　102

　　(4) 「得」で導く補語文の語順と基本構造　102

　　(5) 「得」の後の補語の特徴　113

　　(6) 「的」「地」「得」の使い分け　117

　豆知識2　「中国の新しい職業と職業名」　123

7. 宿　題　125

第 3 課　電脳和現代生活（パソコンと現代生活） ……………… 130

1. 本　文　130

2. 新しい単語　131

3. 訳　文　135

4. 文型と慣用句　136

5. キーポイント　147

　　・「惊讶」、「吃惊」、「惊呆了」、「惊恐」、「惊慌」、「吓(了)一跳」　147

6. 文法ポイント　152

　　(1) 可能補語　152

　　(2) センテンスの中の可能補語の位置　152

　　(3) 可能補語一覧表　154

　　(4) 可能補語の使用例　161

　　(5) 可能補語と程度補語の肯定文、否定文および疑問文の構造の違い　163

　　(6) 同じ構造の程度補語と可能補語　164

豆知識3 「中国語のパソコン関連情報」　170

　7. 宿　題　175

第 4 課　　人类的自我鉴定（人類の自己鑑定）…………………… 179

　1. 本　文　179

　2. 新しい単語　180

　3. 訳　文　185

　4. 文型と慣用句　186

　5. キーポイント　193

　　1.「合适」「适合」「适应」「适宜」の使い分け　193

　　2.「好看」「漂亮」「美丽」「亮丽」の使い分け　196

　6. 文法ポイント　200

　　（1）中国語の過去表現とその否定形　200

　　（2）時量詞とその使い方　211

　　（3）動量詞とその使い方　214

　　（4）期間詞と動量詞の併用　217

　　豆知識4 「中国の最新社会事情」　223

　7. 宿　題　231

第 5 課　　中国人和日本人之间的文化差异

　　　　　（中国人と日本人の文化の違い）………………………… 235

　1. 本　文　235

　2. 新しい単語　239

　3. 訳　文　243

　4. 文型と慣用句　246

5. キーポイント　253
   1.「害羞」「羞恥」「羞愧」「羞辱」の使い分け　253
6. 文法ポイント　257
   （1）時態助詞「了」の主な使い方　257
   （2）語気助詞「了」の使用および時態助詞「了」との併用　258
   （3）語気助詞「了」が含む特別なニュアンス　261
   （4）時態助詞「了」の特別な使用例　265
   豆知識5「日本人の知らない中国人の一面」　279
7. 宿　題　285

第6課　中文新语（中国語の新しい言葉）　290

1. 本　文　290
2. 新しい単語　293
3. 訳　文　295
4. 文型と慣用句　297
5. キーポイント　300
   1.「温柔」「温和 / 平和」「和善 / 和蔼」「亲切」の使い分け　300
   2.「満意」と「満足」の違い　304
6. 文法ポイント　結果補語　309
   （1）結果補語の構成　309
   （2）結果補語の完了形および過去経験の表現　309
   （3）結果補語疑問文　310
   （4）結果補語の否定形　311
   （5）常用結果補語と例文　312
   豆知識6「中国語の最新用語」　338
7. 宿　題　365

第 7 課　人格魅力（人間的魅力） …………………………………… 369

1. 本　文　369
2. 新しい単語　370
3. 訳　文　375
4. 文型と慣用句　376
5. キーポイント　380
   1.「弄」の使い方　380
   2.「搞」の使い方　383
6. 文法ポイント 「把」構文　387
   （1）どうして「把」構文を使うのか？　387
   （2）「把」構文の語順および補語と目的語の特徴　389
   （3）「把」構文の述語動詞の特徴および使用ケース　394
   （4）習慣上「把」構文を使う状況　397
   （5）必ず「把」構文を使う状況　399
   （6）「把」構文の否定形　401
   （7）「把」構文と普通構文の両方が使えるケース　403
7. 宿　題　415

豆知識7 「祝福と社会教育」　420

第 8 課　北京"小私族"成时尚（北京で流行の「プライベート族」）… 427

1. 本　文　427
2. 新しい単語　428
3. 訳　文　431
4. 文型と慣用句　432
5. キーポイント　435
   ・「打」の使い方　435

6. 文法ポイント

　1.「被」（受け身）の使い方　441

　　（1）「被」の本来の意味と役割　441

　　（2）受け身「被構文」の文の構造（語順）　441

　　（3）「被」以外の受け身標識格助詞「叫」「让」「给」　442

　　（4）受け身文の強調型　443

　　（5）「被構文」の中の「行い手」の省略　443

　　（6）「被構文」の中の否定詞・副詞成分の位置　444

　　（7）「被構文」で使われる動詞と使われない動詞　445

　　（8）「被構文」と「把構文」の置き換え　446

　　（9）受け身標識のない受け身文　448

　　（10）独特な中国語の受け身表現　449

　　（11）「被」を使う流行用語　450

　2. 中国語の動詞の種類　461

7. 宿　題　470

　豆知識8 「世界の人々から見た日本人の特徴」　474

練習問題解答集……………………………………………………………　483

索引……………………………………………………………………………　500

外国語学習の真髄

(1) 建築図でたとえる外国語学習

外国語学習＝建物を建てる			
建築材料	**文法**	文法↑躯体工事	**外国語のレベル**
↓ 語彙　フレーズ 四字成語　ことわざ	（文型・時態・慣用句） （文法をしっかり学習したら） ↓ ①文が作れる、応用できる ②細やかに深くコミュニケーション（思う通りに意思表現）できる ③意思伝達で誤解が生じない ④検定試験で高得点が取れる ⑤外国語で業務担当できる ⑥通訳、翻訳、教師の資格が取れる		①挨拶ができる ／ 入門 ②買い物／注文ができる ③片言会話ができる　↓ ④日常会話ができる｛上級／中級／初級｝　初級 ⑤接客（販売／給仕）関係の仕事ができる　↓ ⑥観光ガイドになれる　中級 ⑦外国語を使って業務推進（深く交流できる）　↓ ⑧専門職につける（通訳、翻訳、語学教師）　上級 ⑨言語学者になれる（文学作品の翻訳、同時通訳、外国語大学の教授）　↓最上級
中国語の発音の特徴		発音↑基礎工事	**日本語の発音の特徴**
①中国語の発音の数：約 1600 ②全体学習の 40 ～ 50％を占める ③発音の学習は感性学習と理性学習の 2 つに分かれている。中国語の発音をマスターするには 感性学習 ＋ 理性学習 が必要 ④感性学習で中国語の発音を学ぶと、10 人のうち 1 ～ 2 人しかマスターできない（感性学習に関する説明を P.13 参照） $\frac{5000 年}{中国語} \div \frac{100 年}{1 階} = \frac{50 階}{中国語}$ →超高層ビル （歴史の長さ→言語の複雑さ→習得の難しさ）			①日本語の発音の数：約 100 ②全体学習の 10 ～ 20％を占める ③日本語の発音をマスターするには感性学習でも可能 ④感性学習で日本語の発音を学んでも、10 人のうち 7 ～ 8 人がマスターできる $\frac{3000 年}{日本語} \div \frac{100 年}{1 階} = \frac{30 階}{日本語}$ →高層ビル

(2) 言語3要素の建築構造関係

外国語の学習はビルの建築に似ています。
発音は基礎工事、文法は躯体工事、単語やフレーズが建築材料になります。

| 発 音 | 子音＋母音 | → | 音節＋音節 | → | 単語＋単語 | → | センテンス |

正しい発音は正確に意思の疎通を図るためだけではなく、正しく美しい発音を身につければ、学習者自身にとっても、生涯の誇りとなることでしょう。美しい発音をマスターするためには、基本語素である子音、母音の発音から単語、さらにセンテンスへと、一歩一歩しっかり発音の要領を把握した上で、先生の後についてその発音を模倣したり、録音されたテープを聞いたり、朗読練習を繰り返すことがとても大切です。正しいリズムをつかむためには、テープの聞き流しと朗読練習が不可欠です。

| 文 法 |

文法は建物で言えば躯体（骨組み）部分、語学学習の「魂」とも言える部分であり、その学習はとても大切です。

躯体工事の一部にでも不備・変形があれば、ビル全体が傾いてしまうように、文法ポイントをしっかり学ばなければ、常に間違いの多い表現をしてしまったり、細かい意思の疎通ができなかったり、検定試験に合格できず、目標とする資格が取れなかったりなど、学習に費やした時間も努力も無駄になってしまいます。

| 語 彙 |

発音と文法がマスターできたら、その後の表現レベルの差は語彙の量に左右されます。

使える語彙とフレーズが多ければ多いほど、表現が豊かになり、逆に語彙とフレーズが乏しければ、その表現も単調で、不十分なものになります。

美しく的確な表現をするためには、豊富な語彙を上手に操る力が必要です。

(3) 中国語の効果的な学習法　　感性学習(指導)と理性学習(指導)の特長

		感性学習	理性学習
発音		a. 発声法の指導を行わない、まねだけで発音させる。	a. 発声法の指導をしっかり行う、発声法や発音のコツを教える。
		b. 多様な発音練習と4つの声調の練習を行わない。	b. 多様な発音練習と4つの声調の練習をたくさん繰り返す。
		c. 厳しく発音の訂正をしない。	c. 厳しく発音を訂正する。
		d. 発音の理論知識を教えない。	d. 発音の理論知識を教える。
		e. 10人のうち、2～3人しかマスターできない。	e. 10人のうち、7～8人が発音をマスターできる。
		f. 片言会話のレベルにしか到達できない。	f. 日常会話が流暢に話せ、上級学習の基盤をしっかり築ける。
語彙		a. 簡単な語彙とフレーズだけ教える。	a. 基本語彙ではなく、難度が高い語彙とフレーズも教える。
		b. 同義語の使い分けを教えない。	b. 語彙の正確な意味と適切な使い分けを教える。
		c. コミュニケーションの際、誤解を生じやすい。	c. 文法を理解させた上で、語彙とフレーズのやりくり、センテンス作りを行わせ、作文を書かせる。
文法		a. 文法（文型、時態、慣用句）の詳しい説明をしない。	a. 文型、慣用句、時態を一歩一歩しっかり系統的に指導する。
		b. 文法の実践応用を導かない、内容が浅い。	b. 文法を即実践させる（正確に流暢に話せるための応用練習をさせる）。
		c. 学習内容の応用ができない。深いコミュニケーションができない。	c. 聞く、話す、読む、書く、訳すの総合力アップのトレーニングを施す。
効果とレベル		a. 学習者は感性学習及び実践から学ぶため、伸び悩みと挫折が生じやすい。	a. 実践応用と理論知識の両面から習うので、伸び悩みと挫折が極めて少ない。
		b. 片言会話レベルにしか到達できない。	b. 業務担当レベルに到達できる。

＊ 中国語学習を進めるには理性学習をメインに、感性学習を補助的にする方が効果的です。

（4）外国語総合力アップのトレーニング法

▲聞く力	①語彙やフレーズを増やすこと（意味を徹底的に理解し、覚える） ②文法やキーポイント、文型を徹底的に学習し、理解すること ③習った内容をしっかり覚え、忘れないこと 　（授業内容を録音し、完全に理解するまで、繰り返して聞く） ④教材のCDを聞きながら、復習すること ⑤聞き慣れること（大量に聞く練習を行い、質から量への突破を実現する） ⑥教材の内容を聞き取り、リスニング練習や翻訳練習にも使うこと ⑦テレビの視聴レッスンを受けること（セリフが徹底的に分かるまで好きなドラマや重要なニュースを録画し、繰り返して聞き、分からない語彙や文型の意味を先生に解釈してもらう） ⑧ネイティブスピーカーと交流機会を持ち、実践現場で聞き取り、練習をすること
▲話す力	①理性学習法で発音を徹底的にマスターすること ②教材のCDを聞き、会話の内容をまねて音読練習し、かつ暗記すること ③授業の内容を録音し、会話の部分が流暢に話せるまで繰り返して聞き、まねて音読練習をすること ④自分の作ったセンテンスと書いた作文を正確に流暢に朗読し、かつ暗記すること ⑤ネイティブスピーカーとの会話を練習すること ⑥表現したい日本語を的確な中国語に訳す練習をすること
▲読む力	①教材内容の読解をすること（初心者） ②教材と同じレベルの他の文章を読解すること（中級学習者） ③教材以外の雑誌や新聞記事の読解を大量にすること（上級学習者） 　（長文の閲読を通して、習った単語やフレーズおよび文法ポイントをさらに理解するため、社会の最新情報・最新流行用語を把握し、自分の感想を陳述・討論できるようにするため）
▲書く力	①練習問題をすること ②単語のCDを聞き、単語を書きながら覚えること ③語彙、文法、キーポイントを理解した上で文を作り、練習をすること ④センテンス作りと作文（感想文）を書く練習をすること
▲訳す力	①発音の段階から語彙、フレーズ、会話文、例文、文章と練習問題の和文中訳の練習をすること ②バイリンガルの先生から和文中訳、中文和訳の通訳・翻訳のレッスンを受けること

（5）効果的に学習できる条件

A. 客観要因
- ①効果的な教授法に恵まれる　→（学校側の責任）
- ②総合力をアップできる教材に恵まれる
  　　　　　　　　　　　→（著者と学校側の責任）
- ③上手に教える指導者に恵まれる
  　　　　　　　　　　　→（学校側と教師側の責任）

B. 主観要因
→（学習者は下記の要素によって①〜⑤の力が違う）（それによって学習効果も大きく異なる）（学習者自身の原因）

- ①語感力
  - a. 語感が生まれつき良い人
  - b. たくさんのトレーニングを積んで語感力を磨く人
- ②理解吸収力
  - a. 教師の解説用語（初心者と中級の段階では学習者の母国語で解説するのがベスト）
  - b. 教師の解説方法（教授スキルに長ける）
  - c. 学習者の学習能力
- ③記憶力
  - a. 外国語学習においては高く要求される
  - b. 記憶力の良い人は外国語を習う時に、得する
  - c. 歳月に伴い落ちる（成人してから新しい言語への挑戦は早ければ早いほどよい）
- ④実践応用力
  - a. 積極的に応用する意欲
  - b. 話せる環境に恵まれる
  - c. 自ら使う環境を創る
- ⑤努力
  - a. ひたすらに努力する（効果が半分）
  - b. 良い客観要因・条件に恵まれた上で学習を進める
  - c. 効果的な学習ポイントを押さえた上で努力する（効果が倍）

学習者は自分自身の強みを生かしながら、弱みを克服して、以上の5つの力を鍛えなければなりません。

(6) 効果的に学習を導く良い教材

　大人になってから外国語を習う際には、聞く・話す・読む・書く・訳すという5つの力を満遍なくレベルアップしなければなりません。そのために数種類の教材を併用する必要があります。

1. 精通するための「精読の教材」
2. 会話力をレベルアップさせるための「会話教材」
3. 読む力をレベルアップするための「閲読教材」
4. 聞き取る力をアップするための「ヒアリングトレーニング用教材」
5. 通訳・翻訳の力をアップする「通訳翻訳の専門教材」

　業務担当レベル到達を目指す学習者は、1～3の「精読教材」「会話教材」「閲読教材」で、上記の5つの力を磨けばよいでしょう。4のヒアリングの教材と5の通訳・翻訳の教材を使って特訓を受ける必要は特にありません。
　しかし翻訳者・通訳者を目指す学習者はヒアリングおよび翻訳専門教材を使って特訓を受ける必要があります。
　数種類の教材の中で特に大切なのはメインの役割を果たす「精読教材」です。なぜかと言えば、「精読教材」は質の学習を施す教材だからです。
　外国語の学習においては **質** の学習と **量** の学習のバランスがとても大切です。質が悪く、量ばかりを増やす学習は、基礎（発音）が弱く、躯体（文法）工事に亀裂がある、水漏れも発生する歪んだ欠陥住宅を建てるようなものです。通じない内容や間違いの多い表現をしたり、細やかで、深いコミュニケーションが取れなかったり、検定試験の上級レベルに合格できなかったり、業務担当の語学力や通訳・翻訳能力が身につかなかったりなど、様々な悪影響が出ます。
　そこで、以下に教材の大枠の形をいくつかご紹介します。

1. 精読教材(精通するための学習書)

　質の学習を施す総合力アップの学習書です。この一冊で聞く・話す・読む・書く・訳すという5つの力が同時にレベルアップでき、各種検定試験では80%以上の点数が取れるでしょう（本書はそのような教材です）。

2. 閲読教材

　量の学習を施す学習書です。上級学習の段階では、幅広く新聞記事、雑誌の文章、小説、人物伝などの文章を通じて、語彙量や閲読量を増やす学習が必要です。

3. 会話教材

　各種類の会話学習書＋実践会話（ただし日本語のカタカナで中国語の発音を表記する会話教材は除外。100しかないカタカナで1600もある中国語の発音を表記できないため、カタカナを振った教材を使って習っても通じないから、時間の無駄です）

4. ヒアリング教材

5. 通訳＆翻訳教材

通訳者＆翻訳者になるための専門教材（通訳者＆翻訳者を志す方には必要です）

本書は精読するための総合力アップの学習書です。

(7) 上手に教える教師

一流の教師の指導を受けると、「**事半効倍**」(半分の労力で、倍の効果を上げる)の学習効果があります。担当教師が一流であるかどうかを判断するポイントは下記のいくつかが参考になると思います。

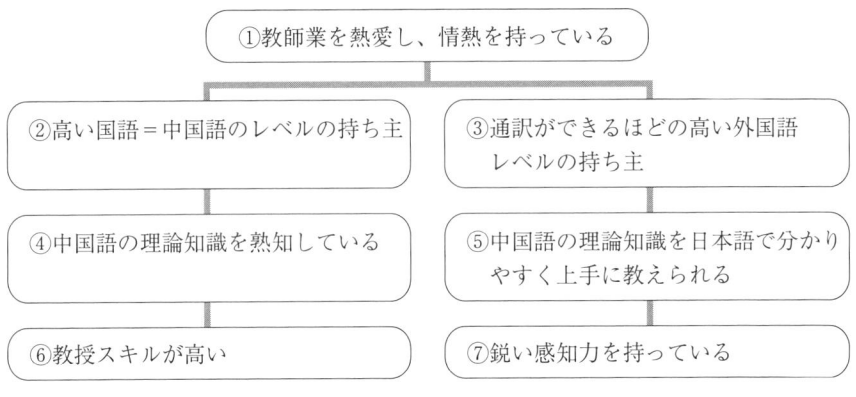

(8) 外国語学習で到達できるレベル

感性学習で到達できるレベル (会話を中心とする学習)	→	①挨拶ができる ②買い物ができる / レストランで注文できる ③カタコト会話ができる
理性学習で到達できるレベル (系統的に学習することおよびスペシャルトレーニングを受けること)	→	④日常会話ができる ⑤販売関係の仕事ができる ⑥観光ガイドになれる / 複雑な日常会話ができる ⑦外国語を使って業務を推進できる 　(深いコミュニケーションが取れる)
理性学習+専門訓練で到達できるレベル (通訳専門コース学習、教員資格取得などの受講学習や仕事などで、実践を通して知識とコツを身につける)	→	⑧専門職につける (翻訳家、通訳、教員) ⑨言語学者 (文学作品の翻訳、同時通訳、外国語大学の教授)

- 感性学習は簡単で早いですが限界があります。中国語の場合③のカタコト会話のレベルまでしか到達できません。

- 理性学習は難しくて時間がかかりますが、本人の努力と感性によって業務担当や通訳にまでなることができます。学習者は早くて簡単な「感性学習」と幅広くて時間がかかる「理性学習」を交えながら学習を進めていくことが効果的です。外国語を一歩一歩確実に上達させる面においては、理性学習は主要役割を果たせ、感性学習は補助的な役割を果たすことを認識する必要があります。

(9) 伸び悩みを解決する６つのコツ

①語彙やフレーズを増やすこと
②習った単語やセンテンスをしっかり覚えること
③文法やキーポイントをさらに学習し、しっかり理解すること
④習った内容を実践、応用すること
⑤より高いレベルに導いてくれる「良い先生」を見つけること
⑥必要な場合に、学校や教材および教師を変えること

(10) 外国語の練習と解説理解

　外国語の学習は大きく、「練習」と「解説理解」の２つに分けられます。練習（聴く力と話す力）について言えば、ネイティブスピーカーとたくさん練習すればするほどよいのですが、「解説理解」の部分（単語とフレーズの正しい意味、適切な使い分け、文法、文型、慣用句の理解と応用および訳す要領など）は、学習者の母国語で解説された方が効果的であり、学習成果もより高くなります。
　成人してから外国語の学習を始めた方には特に母国語での解説が必要です。初心者と中級学習者は語彙、フレーズ、慣用句の意味と使い方、キーポイント、文法ポイントなどに関して、母国語で的確に解説を受けて、完全に理解した上

で、練習を行うことが大切です。完全に理解した上での練習は良い練習の積み重ねとなります。逆にまだ完全に理解できない外国語で解説を受け、学習者が生半可な理解で練習を行えば、不完全で間違いの多い練習の積み重ねとなります。

　さらに学習者が母国語で説明を受けた場合には、、母国語を外国語に訳すテクニックも習べ、的確な表現が習得でき、一石二鳥となります。

　上級学習者は文型・慣用句の理解と応用がほとんど問題ない前提で、習っている外国語で解説を受けても問題ないですが、訳す部分に関しては（中国語の場合、和文中訳と中文和訳）母国語で解説を受けたら、特にハイレベルの母国語を外国語に訳すテクニックを習えます。ハイレベルの母国語を外国語で表現する場合には、その的確さを習得することがとても大切です。そうしてこそ学習者は初めて細かく、深くコミュニケーションがとれるようになるのです。

　このように、外国語学習の解説を、母国語で受けることは、車に乗って旅行をするようなもので、楽に遠くまで行けます。つまり学習成果がより高いのです。

　日本人が、中国人教師の指導を受ける場合には、教師の日本語が上手であればあるほどよいでしょう。複雑な文法ポイントや難しい語彙、フレーズの解説の際、教師の日本語が中途半端であれば、習う側は聞けば聞くほど混乱します。また中国語に精通している日本人教師から習う場合には、その教師の中国語の発音と表現力が上手であればあるほどよいでしょう。教師の外国語応用力が高ければ高いほど、その教師自身が外国語をマスターするポイントをきちんと把握している証拠となります。そのような教師から指導を受ければ、必ず良い学習効果が得られるでしょう。

　以上のことを乗り物の運行速度＝学習効果でたとえると、下記のようになります。

①外国語で外国語学習（練習も解説も両方外国語で）

一輪車で走るように不安定な状態で、限られた時間に遠い所へ行けません。
目的地に到着するまで、とても時間がかかります。

外国語で習う

②練習は外国語、解説は母国語

二輪車＝自転車で走るように、わりと安定した状態で、限られた時間内に少し遠い所まで行けます。
目的地への到着は、一輪車よりは速いです。

練習⇒外国語で　解説⇒母国語で

③練習は外国語、解説は母国語（＋）効果的な良い教材

効果的な教授法＋総合力をアップできる教材を使って、外国語の学習を進めると
三輪車で走るようにとても安定した状態で、物をたくさん載せ、限られた時間内にある程度遠い所までへ行けます。
すなわち耐久性があり、長く学習が続きます。

効果的な良い教材　解説⇒母国語で
練習⇒外国語で

④**練習は外国語、解説は母国語（＋）総合力をアップできる教材（＋）一流の教師**

上記の①〜③の条件が揃った上、さらに一流の教師のもとで、学習を進めるのは、四輪車＝自動車で移動している状態。限られた時間内に自転車や三輪車の10倍以上の速さで、遠い所まで行けます。

- 上手に教える先生
- 効果的な良い教材
- 練習、外国語で
- 解説、母国語で

⑤**上記のように四輪車を使い、学習者が目標を持って、ガソリンをたっぷり入れる**

一生懸命に運転する運転手のように努力すれば、猛スピードで、目的地に到着できます。
すなわち外国語の学習の目標の達成がものすごく速いです。

- 通訳ができるように
- 業務担当ができるように

　中国には「有志者事竟成」(志さえあれば、必ず目的は達成できる)という「ことわざ」があります。中国語の習得を志した皆さまが学習を始めた時点でしっかり目標を定め、良い教授法と良い教材および良い先生に恵まれた上で、効果的な学習法に従い、一生懸命努力して、「事半功倍」(半分の労力で倍の効果を上げる)の学習効果を得られるよう、心より願っております。

※独学で中国語をマスターすることはほとんど不可能です。

「実践と進歩」上級（中検2級とHSK5級）

学習ポイント

① ヒアリング力アップのため：本を見ずに、各課のCDを最初から最後まで何回も聞きましょう！

② 会話力をつけるため：本を見ながら、各課の1「課文」、3「単語」、4「文型と慣用句」の中の例文、5「キーポイント」、6「文法ポイント」の中の例文および「トピック会話」「応用会話」のCDを聞き、音声と一緒に声を出してまね朗読の練習を繰り返しましょう！ またクラスメートや中国語ができる人と一緒に会話の練習をしましょう！ 正確に流暢に話すためには、毎日30分〜1時間のCDの聞き流し、（声を出して）まねしながらの音読練習および会話練習は不可欠です！

③ 単語をしっかり覚えるため：各課の3「単語」のCDを聞きながら、中国語の漢字（簡体字）の書き方を練習し、漢字の上にピンインをつける練習もしましょう。試験の前に索引の中の単語を全部覚えているかどうかをチェックしましょう！

④ 訳す力をつけるため：各課の「課文」「トピック会話」「応用会話」のCDを聞きながら、中文和訳の練習をしましょう！ またそれらの日本語訳を見て、和文中訳の練習をしましょう！

⑤ 実践応用力を高めるため：各課の1「課文」「トピック会話」と「応用会話」の中からもっとも実用的な長文と会話文を選んで暗記しましょう！ 余力があったら課文も暗記しましょう！ 中検2級とHSK5級にチャレンジする方は教科書以外の他の長文（新聞記事、雑誌の文章など）も100ほど学習・暗記しましょう！

⑥ 記憶力を深めるため：習った内容に一通り目を通し、しっかり覚えましょう。目を閉じて耳を澄ませてCDを聞きましょう。その後、本を開けてCDを聞きながらまね朗読練習をしましょう！

⑦ 第5課〜第8課の「豆知識」の内容はヒアリング教材、閲読および和文中訳＆中文和訳の教材として利用することもできます。

⑧ 練習問題を必ずやりましょう！ 独学するより、専門の教師の指導下で勉強する方が効果的です。

⑨ 中検の前に最後の索引の中の単語を一通り復習し、全部覚えましょう！ HSK受験の前にHSK試験問題集をやりましょう！

⑩ 本書の文法説明の略語に関して、「主」は「主語」、「述」は「述語」、「目」は「目的語」、「V.」は動詞、「adj.」は形容詞、「n.」は名詞の略語です。

学习要点

① 为了提高听力：请不要看书，把各课的 CD 从头到尾听几遍。

② 为了提高口语表达能力：为了能口头表达出各课以下部分的内容（1「课文」、3.「生词」、4.「句型和惯用句」以及 5.「要点提示」、6.「语法要点」中的例句还有「主题会话」和「应用会话」），请一边看书一边听以上各课部分的 CD。在听完录音师的朗读之后，进行模仿朗读练习。尽量跟同学或会说中文的人一起进行会话练习。为了能准确流畅地说好中文，每天需要反复听 CD、做 30 分钟～1 个小时的模仿朗读和会话练习。

③ 为了牢记生词：请把各课的 3.「生词」的生词牢牢记住。背课文生词的时候，请一边听 CD 一边练习写出中文简体汉字并在写出的中文简体汉字上标出拼音。参加考试之前确认索引中的生词是否都记住了。

④ 为了增强翻译能力：一边听各课的「课文」「主题会话」和「应用会话」的 CD 一边进行中翻日的练习，还有对照「课文」「主题会话」和「应用会话」的日语的翻译作日翻中的练习。

⑤ 为了提高实践应用能力：把各课的「课文」、「主题会话」和「应用会话」中最实用的部分背下来，有额外的精力的话，就把各课课文也背下来。挑战中检 2 级和 HSK5 级的同学除了教材以外，还要学习、背诵 100 篇其它的报纸杂志上的长篇文章。

⑥ 为了加强记忆力：把各课学过的内容过目一遍，努力把内容记住。然后闭上眼睛，用心听 CD，再打开书做模仿朗读练习。

⑦ 第 5 课～第 8 课以后的「豆知识」的内容，可以当做听力材料，阅读材料以及日翻中＆中翻日的材料来学习。

⑧ 一定要做作业。最好不要自学，在专业老师的指导下学习，这样学习效果才会更理想。

⑨ 在参加中检考试之前，对索引里面的生词进行总复习，并把生词全部背下来。参加 HSK 考试之前，需要做 HSK 应试练习。

⑩ 关于本书语法中的缩写的标志：「主」是「主语」的缩写,「述」是日语「述语」的缩写」(中文称（谓语),「目」是日语「目的语」的缩写 (中文称「宾语」。「V.」是英语动词「Verb」的缩写,「Adj.」是英语形容词「Adjective」的缩写。「n.」是英语名词「noun」的缩写。

第1課 我的中文学习

私の中国語学習

1. 本 文

随着中国的改革开放和经济发展，世界上学中文的人越来越多，中文变得越来越重要。我学中文是因为工作的需要，因为将来我很有可能去中国工作。

每个学中文的人都知道中文学习真的很不容易。所有的语言中，中文的发音可能是最难的。中文有二十一个声母（子音）、三十八个韵母（母音）、将近四百个音节，再加上每个音节都有四声，所以一共有一千六百种发音。而日语五十音图中的五十个音再加上拗音、拨音等也不过只有一百种。所以对于日本人来说，要发好这一千六百个音是非常困难的。

学好发音的关键是首先掌握好声母、韵母的发音，还有四声的音调，然后要多听录音、多做朗读练习和会话练习。

只要过了发音这一关，语法和词汇的学习就容易多了。因为日语里也有汉字，中文的语法结构又不难理解，所以对于日本人来说读和写是没有

太大的困难的。而且中日两国的文化源远流长有相近的一面,日本不仅从中国引进了汉字还引进了很多文化习俗,所以日本人学中文越学越觉得有意思。

俗话说:有志者事竟成。只要努力就一定能够达成目标

我衷心祝愿所有热爱中文学习的人都能学好中文,从而更进一步地了解丰富的中国文化。

2. 新しい単語

MP3 CD トラック002

1. 随着　　　　　　　　　　［副詞］　　　…に従って、…につれて
△ 随着地球转暖,冬天越来越暖和。　　　　　　　　　　地球温暖化に伴って、冬がだんだん暖かくなった。

2. 改革开放　　　　　　　　［複合名詞］　　改革開放

3. 经济发展　　　　　　　　［複合名詞］　　経済発展
△ 发展经济　　　　　　　　　　　　　　　　経済を発展させる

4. 越来越 adj　　　　　　　　［副詞］　　　ますます、だんだんと…
△ 越来越好　　　　　　　　　　　　　　　　ますますよくなった

5. 需要　　　　　　　　　　　[名詞・動詞]　必要（である）
△ 工作需要　　　　　　　　　　　　　　　　仕事が必要だ

6. 将来　　　　　　　　　　　［時間詞］　　将来、未来

#	中文	品詞	日本語
7.	hěn yǒu kě néng 很 有 可 能…	[文型]	…する可能性がとても高い
8.	zhī dào 知 道	[動詞]	知っている
△	wǒ bù zhī dào 我 不 知 道。		私は知りません。
△	wǒ zǎo jiù zhī dào le 我 早 就 知 道 了。		私はとっくに知っていました。
9.	zhēn de 真 的 adj.	[副詞]	本当に…である
△	zhēn de hěn hǎo 真 的 很 好。		本当に良い。
10.	bù róng yì 不 容 易	[形容詞]	難しい、簡単ではない
△	gōng zuò fēi cháng bù róng yì 工 作 非 常 不 容 易。		仕事はとても困難である。
11.	róng yì 容 易	[形容詞]	簡単である、たやすい
△	zhè ge hěn róng yì 这 个 很 容 易。		これはとても簡単です。
12.	suǒ yǒu de 所 有 的 n.	[代詞]	すべての…
△	suǒ yǒu de rén dōu lái 所 有 的 人 都 来。		全員来ます。
13.	kě néng shì 可 能 是	[副詞]	…かもしれません、ひょっとしたら
△	tā kě néng shì fù zé rén 他 可 能 是 负 责 人。		彼は責任者かもしれません。
14.	jiāng jìn 将 近 数量詞・期間詞	[副詞]	…に近い
△	jiāng jìn wǔ ge yuè 将 近 五 个 月		5 カ月近く
△	jiāng jìn sì bǎi rén 将 近 四 百 人		ほぼ 400 人
15.	yīn jié 音 节	[名詞]	音節
16.	zhǒng 种	[量詞]	…種類
△	wǔ zhǒng yán sè 五 种 颜 色		5 種類の色
17.	zài jiā shang 再 加 上	[副詞]	さらに、その上
△	tā shī yè le, zài jiā shang yǒu bìng, hěn kě lián 她 失 业 了, 再 加 上 有 病, 很 可 怜。		彼女は失業し、その上、病気もあり、とてもかわいそうです。

第 1 課

18.	不过只有… *bú guò zhǐ yǒu*	[文型]	ただ…だけがいる/ある
△	不过只有五个人。 *bú guò zhǐ yǒu wǔ ge rén*		ただ5人だけがいる。
19.	对于人来说 *duì yú rén lái shuō*	[文型]	…にとっては
20.	学好 *xué hǎo*	[動詞]	身につける、きちんとマスターする
△	我要学好中文。 *wǒ yào xué hǎo zhōng wén*		私はぜひ中国語をマスターしたい。
21.	关键是 *guān jiàn shì*	[副詞]	肝心なのは
22.	首先…然后… *shǒu xiān rán hòu*	[文型]	まず…その後…
△	首先做好调查然后开始工作。 *shǒu xiān zuò hǎo diào chá rán hòu kāi shǐ gōng zuò*		まず事前調査をきちんと行い、その後で仕事を始める。
23.	掌握 *zhǎng wò*	[動詞]	身につける、把握する
△	掌握一门技能 *zhǎng wò yì mén jì néng*		専門スキルを身につける
24.	多述v（目） *duō*	[副詞]	多めに…をする
	少述v（目） *shǎo*	[副詞]	少なめに…をする
△	多吃蔬菜，少吃肉。 *duō chī shū cài shǎo chī ròu*		野菜を多く食べ、肉を少なめに食べる。
25.	朗读 *lǎng dú*	[動詞]	朗読する
26.	会话 *huì huà*	[名詞・動詞]	会話（する）
△	我们一起做会话练习吧。 *wǒ men yì qǐ zuò huì huà liàn xí ba*		一緒に会話の練習をしましょう。
27.	只要…就… *zhǐ yào jiù*	[文型]	…さえすれば必ず…
△	只要努力就一定能够达到目的。 *zhǐ yào nǔ lì jiù yí dìng néng gòu dá dào mù dì*		努力さえすれば、必ず目標を達成できる。
28.	过了…这一关 *guò le zhè yì guān*	[文型]	…という難関を乗り越えたら
29.	语法 *yǔ fǎ*	[名詞]	文法
△	语法结构 *yǔ fǎ jié gòu*		文法構造／文の仕組み

30.	cí huì 词汇	[名詞]	語彙
△	cí huì liàng tài shǎo 词汇量太少。		語彙量が少なすぎる。
31.	yīn wèi　suǒ yǐ 因为…所以…	[文型]	…なので、だから…
△	yīn wèi wǒ pà pàng　suǒ yǐ bù chī ròu 因为我怕胖,所以不吃肉。		太るのが嫌だから、肉を食べない。
32.	bù nán 不难 述v・目	[短文]	…することは難しくない
△	bù nán zuò dào 不难做到		やりぬくのは難しくない
33.	méi yǒu tài dà de 没有太大的 n.	[短文]	たいした…がない
△	méi yǒu tài dà de wèn tí 没有太大的问题		たいした問題はない。
34.	yuán yuǎn liú cháng 源远流长	[成語]	長い流れ、歴史の交流が長い
35.	xiāng jìn 相近	[形容詞]	近い、似ている
36.	bù jǐn　hái　ér qiě 不仅…还／而且…	[文型]	…だけでなく、また…
37.	yǐn jìn 引进	[動詞]	取り入れる
△	yǐn jìn xiān jìn jì shù 引进先进技术。		先進技術を取り入れる。
38.	yuè　　yuè jué de 越 V1 越（觉得）V2	[文型]	V1をすればするほどV2（と感じる）
△	gāo ěr fū yuè dǎ yuè jué de　shàng yǐn 高尔夫越打越（觉得）上瘾。		ゴルフはやればやるほど、病みつきになる。
39.	xí sú 习俗	[名詞]	風俗習慣
40.	yǒu yì si 有意思	[形容詞]	面白い
41.	méi yì si 没意思	[形容詞]	面白くない
42.	yǒu zhì zhě shì jìng chéng 有志者事竟成	[ことわざ]	志のある者は必ず成功する
43.	zhōng xīn zhù yuàn 衷心祝愿	[動詞]	心より願っている
△	wǒ zhōng xīn zhù yuàn nǐ men xìng fú 我衷心祝愿你们幸福。		あなた方の幸せを心より願っています。

44. 热爱 (rè ài)　　　　　　　　[動詞]　　熱愛する
△ 我爱你。(wǒ ài nǐ)　　　　　　　　　　アイラブユー。

45. 从而 (cóng ér)　　　　　　　[連語]　　それによって

46. 更进一步 (gèng jìn yí bù)　　[副詞]　　さらにもう一歩

47. 了解 (liǎo jiě)　　　　　　　[動詞]　　了解する、理解する、分かる
△ 我很了解他。(wǒ hěn liǎo jiě tā)　　　彼のことをよく知っています。
△ 我不太了解他。(wǒ bú tài liǎo jiě tā)　彼のことをあまり知らない。

48. 丰富 (fēng fù)　　　　　　　[形容詞]　豊富である
△ 物产丰富 (wù chǎn fēng fù)　　　　　　物産が豊富である

49. 文化 (wén huà)　　　　　　　[名詞]　　文化
△ 文化交流 (wén huà jiāo liú)　　　　　　文化交流

3. 訳　文

　中国の改革開放と経済発展に伴い、世界では中国語を学ぶ人がどんどん増え、中国語はだんだんと重要になった。私が中国語を学ぶのは仕事で必要だからであり、将来中国で働く可能性が高いからである。

　中国語を学ぶ者は誰しも、中国語の学習が本当に難しいことを知っている。あらゆる言語の中で中国語の発音はたぶん最も難しいだろう。中国語には21個の声母（子音）、38個の韻母（母音）、400近い音節があり、さらには各音節に四声があるので、全部で1600種の発音がある。いっぽう日本語は五十音表にある50個の音、さらに拗音と撥音などを加えても、ただの100種にすぎない。だから日本人にとっては、この1600個の音をうまく発音することはとても難しいのだ。

　発音をマスターするキーポイントは、まずは子音・母音の発音、さらに四声の音調をきちんと身につけてから、たくさん録音素材を聞き、朗読練習・会話練習を多くこなすことだ。

　発音の難関を越えさえすれば、文法と語彙の学習はぐんと楽になる、日本語にも漢字があるし、中国語の文法構造の理解は難しくないので、日本人にとって読

み書きはたいした困難にはならない。しかも中日両国の文化交流は延々と伝わっており、似た一面を持っている。日本は中国から漢字を取り入れただけではなく、たくさんの文化や風俗習慣も取り入れている、だから日本人は中国語を、学べば学ぶほど面白いと感じるのだ。

<u>ことわざ</u>でも「志を持つ者は必ず成功する」と言っている。努力さえすれば必ず目的に到達できる。

私は中国語学習を愛するすべての人々が、中国語をマスターできるように、そしてそれによって豊かな中国文化をさらに踏み込んで理解できるようにと、心から願っている。

4. 文型と慣用句

MP3 CDトラック003

1. 随着 n. 的 v / センテンス /…するに従い

△ 随着电脑的普及，人们的生活越来越方便。
/ コンピューターの普及に伴い、人々の生活はどんどん便利になった。

△ 随着改革的深入，越来越多的国有企业私营化了。
/ 改革の深まりに伴い、国営企業がどんどん民営化された。

△ 随着人们的生活越来越富裕，买私家车的人越来越多了。
/ 人々の生活が豊かになるにつれて、自家用車を購入する人がますます増えた。

解釈1 「随着」の後には「名詞・的・動詞」またはセンテンスが来ることに注意しましょう。

2. 主語・越来越 adj.（了）/ ますます…、だんだんと…

△ 中国产品的质量越来越好了。
/ 中国製品の品質は、だんだんとよくなりました。

△ 中文越来越难了。/ 中国語はだんだん難しくなりました。

△ 天气越来越热了。　　　　　　　／(天候が)ますます暑くなりました。
　　tiān qì yuè lái yuè rè le

△ 游行的人越来越多。／デモ行進をする人が、だんだん多くなりました。
　　yóu xíng de rén yuè lái yuè duō

解釈2　「越来越…」の後には形容詞が来ます。文末に「了」があると変化を強調します。次に挙げる文型3と構造が違うことに注意しましょう。

3. a. 主語・越 v. 越（覚得）adj. ／ v₁ すればするほど、ますます adj. と感じる

△ 中文越学越难。　　　　　　　／中国語は学べば学ぶほど難しい。
　　zhōng wén yuè xué yuè nán
　　　　　v.　　adj.

△ 中国菜越吃越（觉得）好吃。／中華料理は食べれば食べるほど、おいしいと思う。
　　zhōng guó cài yuè chī yuè jué de hǎo chī
　　　　　　　v.　　　　　　adj.

△ 身体越锻炼越好。　　　　　　／体は鍛えれば鍛えるほど丈夫になる。
　　shēn tǐ yuè duàn liàn yuè hǎo
　　　　　v.　　adj.

b. 主語・越 v.₁ 越 v.₂ ／ v₁ すればするほど、ますます v₂ と感じる

△ 高尔夫越打越上瘾。　　　　　／ゴルフはやればやるほどやめられなくなる。
　　gāo ěr fū yuè dǎ yuè shàng yǐn
　　　　　　v₁.　　v₂.

△ 饺子越吃越想吃。　　　　　　／餃子は食べれば食べるほど欲しくなる。
　　jiǎo zi yuè chī yuè xiǎng chī
　　　　　v₁.　　v₂.

c. 主語・越 adj.₁ 越 adj.₂ ／ adj.₁ すればするほど、ますます adj.₂ である

△ 生活越简单越好。　　　　　　／生活は簡単であればあるほどよい。
　　shēng huó yuè jiǎn dān yuè hǎo
　　　　　　adj.1　　adj.2

△ 东西越便宜越合算。　　　　　／品物は安ければ安いほど得です。
　　dōng xi yuè pián yi yuè hé suàn
　　　　　adj.1　　adj.2

解釈3 文型a.の例文の最初の「越」の後に来る単語は動詞であり、2番目の「越」の後に来る単語は形容詞であり、文型b.の例文の2つの「越」の後に来る単語はみんな動詞であり、文型c.の例文の2つの「越」の後に来る単語はみんな形容詞であることに注意しましょう。

4. 很有可能 述ｖ目 /…する可能性が極めて高い

△ tā men hěn yǒu kě néng jié hūn
他们很有可能结婚。/ 彼らは結婚する可能性がとても高い。

△ xiàn zài de dà xué bì yè shēng hěn yǒu kě néng zhǎo bu dao gōng zuò
现在的大学毕业生很有可能找不到工作。
/ 現在の大卒学生は、仕事が見つからない可能性がとても高い。

△ jīng ji bù jǐng qì yín háng hěn yǒu kě néng cái yuán
经济不景气,银行很有可能裁员。
/ 不景気なので、銀行は従業員をリストラする可能性がとても高い。

解釈4 「很有可能」の後には「動目」フレーズが来ることに注意しましょう。また主語はいつも「很有可能」の前に置きます。

5. 对于 人 来说 /…にとっては

△ duì yú zhōng guó rén lái shuō rì yǔ de fā yīn bú shì hěn nán
对于中国人来说日语的发音不是很难。
/ 中国人にとって、日本語の発音はそれほど難しくない。

△ duì yú shēng yì rén lái shuō shí jiān jiù shì jīn qián
对于生意人来说时间就是金钱。/ 商売人にとって、時間は金です。

△ duì yú xué shēng lái shuō kǎo shì shì zuì tóu téng de shì
对于学生来说考试是最头疼的事。
/ 学生にとって、テストは一番頭が痛い事柄です。

解釈5 「对于 人 来说」は常にセンテンスの最初に置きます。「…が…を言いにくる」という意味ではないことに注意しましょう。「对于」の「于」は省略されることもあります。

6. ┃(首)先 V₁目1 然后 V₂目2┃ / まず V₁目1 する、その後 V₂目2 する

△ <u>学</u> 外 语 <u>首 先</u> 要 学 好 发 音 <u>然 后</u> 再 学 词 汇 和 语 法。
xué wài yǔ shǒu xiān yào xué hǎo fā yīn rán hòu zài xué cí huì hé yǔ fǎ

/ 外国語を学ぶには、まず発音をマスターし、その後単語と文法を学びます。

△ 学 生 <u>首 先</u> 应 该 搞 好 学 习。
xué shēng shǒu xiān yīng gāi gǎo hǎo xué xí

/ 学生はまず、きちんと勉強すべきです。

△ <u>首 先</u> 请 代 表 团 团 长 发 言,<u>然 后</u> 请 副 团 长 讲 话。
shǒu xiān qǐng dài biǎo tuán tuán zhǎng fā yán rán hòu qǐng fù tuán zhǎng jiǎng huà

/ まず代表団の団長に、その後副団長に、スピーチしていただきます。

△ 回 家 以 后 我 <u>先</u> 洗 澡 <u>然 后</u> 吃 饭。
huí jiā yǐ hòu wǒ xiān xǐ zǎo rán hòu chī fàn

/ 家に帰ったら先におふろに入り、その後ご飯を食べます。

△ 我 们 <u>先</u> 去 拜 年 <u>然 后</u> 再 去 逛 街。
wǒ men xiān qù bài nián rán hòu zài qù guàng jiē

/ 新年の挨拶に行ってから、街をブラブラしましょう。

解釈6 「首先」は道理を説明する時、あるいは正式な場面に使います。「先」は日常生活の中の動作の順番を説明する時に使う口語表現です。「首先」は日常生活の中の動作の順番の説明には使わないことに注意しましょう。

7. ┃不仅 (不但)┃ … ┃而且 还 也┃ … / …だけでなく(のみならず)、そして(また)…(も)

△ 美 国 的 硅 谷 <u>不 仅</u> 有 电 脑 科 技 公 司 <u>而 且 还</u> 有 住 宅、
měi guó de guī gǔ bù jǐn yǒu diàn nǎo kē jì gōng sī ér qiě hái yǒu zhù zhái
金 融、保 险、医 疗 公 司 等。
jīn róng bǎo xiǎn yī liáo gōng sī děng

/ アメリカのシリコンバレーにはコンピュータ企業だけでなく、住宅・金融・保険・医療の企業などもあります。

△ 中 国 <u>不 仅</u> 地 大 <u>而 且</u> 人 口 多。
zhōng guó bù jǐn dì dà ér qiě rén kǒu duō

/ 中国は土地が広いだけでなく、人口も多い。

△ <u>zhōng wén</u> <u>bù jǐn</u> fā yīn nán, <u>ér qiě</u> yǔ fǎ yě hěn fù zá
　中 文 <u>不仅</u>发音难，<u>而且</u>语法也很复杂。

　　　　　　　　　　　　／中国語は発音が難しいだけでなく、文法も複雑です。

△ yī lā kè de chóng jiàn <u>bù jǐn</u> zài zī jīn fāng miàn <u>ér qiě</u> zài jì shù fāng miàn yě
　伊 拉 克 的 重 建<u>不仅</u>在 资 金 方 面<u>而且</u>在 技 术 方 面 也
　dé dào le xiān jìn guó jiā de xié zhù
　得 到 了 先 进 国 家 的 协 助。

／イラクの再建では資金のみにとどまらず、技術方面でも先進国の協力が得られました。

解釈7 2つの状況が同時に存在することを表し、「不仅」の代わりに「不但」を使うこともあります。「不仅」と「不但」の後にはセンテンスが来ることが多いです。

8. <u>zhǐ yào … jiù …</u>
　　只 要 … 就 … ／…さえすればきっと…、…する限り必ず…

△ <u>zhǐ yào</u> bú fàng qì shí yàn <u>jiù</u> yí dìng huì chéng gōng
　<u>只 要</u>不 放 弃 实 验<u>就</u>一 定 会 成 功。

　　　　　　　　　　　　／あきらめない限り、必ず実験は成功します。

△ <u>zhǐ yào</u> méi zuò kuī xīn shì <u>jiù</u> bú pà bié rén yì lùn
　<u>只 要</u>没 做 亏 心 事<u>就</u>不 怕 别 人 议 论。

　　　　　　／良心に背くことさえしなければ、他人から何を言われてもかまわない。

△ <u>zhǐ yào</u> yǒu gāo xué lì <u>jiù</u> néng zhǎo dào hǎo gōng zuò
　<u>只 要</u>有 高 学 历<u>就</u>能 找 到 好 工 作。

　　　　　　　　　　／高学歴さえあれば、きっといい仕事が見つけられます。

△ <u>zhǐ yào</u> nǔ lì, <u>jiù</u> yí dìng néng dá dào mù biāo
　<u>只 要</u>努 力，<u>就</u>一 定 能 达 到 目 标。

　　　　　　　　　　　　／努力さえすれば、必ず目標達成できます。

解釈8 「只要」の後には条件文を、「就」の後には結果文を置きます。

トピック会話 1

A. 坂下小姐你的中文学习怎么样了?

B. 越来越难了,不仅词汇量大、语法也越来越复杂了。

A. 你想过放弃吗?

B. 没想过,我一定要坚持到底。俗话说:只要坚持到底就是胜利!

A. 你有什么目标和打算吗?

B. 我想先参加日本的中文检定考试,争取考过二级,然后再参加中国的汉语水平考试(HSK)。争取在两年内考过六级。

A. 真了不起!毕业以后你打算找什么样的工作?

B. 我想找一份用得上中文的工作。最好是中日贸易公司。

A. 我相信你一定会如愿以偿。加油吧!/多努力吧!

B. 谢谢你的鼓励。

トピック会話1　訳文

A. 坂下さん、中国語の勉強の方はどうですか？

B. だんだん難しくなってきました。単語の量が多いだけでなく、文法もどんどん難しくなりました。

A. やめようとは思いませんでしたか？

B. 思いませんでした。最後まで頑張ります。ことわざでも「最後まで頑張り続けさえすれば勝利できる」と言いますから！

A. 何か目標や計画はあるのですか？

B. まず日本の中国語検定試験で2級に合格して、その後中国のHSKを受けます。2年以内に6級に受かりたいと思っています。

A. たいしたものですね！　卒業したらどんな仕事をするつもりですか？

B. 中国語が活かせる仕事につきたいです。ベストは中日貿易会社ですね。

A. あなたなら、きっと望みどおりになりますよ。どうぞ頑張って！

B. 励ましてくださって、ありがとうございます。

5. キーポイント

MP3 CD トラック 005

1.「通过」と「经过」の違い

「通过」と「经过」は両者とも「…を通して」「…を経て」と訳されますが、その微妙な使い分けを知っておく必要があります。ここでは両者の使い分けを紹介します。

通过	经过
① 通过 { 人 / 組織 } (的)・V	① 经过 { 人 / 組織 } (的)・V
*「通过」=「经过」です。	*「通过」=「经过」です。
*「通过」と動詞の間の成分は省略できます。	*「经过」と動詞の間の成分は省略できます。
△ 通过(大家)选举，董事局成立了。 tōng guò dà jiā de xuǎn jǔ dǒng shì jú chéng lì le (皆さんの)選挙を経て、取締役会を設立しました。	△ 经过(与会代表的)表决，这个决议通过了。 jīng guò yù huì dài biǎo de biǎo jué zhè ge jué yì tōng guò le (会議参加者の)表決を経て、この決議が承認されました。
△ 通过熟人的介绍，我联络上了那家报社的主编。 tōng guò shú rén de jiè shào wǒ lián luò shàng le nà jiā bào shè de zhǔ biān 知人の紹介で、私はあの新聞社の編集長と連絡が取れました。	△ 经过(法官的)裁决，他被判有罪。 jīng guò fǎ guān de cái jué tā bèi pàn yǒu zuì (裁判長の)裁決により、彼が有罪であると審判されました。
△ 通过(法庭的)审判，他被无罪释放 tōng guò fǎ tíng de shěn pàn tā bèi wú zuì shì fàng 法廷の判決により、彼は無罪釈放されました。	△ 经过了众人的推荐，他当选为厂长。 jīng guò le zhòng rén de tuī jiàn tā dāng xuǎn wéi chǎng zhǎng みんなの推薦により、彼は工場長に選ばれました。

通过	经过
② 通过 $\begin{Bmatrix} \text{adv.} \\ \text{adj.} \end{Bmatrix}$ （的）名詞	② 经过 $\begin{Bmatrix} \text{adv.} \\ \text{adj.} \end{Bmatrix}$ （的）名詞
＊「通过」＝「经过」です。間の「的」が省略できます。ここの名詞は、動詞としても使える名詞です。	＊この場合「通过」＝「经过」。間の「的」が省略できます。ここの名詞は、動詞としても使える名詞です。
△ 通过一系列的改革，公司面貌焕然一新。 ／一連の改革を通して、会社の様相は一新されました。 △ 通过反复（的）讨论，确立了新的方案。 ／繰り返しの議論を経て、新しいプランが策定されました。 △ 通过不懈的努力，他取得了非凡的成就。 ／絶え間ない努力を経て、彼はすばらしい成功を得ました。	△ 经过常年的勤奋训练，才能达到这样的高水平。 ／長年の地道な訓練を経て、ようやくこのような高いレベルに達することができます。 △ 经过严格的考评，他当上了教授。 ／厳しい考課を経て、彼は教授になりました。 △ 经过深入的研究，他们总结出了好的经验。 ／徹底的な調査を通して、彼らは良い経験を導き出しました。
进行了改革。／改革を行った。 _{名詞} 改革经济体制。／経済体制を改革する。 _{動詞}	△ 经过不断的尝试，我们终于找到了解决的办法。 ／幾度もの試みを通して、われわれはついに解決策を見つけた。

通过	经过
③ 通过 <u>場所名詞／公共施設</u> 的时候 ／…を通った時 ＊ 場所名詞が公共施設の場合には、「通过」＝「经过」です。	③ 经过 <u>場所名詞／公共施設or個人場所</u> 的时候 ／…を通った時 ＊ 場所名詞が私的な場合には、「经过」だけを使う。この場合「经过」の代わりに、「走过」を使うこともできます。
△ 游行队伍 <u>tōng guò 通过／jīng guò 经过</u> mò sī kē 莫斯科 hóng chǎng de shí hou chàng qǐ le 红场的时候，唱起了 guó jì gē 国际歌。 ／デモの列はモスクワの赤の広場を通った時、インターナショナル歌を歌った。	△ 我半夜 <u>jīng guò 经过／zǒu guò 走过</u> tā jiā kàn jiàn 他家，看见 tā hái zài tiǎo dēng yè zhàn 他还在挑灯夜战。 ／夜中に彼の家のそばを通った時、彼が電気をつけて、頑張っている姿が見えた。
△ 救援队 <u>tōng guò 通过／jīng guò 经过</u> zhòng zāi qū 重灾区 de shí hou shòu dào le qiáng liè de 的时候，受到了强烈的 zhèn hàn 震撼。 ／被害が大きい被災地域を通った時、救援隊は強い衝撃を受けました。	△ 妈妈 <u>jīng guò 经过／zǒu guò 走过</u> hái zi de chuáng 孩子的床 qián qù chú fáng ná dōng xi 前去厨房拿东西。 ／お母さんは子供のベッドの前を通って、台所へ物を取りに行った。 ＊ この場合「经过」の代わりに「走过」も使えますが「通过」は使えません。

通过	经过
④ **通过** + 四字成語	④ **经过** + 四字成語
（＊不自然に感じるので、あまり使われない）	△ 经过深思熟虑，他下决心脱离家族生意，出来打拼。 ／じっくり考えた結果、彼は家族ビジネスから脱して、独立する決意をした。 △ 经过多方斡旋，柬埔寨政府和游击队之间达成了停火协议。 ／多方面な調停を経て、カンボジア政府とゲリラ部隊は停戦合意に達しました。
⑤ **通过**・V目	⑤ **经过**・V目 ➡ ＊使われない
△ 通过学中文，我了解了中国文化。 ／中国語の勉強を通して、私は中国文化が分かるようになりました。 △ 通过留学海外，我开阔了眼界。 ／海外留学を通して、見聞が広がった。 △ 通过探求知识，学生们成熟进步了。 ／知識の探求を通して、学生たちは進歩しました。	⊗ 经过学中文我了解了中国文化。 ⊗ 经过海外留学我开阔了眼界。 ⊗ 经过探求知识，学生们成熟进步了。

通过	经过
⑥ **通过**・目（的）・V	⑥ **经过**・目（的）・V. ➡ *使われない
△ 通过中文（的）学习，我了解了中国文化。 tōng guò zhōng wén de xué xí, wǒ liǎo jiě le zhōng guó wén huà ／中国語の勉強を通して、私は中国文化が分かるようになりました。 △ 通过海外留学，我开阔了眼界。 tōng guò hǎi wài liú xué, wǒ kāi kuò le yǎn jiè ／海外留学を通して、見聞が広がった。 △ 通过知识（的）探求，学生们成熟进步了。 tōng guò zhī shi de tàn qiú, xué sheng men chéng shú jìn bù le ／知識の探求を通じて学生たちは進歩しました。	⊗ 经过中文（的）学习我了解了中国文化。 ⊗ 经过海外留学我开阔了眼界。 ⊗ 经过知识（的）探求，学生们成熟进步了。
⑦ **通过** 普通名詞／抽象名詞	⑦ **经过** ┐
△ 通过各种渠道，打通关系。 tōng guò gè zhǒng qú dào, dǎ tōng guān xi ／様々なルートを通して、関連部門の根回しをする。 △ 通过多种途径，找到了证据。 tōng guò duō zhǒng tú jìng, zhǎo dào le zhèng jù ／様々なルートを通して、有力な証拠を見つけた。 △ 通过各种办法，搜集情报。 tōng guò gè zhǒng bàn fǎ, sōu jí qíng bào ／いろんな方法を通じて、スパイ情報を集める。	＊不自然に感じられるので、あまり使われません。

通过	经过
△ <u>tōng guò</u> duō yàng huà de xìn xī **通过多样化的信息，** kuò chōng zhī shi **扩充知识。** ／多様な情報を通じて、知識を豊富にする。 ＊日本語の「情報」は、中国語では xìn xī 「信息」と訳すのが正しいです。 qíng bào 中国語の「情报」は日本語では 「スパイ情報」の意味です。	⑧ **经过** ＋ 名詞・的・形容詞＋動詞 △ jīng guò zhèng fǔ de dà lì xuān **经过政府的大力宣** chuán ài zī bìng de chuán bō dé dào **传，艾滋病的传播得到** le hěn hǎo de kòng zhì **了很好的控制。** ／政府の強力な広報活動を通してエイズの感染はうまくコントロールされました。 △ jīng guò zhèng fǔ de yán lì dǎ jī **经过政府的严厉打击，** fēi fǎ dǔ bó huó dòng bèi qǔ dì le **非法赌博活动被取缔了。** ／政府の取り締まり強化により、違法賭博行為は摘発されました。 ＊この場合、「经过」の代わりに「通过」を使う時もあります。

練習：次の日本文を中国語に訳しなさい。　　　　　　　　　（解答は P.483）

① プロモーション活動によって、売り上げを上げる。

② 株の発行によって、資金調達をする。

③ 母親の厳しい教育を経て、子供たちは立派に成長した。

④ 先生の分かりやすい説明により、すべてがクリアになった。

⑤ 学生たちは海外留学を通じて、視野が広がり、見聞も広がった。

⑥ 大学受験前、大量の練習問題をこなすことで、実力がアップした。

⑦ 彼の家の前を通った時、奇妙な物音が聞こえ、変なにおいをかいだ。

⑧ 絵と書籍の展示会を通して、国民の教養を高める。

⑨ 調停を経て、兄弟2人は和解した。

⑩ 二酸化炭素の排出削減によって環境保護を行う。

2. 熟語 ―― 四字成語

　数えきれないほどたくさんある中国語の熟語（四字成語、ことわざ、しゃれ言葉）の中で最も数が多いのは四字成語です。『中華成語大辞典』には1万2000項目の成語が収録されていますが、日常生活でよく使われているのは4000項目程度です。

　ほとんどの四字成語は古代の歴史物語に由来し、固有表現となったものです。四字成語は、その背景に歴史物語のエピソードを持っているため、たった四文字の簡潔な言葉で、豊かな表現をすることができます。

　四字成語をいかに使いこなせるかは、中国人がその人間の国語能力・教養レベルを測る尺度ともなっています。中国語を深く理解し、かつ上手に運用するには、熟語とくに四字成語の学習にも努めなければなりません。

　『本気で学ぶ中級中国語』の第3課で四字成語を18例紹介しましたが、ここでも引き続き、中国では「脍炙人口」（kuài zhì rén kǒu）（よく知られ、よく使われている）四字成語30例を紹介します。四字成語を上手に活用できれば、さらに洗練された高いレベルの中国語表現が可能になります。

MP3 CD トラック 011

(1) 四字成語が文の中で果たす役割

　一部の四字成語は動詞、名詞、形容詞成分として扱われ、文の中では述語、目的語、限定語にもなりますが、多くは形容詞成分として、形容詞述語や限定語になります。

1. 動詞として使われる場合

① 文の最後に置き、述語動詞になる

△ 他 这 个 人 不值一提。／彼という人物は語る価値もない。
　　　　　　　　述語動詞
　　tā zhè ge rén bù zhí yì tí

△ 老师 想 用 教育 的 方式 让 失足 青年 迷途知返。
　　　　　　　　　　　　　　　　　　　　　　　述語動詞
　lǎo shī xiǎng yòng jiào yù de fāng shì ràng shī zú qīng nián mí tú zhī fǎn

／先生は教育を施すことで、道を誤った青年を正しい道に連れ戻したいと考えた。

△ 他的话句句<u>感人肺腑</u>。／彼の語る一言一句が胸に響いた。
　　　　　　　述語動詞

② 中心名詞の前に置き、限定語になる

△ 他们因为一件根本<u>不值一提</u>的小事吵了起来。
　　　　　　　　　　　　限定語
／彼らは、ほんの些細な件で口論を始めた。

△ 我觉得<u>哗众取宠</u>的人就像小丑儿一样。
　　　　　限定語
／派手なパフォーマンスで人気をとる人を、私はつまらない人間だと思います。

解釈 1

a. 四字成語の4つの文字が全部動詞の場合、または最後の1文字が動詞の場合、その四字成語は動詞とみなされます。

△ 吃喝玩儿乐／遊びほうける　△ 可想而知／推して知るべしである

△ 不值一提／語る価値もない　△ 前思后想／あれこれと考える

b. 四字成語が「動詞・名詞＋動詞・名詞」構造の場合、または「動詞・名詞・名詞・名詞」構造の場合、その四字成語は動詞とみなされます。

△ 幸灾乐祸／他人の不幸を喜ぶ　△ 误人子弟／教え子を誤った道へ導く

△ 垂头丧气／しょんぼりする　△ 惊心动魄／驚いて動転する

2. 名詞として使われる場合、目的語になる

△ 军人向我们讲述他的<u>戎马生涯</u>。
　　　　　　　　　　　　目的語
／軍人はわれわれに戦争時の軍隊生活を述べてくれた。

△ tā tuì xiū yǐ hòu zài jiā lǐ xiǎng shòu tiān lún zhī lè
　他 退 休 以 后 在 家 里 享 受 天伦之乐。
　　　　　　　　　　　　　　　　　目的語
　　　　　　　　/ 彼は定年後、一家団らんの暮らしを楽しんでいる。

解釈2 　四字成語の4つの文字が全部名詞の場合、または4文字中、最初と最後の文字（1つ目と4つ目）が名詞の場合、その四字成語は名詞とみなされる。

3. 形容詞として使われる場合

① 述語形容詞になる

△ cān jiā yì gōng huó dòng ràng wǒ huò yì fěi qiǎn
　参 加 义 工 活 动 让 我 获益匪浅。
　　　　　　　　　　　　　　述語形容詞
　　　　　　　　/ ボランティア活動への参加は、とてもプラスになった。

△ tā de huà bù kě sī yì
　他 的 话 不可思议。　　/ 彼の話は不思議です。
　　　　　　述語形容詞

② 述語動詞の前に置き、状況語になる

△ wǒ kǔ kǒu pó xīn de quàn tā kě shì tā gēn běn bù tīng
　我 苦口婆心 地 劝 她，可 是 她 根 本 不 听。
　　　状況語
/ 私が口をすっぱくして何度も忠告しておいたのに、彼女は聞く耳を持たなかった。

△ kǒng bù fèn zǐ sì wú jì dàn de gōng jī gōng gòng chǎng suǒ
　恐 怖 分 子 肆无忌惮 地 攻 击 公 共 场 所。
　　　　　　　　　状況語
　　　　　　　　/ テロリストは、何らはばかるところなく、公共施設を攻撃する。

③ 中心名詞の前に置き、限定語になる

△ xiǎng yào chéng wéi lú huǒ chún qīng de lǎo shī bì xū jīng guò shí jǐ nián
　想 要 成 为 炉火纯青 的 老 师，必 须 经 过 十 几 年
de mó liàn
的 磨 练。　　　　　　　限定語
　　　　　　　　/ 最高の教師になるためには、10数年の試練が必要です。

△ <ruby>展<rt>zhǎn</rt></ruby> <ruby>厅<rt>tīng</rt></ruby> <ruby>里<rt>lǐ</rt></ruby> <ruby>展<rt>zhǎn</rt></ruby> <ruby>览<rt>lǎn</rt></ruby> <ruby>着<rt>zhe</rt></ruby> <u><ruby>形<rt>xíng</rt></ruby> <ruby>形<rt>xíng</rt></ruby> <ruby>色<rt>sè</rt></ruby> <ruby>色<rt>sè</rt></ruby></u> <ruby>的<rt>de</rt></ruby> <ruby>新<rt>xīn</rt></ruby> <ruby>款<rt>kuǎn</rt></ruby> <ruby>车<rt>chē</rt></ruby>。
　　　　　　　　　　　限定語
　　　　　　　／展示ホールの中には、様々なタイプの新型車が展示されている。

④「得」の後に置き、補語になる

△ <ruby>他<rt>tā</rt></ruby> <ruby>急<rt>jí</rt></ruby> <ruby>得<rt>de</rt></ruby> <u><ruby>坐<rt>zuò</rt></ruby> <ruby>立<rt>lì</rt></ruby> <ruby>不<rt>bù</rt></ruby> <ruby>安<rt>ān</rt></ruby></u>。　／彼は焦りで、居ても立ってもいられなかった。
　　　　　　補語

△ <ruby>她<rt>tā</rt></ruby> <ruby>忙<rt>máng</rt></ruby> <ruby>得<rt>de</rt></ruby> <u><ruby>一<rt>yí</rt></ruby> <ruby>塌<rt>tà</rt></ruby> <ruby>糊<rt>hú</rt></ruby> <ruby>涂<rt>tú</rt></ruby></u>。　／彼女はめちゃくちゃに忙しい。
　　　　　　　補語

解釈3　四字成語の中に形容詞・名詞・動詞・否定詞「不」「没」などが混在している場合、その四字成語は形容詞とみなされます。四字成語は形容詞として扱われるものが一番多くなっています。

例：△ <ruby>美<rt>měi</rt></ruby> <ruby>中<rt>zhōng</rt></ruby> <ruby>不<rt>bù</rt></ruby> <ruby>足<rt>zú</rt></ruby> ／玉にきず

　　△ <ruby>一<rt>yì</rt></ruby> <ruby>帆<rt>fān</rt></ruby> <ruby>风<rt>fēng</rt></ruby> <ruby>顺<rt>shùn</rt></ruby> ／順風満帆

　　△ <ruby>怒<rt>nù</rt></ruby> <ruby>气<rt>qì</rt></ruby> <ruby>冲<rt>chōng</rt></ruby> <ruby>冲<rt>chōng</rt></ruby> ／かんかんに怒る

　　△ <ruby>痛<rt>tòng</rt></ruby> <ruby>改<rt>gǎi</rt></ruby> <ruby>前<rt>qián</rt></ruby> <ruby>非<rt>fēi</rt></ruby> ／前非を徹底的に改める

(2) 四字成語 30 例と関連例文

1. 美中不足 měi zhōng bù zú
すぐれてはいるが、なお少し欠点がある。玉にきず

△ 小路的工作认真，业绩也很好，美中不足的是与上司的关系不好。
xiǎo lù de gōng zuò rèn zhēn, yè jì yě hěn hǎo, měi zhōng bù zú de shì yǔ shàng si de guān xì bù hǎo.
／路君は、仕事はまじめだし業績も良いが、唯一の欠点は上司との関係がよくないことだ。

△ 这所房子美中不足的是离市中心太远。
zhè suǒ fáng zi měi zhōng bù zú de shì lí shì zhōng xīn tài yuǎn.
／この家は、市の中心から遠すぎるのが玉にきずだ。

2. 不值一提 bù zhí yì tí
言及する価値がない

△ 他这个人不值一提。
tā zhè ge rén bù zhí yì tí.
／彼という人物は語る価値もない。

△ 他们因为一件根本不值一提的小事吵了起来。
tā men yīn wèi yí jiàn gēn běn bù zhí yì tí de xiǎo shì chǎo le qǐ lai.
／彼らは、ほんの些細な件で口論を始めた。

3. 怒气冲冲 nù qì chōng chōng
カンカンに怒る

△ 听到飞机又延迟起飞的消息，乘客们怒气冲冲。
tīng dào fēi jī yòu yán chí qǐ fēi de xiāo xi, chéng kè men nù qì chōng chōng.
／飛行機の離陸時間が再度遅れた知らせを聞いて、乗客たちはカンカンに怒った。

△ 她怒气冲冲地从办公室走了出来。
tā nù qì chōng chōng de cóng bàn gōng shì zǒu le chū lai.
／彼女は、カンカンに怒ってオフィスから出てきた。

4. 前思后想（思前想后） qián sī hòu xiǎng (sī qián xiǎng hòu)
あれこれ考える

△ 关于辞不辞职她前思后想，翻来覆去睡不着。
guān yú cí bu cí zhí tā qián sī hòu xiǎng, fān lái fù qù shuì bu zháo.
／彼女は退職するかどうかをあれこれ考え、ベッドで寝返りばかりを繰り返して、眠れなかった。

△ wǒ sī qián xiǎng hòu, hái shì jué de děi gào sù fù mǔ
我思前想后，还是觉得得告诉父母。

/ あれこれと考えた結果、やはり両親に話すべきだと思った。

5. 形形色色 xíng xíng sè sè　様々な、いろいろな

△ dà qiān shì jiè lǐ yǒu xíng xíng sè sè de rén
大千世界里有形形色色的人。

/ 広い世の中には様々な人がいる。

△ zhǎn tīng lǐ zhǎn lǎn zhe xíng xíng sè sè de xīn kuǎn chē
展厅里展览着形形色色的新款车。

/ 展示ホールの中には、様々なタイプの新型車が展示されている。

6. 幸灾乐祸 xìng zāi lè huò　他人の災難や不幸を見て喜ぶ

△ kàn dào qíng dí dà xué luò bǎng, tā gǎn dào xìng zāi lè huò
看到情敌大学落榜，他感到幸灾乐祸。

/ ライバルが大学に不合格になったのを見て、彼はその不幸を喜んだ。

△ tīng shuō bǎ zì jǐ shuǎi le de chū liàn qíng rén shēng yì shī bài le, tā liǎn shàng lù chū le xìng zāi lè huò de shén qíng
听说把自己甩了的初恋情人生意失败了，她脸上露出了幸灾乐祸的神情。

/ 自分を振った初恋の相手がビジネスに失敗したと聞いて、彼女の顔に他人の不幸を喜ぶ表情が浮かんだ。

7. 迷途知返 mí tú zhī fǎn　道に迷ったことに気づいて引き返す。〈転〉自分の過ちに気づいて立ち戻る

△ fàn cuò wù bìng bù kě pà, yào jǐn de shì yào mí tú zhī fǎn
犯错误并不可怕，要紧的是要迷途知返。

/ 誤ちを犯すことは決して恐くはない、大切なのは誤ちに気づいたら立ち戻ることだ。

△ lǎo shī xiǎng yòng jiào yù de fāng shì ràng shī zú qīng nián mí tú zhī fǎn
老师想用教育的方式让失足青年迷途知返。

/ 先生は教育を施すことで、道を誤った青年を正しい道に連れ戻したいと考えた。

8. 感人肺腑 gǎn rén fèi fǔ

人の胸に深い感銘を与える

△ 他的话句句感人肺腑。 tā de huà jù jù gǎn rén fèi fǔ
／彼の語る一言一句が胸に響いた。

△ 消防队员在大火中救人的故事感人肺腑。 xiāo fáng duì yuán zài dà huǒ zhōng jiù rén de gù shì gǎn rén fèi fǔ
／消防隊員が大火災の中から人を救った話は、人々に深い感銘を与えた。

9. 痛改前非 tòng gǎi qián fēi

前非（前に犯した罪）を徹底的に改める

△ 他下决心要痛改前非。 tā xià jué xīn yào tòng gǎi qián fēi
／彼は前非を徹底的に改めることを決意した。

△ 我一定要痛改前非好好做人。 wǒ yí dìng yào tòng gǎi qián fēi hǎo hao zuò rén
／私は過去の誤ちを改めて、新たな人間とならねばならない。

10. 苦口婆心 kǔ kǒu pó xīn

老婆心から繰り返し忠告する、口をすっぱくして忠告する

△ 潘老师多次给抢了自己钱包的男青年发短信，苦口婆心地给他讲道理。 pān lǎo shī duō cì gěi qiǎng le zì jǐ qián bāo de nán qīng nián fā duǎn xìn, kǔ kǒu pó xīn de gěi tā jiǎng dào lǐ
／潘先生は自分の財布を奪った青年に何度もショートメールを出して、繰り返し彼に道理を説いた。

△ 我苦口婆心地劝，可她根本不听。 wǒ kǔ kǒu pó xīn de quàn, kě tā gēn běn bù tīng
／私が口をすっぱくして何度も忠告しておいたのに、彼女は聞く耳を持たなかった。

11. 燃眉之急 rán méi zhī jí

焦眉の急、事態が差し迫っているたとえ

△ 感谢你帮我解决了燃眉之急。 gǎn xiè nǐ bāng wǒ jiě jué le rán méi zhī jí
／急場をしのぐために手を貸してくださり、ありがとうございました。

△ 我先借你两千块帮你解决燃眉之急。 wǒ xiān jiè nǐ liǎng qiān kuài bāng nǐ jiě jué rán méi zhī jí
／君の焦眉の急を解決する助けに、とりあえず2000元を貸そう。

12. 获益匪浅 huò yì fěi qiǎn
多くのメリットを得た、とてもプラスになった

△ 个人理财计划的讲座让我获益匪浅。
gè rén lǐ cái jì huà de jiǎng zuò ràng wǒ huò yì fěi qiǎn
／個人向け資産管理の講座は、とてもためになった。

△ 参加义工活动让我获益匪浅。
cān jiā yì gōng huó dòng ràng wǒ huò yì fěi qiǎn
／ボランティア活動への参加は、とてもプラスになった。

13. 血本无归 xuè běn wú guī
投資した資金を全く回収できなくなった

△ 不是所有的投资都能带来回报，有些高风险的投资可能血本无归。
bú shì suǒ yǒu de tóu zī dōu néng dài lái huí bào, yǒu xiē gāo fēng xiǎn de tóu zī kě néng xuè běn wú guī
／すべての投資で必ずリターンが得られるとは限らない、一部の高リスクの投資は資金が皆無になる可能性もある。

△ 2008年美国纽约华尔街的金融大风暴让许多投资者血本无归。
èr líng líng bā nián měi guó niǔ yuē huá ěr jiē de jīn róng dà fēng bào ràng xǔ duō tóu zī zhě xuè běn wú guī
／2008年のアメリカのニューヨークのウォール街の金融危機によって、大勢の投資家の資金が泡となって消えた。

14. 一帆风顺 yì fān fēng shùn
順風満帆、物事が順調に進むたとえ

△ 人生不是一帆风顺的。／人生は順風満帆とはいかない。
rén shēng bú shì yì fān fēng shùn de

△ 父母都希望子女的人生道路一帆风顺。
fù mǔ dōu xī wàng zǐ nǚ de rén shēng dào lù yì fān fēng shùn
／両親は皆、子供の人生が順風満帆であることを願っている。

15. 蝇头小利 yíng tóu xiǎo lì
（ハエの頭ほどの）わずかな利益

△ 这么点儿蝇头小利不值得追求。
zhè me diǎnr yíng tóu xiǎo lì bù zhí de zhuī qiú
／このようなちっぽけな利益は、追い求める価値がない。

△ 做人不能为了蝇头小利而丧失自尊心。
/ 人間は、わずかな利益のために自尊心を失うようなことをしてはいけない。

16. 卧薪尝胆 wò xīn cháng dǎn

中文原文

春秋战国时代,越国被吴国打败。越王勾践立志报仇。他睡在坚硬的木柴上,还把苦胆悬挂在坐的地方,时常舔尝苦胆,以此来提醒、激励自己不忘亡国之耻,有朝一日重建自己的国家。经过长期的准备,越国终于打败了吴国。后人用卧薪尝胆来形容一个人为了成功刻苦自励、发奋图强。

春秋戦国時代、越は呉との戦いに敗れ、越国の王「勾践（こうせん）」は、復讐を誓った。国を滅ぼされた屈辱を忘れず、いつの日にか自分の国を再建するために、彼は毎晩ごつごつとした薪の上に寝て（「臥薪」して）、さらに部屋に苦い胆嚢をつるして毎日のように嘗め（「嘗胆」する）、長い準備を経て、「越国」はついに「呉国」を倒した。のちに臥薪嘗胆（がしんしょうたん）は、復讐のために耐え忍ぶこと、また、成功するために大きい苦労に耐えながら努力するという意味に使われるようになった。

△ 中国的高考之前,考生们都拿出卧薪尝胆的劲头儿刻苦学习。
/ 中国の全国大学統一入試の前、受験生たちは「臥薪嘗胆」の精神で、必死に勉強します。

△ 很多中国人知道卧薪尝胆这个成语的意思,但只有少数人知道"卧薪尝胆"这个故事。
/ 多くの中国人は「臥薪嘗胆」という四字成語の意味は知っていますが、「臥薪嘗胆」のエピソードを知っている人はとても少ないです。

17. 自强不息 (zì qiáng bù xī) たゆまずに努力する。自分を向上させることを努めて怠らない

△ 天行健，君子以自强不息。
(tiān xíng jiàn, jūn zǐ yǐ zì qiáng bù xī)
／天の運行は健やかである。君子たるものは、この天のように、たゆまず自分を向上させることを努めて怠らない。

△ 人要想取得一番成就必须得自强不息。
(rén yào xiǎng qǔ dé yī fān chéng jiù bì xū děi zì qiáng bù xī)
／人間は成果を得たいなら、自己の向上に努めなくてはならない。

18. 天道酬勤 (tiān dào chóu qín) 天も勤勉な人を助ける

△ 天道酬勤是不变的真理。
(tiān dào chóu qín shì bú biàn de zhēn lǐ)
／天が勤勉な人を助けるのは、不変の真理です。

△ 他相信天道酬勤，所以持续不断地努力，终于成就了一番事业。
(tā xiāng xìn tiān dào chóu qín, suǒ yǐ chí xù bú duàn de nǔ lì, zhōng yú chéng jiù le yì fān shì yè)
／彼は「天は勤勉な人を助ける」と信じて、絶えず努力し、とうとう事業を成功させた。

19. 炉火纯青 (lú huǒ chún qīng) （学問、技術、芸術などの）最高レベル

△ 无论做什么，达到炉火纯青都是人们向往的境界。
(wú lùn zuò shén me, dá dào lú huǒ chún qīng dōu shì rén men xiàng wǎng de jìng jiè)
／何が何でもトップのレベルに到達すること、それは誰もがあこがれる境地だからです。

△ 想要成为炉火纯青的老师，必须经过十几年的磨练。
(xiǎng yào chéng wéi lú huǒ chún qīng de lǎo shī, bì xū jīng guò shí jǐ nián de mó liàn)
／最高の教師になるには、10数年の試練が必要です。

20. 扬眉吐气 (yáng méi tǔ qì) 抑圧された気持ちが解けて、心が晴れ晴れして意気揚々たるさま

△ 上一次我校足球队输得很惨，但这次打败了上一届的冠军取得了第一名，队员们都觉得扬眉吐气。
(shàng yí cì wǒ xiào zú qiú duì shū de hěn cǎn, dàn zhè cì dǎ bài le shàng yí jiè de guàn jūn qǔ dé le dì yī míng, duì yuán men dōu jué de yáng méi tǔ qì)
／前回、わが校のサッカーチームは悲惨な負け方をした。しかし今回は前回の優勝チームを倒し、トップに立てたので、メンバーは晴れ晴れとした気分になった。

△ 我哥哥去年高考失败，他卧薪尝胆努力了一年，今年考上了名牌大学。全家人都觉得扬眉吐气。
/ 兄は去年の大学受験に失敗し、1年間必死に努力しました。今年は名門大学に合格しました。家族全員が誇らしい気分です。

21. 哗众取宠 huá zhòng qǔ chǒng
派手に立ち回って人気を取ること。派手に振る舞い、大衆をワッと言わせて、その歓心を買おうとすること

△ 政客们为了赢得选票不惜哗众取宠。
/ 二流以下の政治家は、得票のためなら、人気取りの派手なパフォーマンスも平気でやります。

△ 我觉得哗众取宠的人就像小丑儿一样。
/ 派手に振る舞い、人の歓心を得ようとする人を、私はつまらない人間だと思います。

22. 独树一帜 dú shù yí zhì
独自の旗じるしを掲げる。独自の道を切り開くたとえ

△ 这本中文教材在众多的教科书中独树一帜。
/ この中国語の教本は、多くの教材の中で独自の道を切り開いています。

△ 苹果电脑在电脑行业中独树一帜，研发了很多优良产品。
/ アップルコンピューターはパソコン業界では独自の道を切り開き、多くの優秀な製品を開発しました。

23. 扣人心弦 kòu rén xīn xián
人を興奮させ、ぞくぞくさせる。人の心をつかむ

△ 马友友的大提琴演奏扣人心弦。
/ ヨーヨー・マ（馬友友）のチェロの演奏は、人々の心をつかんでいる。

△ 奥运会的游泳比赛扣人心弦。
/ オリンピックの水泳競技は人々を興奮させます。

24. 惊心动魄 (jīng xīn dòng pò)
驚いて動転する、手に汗を握らせる、はらはらさせる

△ 海啸的场景惊心动魄。/ 津波の情景は、人をひどく驚かせた。

△ 银幕上出现了一个惊心动魄的打斗场面。
/ スクリーンでは、手に汗を握る戦闘シーンが展開された。

25. 误人子弟 (wù rén zǐ dì)
（教師の教えが悪い、または無責任で）教え子を誤った道へ導く

△ 误人子弟是一种罪过。
/ 教え子を誤った道へ導くことは一種の罪です。

△ 教师不负责任无异于误人子弟。
/ 教師の無責任は、間違いなく教え子を誤った道へ導く。

26. 事倍功半 (shì bèi gōng bàn)
倍の労力をかけて半分の成果しか上がらない

△ 做事,事倍功半时需要反思。
/ 何かをする際、労力が倍かかるのに効果（効率）が半分しか上がらなければ、反省が必要だ。

△ 做事,事倍功半的话,既浪费时间又浪费精力。
/ 労力が並み以上にかかるのに効果が並み以下であれば、時間と労力の無駄だ。

27. 事半功倍 (shì bàn gōng bèi)
労力が半分なのに倍の効果が上がる

△ 好的学习方法事半功倍。
/ 良い学習法は労力に対して、倍の効果が得られる。

△ 学外语时有一本提高综合能力的精读教材,可以达到事半功倍的学习效果。
/ 外国語学習の際、総合力をアップさせる精読教材があれば、入れた力の倍の効果が得られます。

28. 肆无忌惮 sì wú jì dàn
勝手に振る舞って何らはばかるところがない

△ 恐怖分子肆无忌惮地攻击公共场所。
kǒng bù fèn zǐ sì wú jì dàn de gōng jī gōng gòng chǎng suǒ
／テロリストは、何らはばかるところなく、公共施設を攻撃する。

△ 他肆无忌惮地在法庭上叫喊。
tā sì wú jì dàn de zài fǎ tíng shàng jiào hǎn
／彼は自分勝手に、はばかることなく法廷で叫びたてる。

29. 斤斤计较 jīn jīn jì jiào
細かいことでケチケチする。1円でさえも勘定高く計算する

△ 谁都讨厌斤斤计较的人。
shuí dōu tǎo yàn jīn jīn jì jiào de rén
／誰でも、計算高い人は嫌いです。

△ 他这个人凡事斤斤计较，不好相处。
tā zhè ge rén fán shì jīn jīn jì jiào bù hǎo xiāng chǔ
／彼は細かいことまですべてに計算高いので、付き合いにくいです。

30. 墨守成规 mò shǒu chéng guī
古いしきたりに固執する

△ 苹果电脑的创始人乔布斯是一个极其有创意的人，他不允许手下墨守成规，要求他们不断创新产品。
píng guǒ diàn nǎo de chuàng shǐ rén qiáo bù sī shì yí gè jí qí yǒu chuàng yì de rén tā bù yǔn xǔ shǒu xià mò shǒu chéng guī yāo qiú tā men bú duàn chuàng xīn chǎn pǐn
／アップルコンピューターの創始者ジョブスはとてもクリエイティブな人物で、部下が従来のやり方に固執することを許さず、常に新たな製品開発にチャレンジするよう要求した。

△ 成就大事业的人，都不会墨守成规。
chéng jiù dà shì yè de rén dōu bú huì mò shǒu chéng guī
／事業に大成功した人は誰しも、古いしきたりに固執しません。

6. 文法ポイント　MP3 CDトラック014

(1) 動詞の連用文

1つの主語に対して2つまたはそれ以上の述語動詞をつないで使う文を、動詞連用文といいます。動詞連用文の文型は主に以下のとおりです。

1. 場所・動作

主　+去+場所n+　述V+目	…は…へ…しに行く

A：你们 去学校 干什么？
nǐ men qù xué xiào gàn shén me
／君たちは学校へ何をしに行くのですか？

B：我们 去学校 参加舞会。
wǒ men qù xué xiào cān jiā wǔ huì
／学校へダンスパーティーに行きます。

A：你妈妈 去银行 干什么？
nǐ mā ma qù yín háng gàn shén me
／あなたのお母さんは銀行へ何をしに行くのですか？

B：她 去银行 取钱。
tā qù yín háng qǔ qián
／銀行へお金をおろしに行きます。

2. 持ち物・連れる人　MP3 CDトラック015

主 + 带 人/物 (去 + 場所n) + 述V + 目	…は…を連れて(…へ)…しに行く …は…を持って(…へ)…しに行く

A：暑假的时候你带孩子回日本吗？
shǔ jià de shí hou nǐ dài hái zi huí rì běn ma
／夏休みに子供を連れて日本へ帰りますか？

B：不,暑假的时候我带孩子去中国学二胡。
bù shǔ jià de shí hou wǒ dài hái zi qù zhōng guó xué èr hú
／いいえ、夏休みには、子供を連れて中国へ二胡を習いに行きます。

A：你经常带你父母去旅行吗？
nǐ jīng cháng dài nǐ fù mǔ qù lǚ xíng ma
／ご両親を連れて、よく旅行へ行きますか？

B：有时候带他们去旅行。 / たまに（両親を連れて）（旅行に）行きます。

A：你带什么去上课？ / あなたは何を持って授業に行きますか？

B：我带词典去上课。 / 私は辞書を持って授業に行きます。

A：他带什么去出差？ / 彼は何を持って出張に出ますか？

B：他带很多行李去出差。 / 彼はたくさんの荷物を持って出張に出ます。

3. 道具・動作

MP3 CDトラック016

主	＋	用・物・	述V＋目	…は…を使って…をする

A：西方人用刀叉进餐。 / 西洋人はナイフとフォークを使って食事をします。

东方人用什么？ / 東洋人は何を使いますか？

B：东方人用筷子吃饭。 / 東洋人は箸を使って食事をします。

A：你用洗衣机洗衣服吗？ / 洗濯機で服を洗いますか？

B：大件的用洗衣机洗，小件的用手洗。 / 大物は洗濯機で洗い、小物は手で洗います。

4. 方式・動作

MP3 CD トラック017

主	+ V₁・目₁	+ V₂（目₂）	…はV₁・目1の方式でV₂（目₂）をする

<u>农民</u> <u>坐飞机</u> <u>去旅游</u>。 / 農民は飛行機で旅行へ行きます。
nóng mín / zuò fēi jī / qù lǚ yóu
主 / V₁ 目₁ / V₂ 目₂

<u>游客</u> <u>乘船</u> <u>去旅游</u>。 / 観光客は船で旅行に行きます。
yóu kè / chéng chuán / qù lǚ yóu

<u>学生</u> <u>骑自行车</u> <u>去郊游</u>。 / 学生は自転車でピクニックに行きます。
xué shēng / qí zì xíng chē / qù jiāo yóu

<u>他</u> <u>开车</u> <u>上班</u>。 / 彼は車を運転して出社します。
tā / kāi chē / shàng bān

5. 動作の順番

MP3 CD トラック018

主	V₁・目₁	V₂・目₂	V₃・目₃

例：△ <u>我</u> <u>去银行</u> <u>取钱</u> <u>买电视</u>。
wǒ / qù yín háng / qǔ qián / mǎi diàn shì
/ 銀行へ行ってお金をおろしてテレビを買います。

△ <u>外国企业</u> <u>去中国</u> <u>投资</u> <u>建厂</u>。
wài guó qǐ yè / qù zhōng guó / tóu zī / jiàn chǎng
/ 外国企業は中国へ行って投資し、工場を建てる。

△ <u>我弟弟</u> <u>去中国</u> <u>留学</u> <u>学中文</u>。
wǒ dì dì / qù zhōng guó / liú xué / xué zhōng wén
/ 弟は中国へ留学し、中国語を学ぶ。

△ <u>美国迪斯尼代表团</u> <u>去香港</u> <u>考察</u> <u>建迪斯尼乐园</u>。
měi guó dí sī ní dài biǎo tuán / qù xiāng gǎng / kǎo chá / jiàn dí sī ní lè yuán
/ アメリカのディズニー代表団は香港へ視察に行き、ディズニーランドを建てる。

＊動作を行う順番に従って2つ以上の動詞（動目フレーズ）を使って、一連の動作を表します。

```
    wǒ yào qù jī chǎng jiē péng you
○  我 要 去 机 场 接 朋 友。        / 私は空港へ友人を迎えに行く。
⊗  我接朋友去机场。                （「接朋友」は「去机场」より後に行う
                                    動作なので、「去机场」の前に置いて
                                    は行けない。）

    wǒ qù jī chǎng sòng péng you
○  我 去 机 场 送 朋 友。           / 私は友人を空港へ見送りに行く。
                                    （この場合は1人で空港へ行き、空港で
                                    友達と会い、それから別れの挨拶をする）

    wǒ sòng péng you qù jī chǎng
○  我 送 朋 友 去 机 场。           / 私は空港へ友人を見送りに行く。
                                    （この場合は、友達と一緒に空港へ行き、
                                    それから別れの挨拶をする）

    wǒ qù huā diàn mǎi huā
○  我 去 花 店 买 花。              / 私は花屋へ行って花を買います。
⊗  我买花去花店。                   （「去花店」の動作は「买花」より先に
                                    行うので、「买花」の前に置かなければ
                                    ならない。）
```

6. 方式・動作

MP3 CD トラック019

主	V₁	着	V₂	(目)	主はV₁の形でV₂をする

```
   tā            xiào zhe   zǒu guò lái
   他            笑  着    走 过 来。      / 彼は笑いながら来ました。
   wǒ mèi mei    tǎng zhe   kàn   shū
   我 妹 妹      躺  着    看   书。      / 妹は寝そべって本を読みます。
   lǎo shī       zhàn zhe   jiǎng  kè
   老 师         站  着    讲   课。      / 先生は立って授業をする。
```

7. 来を使った連用文

MP3 CD トラック020

主 ＋ 来・述V・目

＊「来」には以下の4つの意味があるので、前後の状況で判断します。

① ～しに来る

```
       xiǎo wáng lái gàn shén me
例：A：小  王  来 干 什  么?           / 王君は何をしに来たの？
```

　　　　　　　xiǎo wáng lái ná tā de dōng xi
　　B：小 王 来 拿 他 的 东 西。　／王君は彼の荷物を取りに来ました。

　　　　　　tā lái gàn shén me
　　A：她 来 干 什 么？　　　　／彼女は何をしに来ましたか？

　　　　　　tā lái yìng zhēng
　　B；她 来 应 征。　　　　　／彼女は面接に来ました。

② …は自分から積極的に〜をする

　　　　　　jīn tiān wǒ lái qǐng kè
例：　A：今 天 我 来 请 客。　　／今日は私がごちそうします。

　　　　　　nà zěn me hǎo yì si　wǒ lái
　　B：那 怎 么 好 意 思？ 我 来　／それでは申し訳ない。私がおごり
　　　ba
　　　吧。　　　　　　　　　　　ます。

　　　　　bú bì kè qi
　　A：不 必 客 气。　　　　　／遠慮はいりませんよ。

　　　　　xiān sheng wǒ lái ná
　　A：先 生，我 来 拿。　　　／（ホテルのポーター）お客さま、お
　　　　　　　　　　　　　　　　持ちします。

　　　　　ō　xiè xie
　　B：噢，谢 谢。　　　　　　／ああ、ありがとう。

③ …を注文する、予約する

　　　　　lái yí liàng chū zū chē
例：△ 来 一 辆 出 租 车。　　　／タクシーを1台頼みます。
　　　呼ぶ

　　　　　　qǐng wèn nín lái diǎnr shén me
　△A．请 问 您 来 点 儿 什 么？　／ご注文は何にいたしますか？
　　　　　　　　　　　　　注文

　　　　　xiān lái liǎng píng pí jiǔ zài
　　B．先 来 两 瓶 啤 酒，再　／まずビールを2本ください、それ
　　　lái yì pán jiǎo zi
　　　来 一 盘 饺 子。　　　　　から餃子を1皿ください。

④ 「做」「干」の代わりに使われる

　　　　zài lái yí biàn
例：△ 再 来 一 遍。　　　　　　／もう1回やりましょう。

62

応用会話 1　　MP3 CD トラック021

A. 他men qù wū jié lù gàn shén me?
　他们去乌节路干什么？
彼らはオーチャードロードに何をしに行ったのですか？

B. tā men qù wū jié lù mǎi dōng xi
　他们去乌节路买东西。
彼らはオーチャードロードに買い物に行きました。

A. mǎi shén me dōng xi
　买什么东西？
何を買いますか？

B. xiàn zài wū jié lù de shāng diàn dōu zài dà jiǎn jià. tā men suí biàn kàn kan
　现在乌节路的商店都在大减价。他们随便看看。
今、オーチャードロードのお店はバーゲン中です。彼らは適当に見て歩きます。

応用会話 2　　MP3 CD トラック022

A. nǐ yòng shén me huà zhuāng pǐn huà zhuāng?
　你用什么化妆品化妆？
何の化粧品を使ってお化粧をしていますか？

B. kǒu hóng yòng dí ào, yǎn yǐng yòng xiāng nài ér. nǐ ne?
　口红用迪奥，眼影用香奈儿。你呢？
口紅はディオール、アイシャドウはシャネルです。あなたは？

A. wǒ hěn shǎo huà zhuāng yīn wèi wǒ pí fū mǐn gǎn
　我很少化妆因为我皮肤敏感。
私は肌が敏感なので、あまりお化粧しません。

B. wǒ xiàng nǐ tuī jiàn yì zhǒng wú huà xué tiān jiā jì de huà zhuāng pǐn
　我向你推荐一种无化学添加剂的化妆品。
あなたに添加剤を使用していない化粧品を紹介しましょう。

A. nà xiè xie nǐ
　那谢谢你。
まあ、ありがとう。

応用会話 3

A. _{nǐ xiān sheng jīng cháng qù nǎr}
你先生经常去哪儿_{chū chāi}出差？
ご主人はどこによく出張されますか？

B. _{yǒu shí hou qù hán guó yǒu shí hou}
有时候去韩国,有时候_{qù tái wān}去台湾。
韓国や、台湾です。

A. _{tā chū chāi de shí hòu dài nǐ qù ma}
他出差的时候带你去吗？
出張の時はあなたも連れて行かれますか？

B. _{ǒu ěr dài wǒ qù}
偶尔（带我去）。
たまに私を連れて行きます。

応用会話 4

A. _{chūn jié nǐ men zhōng guó rén zěn me}
春节你们中国人怎么_{guò nián}过年？
春節を中国人はどのように過ごしますか？

B. _{yì bān shang dà nián sān shí r zài jiā}
一般上大年三十儿在家_{chī tuán yuán fàn kàn diàn shì}吃团圆饭、看电视。
一般的には大晦日は家で家族揃ってご飯を食べて、テレビを見ます。

_{dà nián chū yī qù sì miào cān bài qǐ qiú}
大年初一去寺庙参拜,祈求_{yì nián píng ān shùn lì dà nián chū èr}一年平安顺利。大年初二_{kāi shǐ qù qīn qi jiā bài nián}开始去亲戚家拜年。
お正月一日はお寺に参拝に行き、1年の平穏を祈ります。2日から親戚の家へ挨拶まわりに行きます。

A. _{nà gēn rì běnrén guò xīnnián chà bu duō}
那跟日本人过新年差不多。
それでは、日本人のお正月の過ごし方とあまり違いませんね。

応用会話 5

A. 你喜欢用什么笔写字？
  nǐ xǐ huan yòng shén me bǐ xiě zì

  あなたは、どのようなものを使って字を書くのが好きですか？

B. 我喜欢用圆珠笔。你呢？
  wǒ xǐ huan yòng yuán zhū bǐ　nǐ ne

  ボールペンが好きです。あなたは？

A. 我喜欢用铅笔。因为错了好改。
  wǒ xǐ huan yòng qiān bǐ　yīn wéi cuò le hǎo gǎi

  私は鉛筆が好きです。間違えても訂正しやすいですから。

応用会話 6

A. 你怎么查资料？
  nǐ zěn me chá zī liào

  資料をどのように調べますか？

B. 我用电脑上网查资料。
  wǒ yòng diàn nǎo shàng wǎng chá zī liào

  パソコンでインターネットを利用して資料を調べます。

A. 我可以借用一下儿你的电脑吗？
  wǒ kě yǐ jiè yòng yí xiàr nǐ de diàn nǎo ma

  あなたのパソコンを借りてもいいですか？

B. 对不起。我的电脑中病毒了。我用朋友的电脑上网。
  duì bu qǐ　wǒ de diàn nǎo zhòng bìng dú le　wǒ yòng péng yǒu de diàn nǎo shàng wǎng

  すみません、私のパソコンはウイルスに感染しています。私は友人のパソコンでインターネットをしているのです。

A. 那太遗憾了。
  nà tài yí hàn le

  それは残念です。

(2) 単純方向補語の「来」「去」および複合方向補語の使い方

1. 「来」「去」はメイン動詞「回」「拿」「進」「上」「下」などの後に置いて、動作がどの方向に向かって行われるかを表します。その時の「来」「去」は（単純）方向補語と呼ばれます。「来」は話し手のいる方向に向かって動作を行い、「去」は話し手のいる場所から離れる方向へ動作を行います。「去」の代わりに「走」が置かれるケースもありますが、文法上「走」が結果補語になります(結果補語の詳しい説明は本書第6課の文法ポイントを参照してください)。方向補語は軽声で発音します。

v 来	huí lai 回来	jìn lai 进来	ná lai 拿来	shàng lai 上来	xià lai 下来	mǎi lai 买来	jiè lai 借来
	帰って来る	入って来る	持って来る	上がって来る	降りて来る	買って来る	借りて来る
v 去	huí qu 回去	jìn qu 进去	ná qu 拿去	shàng qu 上去	xià qu 下去	mǎi qu 买去	jiè qu 借去
	帰って行く	入って行く	持って行く	上がって行く	降りて行く	買って行く	借りて行く

例：△ wǒ shēng bìng de shí hòu, lǎo bǎn sòng lái yí ge dàn gāo
我 生 病 的时候,老板 送 来 一个 蛋糕。
／私が病気の時、社長はケーキを1つ送って（来て）くれました。

△ tā cóng rì běn huí lái le
他 从 日 本 回 来了。／彼は日本から帰って来ました。

△ wǒ cóng tú shū guǎn jiè lái le sān běn shū
我 从 图 书 馆 借 来 了 三 本 书。
／私は図書館から本を3冊借りて来た。

△ <ruby>爸<rt>bà</rt></ruby> <ruby>爸<rt>ba</rt></ruby> <ruby>买<rt>mǎi</rt></ruby> <ruby>来<rt>lái</rt></ruby> <ruby>很<rt>hěn</rt></ruby> <ruby>多<rt>duō</rt></ruby> <ruby>好<rt>hǎo</rt></ruby> <ruby>吃<rt>chī</rt></ruby> <ruby>的<rt>de</rt></ruby>。
／お父さんは、おいしいものをたくさん買って来た。

△ 大减价的时候，客人买走了很多东西。
／バーゲンの時、お客さんはたくさんの商品を買って行った。

△ 他刚才回去了。／彼は、さっき帰って行った。

△ 外边冷，你快进屋里来吧。／外は寒いので、早く中へ入りなさい。
　　　　　　述V　場所名詞　方向補語

2.「V来V去」の前の動詞が同じである場合、「V来V去」は「～しに来たり、～しに行ったり」と訳されますが、「呼来唤去」のように「来」と「去」の前の動詞が違う場合、別の訳し方になります。

＊「来」と「去」は前の動詞との組み合わせが決められているため、勝手に作ってはいけません。

fēi lái fēi qù 飞来飞去	pǎo lái pǎo qù 跑来跑去	yóu lái yóu qù 游来游去	hū lái huàn qù 呼来唤去
飛んで来たり、 飛んで行ったりする	走って来たり 走って行ったりする	泳いで来たり 泳いで行ったりする	あっちだこっちだと、目下のものを好き勝手に使う

例：△ 他常常坐飞机飞来飞去。
／彼はしょっちゅう、飛行機に乗ってあちこち飛び回る。

△ 小孩儿在公园里跑来跑去。
／子供は公園で走り回っている。

△ 鱼在鱼池里游来游去。／魚は養魚池の中で泳ぎ回っている。

△ 他 在 手 术 室 外 走 来 走 去 等 消 息。
tā zài shǒu shù shì wài zǒu lái zǒu qù děng xiāo xī

/ 彼は手術室の外でうろうろしながら、結果を待っています。

△ 他 对 部 下 呼 来 唤 去。
tā duì bù xià hū lái huàn qù

/ 彼は威張って、部下を好き勝手に使っている。

3. 方向補語「来」「去」がつく述語動詞文は「把」構文で使われるケースも少なくありません。「把」構文は目的語を述語動詞の前に置いて、その目的語にどのような動作を加えたかを説明する処置文でもあります。詳しくは本書の第7課の文法で説明しますが、ここでは簡単に「把」構文の語順を紹介しておきます。

主	把	目	述V	補語
他 tā	把 bǎ	我的手机 wǒ de shǒu jī	拿 ná	走了/拿去了。 zǒu le / ná qu le

/ 彼は私の携帯電話を持って行った。

学生们 xué shēng men	把 bǎ	演奏会的票 yǎn zòu huì de piào	买 mǎi	走了。 zǒu le

/ 学生たちは演奏会の切符を買って行った。

同学们 tóng xué men	把 bǎ	字典 zì diǎn	借 jiè	来了。 lai le

/ クラスメートは辞書を借りて来た。

＊文法上、結果補語となる「拿走」は、「拿去」の代わりによく使われています。

応用会話 7

A. nǐ xiān shēng shén me shí hòu cóng rì běn huí lai?
你先生什么时候从日本回来?
ご主人は、いつ日本から戻りますか?

B. xià ge xīng qī
下个星期。
来週です。

A. nǐ men shén me shí hòu huí zhōng guó qu?
你们什么时候回中国去?
あなたたちは、いつ中国へ帰りますか?

B. wǒ men dǎ suàn xià ge yuè huí zhōng guó qu
我们打算下个月回中国去。
私たちは来月、中国へ帰るつもりです。

応用会話 8

A. shei bǎ nà tái shè xiàng jī mǎi zou le
谁把那台摄像机买走了?
誰が、あのビデオカメラを買って行ったのですか?

B. yí ge shè yǐng jì zhě bǎ nà tái shè xiàng jī mǎi zou le
一个摄影记者把那台摄像机买走了。
カメラマンが、あのビデオカメラを買って行きました。

応用会話 9

A. méi yǒu yào shi zán men zěn me jìn qu
没有钥匙咱们怎么进去?
鍵がないのに、どうやって入るの?

B. tiào chuāng hu jìn qu ba
跳窗户进去吧!
窓を乗り越えて入りましょう!

応用会話 10

A. <ruby>谁<rt>sheí</rt></ruby> <ruby>从<rt>cóng</rt></ruby> <ruby>那<rt>nà</rt></ruby> <ruby>边<rt>biān</rt></ruby> <ruby>跑<rt>pǎo</rt></ruby> <ruby>来<rt>lai</rt></ruby> <ruby>了<rt>le</rt></ruby>?

誰が、あそこから走って来たのですか?

B. <ruby>他<rt>tā</rt></ruby> <ruby>妹妹<rt>mèi mei</rt></ruby> <ruby>从<rt>cóng</rt></ruby> <ruby>那<rt>nà</rt></ruby> <ruby>边<rt>biān</rt></ruby> <ruby>跑<rt>pǎo</rt></ruby> <ruby>来<rt>lai</rt></ruby> <ruby>了<rt>le</rt></ruby>。

彼の妹が、あそこから走って来ました。

A. <ruby>有<rt>yǒu</rt></ruby> <ruby>什么<rt>shén me</rt></ruby> <ruby>急<rt>jí</rt></ruby> <ruby>事<rt>shì</rt></ruby> <ruby>吗<rt>ma</rt></ruby>?

何か急ぎの用件だったのですか?

B. <ruby>他<rt>tā</rt></ruby> <ruby>妹妹<rt>mèi mei</rt></ruby> <ruby>来<rt>lái</rt></ruby> <ruby>告诉<rt>gào sù</rt></ruby> <ruby>他<rt>tā</rt></ruby> <ruby>母亲<rt>mǔ qīn</rt></ruby> <ruby>住院<rt>zhù yuàn</rt></ruby> <ruby>了<rt>le</rt></ruby>。

妹さんは彼に、母親が入院したことを伝えに来たのです。

応用会話 11

A. <ruby>停<rt>tíng</rt></ruby> <ruby>电<rt>diàn</rt></ruby> <ruby>了<rt>le</rt></ruby>。<ruby>你们<rt>nǐ men</rt></ruby> <ruby>怎么<rt>zěn me</rt></ruby> <ruby>上来<rt>shàng lai</rt></ruby> <ruby>的<rt>de</rt></ruby>?

停電なのに、どうやって上がって来たのですか?

B. <ruby>我们<rt>wǒ men</rt></ruby> <ruby>爬<rt>pá</rt></ruby> <ruby>楼梯<rt>lóu tī</rt></ruby> <ruby>上来<rt>shàng lai</rt></ruby> <ruby>的<rt>de</rt></ruby>。

階段で、ここまで上って来ました。

応用会話 12

A. <ruby>我<rt>wǒ</rt></ruby> <ruby>可以<rt>kě yǐ</rt></ruby> <ruby>进来<rt>jìn lai</rt></ruby> <ruby>吗<rt>ma</rt></ruby>?

入ってもいいですか?

B. <ruby>请<rt>qǐng</rt></ruby> <ruby>进<rt>jìn</rt></ruby>。

どうぞ。

(3) 複合方向補語

1. メイン動詞の後に単純方向補語が2つ使われると、複合方向補語となります。複合方向補語と前の動詞は固定的な組み合わせなので、勝手に作ってはいけません。複合方向補語は主に以下の種類があります。複合方向補語も軽声で発音されます。

shang lai V 上 来 (V 上 去) shang qu	pǎo shang lai 跑 上 来	走って上がって来る
	pá shang lai 爬 上 来	上って来る
	zǒu shang qu 走 上 去	歩いて上がって行く
xia lai V 下 来 (V 下 去) xia qu	zhuī xia lai 追 下 来	追いかけて下りて来る
	zuò xia lai 坐 下 来	座りなさい

第1課

V 出来 chū lái (V 出去 chū qù)	跑出来 pǎo chu lai	走って出て来る
	跑出去 pǎo chu qu	走って出て行く
	走出去 zǒu chu qu	歩いて出て行く
V 过来 guò lái (V 过去 guò qù)	跑过来 pǎo guo lai	向うから走って来る
	拿过来 ná guo lai	こちらに持って来る
	跑过去 pǎo guo qu	向うへ走って行く
	拿过去 ná guo qu	あちらへ持って行く
V 回来 huí lái (V 回去 huí qù)	走回来 zǒu hui lai	歩いて帰って来る
	跑回来 pǎo hui lai	走って帰って来る
	拿回来 ná hui lai	持って帰って来る
V 起来 qǐ lái	唱起来 chàng qi lai	歌い始める
	笑起来 xiào qi lai	笑い始める
	站起来 zhàn qi lai	立ち上がる
	拿起来 ná qi lai	持ち上げる
V 进来 jìn lái (V 进去 jìn qù)	跑进来 pǎo jin lai	走りながら入って来る
	溜进来 liū jin lai	こっそり入って来る
	走进去 zǒu jin qu	歩きながら入って行く
	抱进去 bào jin qu	抱いて入って行く

2. 複合方向補語がある場合の目的語の位置
   a. 目的語が物の場合はその目的語を<u>来</u> / <u>去</u>の前に置いてもいいし、<u>来</u> / <u>去</u>の後に置いてもいいです。

| 主語＋述語V 方向補語1・＋ 来/去 ＋ 目/物 | or | 主語＋述語V・方向補語1・＋ 目/物 来/去 |

mā ma mǎi　huí lai yì xiē shū cài hé shuǐ guǒ
妈 妈 买　回 来 一 些 蔬 菜 和 水 果。
　　述V　　複合方向補語　　　　目

mā ma mǎi　huí yì xiē shū cài hé shuǐ guǒ lai
妈 妈 买　回 一 些 蔬 菜 和 水 果 来。
　　述V　方向補語1　　　目　　　　方向補語2

／母は野菜と果物を買って来ました。

péng you cóng shū bāo lǐ ná　chū lái yì tái shǒu tí diàn nǎo
朋 友 从 书 包 里 拿　出 来 一 台 手 提 电 脑。
　　　　　　　　述V　複合方向補語　　　　目

péng you cóng shū bāo lǐ ná　chū yì tái shǒu tí diàn nǎo lai
朋 友 从 书 包 里 拿　出 一 台 手 提 电 脑 来。
　　　　　　　　述V　方向補語1　　　目　　　方向補語2

／友人はバッグからポータブルパソコンを取り出した。

b. 複合方向補語の後に場所名詞が来る場合には、その場所名詞は必ず<u>来</u> / <u>去</u>の前に置きます。「把」構文が使われることが多いので、その場合、文の本来の目的語は述語動詞の前に置かれます。

| 主語 ＋ 把・目 ・ 述語V＋方向補語1・場所名詞・ 来/去 |

nǐ　bǎ qián　cún jìn　yín háng　qù ba
△（你）把 钱　存 进　银 行　去 吧。
　　　　目　述V 方向補語1　場所名詞　方向補語2

／お金を銀行に預けておきましょう。

nǐ　bǎ guì zhòng de zhū bǎo　fàng jìn bǎo xiǎn xiāng lǐ qù ba
△（你）把 贵 重 的 珠 宝　放 进 保 险 箱 里 去 吧。
　　　　　　　　目　　述V 方向補語1　場所名詞　方向補語2

／貴重な宝飾品を金庫にしまっておきましょう。

```
  wǒ dǎ suan bǎ dà jiàn de xíng li      jì      huí     jiā      qù
　我 打 算 把 大 件 的 行 李　　　 寄　　 回　　 家　　 去。
                          目       述V   方向補語1  場所名詞  方向補語2
                                  ／大きい荷物は、家に送るつもりです。
  dà jiàn de xíng li wǒ dǎ suan     jì      huí     jiā      qù
 (大 件 的 行 李 我 打 算　　　 寄　　 回　　 家　　 去。)
                 目              述V   方向補語1  場所名詞  方向補語2
```
(＊口語では2つ目の言い方もよく使われます。)

```
  nǐ            bǎ  hái zi        bào    jìn     wū lǐ    lái
 (你)　　　　 把 孩 子　　　 抱　　 进　　 屋 里　 来。
                  目              述V   方向補語1  場所名詞  方向補語2
                                  ／子供を抱っこして家に入りなさい。
```

c. V起来／…し始める

主語	＋	述語V・起（目）来

```
       hé chàng tuán        chàng      qǐ  gē    lai le
 △ 合 唱 団　　　　 唱　　　 起 歌　 来 了。
                                       目
                                  ／合唱団は歌い始めました。
       bā lěi wǔ yǎn yuán    tiào       qǐ  wǔ    lai le
 △ 芭 蕾 舞 演 员　　　 跳　　　 起 舞　 来 了。
                                       目
                                  ／バレリーナは踊り始めました。
       xiǎo háir             kū         qǐ        lai le
 △ 小 孩 儿　　　　　 哭　　　 起　　 来 了。
                                  ／子供が泣き出しました。
```
＊目的語がある場合には、その目的語を必ず「起」と「来」の間に置きます。

応用会話 13

A. shuí cóng nà biān zǒu guo lai le
　谁从那边走过来了?

B. liú xué shēng cóng nà biān zǒu guò lai le. tā men lái bào míng cān jiā hàn yǔ shuǐ píng kǎo shì
　留学生从那边走过来了。他们来报名参加汉语水平考试(HSK)。

A. lǎo shī ne
　老师呢?

B. lǎo shī jìn jiào shì qu le. lǎo shī men yào jiān kǎo
　老师进教室去了。老师们要监考。

誰があそこから歩いて来たのですか？

留学生が歩いて来ました。彼らはHSKの受験手続きに来たのです。

先生は？

先生は教室に行きました。先生方は試験監督をしなくてはなりません。

応用会話 14

A. rén men jí cōng cōng de pǎo chu lai gàn shén me
　人们急匆匆地跑出来干什么?

B. dì zhèn le
　地震了。

A. rén men yòu pǎo jìn qu gàn shén me
　人们又跑进去干什么?

B. rén men pǎo jìn qu ná dōng xi
　人们跑进去拿东西。

＊＊＊＊＊　＊＊＊＊＊　＊＊＊＊＊

A. jǐng chá pǎo guo lai gàn shén me
　警察跑过来干什么?

B. zhuā xiǎo tōu
　抓小偷。

皆さんが慌てて走り出てきたのはどうしてでしょうか？

地震があったのです。

また走って中に戻ったのはどうしてでしょうか？

皆さんは物を取りに行ったのです。

警察はどうして駆けつけて来たのですか？

泥棒を捕まえに来たのです。

応用会話 15

A. 你们什么时候搬进新公寓(去)?
B. 大概八月下旬。

あなたたちはいつ新しいマンションに引っ越すのですか?
8月の下旬頃です。

応用会話 16

A. 你怎么哭了?
B. 我有一件(伤心的)事要告诉你。
A. 坐下来慢慢儿说。

どうして泣いているの?
あなたに伝えなければならない(悲しい)ことがあります。
まず座って、落ち着いて話しましょう。

応用会話 17

A. 小姐,麻烦你帮我把行李从行李架上拿下来。
B. 对不起。太重了,我一个人拿不动。我再去找一个人帮忙。
A. 拜托你了。

すみませんが、私の荷物を荷物棚から降ろしていただけませんか?
申し訳ありませんが、荷物が重すぎて私1人では降ろせません。誰か手伝いの人を探しに行きます。
よろしくお願いします。

応用会話 18

MP3 CD トラック 040

A. <ruby>书<rt>shū</rt></ruby> <ruby>看<rt>kàn</rt></ruby> <ruby>完<rt>wán</rt></ruby> <ruby>以<rt>yǐ</rt></ruby> <ruby>后<rt>hòu</rt></ruby> <ruby>放<rt>fàng</rt></ruby> <ruby>哪儿<rt>nǎr</rt></ruby>?

本は読み終わったら、どこに置きますか？

B. <ruby>请<rt>qǐng</rt></ruby> <ruby>放<rt>fàng</rt></ruby> <ruby>回<rt>huí</rt></ruby> <ruby>原<rt>yuán</rt></ruby> <ruby>处<rt>chù</rt></ruby>（<ruby>去<rt>qu</rt></ruby>）。

元の場所に戻してください。

豆知識 1 「中国語の外来語とその訳」　　MP3 CD トラック 041

　日本語の外来語が原語をそのままカタカナに書き換えたものが多いのに対して、中国語は必ず漢字を使って訳します。例えば、日本人は「Lavender」をそのまま「ラベンダー」、「rugby」をそのまま「ラグビー」とカタカナに書き換えるだけですんなりとその意味が理解でき、その外来語の本来の感覚、ニュアンスが把握でき、スムーズに使えるのに対して、中国人は「Lavender」を「薫衣草」(xūn yī cǎo)(衣裳にいい香りをつける草)、「rugby」を「橄欖球」(gǎn lǎn qiú)(オリーブ形のボール)のように漢字を当てて訳さないと外来語本来の意味合いとニュアンスが把握できません。音だけの表現（ピンイン）ではスムーズに外来語を取り入れられないのです。中国語の外来語には漢字を当てるという大前提で音訳しただけのものもあれば、音訳に意訳の要素も見事に取り入れて訳したものもあります。国名と人名は基本的に音訳ですが、その国と人にふさわしい漢字を選ぶことにも工夫を凝らしています。例：アメリカは「美国」(měi guó)で、カナダは「加拿大」(jiā ná dà)です。レーガン前大統領は「里根」(lǐ gēn)と訳され、サッチャー夫人は「撒切尔夫人」(sā qiè ěr fū rén)と訳されています。また外国人の代表的な名前「ジャック」は「杰克」(jié kè)と、「エリザベス」は「伊丽莎白」(yī lì shā bái)と訳されています。

これまでに誕生した名訳をいくつか紹介します。

① 咖啡 (kā fēi)（コーヒー）［音訳］
② 巧克力 (qiǎo kè lì)（チョコレート）［音訳］
③ 可可 (kě kě)（ココア）［音訳］
④ 薫衣草 (xūn yī cǎo)（ラベンダー）（意訳）
⑤ 咖哩 (gā lí)（カレー）［音訳］
⑥ 奥林匹克 (ào lín pǐ kè)（オリンピック）［音訳］
⑦ 香草 (xiāng cǎo)（バニラ）［意訳］
⑧ 奥运会 (ào yùn huì)（オリンピック競技大会）［意訳と略称］
⑨ 迪奥 (dí ào)（ディオール）［音訳］

⑩ 宝格丽 (bǎo gé lì)（ブルガリ）
　［音訳＆意訳］「宝」は宝物、「格」は格調が高い、「丽」はきれいという意味
⑪ 宝马 (bǎo mǎ)（BMW）
　［意訳］宝物の馬という意味
⑫ 奔驰 (bēn chí)（ベンツ）
　［音訳＆意訳］「奔」も「驰」も目的地に向かって猛スピードで走るという意味
⑬ 面包车 (miàn bāo chē)（マイクロバス）
　［意訳］パンの形の車という意味
⑭ 粉底霜 (fěn dǐ shuāng)（ファンデーション）
　［音訳＆意訳］「粉」はこな、「底」は化粧の一番下の部分、「霜」はつければ霜みたいに白くなるという意味

⑮ 香奈尔（シャネル）
［音訳&意訳］「香」は香りがよい、「奈儿」は愛嬌のある佳人という意味

⑯ 可口可乐（コカコーラ）
［音訳&意訳］「可口」は口に合う、「可乐」はかなり楽しいという意味

⑰ 必胜客（ピザハット）
［音訳&意訳］必ずお客さんを勝ち取るという意味

⑱ 星巴克咖啡（スターバックスコーヒー）
「音訳」

⑲ 酒吧（バー）
［音訳&意訳］酒を飲むバー

⑳ 网吧（インターネットバー）
［音訳&意訳］インターネットカフェのこと

㉑ 网际网络（インターネット）
［意訳］「网」はネットの意味、ネットを使って交際と連絡をするという意味

㉒ 因特网（インターネット）
［音訳&意訳］

㉓ 电邮（Eメール）
［意訳］電子郵便という意味

㉔ 伊妹儿（Eメール）［音訳］

㉕ 扒金库（パチンコ）
「音訳 & 意訳」お金を掘り出す倉庫という意味

㉖ 维他命（ビタミン）
［音訳 & 意訳］人の命を維持するという意味

㉗ 血拼（ショッピング）
「音訳 & 意訳」血ほど貴重な金を出して、必死に買い物をするという意味

㉘ 瞎拼（ショッピング）
「音訳 & 意訳」目が見えないように、目的もなく買い物をするという意味

㉙ 迷你裙（ミニスカート）
［音訳&意訳］「迷你」は「あなたを魅了する」、「裙」はスカートの意味

㉚ 时装秀（ファッションショー）
「音訳 & 意訳」時代の服装を見せるという意味

㉛ 爱疯（i-Phone）
「音訳 & 意訳」気が狂うほど愛しているという意味

㉜ 迪斯尼乐园（ディズニーランド）
［音訳&意訳］ディズニーの楽園という意味

㉝ 水疗中心（スパー）
［意訳］「保健洗浴中心」ともいう。水療法のこと

㉞ 康乃馨（カーネーション）
［音訳&意訳］「康」は「健康」の、「乃」は「の」意味。「馨」は温かい、香が良いという意味で、3つの文字の組み合わせは、母親のイメージとぴったり。

㉟ 金年轮（バームクーヘン）
［意訳］「バームクーヘン」のバームはドイツ語では年輪の、クーヘンはドイツ語ではケーキの意味
「年轮」の中国語はドイツ語からの直訳で、「金」はケーキの黄色を指している

7. 宿　題

（解答は P.483）

1. 次の質問を中国語に訳し、中国語で答えも書きなさい。

① どうして、中国語を学ぶ人が世界でだんだん多くなってきたのですか？

　Q：＿＿＿＿＿＿＿＿＿＿＿＿＿＿＿＿＿＿＿＿＿＿＿＿＿＿＿

　A：＿＿＿＿＿＿＿＿＿＿＿＿＿＿＿＿＿＿＿＿＿＿＿＿＿＿＿

②彼はどうして中国語を学ぶのですか？

　Q：＿＿＿＿＿＿＿＿＿＿＿＿＿＿＿＿＿＿＿＿＿＿＿＿＿＿＿

　A：＿＿＿＿＿＿＿＿＿＿＿＿＿＿＿＿＿＿＿＿＿＿＿＿＿＿＿

③ すべての言語の中で、どうして中国語の発音が一番難しいのですか？

　Q：＿＿＿＿＿＿＿＿＿＿＿＿＿＿＿＿＿＿＿＿＿＿＿＿＿＿＿

　A：＿＿＿＿＿＿＿＿＿＿＿＿＿＿＿＿＿＿＿＿＿＿＿＿＿＿＿

④ 発音をきちんとマスターするキーポイントは何ですか？

　Q：＿＿＿＿＿＿＿＿＿＿＿＿＿＿＿＿＿＿＿＿＿＿＿＿＿＿＿

　A：＿＿＿＿＿＿＿＿＿＿＿＿＿＿＿＿＿＿＿＿＿＿＿＿＿＿＿

⑤ どうして日本人は、中国語を学べば学ぶほど面白いと感じるのですか？

　Q：＿＿＿＿＿＿＿＿＿＿＿＿＿＿＿＿＿＿＿＿＿＿＿＿＿＿＿

　A：＿＿＿＿＿＿＿＿＿＿＿＿＿＿＿＿＿＿＿＿＿＿＿＿＿＿＿

⑥ ご自分の中国語の勉強を、どのように思っておられますか？

　　Q：＿＿＿＿＿＿＿＿＿＿＿＿＿＿＿＿＿＿＿＿＿＿＿＿＿＿＿＿＿

　　A：＿＿＿＿＿＿＿＿＿＿＿＿＿＿＿＿＿＿＿＿＿＿＿＿＿＿＿＿＿

2．次の文型を使って文を作りなさい。

① 越来越…

＿＿＿＿＿＿＿＿＿＿＿＿＿＿＿＿＿＿＿＿＿＿＿＿＿＿＿＿＿＿＿＿

② 越…越觉得…

＿＿＿＿＿＿＿＿＿＿＿＿＿＿＿＿＿＿＿＿＿＿＿＿＿＿＿＿＿＿＿＿

③ 对于…来说

＿＿＿＿＿＿＿＿＿＿＿＿＿＿＿＿＿＿＿＿＿＿＿＿＿＿＿＿＿＿＿＿

④ 先…然后…

＿＿＿＿＿＿＿＿＿＿＿＿＿＿＿＿＿＿＿＿＿＿＿＿＿＿＿＿＿＿＿＿

⑤ 不仅…而且…

＿＿＿＿＿＿＿＿＿＿＿＿＿＿＿＿＿＿＿＿＿＿＿＿＿＿＿＿＿＿＿＿

⑥ 只要…就…

＿＿＿＿＿＿＿＿＿＿＿＿＿＿＿＿＿＿＿＿＿＿＿＿＿＿＿＿＿＿＿＿

3. 次の日本文を中国文に訳しましょう！

① 中国語の最新用語が多すぎて、なかなか覚えられません。

② 日本語で使われている外来語は原語をそのままカタカナに書き換えたものが多いのに対して、中国語は必ず漢字を使って訳します。でないと、中国人はその意味を理解できません。

③ 今はアメリカだけではなく、ヨーロッパ諸国も債務に悩まされています。

④ 世界銀行の予測では、50年後に中国は裕福な国になります。その頃、中国語を勉強する人がますます増えるでしょう。

⑤ 上級学習者にとっては、同義語の使い分けを理解し、かつ適切に使い分けられることが大切です。

4. 次の外来語を中国語に訳しましょう！

① フェイスブック

② ソニー

③ カシオ

④ ブラックボックス

⑤ ケンタッキー

⑥ マクドナルド

⑦ ティラミス

⑧ ダージリン（紅茶）

5. 作文「我的中文学习」を書きなさい。

第2課 工作和人生

仕事と人生

1. 本 文

现代人为了生存都必须工作。如果你能找到一份自己喜欢的工作,那无疑是非常幸运的。如果只是为了生活而不得不忍受做一份自己不喜欢的工作,那就有点儿不幸了。

要工作就会有压力,即使是做自己喜欢的工作,有时候也会感到很大的压力。

我是一个电视新闻节目主持人,我的节目做得相当成功。收视率高,观众对我的评价也好,但是我在工作中还是常常感到压力。比如:早上一睁开眼我就会着急,明晚播什么?哪里有好的新闻线索?如何安排采访等等。时间长了这种压力和忙碌的生活相结合,很容易使人变得焦躁不安。工作的乐趣也就越来越少了。

焦躁和压力对身心不益,所以现在我正在学习自我调整心态,放慢脚步,用其它方法来舒缓工作压力。比如:周末去看看电影和家人朋友一起吃吃饭,定期放长假外出旅行,暂时离开压抑的工作环境等等。

我相信只要人们选择一份自己喜欢的工作，
掌握做好工作的窍门儿并学会自我缓解压力，
那你就一定会享受你的工作进而享受人生。
祝大家工作愉快！

2. 新しい単語

MP3 CD トラック043

1. 生存　　　　　　　　　　　　［名詞・動詞］　生存（する）

△ 由于海洋污染，鱼类的生存环境遭到破坏。　　海洋の汚染で、魚類の生存環境が破壊された。

2. 如果　　　　　　　　　　　　［連詞］　もし…ならば

△ 如果没有钱就无法生存。　　お金がなければ生きていけない。

3. 能找到　　　　　　　　　　　［動詞］　見つけられる

　　找不到　　　　　　　　　　［否定形］　見つけられない

△ 以前大学毕业以后就能找到工作，现在有很多人硕士毕业以后也找不到工作。　　昔は大学を卒業したら、すぐ仕事が見つかったが、今は大学院（修士課程）を卒業しても、多くの人が仕事を見つけられない。

4. 一份　　　　　　　　　　　　［量詞］　仕事やプレゼントを数える数量詞

△ 过生日的时候，他收到了一份生日礼物。　　誕生日に、彼は誕生日プレゼントを1つもらった。

△ 他找到了一份好工作。　　彼はいい仕事を見つけました。

5. 无疑是…　　　　　　　　　　［副詞］　…に違いない、きっと

6. 幸运 xìng yùn [形容詞] 幸運な、ラッキーな

不幸 bú xìng [否定形] 不運な、アンラッキーな

△ 幸运抽奖 xìng yùn chōu jiǎng くじ引き

△ 他中奖了。 tā zhòng jiǎng le 彼は宝くじに当たった。

△ 他是一个幸运的人。 tā shì yí ge xìng yùn de rén 彼はラッキーな人です。

△ 他的婚姻生活很不幸。 tā de hūn yīn shēng huó hěn bú xìng 彼の結婚生活はとても不幸です。

7. 只是 zhǐ shì [副詞] ただ…である、…するだけ

△ 只是看看。 zhǐ shì kàn kan 見るだけです。

8. 就 jiù [副詞] 関連単語の前に置き、強調を示す

△ 这里就是我的家。 zhè lǐ jiù shì wǒ de jiā ここは(すなわち)私の家です。

△ 有时间就会去。 yǒu shí jiān jiù huì qù 時間があったら、きっと行く。

9. 压力 yā lì [名詞] (精神的な)圧力、プレッシャー

△ 生活中有很多压力。 shēng huó zhōng yǒu hěn duō yā lì 生活の中には、たくさんのプレッシャーがある。

△ 感到很大的压力。 gǎn dào hěn dà de yā lì 大きなプレッシャーを感じる。

10. 即使…也 jí shǐ yě [文型] たとえ…であっても、仮に…であっても

△ 日本人即使不会说英语也能在新加坡生活。 rì běn rén jí shǐ bú huì shuō yīng yǔ yě néng zài xīn jiā pō shēng huó 日本人は、たとえ英語ができなくてもシンガポールでは生活ができます。

11. 新闻 xīn wén [名詞] ニュース、新聞記事

△ 国际新闻 guó jì xīn wén 国際ニュース

12. 节目 jié mù [名詞] 番組、プログラム

△ 现在通过卫星可以收看到很多国家的电视节目。　　今は衛星を通して多くの国のテレビ番組が見られます。

13. 主持人　　[名詞]　　司会者

△ 在朋友的婚礼上，他担任婚礼主持人。　　友人の結婚式で彼は司会を務めます。

14. 相当　　[副詞]　　相当、なかなか、かなり

△ 这套家具相当不错。　　この家具セットはかなりいい。

15. 成功　　[名詞・動詞]　　成功（する）

△ 失败是成功之母。　　失敗は成功の母。

16. 收视率　　[名詞]　　視聴率

△ 收视率高／低。　　視聴率が高い／低い。

△ 收视率好／不好。　　視聴率がいい／悪い。

17. 观众　　[名詞]　　観衆、視聴者

听众　　[名詞]　　リスナー

18. 对人的评价　　[前置詞フレーズ]　　…に対する評価

△ 公司对他的评价很高。　　会社の彼に対する評価はとても高い。

19. 比如　　[連詞]　　例えば

20. 一 v1 就 v2　　[文型]　　V1 したらすぐ V2 する

△ 他一回家就玩儿游戏机。　　彼は帰ったら、すぐゲームをする。

21. 睁开眼　　[動目フレーズ]　　目が覚めたら、目を開く

22. 着急　　[動詞]　　焦る

△ 别着急慢慢儿来。　　焦らないで、ゆっくりやりなさい。

第 2 課

87

23. 播(放) [動詞] 音楽や番組を流す
△ 12月百货店内都播放圣诞乐曲。 12月には、デパートの店内ではどこでもクリスマスソングを流します。

24. 线索 [名詞] 手がかり、糸口
△ 发现了新线索。 新しい手がかりが見つかった。

25. 如何 [副詞] どのように、いかに、「怎么样」の文章用語
△ 结果如何无人知晓。 結果がどうなるかは誰も知らない。

26. 安排 [動詞] 段取りをする、手配する
△ 请帮我安排一个单间。 シングルルームを1つお願いします。

27. 采访 [動詞] 取材する、インタビューをする

28. 时间长了 [短文] 時間が長くなったら
△ 时间长了就习惯了。 今に慣れますよ。

29. 忙碌 [形容詞] 忙しい
△ 每天忙忙碌碌。 毎日忙しく過ごす。

30. 结合 [名詞・動詞] 結合(する)、一緒になる

31. 使人 [前置詞] 人を…させる
△ 相声使人开心。 漫才は人々を喜ばせる。

32. 焦躁不安 [四字成語] いら立って不安を感じる
烦躁不安 [四字成語] いら立って不安を感じる
△ 大海啸后没有亲人的消息他觉得烦躁不安。 津波の後、身内の消息が得られず、彼は不安でいら立っています。

33.	调整心态 (tiáo zhěng xīn tài)	[動目フレーズ]	気持ちと考え方を変える、精神状態を整える
34.	放慢脚步 (fàng màn jiǎo bù)	[動目フレーズ]	歩くスピードを落とす
35.	舒缓 (shū huǎn)	[動詞]	和らげる、穏やかにさせる、緩やかな
△	练习瑜伽可以舒缓焦躁的情绪。(liàn xí yú jiā kě yǐ shū huǎn jiāo zào de qíng xù)		ヨガをするという立った精神を穏やかにできる。
36.	看看 (kàn kan)	[動詞]	ちょっと見る
△	让我看看。(ràng wǒ kàn kan)		ちょっと見せてください。
△	吃吃饭。(chī chi fàn)		軽く食事をする
37.	定期 (dìng qī)	[副詞]	定期的に
△	人们应该定期体检。(rén men yīng gāi dìng qī tǐ jiǎn)		人々は定期的に健康診断を受けなければならない。
38.	放假 (fàng jià)	[動詞]	休みになる
△	给自己放一个长假。(gěi zì jǐ fàng yí ge cháng jià)		自分に長い休みをあげる。
39.	暂时 (zàn shí)	[副詞]	しばらく、一時的に
△	暂时不要。(zàn shí bú yào)		今のところはいらない。
40.	离开 (lí kāi)	[動詞]	離れる
△	他离开家乡已经一年了。(tā lí kāi jiā xiāng yǐ jīng yì nián le)		彼がふるさとを離れて、もう1年になりました。
41.	压抑 (yā yì)	[動詞・形容詞]	抑えつける、重苦しい
△	医院的气氛很压抑。(yī yuàn de qì fēn hěn yā yì)		病院の雰囲気は重苦しい。
42.	选择 (xuǎn zé)	[動詞・名詞]	選ぶ、選択（する）
43.	掌握 (zhǎng wò)	[動詞]	把握（する）、マスターする

△ 掌握一门技能很重要。　　　　スキルを身につけることは、とても大切です。

44. 窍门儿　　　　［名詞］　　コツ
45. 缓解　　　　　［動詞］　　和らげる
△ 缓解压力。　　　　　　　　　プレッシャーを和らげる。
46. 进而　　　　　［連詞］　　さらには

3. 訳　文

　現代人は生きるために必ず働かなければならない。もしあなたが自分の好きな仕事を見つけられれば、疑いもなくそれはとても幸運である。もしただ生活のためだけに自分の好きではない仕事を、耐え忍んでやらざるを得ないのなら、それは少し不幸なことである。

　仕事にはプレッシャーがつきものである。たとえ自分の好きな仕事をしていても、時には大きなプレッシャーを感じるだろう。

　私はテレビのニュース番組のキャスターである。私の番組はかなり成功しており、視聴率は高く、私への視聴者の評価もとてもよい。しかし私は仕事において常々プレッシャーを感じている。例えば、朝、目を覚ました瞬間から焦りを感じる。明日の夜は何を放送しよう？　どこにニュースの良い糸口があるだろうか？　インタビューの手配をどうしよう？　などなど。それが続くうちに、この種のプレッシャーと忙しい生活があいまって、私はいら立ちや不安を覚えやすくなった。仕事の喜びもだんだん薄れてきた。

　いら立ちとプレッシャーは心身によくない。だから今、私は自分で自身の精神を整え、仕事のペースをスローダウンし、別の手段を使って仕事のプレッシャーを和らげることを学んでいる。例えば、週末には映画を見に行ったり、家族や友人たちと食事をしたり、定期的に長期の休みをとって外国へ旅行に行ったりして一時的に重苦しい仕事環境を離れるなどである。

　人々は自分の好きな仕事を選び、仕事を上手にこなすコツをつかみ、かつ、自分でプレッシャーを和らげることを会得しさえすれば、必ず仕事をエンジョイできる、さらには人生をエンジョイできると信じている。

　皆さまが楽しく働けることを願っています！

4. 文型と慣用句

MP3 CD トラック 044

1. 　| 如果 |
　　| 假如 | 述V1目1 就 述V2目2 ／もし V1目1 するなら、V2目2 もする

△ <u>rú guǒ</u> dà jiā dōu qù, wǒ <u>jiù</u> qù。
　<u>如果</u>大家都去,我<u>就</u>去。／もし皆さんが行くなら、私も行きます。

△ <u>rú guǒ</u> guì gōng sī néng mǎn zú wǒ men de xū qiú liàng, wǒ men <u>jiù</u> jiē shòu guì gōng sī de jià gé
　<u>如果</u>贵公司能满足我们的需求量,我们<u>就</u>接受贵公司的价格。
　／もし貴社が当方の需要量を満たしてくれるなら、貴社の価格も受け入れます。

△ <u>jiǎ rú</u> tōng bu guo kǎo shì, wǒ <u>jiù</u> bù néng bì yè
　<u>假如</u>通不过考试,我<u>就</u>不能毕业。
　／もし試験にパスしなかったら、私は卒業できません。

解釈1 「如果」の後には仮説条件文が来ます。「就」の後には結果文が来ます。「就」を述語動詞の前に置いて、その結果を強調します。「如果」の後の主語と「就」の前の主語は同じである場合もあるし、違う場合もあります。

2. 　只是为了… 而／才 …／ただ…のために…する（なら）…である

△ zhǐ shì wèi le zhuàn qián ér gōng zuò, rén shēng jiù tài wú liáo le
　只是为了赚钱而工作,人生就太无聊了。
　／ただお金を稼ぐために働くなら、人生はあまりに味気ない。

△ wǒ zhǐ shì wèi le ràng fù mǔ gāo xìng cái gēn tā jié hūn
　我只是为了让父母高兴才跟她结婚。
　／私は、ただ両親を喜ばせるために彼女と結婚しました。

解釈2 「只是为了」の後には動目フレーズが置かれ、而／才の後の動作行為を行う唯一の目的／原因を述べます。

3. 要… 就会… /…するなら必ず…

△ <u>要</u>投资<u>就会</u>有风险。/ 投資にはリスクがつきものだ。

△ <u>要</u>学习<u>就会</u>有压力。/ 勉強するには必ずプレッシャーが伴う。

解釈 3 ここの「要」は「如果」の意味です。「要」の後には動目フレーズが置かれ、「就会」の後には、必ず出現する可能性を述べる別の動目フレーズが置かれます。

4. 即使(是)… 也… / 仮に…しても(仮に…であっても)、たとえ…としても

△ <u>即使是</u>老师<u>也</u>要不断地学习。
/ 教師であっても、絶えず勉強しなければなりません。

△ <u>即使是</u>名牌产品<u>也</u>要更新设计。
/ ブランド品であっても、デザインを更新しなければならない。

解釈 4a 上記の例文のように「即使…」の後に名詞が来る場合、「是」は省略できませんが、下記の例文のように「即使…」の後に動詞、動目フレーズ、形容詞あるいはセンテンスが来る場合には、「是」を省略できます。

△ 即使(<u>是</u>)有钱,心眼儿不好也不会有好报。
/ たとえお金があっても、心根が悪いと、良い報いを受けません。

△ 即使(<u>是</u>)条件再好,我也不羡慕。
/ たとえどんなに条件が良くても、私は羨ましくないです。

△ 即使(<u>是</u>)再难,我也要挑战。
/ どんなに難しくても、チャレンジしてみたいです。

△ 即使(<u>是</u>)最后失败,我也要尝试一下儿。
/ たとえ結果が失敗だとしても、私はやってみたい。

解釈 4b 「即使」の後には仮設文、「也」の後には、結論文が来ます。

5. 就是…也… / 仮に…しても（仮に…であっても）、たとえ…としても

　　　jiù shì shàng dāo shān xià huǒ hǎi yě yào wán chéng rèn wu
△ 就 是 上 刀 山 下 火 海 也 要 完 成 任 务。
　　/たとえ剣の上を歩き、火の海に飛び込むような大変な困難があろうと、任務を全うしなくてはなりません。

　　　jiù shì yào fàn yě bù qù nǐ jiā yào
△ 就 是 要 饭 也 不 去 你 家 要。
　　/たとえ乞食になろうと、あなたの家のお世話にはなりません。

　　　jiù shì tiān tā xià lái yě děi qù
△ 就 是 天 塌 下 来 也 得 去。
　　/たとえ天が落ちてこようと、行かねばなりません。

解釈5 [就是…也]は「即使…也…」と使い方は同じですが、[就是…也]の方は口語に使うことが多い上、もっと誇張的な感情的な色合いの強い文に使います。「就是」の後に発生不可能、もしくはほぼ発生不可能な状況の文が来ます。

6. 只要… 就… /…さえすれば、…である限り

　　　zhǐ yào měi guó bù cóng yī lā kè chè jūn zhàn zhēng jiù bú huì zhēn zhèng jié shù
△ 只 要 美 国 不 从 伊 拉 克 撤 军，战 争 就 不 会 真 正 结 束。
　　/アメリカがイラクから軍隊を撤退しない限り、本当の意味での終戦は来ない。

　　　zhǐ yào yǒng yú tiǎo zhàn jiù huì yǒu chéng gōng de jī huì
△ 只 要 勇 于 挑 战 就 会 有 成 功 的 机 会。
　　/勇敢にチャレンジすれば、きっと成功のチャンスがある。

解釈6 「只要」の後には条件文、「就」の後には結果文が来ます。

トピック会話 2

A. 平井先生,听说最近你想换一份工作,找到新的工作了吗?

B. 还没有,最近经济不景气,不太容易找到满意的工作。

A. 是不是你要求太高了?

B. 不是,是公司出价太低,还不如我原来的薪水多。

A. 那你就在原来的公司干吧!

B. 原来的公司有很多问题,比如:工作量太大又要常常加班和出差,累得我喘不过气来,我担心自己的身体会垮掉。

A. 那的确很严重。你有没有去人才公司登记?还有也可以找找猎头公司。

B. 猎头公司是来猎我,不是我找他们。

A. 说的也是。那把你的要求告诉我,我上网帮你查查。

B. 那太谢谢你了。拜托了。

A. 我尽力而为。

トピック会話2　訳文

A. 平井さん、最近転職を望んでいるそうですが、新しい仕事は見つかりましたか？

B. まだだよ。最近は不景気だから、満足できる仕事を見つけるのも簡単ではないね。

A. 求める条件が良すぎるのでは？

B. いや。会社の提示額が低すぎるんだよ、元の給料にも及ばないんだ。

A. では元の会社で働けばいいでしょう！

B. 今の会社は問題が多いんだ。例えば、仕事量がとても多い上、しょっちゅう残業や出張をしなければならない。もう疲れてクタクタだから、体を壊さないか心配だよ。

A. それは確かにひどいですね。人材バンクに登録していないのですか？　他にもヘッドハンティング会社を訪ねてみる手もありますよ。

B. ヘッドハンティング会社は向こうから訪ねて来るもので、自分から訪ねるものではないね。

A. それもそうですね。ではあなたの条件を教えてください、私がネットで検索してみましょう。

B. それはありがたいね。よろしく頼むよ。

A. ベストを尽くしますよ。

5. キーポイント　MP3 CDトラック046

「后悔」「懊悔」「懊恼」「懊丧」の使い分け

日本語の「悔しい」と言う単語は中国語に訳す時、状況や場面や話す内容によって、それぞれ違う訳文になります。ここではその使い分けを紹介します。

后悔	懊悔	懊恼	懊丧
①過去の行動に対して、「後悔」の思いを抱えている。	①過去に誰かにした不適切な行動や失礼なことを、今になって悔やんだり、申し訳ないと思う。	①自分の実力不足や油断による失敗をとても悔やみ、自分自身に怒りを感じる。	①自分のミスによる失敗を悔やみ、完全に元気をなくし、落ち込んでいる。
△因为贪恋财富,他没有娶相爱的初恋情人而是娶了有钱人家的小姐,现在过得不幸福,他很后悔。／彼はお金に執着したため、相思相愛の初恋の恋人と結婚せずに、金持ちのお嬢さんをもらった。今、不幸せに過ごしており、大変後悔している。	△就象俗话说的「子欲养而亲不在」,我年轻时没有好好儿孝顺父母,现在父母不在了,我感到很懊悔。／ことわざで「親孝行、したい時には親はなし」と言うように、私は若い頃、親孝行をしなかったので、親がなくなった今は後悔しています。	△我差两分没考上名牌大学真是懊恼极了。／2点の差で名門大学に入れず、悔しくてたまりません。	△我的男朋友被我的女朋友抢走了,我真是懊丧极了。／ボーイフレンドを女性の友達に奪われ、悔しくて落ち込んでいます。
△我很后悔上外语大学的时候选择了波斯语。／外国語大学でペルシャ語を専攻したことを後悔しています。	△她小时候欺负别的同学,现在觉得很懊悔。／彼女は小さい頃にクラスメートをいじめたことを、今は申し訳なく思っている。	△他们队因为罚点球失误没拿到冠军,非常懊恼。／彼らのチームはペナルティキックをミスし、優勝できなかったので、とても悔しがっている。	△我中了大奖,但是却把奖券丢了,懊丧不已。／高価な宝くじが当たったのに、宝くじ券をなくして、残念でたまりません。

后悔	懊悔	懊恼	懊丧
② a.「后悔」は心理活動動詞として使われる。	② a.「懊悔」は心理活動動詞として使われる。=「后悔」a.	② a.「懊恼」は心理活動動詞として使われる。=「后悔」a.	② a.「懊丧」は心理活動動詞として使われる。=「后悔」a.
b. 心理活動動詞は人間の心理活動・心理状態を表すので、基本的には形容詞と同じ使い方となる。	b. 心理活動動詞は人間の心理活動・心理状態を表すので、基本的には形容詞と同じ使い方となる。=「后悔」b.	b. 心理活動動詞は人間の心理活動・心理状態を表すので、基本的には形容詞と同じ使い方となる。=「后悔」b.	b. 心理活動動詞は人間の心理活動・心理状態を表すので、基本的には形容詞と同じ使い方となる。=「后悔」b.
c.「后悔」の過去形表現は形容詞と同じで、「很后悔」の後には「了」をつけず、過去時間詞を用いて過去を表す。	c.「懊悔」の過去形表現は形容詞と同じで、「很懊悔」の後には「了」をつけず、過去時間詞を用いて過去を表す。=「后悔」c.	c.「懊恼」の過去形表現は形容詞と同じで、「很懊恼」の後には「了」をつけず、過去時間詞を用いて過去を表す。=「后悔」c.	c.「懊丧」の過去形表現は形容詞と同じで、「很懊丧」の後には「了」をつけず、過去時間詞を用いて過去を表す。=「后悔」c.
d.「后悔」の前にはよく程度副詞「很」「非常」が置かれる。「后悔死了」も使われる。	d.「懊悔」の前にはよく程度副詞「很」「非常」が置かれる。=「后悔」d.	d.「懊恼」の前にはよく程度副詞「很」「非常」が置かれる。また「懊恼极了」「懊恼死了」もよく使われ、程度の甚だしさを表す。「…死了」「…极了」は「極めて…である」の意味を持つ固有表現で、「了」があっても過去形ではない。	d.「懊丧」の前にはよく程度副詞「很」「非常」「特別」が置かれる。また「懊丧极了」もよく使われるが、「懊丧死了」はあまり使われない。
e.「后悔」は限定語として、使われる時もあります。	e.「懊悔」は限定語として使われる時もあります。	e.「懊恼」は限定語として使われる時もあります。	e.「懊丧」は限定語として使われる時もあります。
△前一阵子，我对这件事觉得很后悔。 / 少し前まで、私は本件に対してとても後悔していた。	△以前他深深地伤害了他的家人，现在他觉得很懊悔。 / 昔、家族を深く傷つけたことを、彼は今、とても悔やんでいる。	△我刚买了房子，房价就跌了，真是懊恼死了。 / 私が家を買ってすぐに、不動産価格が下落したので、悔しくてたまりません。	△因为服食了兴奋剂，他被取消了参赛资格。这件事让他和教练相当懊丧。 / 覚醒剤の使用で、彼は試合参加資格を奪われた。この件により、彼と彼のコーチは相当落ち込んでいる。

第2課

后悔	懊悔	懊恼	懊丧
△他很后悔⨯ gàn xià le bǎng jià àn 干下了绑架案。 /彼は誘拐事件を起こしたことを、とても後悔している。	△由于自己没 dīng jǐn ér sǔn shī le yī dà bǐ shēng yì 盯紧而损失了一大笔生意， duì cǐ tā gǎn dào fēi cháng ào huǐ⨯ 对此他感到非常懊悔⨯。 /彼は自分がしっかりと見ていなかったことで、大口の商売で損失を出した。彼はこれに対し非常に悔やんでいる。	△上次差一分 shàng cì chà yī fēn méi tōngguòzhōng jiǎn zhǔn yī jí de kǎo shì, zhēn shì ào nǎo jí le 没通过中检准一级的考试，真是懊恼极了。 /前回は1点の差で、中検準1級に落ちたので、本当に悔しくて、自分が腹立たしかった。	
③「后悔」の後には動目フレーズとセンテンスを置けるが、単独の名詞は置けない。	③「懊悔」の後には目的語がほとんど来ない。「懊悔」の目的語は前置詞を通して表現する。	③「懊恼」の後には目的語が来ない。「懊恼」の目的語は前置詞を通して表現する。＝「懊悔」③	③「懊丧」の後には目的語が来ない。「懊丧」の目的語は前置詞を通して表現する。＝「懊恼」③
△他很后悔进 tā hěn hòu huǐ jìn le zhè yī háng 了这一行。 /彼はこの業界に入ったことを、とても後悔しています。 △他很后悔年 tā hěn hòu huǐ nián qīng shí méi yǒu hǎo hǎor zhào gù shēn tǐ 轻时没有好好儿照顾身体。 /彼は若い時、自分の健康に注意しなかったことを、とても後悔しています。 △他很后悔看 tā hěn hòu huǐ kàn nà ge kǒng bù piàn 那个恐怖片。 /あの怖い映画を見たのを後悔している。 ⨯他很后悔那个恐怖片。 目	△对这次列车 duì zhè cì liè chē zhuī wěi zào chéng rén míng shāng wáng de shì gù, guǎn lǐ céng shēn gǎn ào huǐ 追尾造成人命伤亡的事故，管理层深感懊悔。 /今回の列車の追突による乗客の死傷事故に対して、管理層は大変申し訳なく思っている。 ⨯深感懊悔这次事故。 目	△刚把房子脱 gāng bǎ fáng zi tuō shǒu, fáng jià jiù zhǎng le, duì cǐ wǒ ào nǎo bù yǐ 手，房价就涨了，对此我懊恼不已。 /家を手離して、すぐに、不動産の売価が上がったので、これに対して、悔しさと憤りを感じた。 ⨯我懊恼这件事。 目	△他应得的遗产 tā yīng dé de yí chǎn bèi xiōng dì guā fēn le, tā duì cǐ gǎn dào xiāng dāng ào sàng 被兄弟瓜分了,他对此感到相当懊丧。 /彼がもらうべき遺産の一部を兄弟が奪ったので、彼はこれに対して、相当悔しい思いをし、落胆している。 △他没有及时捐 tā méi yǒu jí shí juān shèn jiù tā de dì di, jié guǒ tā dì di guò shì le. duì cǐ tā gǎn dào jí qí ào sàng 肾救他的弟弟,结果他的弟弟过世了。对此他感到极其懊丧。 /彼がタイミングよく、弟に腎臓を提供しなかったため、彼の弟は亡くなった。彼はそれを悔やみ、かなり落ち込んでいる。 ⨯懊丧遗产被瓜分。 目

后悔	懊悔	懊恼	懊丧
④「对…感到/觉得后悔」/…に対して後悔している	④「懊悔」は限定語として使われることもある。※P.98「懊悔」の1個目の例文を参照。	④「对…感到/觉得懊恼」/…に対して悔しく思っている、…に対して思い悩んでいる	④「对(于)…感到/觉得懊丧」/…に対して悔やみ、落胆している
△他对扩大投资导致了失败感到后悔。/彼は、投資拡大が招いた失敗に対して後悔している。△消防局对没能及时救助受伤人员感到后悔。/消防局は、適時に負傷者を救助できなかったことに後悔している。	△作为一个人在漫长的人生中，没有做过让自己懊悔的事是很不容易的。/人間は長い人生の中でいっさい悔いのない行動を取ることは容易ではありません。※对…感到/觉得懊悔/…に対して悔んでいる。	△我对弄丢了奖金感到懊恼。/ボーナスをなくしたことを悔んでいる。	△公司全体对于这个大项目的竞标失败感到懊丧。/この大プロジェクトの入札失敗に対して、会社全体が意気消沈しています。
⑤ a.「后悔了」は「后悔」していない状態から「后悔」する状態になった。その気持ちの変化を「了」で表している。	⑤ ✕「懊悔了」はあまり使われない。	⑤ ✕「懊恼了」はあまり使われない。	⑤ ✕「懊丧了」はあまり使われない。

△移居国外开始不后悔，后来后悔了。
/外国に移住したばかりの頃は後悔していなかったが、後に後悔するようになった。

b.「已经很后悔了」は1つの固有表現で、この文型の中の「了」は感嘆助詞「よ」「ね」の意味。

△关于考试作弊这件事他已经很后悔了，你别再责怪他了。
/試験でカンニングをした件を、彼はすでにとても後悔しているのですよ、これ以上彼を責めないでください。

⑥四字成語 「后悔莫及」=「追悔莫及」/後悔先に立たず → 文型 对…(感到)追悔莫及

△他年轻的时候干了很多坏事，老了以后对此感到追悔莫及。
/彼は若い頃に多くの悪事を働いたことを老いてから悔やんでいるが、後悔先に立たずである。

練習：次の日本文を中国語に訳しなさい。　　　　　　　　（解答は P.484）

① この大口の商いを競争相手に奪われ、本当に面白くないです。

② （恋の）ライバルに負けて悔しいです。

③ 世の中には後悔の薬を売っていません。
　＊（後悔の薬＝しまったと後から悔やむことのたとえ）

④ 3回受けても中検1級にパスできなかったので、とても残念です。

⑤ 1回の手術ミスで医者の資格を取り消されて、まさに地に落ちた気分です。

⑥ 両親が健在の時に、もっとそばにいてあげればよかったのに、今はもう後悔先に立たずです。

⑦ 年末試験で、クラスメートに負けると悔しいので、今からもっと頑張ります。

⑧ 将来、後悔したくなければ、今すぐ告白した方がいい。

6. 文法ポイント

「得」を使う程度補語と様態補語
MP3 CD トラック 050

(1) 補語の役割と種類

　述語動詞や形容詞が表す様態、動作・行為のより具体的な補足情報を述語の後から加え、補足説明する成分を補語と言います。補語にはいくつかの種類がありますが、ここでは「得」を使う程度補語と様態補語を紹介します。程度補語は述語の程度を補足説明し、様態補語は述語の状態を補足説明します。

例△ 小女孩儿 穿 得 很 漂 亮。　　／女の子は綺麗な服を着ています。
　　　　　　　　　　様態補語

　△ 他 跑 得 很 快。　　／彼は速く走ります。
　　　　　　　程度補語

MP3 CD トラック 051

(2) センテンスの中での補語の位置

　中国語では「時間状況語」「場所状況語」「方式方法状況語」などの連用修飾語は述語の前に置き、述語の程度や様態を補足説明する補語は述語の後に置きます。

例△ 我 四点 吃饭。　　／私は4時にご飯を食べます。
　　時間状況語　述語V.

　△ 他 在中国 工作。　　／彼は中国で仕事をします。
　　　場所状況語　　述語V.

　△ 他们 走着 来 的。　　／彼らは歩いて来たのです。
　　　　方式状況語　述V.

　△ 今天 热 得 受不了。　　／今日は暑くてたまりません。
　　　　　述adj.　　補語

　△ 他的中文 说 得 很好。　　／彼の中国語はとても上手です。
　　　　　　　述語V.　　補語

(3)「得」の役割と意味

「得」は構造助詞です。構造助詞とは、文の中の個々の成分を結びつけるための役割を果たします。「得」は虚詞です。虚詞は実際には意味がなく、文法上の役割のみを果たすだけです。つまり程度補語と様態補語の中の「得」は程度補語、様態補語を導く印（マーカー）となるためにのみ置かれ、補語文では固有の意味はありません。日本語の連用修飾成分中の「く」や「に」に相当します。

例△老师 讲课 讲 得 非常 清楚 易懂。
　　　　　　述V.・　　　　補語
　　　　／先生の講義はとても明確で分かりやすい。

△铃木一郎 棒球 打 得 特棒、跑 得 也很快。
　　　　　　述V.・　補語　　　　　補語
　　　　／イチローは打撃も上手いし、足も速い。

(4)「得」で導く補語文の語順と基本構造

中国語の補語文では「時間状況語」、「場所状況語」、「範囲状況語」、「原因理由状況語」が補語と併用できます。「程度状況語」と「様態状況語」、「方式状況語」は補語とは併用できませんが補語に転換できます。状況語と補語の転換に関しては「本気で学ぶ中級中国語」の第3課の文法ポイントを参照してください。

中国語補語文の基本構造は以下の通りです。

1. 陳述文

   ①基本形

a. | 主語 + 状況語 + 動詞/形容詞 ・ 得 ・ (很・形容詞)程度/様態補語 |

△ 学生 高考前 学习 得 很苦。
　xué sheng　gāo kǎo qián　xué xí　de　hěn kǔ
　／受験生は大学受験の前に必死に勉強します。

△ 房价 现在 涨 得 很离谱。
　fáng jià　xiàn zài　zhǎng　de　hěn lí pǔ
　／家の価格は今異常に上がっています。

△ 她 这次 嫁 得 很好。
　tā　zhè cì　jià　de　hěn hǎo
　／彼女は今回良い結婚をしました。

△ 他 刚才 躲 得 远远的。
　tā　gāng cái　duǒ　de　yuǎn yuǎn de
　／彼は巻き込まれないように先ほど現場から姿を消した。

△ 他 今天 来 得 很早。
　tā　jīn tiān　lái　de　hěn zǎo
　／彼は今日来るのが早かった。

△ 我 昨天 起 得 非常晚。
　wǒ　zuó tiān　qǐ　de　fēi cháng wǎn
　／私は昨日起きるのが遅かった。

△ 马 比赛时 跑 得 非常快。
　mǎ　bǐ sài shí　pǎo　de　fēi cháng kuài
　／馬はレースの時非常に速く走る。

△ 你 刚才 回答 得 非常正确。
　nǐ　gāng cái　huí dá　de　fēi cháng zhèng què
　／君のさっきの答えはまさに正しいです。

△ 我的肚子 昨晚 疼 得 要命。
　wǒ de dù zi　zuówǎn　téng　de　yào mìng
　／昨晩私はお腹が痛くて死にそうでした。

△ 　今年夏天 热 得 厉害。
　　jīn nián xià tiān　rè　de　lì hai
　　時間状況語
　／今年の夏はとても暑い。

△ 他 熬夜加班 累 得 够呛。
　tā　áo yè jiā bān　lèi　de　gòu qiàng
　　　方式状況語
　／徹夜の残業で、彼はたまらなく疲れた。

△ 有了电脑 人们的联络 方便 得 多了。
　yǒu le diàn nǎo　rén men de lián luò　fāng biàn　de　duō le
　条件状況語
　／コンピューターの出現で、人々の連絡はすごく便利になった。

解釈① a 1)「場所状況語」、「時間状況語」は「程度 / 様態補語」と併用できます。最後の3つの例文で示したように、時間・方式・条件状況語は文の最初にも置けます。

2) 上記の例文では述語動詞と述語形容詞の後に目的語は置かれていません。文の全体の音のバランスを取るために、補語の前には程度副詞「很」、「非常」、「特別」などがよく置かれます。

b. 　主語 ＋ 述語　V・目 ＋ V・得 ・ (很・形容詞)
　　　　　　　　　　　　　　　　　　程度 / 様態補語

△ 他　　拉　　二胡　　拉得　　很 棒。／彼は二胡を上手に弾けます。
　　tā　　lā　　èr hú　　lā de　　hěn bàng

△ 他　　开　　车　　开得　　很 稳。／彼の運転はとても安全です。
　　tā　　kāi　　chē　　kāi de　　hěn wěn

△ 她　　画　　画儿　　画得　　很 美。／彼女の絵はとても美しい。
　　tā　　huà　　huàr　　huà de　　hěn měi

△ 弟弟　弹　　钢琴　　弹得　　很 好。
　　dì di　tán　　gāng qín　tán de　hěn hǎo
　　　　　　　　　　　　　　／弟はピアノをとても上手に弾けます。

解釈① b 上記の例文の述語の後には目的語が置かれ、同じ動詞をその後に繰り返し使っています。

②常用形：

主語・	的 ---- (V)	目	+	V・得	・	(很・形容詞) -------- 程度/様態補語

△ { 他 吹 黑管儿 吹得 很好听。
　　tā　chuī　hēi guǎnr　chuī de　hěn hǎo tīng
　　／彼はクラリネットをとても綺麗に吹きます。
　　他 (的) 黑管儿 吹得 很好听。
　　tā　de　hēi guǎnr　chuī de　hěn hǎo tīng
　　／彼の（吹いた）クラリネットの音はとても綺麗です。

△ { 他 说 泰语 说得 非常流利。
　　tā　shuō　tài yǔ　shuō de　fēi cháng liú lì
　　／彼はタイ語をとても流暢に話せます。
　　他 (的) 泰语 说得 非常流利。
　　tā　de　tài yǔ　shuō de　fēi cháng liú lì
　　／彼のタイ語は非常に流暢です。

解釈2 常用形では、述語Vの代わりに「的」がよく使われます。この「的」は省略されることもあります。省略された場合は、「得」の前のVが述語の役割を果たします。

2. 疑問文

①「吗」疑問文：

a.

| 主語 | + | 状況語 | + | 動詞／形容詞 | ・得・ | （形容詞）程度／様態補語 | 吗? |

A. 他　　平时　　干　　得　　多吗?
　　/彼はふだんおおいに働きますか？

B. 他　　平时　　干　　得　　很多。
　　/彼はふだんおおいに働きます。

A. 公司在这个项目上　　赚　　得　　多吗?
　　/会社はこのプロジェクトでおおいに儲かりますか？

B. 公司在这个项目上　　赚　　得　　不多。
　　/会社はこのプロジェクトでたくさんは儲かりません。

A. 你　　每天　　起　　得　　早吗?
　　/あなたは毎日起きるのが早いですか？

B. 我　　每天　　起　　得　　很早。
　　/私は毎日起きるのが早いです。

解釈① a 補語文に肯定の回答をする場合は、疑問文の「吗」を取り、そのまま答えます。否定の回答をする場合は、「吗」を取り、否定詞「不」を補語の前に置きます。

b. 主語 ＋ 述語V・目 ＋ V 得・程度/様態補語 (形容詞) 吗?

A. <ruby>韩<rt>hán</rt></ruby> <ruby>国<rt>guó</rt></ruby> <ruby>人<rt>rén</rt></ruby> <ruby>做<rt>zuò</rt></ruby> <ruby>泡菜<rt>pào cài</rt></ruby> <ruby>做<rt>zuò</rt></ruby> <ruby>得<rt>de</rt></ruby> <ruby>好吃<rt>hǎo chī</rt></ruby> <ruby>吗<rt>ma</rt></ruby>?
／韓国人はキムチを上手に／美味しく作れますか？

B. <ruby>韩<rt>hán</rt></ruby> <ruby>国<rt>guó</rt></ruby> <ruby>人<rt>rén</rt></ruby> <ruby>做<rt>zuò</rt></ruby> <ruby>泡菜<rt>pào cài</rt></ruby> <ruby>做<rt>zuò</rt></ruby> <ruby>得<rt>de</rt></ruby> <ruby>很好吃<rt>hěn hǎo chī</rt></ruby>。
／韓国人はキムチを上手に／美味しく作れます。

A. <ruby>他<rt>tā</rt></ruby> <ruby>打<rt>dǎ</rt></ruby> <ruby>羽毛球<rt>yǔ máo qiú</rt></ruby> <ruby>打<rt>dǎ</rt></ruby> <ruby>得<rt>de</rt></ruby> <ruby>好<rt>hǎo</rt></ruby> <ruby>吗<rt>ma</rt></ruby>?
／彼はバドミントンがうまいですか？

B. <ruby>他<rt>tā</rt></ruby> <ruby>打<rt>dǎ</rt></ruby> <ruby>羽毛球<rt>yǔ máo qiú</rt></ruby> <ruby>打<rt>dǎ</rt></ruby> <ruby>得<rt>de</rt></ruby> <ruby>很好<rt>hěn hǎo</rt></ruby>。
／彼はバドミントンがうまい。

B. <ruby>他<rt>tā</rt></ruby> <ruby>打<rt>dǎ</rt></ruby> <ruby>羽毛球<rt>yǔ máo qiú</rt></ruby> <ruby>打<rt>dǎ</rt></ruby> <ruby>得<rt>de</rt></ruby> <ruby>不好<rt>bù hǎo</rt></ruby>。
／彼はバドミントンがうまくない。

A. <ruby>他<rt>tā</rt></ruby> <ruby>上台时<rt>shàng tái shí</rt></ruby> <ruby>唱歌儿<rt>chàng gēr</rt></ruby> <ruby>唱<rt>chàng</rt></ruby> <ruby>得<rt>de</rt></ruby> <ruby>好<rt>hǎo</rt></ruby> <ruby>吗<rt>ma</rt></ruby>?
／彼はステージに立った時、歌を歌うのが上手いですか？

B. <ruby>他<rt>tā</rt></ruby> <ruby>上台时<rt>shàng tái shí</rt></ruby> <ruby>唱歌儿<rt>chàng gēr</rt></ruby> <ruby>唱<rt>chàng</rt></ruby> <ruby>得<rt>de</rt></ruby> <ruby>很好<rt>hěn hǎo</rt></ruby>。
／彼はステージに立つと、歌を歌うのが上手い。

解釈① b 補語疑問文は述語の動作が行われるかどうかを聞いているのではなく、補語の程度や様態について聞いています。その程度や様態について、否定の回答をする場合は、否定詞「不」を補語の前に置きます。述語動詞の前に置かないことに注意しましょう。

c. | 主語・的(V) | 目 + V・得・ | 形容詞(程度/様態補語) 吗? |

A. 他 de 的 gǔ dǒng cí qì 古 董 瓷 器 pāi mài de 拍 卖 得 gāo ma 高 吗?
（拍卖）　　　　／彼の骨董品の陶器は高値で競売されましたか？

B. 他 de 的 gǔ dǒng cí qì 古 董 瓷 器 pāi mài de 拍 卖 得 hěn gāo 很 高。
／彼の骨董品の陶器は高値で競売されました。

A. 她 de 的 huār 花儿 chā de 插 得 piào liang ma 漂 亮 吗?
（插）　　　　／彼女の花はきれいに生けられていますか？

B. 她 de 的 huār 花儿 chā de 插 得 hěn piào liang 很 漂 亮。
／彼女の花はきれいに生けられています。

解釈① c 補語疑問文は補語の前に程度副詞「很」「非常」「特別」などを通常は置きません。

②反復疑問文：

a. | 主語 + | 動詞/形容詞 + 得・ | 形・不・形程度/様態補語 ? |

A. nǐ 你 gōng zuò 工 作 de 得 kāi xīn bu kāi xīn 开 心 不 开 心?
／あなたは楽しく仕事をしていますか？

B. wǒ 我 gōng zuò 工 作 de 得 hěn kāi xīn 很 开 心。
／私は楽しく仕事をしています。

A. tóng xué men 同 学 们 xiāng chǔ 相 处 de 得 yú kuài bu yú kuài 愉 快 不 愉 快?
／クラスメイト達はうちとけあっていますか？

B. tóng xué men 同 学 们 xiāng chǔ 相 处 de 得 hái kě yǐ 还 可 以。／まあまあです。

解釈② a 反復疑問文では補語・形容詞を繰り返す事に注意しましょう！
反復疑問文には「吗」が付きません。

b. | 主語 ＋ 述語 V・目　＋　V ＋ 得 ・ 形・不・形 / 程度/様態補語　？ |

　A. 她　挣　钱　　挣　得　　多不多？
　　　tā　zhèng qián　zhèng de　duō bu duō
　　　　　　　　　　　　　　　／彼女はお金をたくさん稼いでいますか？

　B. 她　挣　钱　　挣　得　　很多。
　　　tā　zhèng qián　zhèng de　hěn duō
　　　　　　　　　　　　　　　／彼女はお金をたくさん稼いでいます。

　A. 他　找　工作　找　得　　顺利不顺利？
　　　tā　zhǎo gōng zuò　zhǎo de　shùn lì bu shùn li
　　　　　　　　　　　　　　　／彼の就職活動は順調ですか？

　B. 他　找　工作　找　得　　不太顺利。
　　　tā　zhǎo gōng zuò　zhǎo de　bú tài shùn lì
　　　　　　　　　　　　　　　／あまり順調ではありません。

△ 他　唱　歌儿　唱　得　　好不好？
　　tā　chàng gēr　chàng de　hǎo bu hǎo
　　　　　　　　　　　　　　／彼は歌を歌うのが上手いですか？

△ 他　每天　　起　得　　早不早？
　　tā　měi tiān　qǐ de　zǎo bu zǎo
　　　　　　　　　　　　　　／彼は毎日起きるのが早いですか？

解釈② b 反復疑問文へは、肯定か否定かで答えます。
　　她挣得很多 or 她挣得不多。
　　tā zhèng de hěn duō　　tā zhèng de bù duō

c. | 主語 ・ 的 (V) 　目　＋　V ・ 得 ・ 形・不・形 / 程度/様態補語　？ |

　A. 他　的　屋子　收拾得　整齐不整齐？
　　　tā　de　wū zi　shōu shi de　zhěng qí bu zhěng qí
　　（收拾）　　　　　　　　　／彼は部屋をきちんと片付けていますか？

　B. 他　的　屋子　收拾得　很整齐。
　　　tā　de　wū zi　shōu shi de　hěn zhěng qí
　　　　　　　　　　　　　　　／彼は部屋をきちんと片付けています。

解釈② c 形容詞の反復される部分（不・形）は軽声として発音されます。

③特殊疑問詞疑問文「…得怎么样?」

a.

| 主語 + (状況語) + 動詞・得・怎么样? |

A. 我女儿 今天 学 得 怎么样?
  wǒ nǚ ér jīn tiān xué de zěn me yàng
  /娘の今日の習得具合はどうですか?

B. 她 今天 学 得 还可以。
  tā jīn tiān xué de hái kě yǐ
  /お嬢さんの今日の習得具合はまあまあです。

A. 事情 这次 进展 得 怎么样?
  shì qing zhè cì jìn zhǎn de zěn me yàng
  /今回、事態の進展はいかがですか?

B. 事情 这次 进展 得 不太顺利。
  shì qing zhè cì jìn zhǎn de bú tài shùn lì
  /今回、事態の進展はあまり順調ではありません。

A：你们 在香港 玩儿 得 怎么样?
  nǐ men zài xiāng gǎng wánr de zěn me yàng
  /香港での遊びはどうでしたか?

B：我们 在香港 玩儿 得 太开心了。
  wǒ men zài xiāng gǎng wánr de tài kāi xīn le
  /香港での遊びはとても楽しかったです。

解釈③ a 「…得怎么样?」に回答する場合、上記のように具体的な形容詞で答えるのが一般的です。「还可以」「不太・形容詞」「不・形容詞」などがよく使われます。「太…了」を使って、感嘆のニュアンスを表すこともできます。

b.

| 主語 + 述語V・目 + V・得・怎么样? |

A. 她 办学校 办 得 怎么样?
  tā bàn xué xiào bàn de zěn me yàng
  /彼女の学校の経営はいかがでしょうか?

B. 她 (办学校) 办 得 很成功。
  tā bàn xué xiào bàn de hěn chéng gōng
  /とても成功しています。

A. 他 拉大提琴 拉得 怎么样？
/ 彼のチェロのレベルはどうですか？

B. 很棒，他可以上台独奏。
/ 素晴らしいです。彼はステージでソロ演奏できます。

解釈③ b 「…得怎么样」疑問文への回答は、事実に即して答えます。

c. 主語・的/(V) 目 ＋ V・得・怎么样？

A. 你的葡萄牙语说得怎么样？
（说） / あなたのポルトガル語のレベルはどうですか？

B. 我可以做葡萄牙语翻译。/ ポルトガル語の通訳ができます。

A. 你的象棋下得怎么样？
（下） / あなたの将棋のレベルはどうですか？

B. 我得过全国冠军。
/ 私は全国チャンピオンになったことがあります。

A. 那位画家的鸟儿画得怎么样？
/ あの画家の鳥の絵はどうですか？

B. 那位画家的鸟儿画得栩栩如生。
/ あの画家の鳥の絵は生き生きとして本物のようです。

解釈③ c 上記例文中の「下」は動詞です。将棋や囲碁を「指す」時に使います。

3. 否定文

主語・(的/(V)) 目 + V・得 ・ 不	(形容詞) 程度/様態補語

△ 他 的 房子　　　买 得　　　不 值。
　tā de fáng zi　　mǎi de　　bù zhí
　　　　　　　　　　　　　　　　／彼は家で、高い買い物をした。

△ 他 买 股 票　　　买 得　　　不 多。
　tā mǎi gǔ piào　　mǎi de　　bù duō
　　　　　　　　　　　　　　　　／彼は株をそれほど買っていない。

△ 他　　　　　　　学 得　　　不 慢。
　tā　　　　　　　xué de　　bú màn
　　　　　　　　　　　　　　　　／彼の習得は遅くない。

△ 头　　　　　　　晕 得　　　不 厉害 了。
　tóu　　　　　　yūn de　　bú lì hai le
　　　　　　　　　　　　　　　　／めまいはもうひどくありません。

△ 公 司 的 资 金　　周 转 得　　不 快。
　gōng sī de zī jīn　zhōu zhuǎn de　bú kuài
　　　　　　　　　　　　　　　　／会社の資金繰りは良くない。

△ 他 每 天　　　　回 来 得　　不 晚。
　tā měi tiān　　huí lai de　　bù wǎn
　　　　　　　　　　　　　　　　／彼は毎日帰宅が遅くない。

△ 老 师　　　　　　讲 得　　　不 清 楚。
　lǎo shī　　　　jiǎng de　　bù qīng chu
　　　　　　　　　　　　　　　　／先生の説明がはっきりしない。

解釈3 a. この文型の中の 的/(V) は省略できます。
省略された場合「得」の前の V は述語動詞の役割を果たします。

b. 補語が使われる否定文には、補語の前に必ず否定詞「不」が置かれていることに注意しましょう！

(5)「得」の後の補語の特徴

　中国語では述語（V/adj）の動作・行為・様態・程度を説明する場合、述語（V/adj）の前に連用修飾語（状況語）を置いたり、述語（V/adj）・得の後に補語を置いたりします。状況語の使い方は「本気で学ぶ中級中国語」の第2課の文法ポイントを参照してください。ここでは「得」の後に置く補語のいくつかの特徴を紹介します。

1.「得」の後に補語として使う形容詞が動作主の体質上の特徴を表します

例：△ <u>wǒ de ér zi chī de hěn duō</u>
　　我 的 儿 子 吃 得 很 多。／息子は食べる量が多い。

　　△ <u>nà pǐ mǎ pǎo de hěn kuài</u>
　　那 匹 马 跑 得 很 快。／あの馬は走るのが速い。

　　△ <u>lǎo rén zǒu de hěn màn</u>
　　老 人 走 得 很 慢。／老人は歩くのが遅い。

　　△ <u>bìng rén chī de shǎo</u>
　　病 人 吃 得 少。／病人は食べる量が少ない。

2. 上記の文の中の形容詞「多」「少」「快」「慢」を下記の文の中で連用修飾語として同じ述語動詞の前に置くと、体質上の特徴ではなく、その時一度きりの動作行為に対する勧誘や命令を表します。

例：△ duō chī diǎnr
　　多 吃 点 儿！（勧誘）　　　　△ kuài pǎo
　　快 跑！（命令）
　　（もっとたくさん食べなさい。）　　（速く走れ。）

　　△ màn zǒu
　　慢 走！（勧誘）　　　　　　　△ nǐ shǎo chī diǎnr
　　你 少 吃 点 儿！（命令）
　　（足元に気をつけてください。）　　（少なめに食べなさい。）
　　（ゆっくり歩きなさい。）

3.「得」の後で補語として使われている形容詞が、動作行為の恒常的、習慣的な状態を表します。

例：△ <u>wǒ fù mǔ měi tiān shuì de zǎo yě qǐ de zǎo</u>
　　我 父 母 每 天 睡 得 早 也 起 得 早。／両親は毎日早寝早起きです。

△ 她经常把屋子打扫得很干净。
/ 彼女は常に部屋をきれいにしています。

△ 每次遇到事儿，她都想得很多。
/ 毎回何かあるたびに彼女は考えすぎてしまう。

△ 老师讲课的时候，他们听得很认真。
/ 先生が講義をする時、皆まじめに聞きます。

4. 「严重」（厳しい、深刻である）、「厉害」（ひどい）、「不得了」（たまらない）、「要命」（死ぬほど…だ）などの一部の程度を表す形容詞は「得」の後に置いて、補語として使われるが、連用修飾語〔状況語〕として使われることはありません。

例：△ 他感冒了，咳嗽得很厉害。/ 彼は風邪をひき、咳がひどい。

　　↳⊗ 他感冒了，很厉害地咳嗽。

△ 他的护照丢了，急得不得了。

↳⊗ 他的护照丢了，不得了地急。
/ パスポートをなくして、彼はひどく焦っている。

△ 今天三十五度，热得要命。/ 今日は35度、暑くてたまらない。

↳⊗ 今天三十五度，要命地热。

5. 下記の四字成語は述語動詞の前に置いて、連用修飾語〔状況語〕として使われることはない。いつも「得」の後に置かれ、補語として使われます。

例：△ 媒体把明星离婚的消息炒得沸沸扬扬。

↳⊗ 沸沸扬扬地炒。
/ マスコミはスターの離婚のニュースに大騒ぎだ。

△ 2003年上半年沙斯闹得人心慌慌。

↳⊗ 人心慌慌地闹。
/ 2003年の上半期はサーズが人々をおびえさせた。

△ <ruby>禽<rt>qín</rt></ruby> <ruby>流<rt>liú</rt></ruby> <ruby>感<rt>gǎn</rt></ruby> <ruby>把<rt>bǎ</rt></ruby> <ruby>越<rt>yuè</rt></ruby> <ruby>南<rt>nán</rt></ruby> <ruby>的<rt>de</rt></ruby> <ruby>几<rt>jǐ</rt></ruby> <ruby>个<rt>gè</rt></ruby> <ruby>城<rt>chéng</rt></ruby> <ruby>镇<rt>zhèn</rt></ruby> <ruby>闹<rt>nào</rt></ruby> <ruby>得<rt>de</rt></ruby> <u>鸡犬不宁</u>。

　　　↳ ⊗ <u>鸡犬不宁</u>地闹。

　　　　/ 鳥インフルエンザがベトナムのいくつかの都市・集落の治安を乱れさせた。

　　△ <ruby>孩<rt>hái</rt></ruby> <ruby>子<rt>zi</rt></ruby> <ruby>失<rt>shī</rt></ruby> <ruby>踪<rt>zōng</rt></ruby> <ruby>了<rt>le</rt></ruby>，<ruby>父<rt>fù</rt></ruby> <ruby>母<rt>mǔ</rt></ruby> <ruby>急<rt>jí</rt></ruby> <ruby>得<rt>de</rt></ruby> <u>坐立不安</u>。

　　　↳ ⊗ <u>坐立不安</u>地急。

　　　　　/ 子供が行方不明になり、両親は心配でいても立ってもいられない。

　　△ <ruby>父<rt>fù</rt></ruby> <ruby>母<rt>mǔ</rt></ruby> <ruby>死<rt>sǐ</rt></ruby> <ruby>后<rt>hòu</rt></ruby> <ruby>兄<rt>xiōng</rt></ruby> <ruby>弟<rt>dì</rt></ruby> <ruby>们<rt>men</rt></ruby> <ruby>把<rt>bǎ</rt></ruby> <ruby>家<rt>jiā</rt></ruby> <ruby>产<rt>chǎn</rt></ruby> <ruby>花<rt>huā</rt></ruby> <ruby>得<rt>de</rt></ruby> <u>一干二净</u>。

　　　↳ ⊗ <u>一干二净</u>地花。

　　　　　　/ 両親の死後、兄弟たちは財産をきれいに使い果たした。

6.「得」の後に置かれたセンテンスが補語の役割を果たし、述語動詞の様態や結果さらに詳しく補充説明します。

例：△ <ruby>他<rt>tā</rt></ruby> <ruby>说<rt>shuō</rt></ruby> <ruby>得<rt>de</rt></ruby> <u>大家都笑起来了</u>。/ 彼の話で皆が笑った。

　　　△ <ruby>小<rt>xiǎo</rt></ruby> <ruby>孩<rt>hái</rt></ruby><ruby>儿<rt>r</rt></ruby> <ruby>吵<rt>chǎo</rt></ruby> <ruby>得<rt>de</rt></ruby> <u>我们烦死了</u>。

　　　　　　/ 子供が騒ぐので、うるさくてたまらない。

　　　△ <ruby>弟<rt>dì</rt></ruby> <ruby>弟<rt>di</rt></ruby> <ruby>被<rt>bèi</rt></ruby> <ruby>他<rt>tā</rt></ruby> <ruby>气<rt>qì</rt></ruby> <ruby>得<rt>de</rt></ruby> <u>说不出话来</u>。

　　　　　　/ 彼のせいで、弟は怒りで口がきけぬほどだ。

7.「得」の後に形容詞の重ね型や四字成語を置くことで、補語の描写がより具体的に生き生きとする

例：△ <ruby>爸<rt>bà</rt></ruby> <ruby>爸<rt>ba</rt></ruby> <ruby>把<rt>bǎ</rt></ruby> <ruby>小<rt>xiǎo</rt></ruby> <ruby>孩<rt>hái</rt></ruby><ruby>儿<rt>r</rt></ruby> <ruby>举<rt>jǔ</rt></ruby> <ruby>得<rt>de</rt></ruby> <u>高高的</u>。/ 父は子供を高々と持ち上げた。

　　　△ <ruby>她<rt>tā</rt></ruby> <ruby>看<rt>kàn</rt></ruby> <ruby>得<rt>de</rt></ruby> <u>目瞪口呆</u>。/ 彼女は目をみはり、呆然とした。

　　　△ <ruby>他<rt>tā</rt></ruby> <ruby>跑<rt>pǎo</rt></ruby> <ruby>得<rt>de</rt></ruby> <u>气喘吁吁、汗流夹背</u>。

　　　　　　/ 彼は息をきらし、汗だくになって走った。

8. 同じ形容詞を状況語として使う時と補語として使う時には、ニュアンスと意味が違います。

△ {
　zǎo shuì zǎo qǐ
　早 睡 早 起。／早寝早起き（四字成語）。

　wǒ měi tiān shuì de zǎo qǐ de zǎo
　我 每 天 睡 得 早 起 得 早。
　　　　　　　　／私は毎日早寝早起きです（恒常的、習慣的な状態を表す）。

　tā zuó wǎn hěn zǎo jiù shuì le
　他 昨 晚 很 早 就 睡 了。
　　　　　　　　／彼は昨夜早く寝ました。（一度きりの動作行為を表す）。
}

△ {
　nǐ hǎo hāor xiū xi
　你 好 好儿 休 息。／ゆっくり休んでください（定型文）。

　nǐ xiū xi de hǎo ma
　你 休 息 得 好 吗？／ゆっくり休めましたか？（昨日の睡眠状態を聞く）。
}

△ {
　tā men tīng de hěn rèn zhēn
　他 们 听 得 很 认 真。／彼らは真剣に聞きます（様態の説明）。

　tā men rèn zhēn de tīng kè
　他 们 认 真 地 听 课。／彼らは真剣に授業を聞いている（現在進行形）。
}

△ {
　tā zǒng shì xiǎng de hěn duō
　她 总 是 想 得 很 多。／彼女はいつも考えすぎる（動作主の思考習慣）。

　zhè cì nǐ yào duō xiǎng xiang
　这 次 你 要 多 想 想。
　　　　　　　　／今回こそ慎重に考えなければいけない（今回限り）。
}

△ {
　tā liú lì de shuō zhe zhōng wén yǎn jiǎng
　他 流 利 地 说 着 中 文 演 讲。
　　　　　　　　／彼は流暢な中国語を使って、講演している（現在進行形）。

　tā de zhōng wén shuō de hěn liú lì
　他 的 中 文 说 得 很 流 利。
　　　　　　　　／彼の中国語はとても流暢です（中国語のレベルの説明）。
}

△ {
　tā de wén zhāng xiě de yòu kuài yòu hǎo
　他 的 文 章 写 得 又 快 又 好。
　　　　　　　　／彼は文章を書くのが早いし、上手い（彼の文書力を誉めている）。

　tā hěn kuài de xiě hǎo le yì piān wén zhāng
　他 很 快 地 写 好 了 一 篇 文 章。
　／彼は素早く文章を書き終えた（彼が今回は早く文章を完成させたことを説明する）。
}

△ {
　　zuò wán zuò yè yǐ hòu,　tā měi cì dōu zǐ xì　de　jiǎn chá
　　做完作业以后，她每次都仔细（地）检查。
　　／彼女は宿題を終えたら毎回しっかりチェックします（彼女の性格の特徴を説明する）。
　　zhè cì de shì juànr tā jiǎn chá de hěn zǐ xì
　　这次的试卷儿她检查得很仔细。
　　／今回のテスト紙は彼女がしっかりとチェックした（今回だけの事を説明する）
}

MP3 CD トラック 057

(6)「的」「地」「得」の使い分け

1. 「的」は構造助詞、限定語の印（マーカー）です。限定語と中心語（名詞）の間に置かれ、限定語と中心語をつなぐ役割を果たす。限定語が人称代名詞「你」「我」「他」の場合、「的」は日本語の人称代名詞と中心名詞の間の「の」と同じ意味です。

例：
△ <u>我</u>・<u>的 书</u>　／私の本（中心語の「本」の所属を表す）
　　限定語

△ <u>雪 白</u>・<u>的 棉 花</u>　／真っ白な綿（中心語「綿」の性質説明）
　　限定語

△ <u>他 买</u>・<u>的 车</u>　／彼が買った車（動目フレーズ限定語と中心語の「車」の間に置く）
　　限定語

解釈1 「的」の詳しい使い方は「本気で学ぶ中級中国語」の第1課の文法ポイントを参照してください。

2. 「地」は副詞、状況語の印（マーカー）である。状況語と述語動詞の間に置き、状況語と述語動詞をつなぐ役割を果たす。日本語の連用形と述語動詞の間に置く「く」や「に」の意味に相当します。

例：△ <u>認真</u>地工作　／まじめに働く
　　　状況語

　　△ <u>笑嘻嘻</u>地照相　／ニコニコしながら写真を撮る
　　　状況語

　　△ <u>安安静静</u>地看书　／静かに本を読む
　　　状況語

解釈2　「地」の詳しい使い方は「本気で学ぶ中級中国語」の第2課の文法ポイントを参照してください。

3. 「得」は構造助詞であり、補語の印（マーカー）です。述語動詞と補語の間に置き、程度補語および様態補語を導く役割を果たします。

例：△ 留学生的中文说得<u>很流利</u>。／留学生の中国語はとても流暢です。
　　　　　　　　　　　　　　補語

　　△ 他唱歌儿唱得<u>很好</u>。／彼は歌がとても上手です。
　　　　　　　　　　　補語

　　△ 我的肚子疼得<u>厉害</u>。／私はお腹がとても痛い。
　　　　　　　　　　補語

解釈3　「得」の詳しい使い方は本課の文法ポイント（4）を参照してください。

応用会話 19

A. wáng xiǎo jie, nǐ jīn tiān dǎ ban de
　王小姐，你今天打扮得
　zhè me piào liang, yǒu yuē huì ya
　这么漂亮，有约会呀！

B. bié rén gěi wǒ jiè shào le yí ge nán
　别人给我介绍了一个男
　péng you, jīn tiān wǎn shang jiàn miàn
　朋友，今天晚上见面。

A. shì ma? tiáo jiàn zěn me yàng? rén
　是吗？条件怎么样？人
　zhǎng de shuài ma jīng shen ma
　长得帅吗/精神吗？

B. wǒ yě méi jiàn guo, tīng jiè shào rén
　我也没见过，听介绍人
　shuō, sān shí chū tóu, zhǎng de bú
　说，三十出头，长得不
　cuò, yǒu fáng zi yě yǒu chē
　错，有房子也有车。

A. zhēn de? nà zhù nǐ chéng gōng ā
　真的？那祝你成功啊！

B. bā zì hái méi yì piě ne. xiān jiàn
　八字还没一撇呢。先见
　jiàn zài shuō ba
　见再说吧！

王さん、今日はそんなにおしゃれして、デートでもあるの？

ある人が男性の友人を紹介してくれるから、今晩会うのよ。

そうなんだ。どんな人なの？その人はカッコいいの？

会ったことがないのよ、紹介者の話では30過ぎの二枚目で、家も車も持っているとか。

本当に？ じゃあ成功を祈るよ。

まだ漠然とした話なので、まずは会ってみないとね。

応用会話 20

A. xiǎo zé tài tai nǐ de zhōng wén xué
　小泽太太你的中文学
　de zěn me yàng le
　得怎么样了？

B. dú、xiě jìn bù le hěn duō, tīng、shuō
　读、写进步了很多，听、说
　hái chà diǎnr
　还差点儿。

小沢さん、中国語の勉強はどんな具合？

読み書きはとても上達したけれど、ヒアリングと話すことはまだまだね。

A. 日常会话有问题吗？

B. 日常会话没问题，太复杂的就听不懂、说不出来了。

日常会話に問題はあるの？

日常会話には問題はないけれど、複雑すぎる話は聞き取れないし、うまく答えられないわ。

A. 那你还需要提高中文的整体水平／综合能力。

それなら中国語の全体レベル（総合能力）を上げる必要があるね。

B. 你说得对！我觉得好像走到了瓶颈，进步不了了。你有什么好建议吗？

その通りよ。伸び悩みの状態で、上達できない感じなの。何かアドバイスはあるかしら？

A. 教材和老师怎么样？

教材と先生はどうなの？

B. 教材很实用，老师也讲得很清楚，容易懂。

教材は実用的だし、先生の説明も明確で分かりやすいわ。

A. 那么说是你自己的问题了。你应该再多记、多背、多练习。

それならあなた自身の問題だね。これからたくさん暗記して、たくさん暗唱して、たくさん練習しないとね。

B. 我觉得也是。
／我也这样认为。

私もそう思うわ。

応用会話 21

A. 时间过得真快，我们来新加坡转眼已经两年了。

時間が経つのは本当に早いわね。私たちがシンガポールに来てからあっと言う間に2年たったわ。

B. 可不是嘛！现在各个方面都熟悉和适应了。

その通りだね。今は各方面にも詳しくなったし、慣れたよ。

A. 你还记得吗？刚来的时候，气候不适应每天觉得浑身没劲儿，语言又不通，只能在日本人的圈子里活动。

ねえ、覚えてる？来たばかりの頃、気候になじめなくて、毎日、全身がだるいし、言葉は通じないし、日本人の活動圏内のみで動き回っていたわ。

B. 现在可好了，身体适应了，用中、英文进行日常会话也没问题了，还结交了很多本地的朋友，好像苦尽甘来一样。

今は良くなったね。身体も慣れたし、中国語や英語での日常会話も問題ない。おまけにたくさんのローカルの友人もできて、まるで「苦が尽きて楽が来る」の成語みたいだ。

A. 你说得没错。我已经开始享受在这里的生活，都不想回日本了。

本当にそうよね。私はここでの生活が楽しくなってきて、もう日本に帰りたくないと思うほどよ。

応用会話 22

A. _{qí xiān sheng tīng shuō nǐ men quán jiā qù rì běn dōng jīng dù jià le wán de zěn me yàng}
齐先生，听说你们全家去日本东京度假了。玩得怎么样？

B. _{wǒ men shàng ge zhōu mò gāng huí lái wánr de tài kāi xīn le}
我们上个周末刚回来，玩儿得太开心了。

A. _{nǐ men qù le duō cháng shí jiān dōu qù nǎr le}
你们去了多长时间？都去哪儿了？

B. _{wǒ men qù le yí ge xīng qī xiān qù le qiān yè xiàn de dí sī ní lè yuán hé dí sī ní hǎi hòu lái yòu qù le běi hǎi dào}
我们去了一个星期。先去了千叶县的迪斯尼乐园和迪斯尼海，后来又去了北海道。

A. _{dí sī ní lè yuán wǒ zhī dao běi hǎi dào yǒu shén me hǎo wánr de tīng shuō nàr líng xià èr shí duō dù lěng de yào mìng}
迪斯尼乐园我知道，北海道有什么好玩儿的？听说那儿零下二十多度，冷得要命。

B. _{suī rán hěn lěng dàn shì zài nàr wǒ men kàn bīng diāo pào wēn quán chī hǎi xiān hái yǒu huá xuě tǐ huì dào le wán quán bù tóng de lè qù}
虽然很冷但是在那儿我们看冰雕，泡温泉、吃海鲜还有滑雪，体会到了完全不同的乐趣。

A. _{shì zhè yàng a nà wǒ yě hèn bu de xiàn zài jiù qù wánr wanr}
是这样啊！那我也恨不得现在就去玩儿玩儿。

齐さん、ご一家で日本の東京へバカンスに行ったそうですが、どうでしたか？

先週末に戻ってきたばかりだけど、とても楽しかったよ。

どれくらい行ったんですか？行ったのはどのあたり？

期間は1週間。まずは東京のディズニーランドとディズニーシーへ行って、その後北海道へ行ったんだ。

ディズニーランドは知ってますが、北海道は何が楽しめるんですか？ あそこは零下20数度で、ものすごく寒いそうだけど。

とても寒いけれど、氷の彫刻を見たり、温泉につかったり、シーフードを食べたり、スキーもできるから全く違う楽しみを体験できたよ。

そうなんですか。私も今すぐ遊びに行けたらいいのになあ。

豆知識 2 「中国の新しい職業と職業名」　　MP3 CDトラック 062

　経済の発展や社会状況の変化に伴って、中国では新しい職業が次々に生まれています。また新しいライフスタイルをエンジョイする人たちも増えています。これら新たに出現した職業やライフスタイルに関する名称は、海外にいる中国人も説明を聞かないと分からないほど斬新で面白いものです。

　新しく生まれた言葉から中国の社会生活の変化や発展の様子を感じていただくために、以下に新しい職業名等をいくつか紹介します。

① 拇指创作手（mǔ zhǐ chuàng zuò shǒu）／親指を使って携帯電話用の画像・音声などを作るクリエーター

② 短信写手（duǎn xìn xiě shǒu）／携帯電話のショートメッセージ用の挨拶文などを作るクリエーター

③ 彩信画手（cǎi xìn huà shǒu）／携帯電話用のカラー画像などを作るクリエーター

④ 铃声乐手（líng shēng yuè shǒu）／携帯電話用の着信音などを作るクリエーター

⑤ 保姆司机（bǎo mǔ sī jī）／代行ドライバー（車の持ち主が運転できない時などに、代わって運転をする）

⑥ 私人形象顾问（sī rén xíng xiàng gù wèn）／パーソナルスタイリスト

⑦ 私人健身顾问（sī rén jiàn shēn gù wèn）／パーソナルトレーニングアドバイザー、ジムトレーナー

⑧ 私人理财顾问（sī rén lǐ cái gù wèn）／個人向け財務管理・投資アドバイザー

⑨ 形象代言人（xíng xiàng dài yán rén）／イメージキャラクター（企業やその商品のイメージを社会に浸透させるために、CM他、様々な活動を行う）

⑩ 企业发言人（qǐ yè fā yán rén）／企業のスポークスマン

⑪ 黑客（hēi kè）／ハッカー

⑫ 人才分析师（rén cái fēn xī shī）／人材コンサルタント

⑬ 心理干预师（xīn lǐ gān yù shī）／セラピスト

⑭ 护工（hù gōng）／看護ヘルパー

⑮ 钟点女佣＝小时工（zhōng diǎn nǚ yōng＝xiǎo shí gōng）／パートタイムのメイド

⑯ 月嫂（yuè sǎo）／産後1カ月間のお手伝いさん。（中国では産婦は、出産後の1カ月間何もせずに、横になって静養に専念する習慣があります。きちんと静養しないと、健康を損ない、体中が痛くなり、病気になります。産後1カ月間にかかった病気を「月子病」と言います。その「月子病」は一生治らない恐れがあります。ですから中国人の家庭では、産後1カ月間、産婦や生まれたばかりの赤ちゃんの世話を専門の「月嫂」に任せるか、他の家族メンバーにヘルプをしてもらうかです。「月嫂」の1カ月の給料は大学生の初任給の何倍もあります。）

⑰ 育儿嫂(yù ér sǎo) / 資格のあるベビーシッター

⑱ 车展模特儿(chē zhǎn mó tèr) / 新車の展示即売会やモーターショーの際、車のそばに立っている車専門のモデル（カーイベントコンパニオン）。

⑲ 手模特儿(shǒu mó tèr) / 手専用のモデル・手タレ

⑳ 打工皇帝(dǎ gōng huáng dì) / 超（高い給料を貰っている）サラリーマン

㉑ 野导(yě dǎo) / 闇ガイド（観光ガイドの資格を持たずに闇で働くガイド）

㉒ 追星族(zhuī xīng zú) / 追っかけ(スターやスポーツ選手の仕事先について回る熱狂的ファン)

㉓ 狗仔队(gǒu zǎi duì) / パパラッチ

㉔ 发烧友(fā shāo yǒu) / オタク、マニア

㉕ 警花(jǐng huā) / 若い婦警（若い女性警官の美称）

㉖ 粉领(fěn lǐng) /OL

㉗ 白领(bái lǐng) / ホワイトカラー

㉘ 蓝领(lán lǐng) / ブルーカラー

㉙ 黑领(hēi lǐng) / 汚い、危ない仕事をする人々

㉚ 美甲师(měi jiǎ shī) / ネイリスト（マニキュアやネイルアート等を行う人）

7. 宿　題

（解答は P.485）

1．次の質問を中国語に訳し、答えも中国語で書きなさい。

① 現代人はどうして働かなければならないのですか？

　Q：_____

　A：_____

② なぜ好きな仕事をできることがラッキーなのですか？

　Q：_____

　A：_____

③ 彼女は仕事中どのようなプレッシャーを感じていますか？

　Q：_____

　A：_____

④ あなたは働いていますか？　仕事のプレッシャーがありますか？

　Q：_____

　A：_____

⑤ どのようにすればプレッシャーを減らす事ができますか？

　Q：_____

　A：_____

2. 次の文型を使って文を作りなさい。

① 如果

_____

② 只是为了…而（才）…

_____

③ 要…就会…

_____

④ 即使（是）…也…

_____

⑤ 只要…就…

_____

3. 程度補語と様態補語の「得」を使って、次の日本語を中国語に訳しなさい。

① A. 彼の中国語の勉強はどうですか？

   B. 日常会話はとても流暢に話せるし、ヒアリングも上手になりました。

② A. お母様の体の回復はいかがでしょうか？

   B. 順調に回復しております。お気にかけてくれてありがとうございます。

③ A. 外国語の勉強には近道がないと思いますが、あなたはどう思いますか？

   B. おっしゃる通りです。

④ A. お仕事探しはどうなっていますか？

   B. 順調ではありません。競争者がとても多いです。

⑤ A. お母さんは料理が上手ですか？

B. 普通です。父の料理の腕はとてもいいです。

⑥　A. 彼は中国語を上手に話せますか？

　　　B. 彼は中国人のように上手に話せます。

⑦　A. 今回私の髪は上手にカットされましたか？

　　　B. 今回はとてもいいです。このヘアスタイルはとてもあなたに似合っています。

⑧　父は歩くのが速いです。母は歩くのが遅いです。

　　母はいつも「待ってくれ」と父に言っています。

⑨　あなたは歌が本当にお上手ですね！　アンコールでもう一曲お願いします。

⑩　時間が経つのが速いですね。

4. 次の中国語の単語を正しい語順に並び替えて、日本語に訳しなさい。

① 非常 / 的 / 不仅 / 老师 / 讲 得 / 课 / 清楚 / 条理 / 还 / 而且 / 有 / 很

___

② 房间 / 把 / 妹妹 / 得 / 收拾 / 很干净

___

③ 昨天 / 太晚了 / 我 / 得 / 睡 / 晚上

___

④ 来 / 的 / 今天 / 他 / 走着

___

⑤ 拼博 / 还要 / 几年 / 再 / 我

___

⑥ 还得 / 我 / 公司 / 开会 / 去 / 赶着

___

5. 作文「私の仕事」を書きなさい。

第3课 电脑和现代生活

パソコンと現代生活

1. 本文

电脑的出现改变了现代人的生活和资讯方式，为社会生活带来了极大的变化。人们把电脑的使用称为第三次产业革命。

现在人们可以用电脑上网查资料、发电邮、找工作与网友聊天儿还可以上网购物、预定酒店和机票、观赏电影、观看比赛，甚至可以通过电脑进行视频对话等。

可是电脑在为人们的生活提供了极大的方便的同时也带来了一些弊端。电脑的使用一方面缩短了人与人之间的距离，另一方面也造成了很多社会问题。譬如：电脑可以让你更快更广泛地获得所需的信息，但是网上交友和网上交易却存在着很大的欺骗性。有些人过度地沉迷于上网而影响了正常的生活，也有些人进行网上色情交易和犯罪活动。

总之，人们应该妥善地运用电脑，让它更好地为人类服务而不应该滥用电脑，让它干扰人们的正常生活。

nǐ yòng diàn nǎo zuò shén me　　nǐ de shēng huó yě lí bu kāi diàn nǎo
你 用 电 脑 做 什 么？你 的 生 活 也 离 不 开 电 脑
ma
吗？

2. 新しい単語　　　　　　　　　　　MP3 CD トラック 064

1. gǎi biàn le
改 变 了…　　　　　　［動詞］　　　…を変えた

△ tā gǎi biàn le wǒ
他 改 变 了 我。　　　　　　　　　彼は私を変えた。

2. zī xùn fāng shì
资 讯 方 式　　　　　　［名詞］　　　通信、情報獲得方式

3. dài lái le
带 来 了…　　　　　　［動詞］　　　…をもたらした

△ jiā yòng diàn qì wèi rén men de shēng huó dài lái
家 用 电 器 为 人 们 的 生 活 带 来　　家電製品は、人々の生活に大きな
le hěn dà de fāng biàn　　　　　　　　　便利さをもたらした。
了 很 大 的 方 便。

4. bǎ　　chēng wéi
把 A 称 为 B　　　　　［文型］　　　A を B と称す

△ rén men bǎ sù liào dài hé yí cì xìng fàn hé chēng
人 们 把 塑 料 袋 和 一 次 性 饭 盒 称　　人々は、ビニール袋や使い捨ての
wéi bái sè wū rǎn　　　　　　　　　　　弁当箱を白色汚染と呼ぶ。
为 白 色 污 染。

5. chá
查…　　　　　　　　　［動詞］　　　調べる、検査する

△ chá zì diǎn
查 字 典　　　　　　　　　　　　　　辞書をひく

△ chá zī liào
查 资 料　　　　　　　　　　　　　　資料を調べる

6. fā
发　　　　　　　　　　［動詞］　　　出す、送る

△ fā diàn yóu
发 电 邮　　　　　　　　　　　　　　電子メールを送る

△ fā xìn　　jì xìn
发 信 ＝ 寄 信　　　　　　　　　　　手紙を出す

△ fā duǎn xìn
发 短 信　　　　　　　　　　　　　　携帯電話のショートメールを送る

△ fā chuán zhēn
发 传 真　　　　　　　　　　　　　　ファックスを送る

7. wǎng yǒu
网 友　　　　　　　　　［名詞］　　　インターネットで交流する友人

△	笔友 bǐ yǒu		ペンフレンド
8.	购物 gòu wù	［動詞］	ショッピングする
△	购物狂 gòu wù kuáng		ショッピングに熱中する人、買い物依存症
9.	预定 yù dìng	［動詞］	（ホテル、レストラン、航空券を）予約する
△	预定酒店 yù dìng jiǔ diàn		ホテルを予約する
△	预定座位 yù dìng zuò wèi		レストランの座席を予約する
10.	机票 jī piào	［名詞］	航空券
△	预定机票 yù dìng jī piào		航空券を予約する
△	购买廉价航空的廉价机票 gòu mǎi lián jià háng kōng de lián jià jī piào		格安航空会社（ローコストキャリア・LCC）の格安航空券を買う
11.	观赏电影 guān shǎng diàn yǐng	［動目フレーズ］	映画鑑賞
12.	观看比赛 guān kàn bǐ sài	［動目フレーズ］	試合観戦
13.	甚至连 shèn zhì lián	［副詞］	なんと、～でさえ（きわだった事例を強調）
△	他失忆了，甚至连家人都认不出来。 tā shī yì le, shèn zhì lián jiā rén dōu rèn bu chū lái		彼は記憶を失い、家族のことさえ覚えていない。
14.	通过 述V tōng guò	［文型］	…を通して…をする
△	通过交流达成共识。 tōng guò jiāo liú dá chéng gòng shí		交流を通して共通認識に至る。
15.	进行 jìn xíng	［動詞］	行う、やる
△	两岸进行和平对话。 liǎng àn jìn xíng hé píng duì huà		大陸と台湾は和平対話を行う。
16.	视频对话 shì pín duì huà	［名詞・動詞］	ビデオ通話（スカイプなど）
17.	提供 tí gōng	［動詞］	提供する

△ 提供周到的服务。　　　　　　　行き届いたサービスを提供する。

18. 极大的　　　　　　［副詞］　　極めて大きな

△ 获得了极大的利益。　　　　　　極めて大きな利益を得た。

19. 弊端　　　　　　　［名詞］　　弊害

20. 缩短　　　　　　　［動詞］　　短縮する、縮める

△ 新干线缩短了从东京到大阪的时间。　　新幹線は東京から大阪までの距離（時間）を縮めた。

21. 距离　　　　　　　［名詞］　　距離

△ 我和他之间有距离。　　　　　　私と彼の間には距離があります。

22. 造成了　　　　　　［動詞］　　引き起こす、もたらす

△ 这件事在人们心中造成了不好的影响。　　この事件は、人々の心に悪影響をもたらした。

23. 譬如(说)　　　　　［副詞］　　例えば（書面語）

△ 比方说　　　　　　　　　　　　例えば（口語）

24. 广泛地　　　　　　［副詞］　　幅広く

△ 广泛地获得了社会的认同。　　　社会から幅広く認められた。

25. 获得　　　　　　　［動詞］　　獲得する、得る

△ 获得了很高的评价。　　　　　　高い評価を得た。

26. 所需＝需要　　　　［名詞・動詞］　必要（とする）

△ 灾民所需的不仅是物质上的帮助，还有精神上的帮助。　　被災民は物質的な援助だけではなく、精神的な援助も必要としている。

27. 信息　　　　　　　［名詞］　　情報、インフォメーション

28.	网上交友 (wǎng shàng jiāo yǒu)	[フレーズ]	インターネットで友人を作るために交流する
△	网上交易 (wǎng shàng jiāo yì)		インターネットで取引をする
29.	欺骗 (qī piàn)	[動詞]	だます、欺く、ペテンにかける
△	欺骗性 (qī piàn xìng)		だまされる可能性
△	骗人的人现在被称为托儿 (piàn rén de rén xiàn zài bèi chēng wéi tuō r)		人を騙す人は、今「托儿(tuō r)」と呼ばれている
30.	过度地 (guò dù de)	[副詞]	度がすぎる
△	过度地消费影响家庭经济。(guò dù de xiāo fèi yǐng xiǎng jiā tíng jīng jì)		過度の消費は家計に影響する。
31.	沉迷于… (chén mí yú)	[動詞]	…に夢中になる、耽溺する
△	沉迷于赌博让他失去了家庭。(chén mí yú dǔ bó ràng tā shī qù le jiā tíng)		博打への耽溺は、彼に家庭を失わせた。
32.	色情 (sè qíng)	[名詞]	色情、色欲
△	色情交易 (sè qíng jiāo yì)		アダルトビジネス
33.	妥善 (tuǒ shàn)	[副詞]	妥当である、上手に、うまく
△	妥善处理好人际关系。(tuǒ shàn chǔ lǐ hǎo rén jì guān xì)		人間関係を上手に処理する。
34.	运用 (yùn yòng)	[動詞]	運用する、利用する
△	运用才智解决难题。(yùn yòng cái zhì jiě jué nán tí)		才知を用いて難問を解決する。
35.	滥用 (làn yòng)	[動詞]	濫用する、むやみやたらと使う
△	滥用权力 (làn yòng quán lì)		権力を濫用する
36.	干扰 (gān rǎo)	[動詞]	(人を)邪魔(する)、妨げる
△	值夜班干扰了他正常的作息。(zhí yè bān gān rǎo le tā zhèng cháng de zuò xī)		夜勤は、彼の正常な生活リズムを乱した。

3. 訳　文

コンピューターと現代生活

　コンピューターの出現は現代人の生活と情報入手手段を変え、社会生活に大きな変化をもたらした。人々はコンピューターの使用を第三次産業革命と呼んだ。

　今、人々はパソコンを使ってインターネットで資料を調べ、Eメールを出し、仕事を探し、ネットフレンドとチャットをすることもできる、またインターネットでショッピングをしたり、ホテル、航空券を予約することもできる、映画鑑賞、試合観戦、さらにはパソコンを使ってモニター画像で相手を見ながら会話することなどもできる。

　しかし、コンピューターは人々の生活に大きな利便性を提供したが、それと同時に弊害をももたらした。コンピューターの使用は、一方では人と人との距離を縮めたが、別の一方では数多くの社会問題を引き起こした。例えば、コンピューターによってより速く、より幅広く必要な情報を入手することができるが、インターネットでの交流やネットビジネスには詐欺の可能性も高い。過度にインターネットに夢中になり、正常な生活に影響をきたす人もいれば、またインターネットでアダルトビジネスや犯罪行為を行う人もいる。

　つまり、人々は自分たちの暮らしがさらに便利になるようにコンピューターを上手に利用すべきであって、正常な生活に支障をきたすような濫用をしてはならないということだ。

　あなたはパソコンで何をしますか？　あなたの生活もパソコンなしでは成立しませんか？

4. 文型と慣用句

MP3 CD トラック 065

1. 主・把A 称 为 B /…はAをBと称する（呼ぶ）

△ 医学 上 把 睡 不 着 觉 称 为 失 眠 。
　yī xué shàng bǎ shuì bu zháo jiào chēng wéi shī mián
/医学上、眠れないことを不眠と呼ぶ。

△ 人 们 把 有 很 多 学 问 的 人 称 为 学 者 。
　rén men bǎ yǒu hěn duō xué wèn de rén chēng wéi xué zhě
/人々は、学問が豊かな人を学者と呼ぶ。

解釈1 述語が「称为」の時は、常に「把」構文が使われます。「把」構文に関する詳しい説明は、本書の第7課の文法ポイントをご参照ください。

2. 主＋应该＋述V・目 /…は…をすべきである

△ 你 应 该 劝 劝 他 。 /あなたは彼に忠告すべきです。
　nǐ yīng gāi quàn quàn tā

△ 人 们 不 应 该 破 坏 环 境 。 /人々は、環境を破壊すべきではない。
　rén men bù yīng gāi pò huài huán jìng

解釈2 「应该」は助動詞で、常に述語動詞の前に置きます。否定文は「不应该＋述語V」です。助動詞に関する詳しい説明は『本気で学ぶ中国語』の第23課の文法ポイントをご参照ください。

3. 在センテンス1 的 同 时 也 センテンス2 /…すると同時に…もする

△ 公 司 在 大 力 开 拓 新 市 场 的 同 时 也 注 意 搞 好 售 后 服 务 。
　gōng sī zài dà lì kāi tuò xīn shì chǎng de tóng shí yě zhù yì gǎo hǎo shòu hòu fú wù
/会社は新しい市場を開拓することに力を入れるとともに、アフターサービスにも力を入れている。

△ 学 生 们 在 学 习 外 语 的 同 时 也 能 了 解 外 国 文 化 。
　xué shēng men zài xué xí wài yǔ de tóng shí yě néng liǎo jiě wài guó wén huà
/学生たちは、外国語を学ぶとともに外国文化も知ることができる。

解釈3 動作主が、2つの動作行為を同時に行うことを表します。

4. 一方面…另一方面 也/又 … / 一方で…であり、もう一方で…でもある

△ 他一方面要工作另一方面也要照顾有病的妻子。
　　/ 彼は働かなければならないし、病気の妻の介護もしなければならない。

△ 资讯技术的发展一方面缩短了人与人之间的距离，另一方面又扩大了人与人之间的距离。
　　/ インフォメーション技術の発達は一方では人と人との距離を縮め、別の一方ではその距離を拡大させた。

解釈4 主語（物事）に２つの面があることを説明する時に使う文型です。

5. 除了 V₁·目₁ / 名詞1　还/也有　V₂·目₂ / 名詞2 ，/ V1・目1 以外に　V2・目2 もする
　　　　　　　　　　　　　　　　　　　　　　　　 名詞1 以外に　　名詞2　もある

△ 除了学气功，我还练瑜伽。/ 気功を習う以外に、ヨガもやっています。

△ 他除了奔驰（车），还有一辆宝马。
　　　　　　　　　　　　　　　　/ 彼はベンツのほかに、BMWも持っています。

解釈5 この文型の主語は「除了」の前か、後の文の先頭に置きます。「除了」の後には、「V1目1」か名詞1が来ます。文の副詞「还」または「也有」の後には「V2目2」・「名詞2」が来ます。

6. 主·连 数量詞·n. 都没V. / 也不V. /…は…でさえ…ない

△ 他破产了，连一个住处也没有。/ 彼は破産して住む場所さえない。

△ 他连一颗牙都没长。/ 彼は一本の歯すら生えていない。

△ 他刚来中国，连一个熟人也不认识。
　　　　　　　　　　　　　　　　/ 彼は中国に来たばかりで、知り合いが一人もいません。

解釈6 この文型は、目的語の完全否定を表します。中国語の完全否定文に関しては『本気で学ぶ中国語』第17課のキーポイントをご参照ください。

7. |主・让 人 述V・目| /…に…をさせる

△ 公司 让 我 负责 很多 工作。
　　使役V 目・主 述V　　　　目
　　　　　　　　　　/ 会社は私に、たくさんの仕事をやらせています。

△ 不 能 让 客人 久 等。/ お客様を長く待たせてはいけない。
　　　　使役V 目・主 述V

△ 很多家长 让 女儿 学 钢琴 和 芭蕾。
　　　　　使役V 目・主 述V 目1　　目2
　　　　　　　　　　/ 多くの親が、娘にバレエとピアノを習わせる。

解釈7 「让」の後に置かれた「人」（間接目的語）が、後の述語動詞の「主語」を兼ねています。このような兼語文の特徴に関しては、『本気で学ぶ中級中国語』の第4課の文法ポイントを参照ください。使役動詞「让」の使い方に関しては、『本気で学ぶ中級中国語』の第6課の文法ポイントをご参照ください。

8. |主・准备 述V・目| /…は…をするつもりです。

△ 我 准 备 给 孩 子 换 一 个 学 校。/ 私は子供に、転校させるつもりです。

△ 日本人会馆 准备 搬迁。/ 日本人会館は移転する予定です。

△ 下半年他们公司准备上市。
　　　　　　　　　　/ 下半期に、彼らの会社は上場する予定です。

解釈8 この文型の中の「准备」は助動詞で、常に述語動詞の前に置かれます。「准备」は、助動詞以外に動詞や名詞としても使われます。下記の例をご参照ください。

例：△ 你 准 备 好 了 吗? / 君は準備（用意）ができましたか？
　　　　　V

△ 你 要 做 好 准 备。/ 君は、準備をしておかなければなりません。
　　　　　　　　n

トピック会話 3-a

A: 最近手机更新换代得很快,我前一阵子刚买的手机,现在又不是最新款的了。

B: 可不是嘛!特别是苹果公司推出的i-Phone智能手机有很多功能,简直像一台超小型电脑。

A: I-phone智能手机具体有什么功能?

B: 除了有手机通话的功能外,还附带月历、电话薄、计算器、记事本、电邮接收以及电子游戏的功能,甚至能够用手机上网。因为一机在手什么问题都解决了,所以引起了用户的热烈追捧,i-phone也不断升级换代,从i-phone已经卖到了i-phone 5。每次有新款的i-phone推出,全世界的苹果迷都大排长龙,甚至连夜排队购买。

A: 难怪中国人把i-phone叫做「爱疯」,真的是爱到发疯了。可我担心功能太多、太复杂,我不会用。

B: 那倒不必担心。你会用电脑就能学会用智能手机。只是目前刚刚推出价钱太贵了,一台要六千多人民币。

A: 那我还是等普及了再买吧!

トピック会話 3-a　訳文

A. 最近は携帯電話のモデルチェンジが速くて、少し前に買ったばかりの携帯電話も、今では最新モデルではなくなってしまいました。

B. そうですよね！　特にパソコン会社のアップルが出した i-Phone はたくさんの機能を持っていて、まるで超小型パソコンのようですよ。

A. i-Phone には具体的に、どんな機能がついているのですか？

B. 通話機能のほかに、カレンダー、アドレス帳、電卓、メモ帳、E メールの受発信およびゲーム機能、さらに携帯からネット接続さえできるのです。携帯電話一つで何でも解決できることで、ユーザーから熱烈に支持されています。i-Phone も絶えず便利にモデルチェンジされて、i-Phone から始まったものが、今では i-Phone 5 となっています。新しい機種が発売されるたびに、世界中のアップルファンが長蛇の列を作り、夜通しの行列さえして、購入します。

A. なるほど、中国人が i-Phone のことを［愛疯］と呼ぶのは、まさに、「気が狂うほど愛している」という気持ちの表れなのですね。でも機能がありすぎて、複雑になりすぎて、自分には使いこなせるかどうかが心配です。

B. それなら心配無用ですよ。パソコンが使えればスマートフォンは使いこなせます。問題は売り出されたばかりで、今 1 台 6000 元以上して、値段がとても高いことだけです。

A. でしたら、普及するまで待ってから買うことにしましょう！

トピック会話 3-b

史蒂夫·乔布斯和苹果电脑

A. 你知道吗？2011年10月5号只有56岁的美国企业家苹果电脑的创始人史蒂夫·乔布斯去世了。

B. 我看报纸了，乔布斯英年早逝真是太可惜了，他逝世的消息震惊了全世界。乔布斯是一个有激情、有才华和有无限创造力的人，他把自己的思想和创意变成了人类生活不可缺少的一部分。

A. 对，他所创造的i-Pod播放器、i-Phone手机和i-Pad平板电脑等一系列产品完全改变了现代人的生活，也让人们进入了一个现代科技的全新世界。尤其是他的人生就是一部美国英雄的传奇。他一生下来就被亲生父母抛弃，后来被一对没有孩子的夫妇抱养。所幸的是他的养父母非常爱他，但由于自身的原因和家庭经济拮据，他没有完成大学学业。

B. 对，他靠自己的聪明才智在养父母的地下车库组装电脑，并创建了苹果公司。他的信念就是为全世界的使用者制造最好的家庭电脑。但后来由于种种原因

他却被公司的同僚驱逐出公司。没有了他的苹果丢失了制造最好的电脑的理念，只想着赚钱，结果走向失败甚至濒临破产。在走投无路的时候，苹果公司的高层又把乔布斯请了回来。他则毫无怨言，责无旁贷、义无反顾地力挽狂澜，又把苹果公司变成了有无限价值的公司。

A. 乔布斯的确是一个天才，他以自己的智慧和远见，带领团队精英不断创造更新换代的新科技产品。他自己的人生就像一部精彩绝伦的电影，高潮迭起，引人入胜。听说在离开苹果公司期间，他还创造了「玩具骑兵」的动漫公司，也取得了巨大的成功。

B. 我觉得在人类的发展史上，「苹果」已被赋予了特定的含义。亚当的苹果揭开了人类探索自身的奥秘；牛顿的苹果揭开了人类与所处环境的关系；乔布斯的苹果改变了人与人、人与世界之间的沟通模式，创造了人类互动的新体验。

A. 我感觉这三个苹果好像有某种神秘的联系，它们开启了不同时空的人类文化新旅程。

トピック会話 3-b　訳文

スティーブ・ジョブズとアップルコンピューター

A. ご存じでしたか？　2011年10月5日、まだ56歳のアメリカの実業家――アップルコンピューターの創立者であるスティーブ・ジョブズが亡くなりました。

B. 新聞で知りましたが、英気がみなぎる時期にジョブズが世を去ったことは本当に残念ですね。彼が亡くなったニュースは全世界を驚かせましたよ。ジョブズはあふれる情熱と才能、無限の創造力を持った人物でした。彼は自分の考え方や独創的なアイデアを、人類の生活に不可欠なパーツに変えました。

A. ええ、彼が生み出したi-Podプレイヤー、i-Phone携帯電話とi-Padタブレット型パソコンなどの一連の製品は完全に現代人の生活を変え、人々を現代科学技術の全く新たな世界に踏み込ませましたが、何にもまして彼の人生はアメリカンヒーローの伝説そのものです。彼は生まれてすぐに実の両親から遺棄され、後に子供のいない夫婦に引き取られました。幸いなことに彼の養父母は彼をとてもかわいがりましたが、彼自身の問題と家庭の経済状態の悪さにより大学の学業を終えることはできませんでした。

B. そのとおりです。彼は自分の優れた才知を用いて、養父母の地下ガレージでパソコンを組み立て、同時にアップル社を設立しました。彼の信念は、全世界のユーザーのために最高のホームコンピューターを作ることでした。しかしその後、様々な原因により彼は会社の同僚によって社を追われました。彼がいなくなったアップルは「最高のコンピューターを作る」という理念を失い、儲けに走った結果、業績は悪化し、倒産の危機にまで至りました。窮地に陥った時、アップル社の幹部たちがジョブズに復帰を願い出ると、彼は一言の恨みも言わず、責任逃れをすることもなく、正面から必死に立ち向かって挽回を図り、再度アップル社を無限の価値を持つ企業に変えました。

A. ジョブズは確かに天才です。彼は自身の知恵と先見の明で精鋭メンバーたちを率いて、モデルチェンジを重ねた新たなハイテク製品を創造しました。彼自身の人生はまるでよくできた映画のようで、次々と山場が起こり、人々を魅了しました。またアップル社を離れている間、彼は「トイ・ストーリー」のアニメ会社も設立し、大きな成功を収めたそうです。

B. 人類の発展史において、「アップル」はすでに特定の意義を与えられたと感じます。アダムの「リンゴ」により、人類は自己探索の道を開きましたが、ニュートンの「リンゴ」は人類とその生存環境との関係を明らかにしました。ジョブズの「リンゴ」は人と人、人と世界間のコミュニケーション方法を変え、人類がともに参加し、相互に影響を与え合う新たな体験を生み出しました。

A. この3つの「リンゴ」はつながりでもあるかのように、異なる時空間において人類文化の新たな道を切り開いたような気がします。

MP3 CD トラック 068

トピック会話 3-c

史蒂夫・乔布斯这个人

A. 你看过苹果公司的创始人《史蒂夫・乔布斯传》吗？

B. 看了。这本自传是由美国著名媒体人和作家沃尔特・艾萨克森受乔布斯本人的委托而写的。这本自传比较全面真实地反映了乔布斯本人的个性和他缔造成功的故事。

A. 书中采访了很多与乔布斯打过交道的人和同事，书里写了很多身边的人对他的真实的评价。比如乔布斯的太太在书中评论自己的丈夫时说："跟很多有非凡天分的人一样，他并不是所有方面都同样优秀。他没有风度，不会设身处地地替别人着想，但是他高度关注如何发挥人性的作用，为人类造福，并给人类创造正确的工具去追求进步。"

B. 我从书中也感觉到他是一个矛盾体,他的个性中交织着激情、完美主义、艺术气质以及阴暗面儿——欲望、残酷和控制欲这些矛盾体。他周围聚集着最优秀的团队,他可以把这些人看透,明白他们的内心的想法,知道如何随心所欲地结交他们、挖掘他们、诱惑他们甚至伤害他们。如果产品的研制和生产的过程中出现一点儿瑕疵,他就会辱骂他的团员是「笨蛋」,制造的东西是「狗屎」和「垃圾」等。数十名被乔布斯辱骂得最厉害的同事在讲述他们冗长的悲惨的故事时都说:"他的才华和粗暴使得跟他一起工作既让人不安又让人兴奋"。但是他们也一致承认乔布斯让他们发挥出了极大的潜能,做到了做梦都没想到的事情。

A. 乔布斯的传奇是硅谷创新神话的典型代表。他在车库里开创一家企业,几经起伏把它打造成了全球最有价值的公司。他没有直接发明很多东西,但是他用大师级的手法把理念、艺术和科技融合在一起创造了未来。我觉得在历史的神殿里,他的位置就在爱迪生和福特身旁。

トピック会話 3-c　訳文

スティーブ・ジョブズという人物

A. アップル社の創立者、スティーブ・ジョブズの伝記を読んだことはありますか？

B. ええ。この自伝はアメリカの有名なウォルター・アイザックソンがジョブズ本人からの依頼を受けて書いたもので、ジョブズ本人の個性や成功を生み出したエピソードがすべてリアルに描かれています。

A. 書中には、ジョブズと交流のあった数多くの人物や同僚へのインタビュー、大勢の身近な人物たちの彼に対する率直な評価が掲載されています。例えばジョブズの奥さんは自分の夫を、「大勢の非凡な天分を持つ人々と同じように、彼は決してすべての分野においては優秀ではなかった。彼は紳士ではなかったし、他人の立場になって考えることもなかった。しかし彼は、人類に幸せをもたらすために人間の持つ力をいかに発揮させるか、人類が正しい道具を創造することに、進歩を追求することに高い関心を払っていた」と語っています。

B. 本を読んで私も、彼は自らの中に、激情、完璧主義、芸術家気質、暗黒面、欲望、残酷性、支配欲などが交錯した矛盾する存在であると感じました。彼は周囲に最も優秀な集団を集め、彼らを見極め、胸の内を見抜き、どのように自分の意のままに交流するか、才能を掘り起こすか、誘惑するか、しいては傷つけるかを分かっていました。もし製品の開発・製造過程でわずかでも瑕疵が出現したら、彼はメンバーや製品を「バカ野郎」「犬のくそ」「ゴミ」等と口汚くののしりました。ジョブズのひどい罵倒を浴びた数十名の同僚たちは、長く悲惨な出来事を語る際に「彼の才能と粗暴さは共に働く人間を不安にさせるが、またエキサイトさせた」と口をそろえて言います。しかしジョブズが彼らの大きな潜在能力を引き出して、夢にも思わなかった事柄を成し遂げさせたことを、全員が認めています。

A. ジョブズの物語は、シリコンバレーが生み出した神話の典型例です。彼はガレージの中に企業を起ち上げ、幾度かの浮き沈みを経て、それを世界で最も高い価値を持つ企業に作り上げたのです。彼は多くの物を発明したわけではありませんが、達人の手法で理念、芸術や科学技術を一つに融合させて、未来を創り出しました。彼は歴史の神殿において、エジソンやフォードと肩を並べられる存在だと私は思います。

5. キーポイント　MP3 CD トラック 069

「惊讶」、「吃惊」、「惊呆了」、「惊恐」、「惊慌」、「吓（了）一跳」

惊讶	吃惊	惊呆了	惊恐	惊慌	吓（了）一跳
①驚き、いぶかしく思う。その驚きは表情に出る場合と出ない場合がある。	①びっくりする、驚く。その驚きが顔に出て、表情が大きく変わる。驚きの度合いは「惊讶」より大きい。	①驚いて呆然とする。ショックと驚きが大きいため、呆然となる。	①驚き恐れる。ある件に驚かされ、大きな不安や恐れを感じる。	①驚き慌てる。どうしたらよいか分からないほど、うろたえる。	①飛び上がるほど驚く。ある出来事に驚かされ、飛び上がるほどびっくりする。
△他们俩是我们心中的模范夫妻,最近却听说离婚了,我们都非常惊讶。/ 彼らは私たちが考える模範夫婦なのに、最近離婚したと聞き、とても驚きました。	△她是乖乖女,有一天却突然离家出走了,众人都很吃惊。/ 彼女は素直ないい子なのに、ある日、急に家を出てしまい、周囲の人々はとても驚きました。	△他通过视频跟女友聊天儿的时候,看到有人进来,袭击他的女友,他惊呆了。/ 彼はスカイプでガールフレンドとチャットをしていた時、何者かが侵入し、ガールフレンドを襲ったのを見て、驚きのあまり呆然とした。	△着火了,大家很惊恐。/ 火災が起きたので、みんなは怖くて不安です。 △客机遭到了劫持,上面的乘客都感到很惊恐。/ 飛行機が乗っ取られ、中の乗客は恐ろしさに震え上がった。	△母亲突然昏倒,父亲告诉大家"不要惊慌,赶快送医院"。/ 母が急に気を失って倒れた。父はみんなに、慌てるな、すぐに病院へ運ぼうと言った。	△我儿子大吼了一声,吓了我一跳。/ 息子が急に大声で叫んだので、私は飛び上がるほど驚きました。 △狗突然大叫一声,吓了我一跳。/ 犬が急にほえたので、私はとても驚きました。

第3課

惊讶	吃惊	惊呆了	惊恐	惊慌	吓(了)一跳
②心理活動動詞として使われ、文の中では状況語や述語となる。述語となる場合は、前に程度副詞「很」「非常」「特別」を伴うことが多い。	②心理活動動詞として使われ、文の中では述語になる。述語となる場合は、前に程度副詞「很」「非常」「特別」を伴うことが多い。＝「惊讶」②	②心理活動動詞として使われ、文の中では述語になることが多い。この場合は、前に程度副詞「很」「非常」「特別」を伴うことが多い。	②心理活動動詞として使われる。＝「惊呆了」②	②四字成語「惊慌失措」がよく使われる。	②「吓(了)人一跳」の形でよく使われる。
△他 jīng yà 惊讶 de shuō 地说"你 zěn me néng 怎么能 wū xiàn wǒ 诬陷我"? / 彼は驚きながら「あなたはどうして僕を陥れようとするの?」と言った。 △我 gēn tā 跟他 shuō le zhěng 说了整 jiàn shì hòu 件事后, tā hěn jīng yà 他很惊讶。 / 私が本件の全過程を話すと、彼はとても驚きました。	△她 chī jīng 吃惊 de duì wǒ 地对我 shuō wǒ 说:"我 bù xiāng xìn 不相信 xiǎo wáng tōu 小王偷 dōng xi 东西。" / 彼女は驚きながら私に、「王さんが物を盗むなんてあり得ない」と言いました。 △家长对 jiā zhǎng duì 这件事 zhè jiàn shì hěn chī jīng 很吃惊。 / 両親は本件に対して、大変驚いています。	△目睹他 mù dǔ tā men ōu dǎ 们殴打 de chǎng miàn 的场面, wǒ jīng dāi 我惊呆 le 了。 / 彼らが殴り合う場面を見て、私はショックで動けなくなった。 △眼看着 yǎn kàn zhe chē huò zài 车祸在 wǒ miàn qián 我面前 fā shēng 发生, wǒ zhěng gè 我整个 rén dōu jīng 人都惊 dāi le 呆了。 / 事故が目の前で発生したのを目撃して、私はショックで呆然とした。	△这附近 zhè fù jìn zuì jìn zǒng 最近总 fā shēng qiǎng 发生抢 jié àn dà 劫案,大 jiā gǎn dào 家感到 hěn jīng kǒng 很惊恐。 / この付近は近頃、強盗事件が頻発するので、みんな不安と恐怖を感じています。 △不要惊 bú yào jīng kǒng jiù hù 恐,救护 chē jiù yào 车就要 lái le 来了。 / 怖がらないで、救急車がすぐ来ます。	△孩子不 hái zi bú jiàn le fù 见了,父 mǔ jí de 母急得 jīng huāng 惊慌 shī cuò 失措。 / 子供がいなくなり、両親はショックで我を忘れていて、どうしたらよいか分からない。	△刚开开 gāng kāi kāi jiā mén 家门, wǒ ér zi 我儿子 tū rán dà 突然大 hǒu yì shēng 吼一声 cóng mén hòu 从门后 tiào chū lái 跳出来, xià le wǒ 吓了我 yí dà tiào 一大跳。 / 家のドアを開けたとたん、ドアの後ろから息子が突然大声で叫びながら、飛び出したので、私は驚いて飛び上がった。

惊讶	吃惊	惊呆了	惊恐	惊慌	吓(了)一跳
③名詞「驚き」の意味として使われ、文の中では目的語となる。	③四字成語「大吃一惊」（大変驚く）がよく使われる。	③「惊呆了」は自動詞であり、後に目的語が来ない。たまに限定語として使われることもある。	③四字成語「惊恐万分」「惊恐不安」（恐ろしさで不安になる）がよく使われる。	③「惊慌」は文の中では、状況語となる。四字成語の「惊慌失措」（驚いて慌てる）は文の中では、状況語・補語・述語として使われる。	③「吓了一跳」よりさらに誇張な表現として「吓死我了／死ぬほど驚かされた」
△看到他 kàn dào tā 被警察 bèi jǐng chá 抓走了， zhuā zǒu le 我掩饰 wǒ yǎn shì 不住心 bu zhù xīn 中的惊 zhōng de jīng 讶。 yà ／彼が警察につれていかれたのを見て、私は驚きを隠せません。	△「雷曼 léi màn 兄弟」 xiōng dì 的破产 de pò chǎn 风暴，让 fēng bào ràng 投资人 tóu zī rén 都大吃 dōu dà chī 一惊。 yì jīng ／リーマンショックは投資者を驚愕させた。	△我被劫 wǒ bèi jié 机事件 jī shì jiàn 惊呆了。 jīng dāi le ／私は乗っ取り事件に驚かされ、呆然とした。 △惊呆了 jīng dāi le 的我说 de wǒ shuō 不出话 bù chū huà 来。 lái ／驚いた私は、言葉が出なくなった。 ⊗劫机事件惊呆了我。	△恐怖分 kǒng bù fèn 子蒙面 zǐ méng miàn 持枪 chí qiāng 闯进教 chuǎng jìn jiào 堂要劫 táng yào jié 持人质， chí rén zhì 在场的 zài chǎng de 人们都 rén men dōu 惊恐 jīng kǒng 万分。 wàn fēn ／テロリストが顔を布で覆い、銃を手に教会に押し入り、人質を取ったため、その場にいる人々は強い恐怖と不安を覚えた。	△他惊慌 tā jīng huāng 失措地 shī cuò de 跑进来 pǎo jìn lái 喊道： hǎn dào "不好了! bù hǎo le 着火了!" zháo huǒ le ／彼は慌てふためいて入って来ると、「大変だ！家事だ！」と叫んだ。 △室友昏 shì yǒu hūn 倒了，她 dǎo le tā 惊慌失 jīng huāng shī 措地跑 cuò de pǎo 出来找 chū lái zhǎo 人急救。 rén jí jiù ／ルームメートが倒れたので、彼女は慌てふためきながら飛び出てきて助けを求めた。	△耍蛇的 shuǎ shé de 人突然 rén tū rán 拿着蛇 ná zhe shé 靠近我， kào jìn wǒ 吓死我 xià sǐ wǒ 了。 le ／蛇使いが蛇を持って急に私に近づいてきたので、死ぬほど驚いた。

惊讶	吃惊	惊呆了
④過去形表現は形容詞と同じく、「了」を使わずに、過去時間詞で表す。	④過去形表現は形容詞と同じく、「了」を使わずに、過去時間詞で表す。	④受け身の形でよく使われる。「被事件惊呆了。」
△你平时不用功，临阵磨枪，上次却考了全班第一，同学们都很惊讶。 nǐ píng shí bù yòng gōng, lín zhèn mó qiāng, shàng cì què kǎo le quán bān dì yī, tóng xué men dōu hěn jīng yà. / 日頃は努力せずに急場しのぎの準備で、あなたが前回クラスでトップとなったことに、クラスメート達は驚いている。	△昨天去她家的时候，看到她打她的孩子，我很吃惊。 zuó tiān qù tā jiā de shí hou, kàn dào tā dǎ tā de hái zi, wǒ hěn chī jīng. / 昨日彼女の家へ行った時に、彼女が子供を殴っているのを見て、驚きました。	△很多人从电视上看到地震和海啸的画面被惊呆了。 hěn duō rén cóng diàn shì shàng kàn dào dì zhèn hé hǎi xiào de huà miàn bèi jīng dāi le. / たくさんの人が、テレビで地震と津波の場面を見て呆然とした。 △我被枪击事件惊呆了。 wǒ bèi qiāng jī shì jiàn jīng dāi le. / 私は銃撃事件に驚かされた。

惊讶
⑤四字成語「惊讶不已」（驚きが隠せない）もよく使われる。
△他给公司搞砸了好几宗生意，却还被升职，周围的人都惊讶不已。 tā gěi gōng sī gǎo zá le hǎo jǐ zōng shēng yì, què hái bèi shēng zhí, zhōu wéi de rén dōu jīng yà bù yǐ. / 会社の商売をいくつかつぶしたにもかかわらず、彼が昇進したことに周りの人間は驚きを隠せなかった。

練習：次の日本文を中国語に訳しなさい。　　　　　　　　　　（解答は P.486）

① 彼女がご主人と離婚したと聞いて、みんなはとても驚きました。

② ヨーロッパ旅行に行った時、私たちは古いお城に泊まり、夜中に幽霊を見て、死ぬほどびっくりしました。

③ 目の前で交通事故を目撃して、彼女はショックで呆然としました。

④ アメリカの信用格付けがAAAからAA＋に降格になったことを聞いて、投資家たちは慌てふためいて、どうしたらよいか分からなくなった。

⑤ 2008年の金融危機の際、たくさんの銀行が倒産したので、預金者たちは大きな驚きと不安を感じました。

⑥ 義理の母が突然脳卒中になり、一家は驚きうろたえました。

⑦ 今の中国では名門大学の卒業生も仕事が見つからない可能性があることを聞いて、ひどく驚きました。

⑧ 息子がドアの後ろから突然大声を上げて飛び出したので、私はびっくりしました。

6. 文法ポイント

MP3 CD トラック 073

(1) 可能補語

中国語の可能表現には、助動詞「能」「会」「可以」の他に可能補語も使われます。

可能補語は動作行為の中に潜んでいる（隠れている）様々な可能要素や条件を表し、否定形では動作行為の中に潜んでいる（隠れている）様々な不可能要素や条件を表します。可能補語の構造は以下のとおりです。

肯定型	否定型
V1 得 V2	V1 不 V2
chī de wán	chī bu wán
吃 得 完	吃 不 完

解釈 1　a. 可能補語に使われる V1 および V2 は常に決まった単語がセットで使われているので、V1 得 V2 フレーズをそのまま覚えるほうがいいでしょう。

　　　　b. ごく一部の V 得 adj. 構造は可能補語にも程度補語にもなりますが、その違いは後の 5 で説明します。

例：△ xǐ de gān jing　　　　　　xǐ de zhēn gān jing
　　　洗 得 干 净　　──→　　洗 得 真 干 净
　　　（可能補語）　　　　　　（程度補語）
　　（きれいに洗える）　　　（本当にきれいに洗われている）

MP3 CD トラック 074

(2) センテンスの中の可能補語の位置

① 主 ＋ V1 得 V2（可能補語・述語） ＋ 目的語

例：△ 　tā　　ná de dòng　　zhè xiē dōng xi
　　　　他　　拿 得 动　　这 些 东 西。
　　　　　　　 述語　　　　　 目

　　／彼はこれらの荷物を持てます。（力があるから）

　　△ suī rán jǐ shí nián méi jiàn le, dàn wǒ hái rèn de chū　 tā
　　　 虽 然 几 十 年 没 见 了, 但 我 还 认 得 出　 他。
　　　　　　　　　　　　　　　　　　 述語　　　 目

／もう何十年も会っていませんが、彼の見分けはつきます（彼のことを見て分かります）。

△ 对面施工完了，我晚上<u>睡得着</u>了。
　　　　　　　　　　　　述語

／向かいの工事が終わり、私は夜眠れるようになりました。

解釈2 ① 可能補語の可能性をさらに強調するために、可能補語の前に「能」を置くこともできます。例：「能拿得动」「能认得出」「能睡得着」

② 主 ＋ <u>V1 不 V2</u> ＋ 目的語
　　　　　可能補語・述語

例：△ 她 <u>拿不动</u> 这么多东西。
　　　　　　述語　　　　　目

／彼女は、こんなにたくさんの荷物は持てません。（力がないから）

△ 已经几十年没见了，所以我 <u>认不出</u> 他 了。
　　　　　　　　　　　　　　　　述語　　目

／もう何十年も会っていないので、彼の見分けはつきません（彼のことを見ても分かりません）。

△ 最近工作压力太大，我晚上 <u>睡不着</u> 觉。
　　　　　　　　　　　　　　　　述語　　目

／最近は仕事のプレッシャーが大きくて夜眠れません。

解釈2 ② 上記の内容は可能否定文で、最も自然に表現できますので、「⊗ 不能拿动」「⊗ 不能认出」「⊗ 不能睡着觉」は不自然な表現であるため、使わない方がいいです。

③ 目的語 ＋ 主 ＋ <u>V1 不 V2</u>
　　　　　　　　　　　可能補語否定型・述語

例：△ <u>这么重的 行李</u>, 她 <u>拿不动</u>。
　　　　限定語　　目　 主　　　述語

／こんなに重たい荷物、彼女は持てません。（力がないから）

△ <u>儿子</u>, 我根本就 <u>指不上</u>。
　　　目　　主　　　　述語

／息子は全然あてにならないよ。

△ <u>女儿</u>, 我就 <u>指得上</u>。
　　目　　主　　　述語

／娘はあてにできます。

△ <u>中文的</u> <u>汉字</u>，<u>外国人</u> <u>学不会</u>。
　　限定語　　目　　　主　　　　述語

／中国語の漢字は外国人には習得できません（難しすぎるため）。

解釈2 ③ 目的語をセンテンスの最初に置くと、その目的語が強調されます。可能補語否定型「V₁ 不 V₂」の代わりに肯定型「V₁ 得 V₂」も使われます。

MP3 CDトラック075

（3）可能補語と「能」「会」「可以」の違い

　可能補語が動作行為の中に潜んでいる（隠れている）様々な<u>可能／不可能要素や条件</u>を表します。それに対して、「能」「会」「可以」は基本的には<u>客観条件に基づいて</u>（客観条件が揃っているかいないかによる）可能・不可能を表します。「能」「会」「可以」の使い方は『本気で学ぶ中国語』の第23課文法ポイントを参照ください。

● 可能補語一覧表

可能補語	肯定型（V1 得 V2）		否定型（V1 不 V2）	
① V 得 完 (de wán)	△ 看 得 完 (kàn de wán)	読み終えられる（定められた時間内に）	△ 看 不 完 (kàn bu wán)	読み終えられない（定められた時間内に）
	△ 吃 得 完 (chī de wán)	全部食べ終えられる（その人の食べる量が多い、食べ物の量が少ない）	△ 吃 不 完 (chī bu wán)	全部食べ終えられない（その人の食べる量が少ない、食べ物の量が多い）
	△ 干 得 完 (gàn de wán)	やり終えられる（定められた時間内に）	△ 干 不 完 (gàn bu wán)	やり終えられない（定められた時間内に）
② V 得 到 (de dào) (V 得 着) (de zháo)	△ 买 得 到 (mǎi de dào) (买 得 着) (mǎi de zháo)	買える／入手できる（その商品があるから）	△ 买 不 到 (mǎi bu dào) (买 不 着) (mǎi bu zháo)	買えない／入手できない（その商品がないから）
	△ 吃 得 到 (chī de dào) (吃 得 着) (chī de zháo)	食べられる（その食品があるから）	△ 吃 不 到 (chī bu dào) (吃 不 着) (chī bu zháo)	食べられない（その食品がないから）
	△ 找 得 到 (zhǎo de dào) (找 得 着) (zhǎo de zháo)	見つけられる（その可能性があるから）	△ 找 不 到 (zhǎo bu dào) (找 不 着) (zhǎo bu zháo)	見つけられない（その可能性がないから）

可能補語	肯定型（V1 得 V2）		否定型（V1 不 V2）	
	△ 睡得着 shuì de zháo	眠れる（体調や環境がよいから）	△ 睡不着 shuì bu zháo	眠れない（体調や環境が悪いから）
	△ 管得着 guǎn de zháo	干渉できる（無関係ではないから）	△ 管不着 guǎn bu zháo	干渉できない（関係がないから）
③ V 得起 de qǐ	△ 吃得起 chī de qǐ	食べられる（a. 値段が高くないから）（b. お金があるから）	△ 吃不起 chī bu qǐ	食べられない（a. 値段が高いから）（b. お金がないから）
	△ 买得起 mǎi de qǐ	買える（a. 高くないから）（b. お金があるから）	△ 买不起 mǎi bu qǐ	買えない（a. 高いから）（b. お金がないから）
	△ 看得起 kàn de qǐ	a.（物を）見られる（映画や劇などの高価な切符が買えるから）b.（人を）尊敬する、重視する	△ 看不起 kàn bu qǐ	a.（物を）見られない（映画や劇などの高価な切符が買えないから）b.（人を）軽蔑する、見下す
④ V 得上 de shàng	△ 赶得上 gǎn de shàng	間に合う（十分な時間があるから）	△ 赶不上 gǎn bu shàng	間に合わない（十分な時間がないから）
	△ 指得上 zhǐ de shàng	頼りになる（相手に実力があるから、しっかりしているから）	△ 指不上 zhǐ bu shàng	頼りにならない（相手に実力がないから、しっかりしていないから）
	△ 吃得上 chī de shàng	食べられる（a. 食べ物がまだあるから）（b. 十分な時間があるから）	△ 吃不上 chī bu shàng	食べられない（a. 食べ物がもうないから）（b. 十分な時間がないから）
	△ 看得上 kàn de shàng	（人や物を）気に入る（物の質が良いから、相手に能力があるから、きちんとしているから）	△ 看不上 kàn bu shàng	（人や物を）気に入らない（物の質が悪いから、相手に能力がないから、だらしないから）
	△ 帮得上（忙） bāng de shàng máng	助けてあげられる（実力があるから）	△ 帮不上（忙） bāng bu shàng máng	助けてあげられない（実力不足だから）

可能補語	肯定型（V1 得 V2）		否定型（V1 不 V2）	
⑤ V 得 了 de liǎo	△ 吃 得 了 chī de liǎo	食べきれる （その人の食べる量が多いから、食べ物の量が少ないから）	△ 吃 不 了 chī bu liǎo	食べきれない （その人の食べる量が少ないから、食べ物の量が多いから）
	△ 喝 得 了 hē de liǎo	飲みきれる （量が多くないから、その人がかなり飲めるから）	△ 喝 不 了 hē bu liǎo	飲みきれない （量が多いから、その人があまり飲めないから）
	△ 来 得 了 lái de liǎo	来られる （都合がいいから）	△ 来 不 了 lái bu liǎo	来られない （都合が悪いから）
	△ 去 得 了 qù de liǎo	行ける （都合がいいから）	△ 去 不 了 qù bu liǎo	行けない （都合が悪いから）
	△ 受 得 了 shòu de liǎo	耐えられる （状況がひどくないから）	△ 受 不 了 shòu bu liǎo	耐えられない （状況がひどいから）
	△ 改 得 了 gǎi de liǎo	改められる （本人が決意したから、本人が自覚したから）	△ 改 不 了 gǎi bu liǎo	改められない （本性がそうであるから）
	△ 管 得 了 guǎn de liǎo	コントロールできる、管理できる （実能力があるから）	△ 管 不 了 guǎn bu liǎo	コントロールできない、管理できない （実力不足だから）
	△ 消 化 得 了 xiāo huà de liǎo	消化できる （消化力が強いから）	△ 消 化 不 了 xiāo huà bu liǎo	消化できない （消化力が弱いから）
	△ 忘 得 了 wàng de liǎo	忘れられる （それほど印象が深くないから）	△ 忘 不 了 wàng bu liǎo	忘れられない （あまりにも印象が深いから）
⑥ V 得 懂 de dǒng	△ 听 得 懂 tīng de dǒng	聞いて分かる （理解力があるから）	△ 听 不 懂 tīng bu dǒng	聞いて分からない （理解力がないから）
	△ 看 得 懂 kàn de dǒng	見て分かる （分かる力がついてきたから）	△ 看 不 懂 kàn bu dǒng	見て分からない （分かる力がついていないから）
⑦ V 清 楚 qīng chu	△ 听 得 清 楚 tīng de qīng chu	はっきり聞こえる （耳がいいから、周りが静かだから）	△ 听 不 清 楚 tīng bu qīng chu	はっきり聞こえない （耳が悪いから、周りがうるさいから）

可能補語	肯定型（V1 得 V2）		否定型（V1 不 V2）	
	△ 看得清楚 (kàn de qīng chu)	はっきり見える（目がいいから、はっきり書かれているから）	△ 看不清楚 (kàn bu qīng chu)	はっきり見えない（目が悪いから、はっきり書かれていないから）
⑧ V 得见 (de jiàn)	△ 看得见 (kàn de jiàn)	見える（目がいいから、遠くないから）	△ 看不见 (kàn bu jiàn)	見えない（目が悪いから、遠いから）
	△ 听得见 (tīng de jiàn)	聞こえる（耳がいいから、音がはっきりしているから）	△ 听不见 (tīng bu jiàn)	聞こえない（耳が悪いから、声が小さいから）
⑨ V 得动 (de dòng)	△ 拿得动 (ná de dòng)	荷物を持てる（力があるから、荷物が軽いから）	△ 拿不动 (ná bu dòng)	荷物を持てない（力がないから、荷物が重いから）
	△ 搬得动 (bān de dòng)	（荷物などを）運べる（力があるから、荷物が軽いから）	△ 搬不动 (bān bu dòng)	（荷物などを）運べない（力がないから、荷物が重いから）
	△ 走得动 (zǒu de dòng)	歩ける（体力があるから、疲れていないから）	△ 走不动 (zǒu bu dòng)	歩けない（体力がないから、疲れているから）
⑩ V 得住 (de zhù)	△ 拿得住 (ná de zhù)	物をしっかり持てる（力があるから）	△ 拿不住 (ná bu zhù)	物をしっかり持てない（力がないから）
	△ 记得住 (jì de zhù)	覚えられる（記憶力がいいから）	△ 记不住 (jì bu zhù)	覚えられない（記憶力が悪いから）
	△ 闲得住 (xián de zhù)	暇な状況が平気である、何もやらなくても平気である	△ 闲不住 (xián bu zhù)	常に何かをやりたい、暇な状況に平気でいられない、何かやらないと気がすまない
⑪ V 得开 (de kāi)	△ 想得开 (xiǎng de kāi)	前向きに考えられる、プラス思考ができる（心が広いから、度胸があるから）	△ 想不开 (xiǎng bu kāi)	前向きに考えられない、プラス思考ができない（心が狭いから、度胸がないから）

可能補語	肯定型（V1 得 V2）		否定型（V1 不 V2）	
⑪ V 得 开 (de kāi)	△ 看 得 开 (kàn de kāi)	前向きに考えられる、プラス思考ができる（心が広いから、度胸があるから）	△ 看 不 开 (kàn bu kāi)	前向きに考えられない、プラス思考ができない（心が狭いから、度胸がないから）
	△ 吃 得 开 (chī de kāi)	受けがよい、人気がある	△ 吃 不 开 (chī bu kāi)	受けが悪い、人気がない
	△ 走 得 开 (zǒu de kāi)	その場から抜けられる（都合がいいから）	△ 走 不 开 (zǒu bu kāi)	その場から抜けられない（都合が悪いから）
	△ 躲 得 开 (duǒ de kāi)	災いや不幸から逃れられる	△ 躲 不 开 (duǒ bu kāi)	災いや不幸から逃れられない
⑫ V 得 掉 (de diào)	△ 忘 得 掉 (wàng de diào)	忘れられる（印象が深くないから）	△ 忘 不 掉 (wàng bu diào)	忘れられない（印象が深いから）
	△ 推 得 掉 (tuī de diào)	断れる（深い関わりがないから）	△ 推 不 掉 (tuī bu diào)	断れない（深い関わりがあるから）
⑬ V 得 会 (de huì)	△ 学 得 会 (xué de huì)	学べば習得できるようになる（難しくないから、学習能力が高いから）	△ 学 不 会 (xué bu huì)	学んでも習得できない（難しいから、学習能力が低いから）
	△ 看 得 会 (kàn de huì)	見るだけで、できるようになる（内容が難しくないから、本人の学習能力が高いから）	△ 看 不 会 (kàn bu huì)	見るだけでは、できない（内容が難しいから、本人の学習能力が高くないから）
	△ 听 得 会 (tīng de huì)	聞くだけで、できるようになる（内容が難しくないから）	△ 听 不 会 (tīng bu huì)	聞くだけでは、できない（内容が難しいから）
⑭ V 得 及 (de jí)	△ 来 得 及 (lái de jí)	間に合う	△ 来 不 及 (lái bu jí)	間に合わない
	△ 赶 得 及 (gǎn de jí)	急いで行けば間に合う	△ 赶 不 及 (gǎn bu jí)	急いで行っても間に合わない

可能補語	肯定型（V1 得 V2）		否定型（V1 不 V2）	
⑭ V 得及 de jí	⊗等得及→ 使わない。その代わりに 我 能 等 十 分 钟。 wǒ néng děng shí fēnzhōng 期間詞 を使います。/ 私は10分間待てます。		△ 等 不 及 děng bu jí もう待てない 例：我 已 经 等 不 及 了。 wǒ yǐ jīng děng bu jí le /もうこれ以上待てない。	
⑮ V 得齐 de qí	△ 凑 得 齐 còu de qí	揃えられる	凑 不 齐 còu bu qí	揃えられない
	△ 交 得 齐 jiāo de qí	一括で払える （金額が多くないから、十分なお金があるから）	交 不 齐 jiāo bu qí	一括で払えない （金額が多いから、十分なお金がないから）
⑯ V 得出来 de chū lái ＊⑯以降の「得」の後に2文字動詞を置いている	△ 听 得 出 来 tīng de chū lái	聞いて分かる	△ 听 不 出 来 tīng bu chū lái	聞いても分からない
	△ 认 得 出 来 rèn de chū lái	相手を見て分かる （まだ覚えているから）	△ 认 不 出 来 rèn bu chū lái	相手を見ても分からない （もう覚えていないから）
	△ 看 得 出 来 kàn de chū lái	見て分かる	△ 看 不 出 来 kàn bu chū lái	見ても分からない
⑰ V 得过来 de guò lái ＊「忙得过来」のように可能補語の「得」の前にadj.を使うケースもある	△ 教 得 过 来 jiāo de guò lái	教えきれる （生徒数が少ないから）	△ 教 不 过 来 jiāo bu guò lái	教えきれない （生徒数が多いから）
	△ 看 得 过 来 kàn de guò lái	一通り見られる （それほど多くないから）	△ 看 不 过 来 kàn bu guò lái	多すぎて見きれない
	△ 忙 得 过 来 máng de guò lái	忙しくないからやれる	△ 忙 不 过 来 máng bu guò lái	忙しすぎてやりきれない
	△ 买 得 过 来 mǎi de guò lái	商品の種類が豊富ではないから買える	△ 买 不 过 来 mǎi bu guò lái	商品の種類が多すぎて全部は買えない
	△ 数 得 过 来 shǔ de guò lái	数えられる （数が多くないから）	△ 数 不 过 来 shǔ bu guò lái	数えられない （数が多すぎるから）

第3課

可能補語	肯定型（V1 得 V2）		否定型（V1 不 V2）	
⑱ V 得 上 来 de shang lái	△ 收 得 上 来 shōu de shàng lái	回収できる	△ 收 不 上 来 shōu bu shàng lái	回収できない
	△ 答 得 上 来 dá de shàng lái	分かるから答えられる	△ 答 不 上 来 dá bu shàng lái	分からないから答えられない
⑲ V 得 下 去 de xià qù	△ 看 得 下 去 kàn de xià qù	見ていられる（状況が悲惨ではないから）	△ 看 不 下 去 kàn bu xià qù	見ていられない（状況が悲惨だから）
	△ 听 得 下 去 tīng de xià qù	聞いていられる（状況が悲惨ではないから）	△ 听 不 下 去 tīng bu xià qù	聞いていられない（状況が悲惨だから）
	△ 吃 得 下 去 chī de xià qù	食べられる（消化力があるから、体調と気分がいいから）	△ 吃 不 下 去 chī bu xià qù	食べられない（消化力がないから、体調と気分がよくないから）
	△ 过 得 下 去 guò de xià qù	これからも一緒に生活できる（どうしても別れるほどの理由がないから、我慢できるから、状況がそれほどひどくないから、物質的にそれほど貧しくないから）	△ 过 不 下 去 guò bu xià qù	もう一緒に生活できない（性格が合わないから、どうしても我慢できない理由があるから、状況がひどいから、物質的に貧しいから）
⑳ V 得 下 来 de xià lái	△ 静 得 下 来 jìng de xià lái	落ち着ける、じっとできる（性格が落ち着いているから）	△ 静 不 下 来 jìng bu xià lái	落ち着けない、じっとできない（落ち着きがない性格だから）
	△ 停 得 下 来 tíng de xià lái	やめられる（コントロールできるから、事態がまだ止められるから）	△ 停 不 下 来 tíng bu xià lái	やめられない（コントロールできないから、事態がもう止められないから）

(4) 可能補語の使用例

例：△ 在新加坡，什么日本家电都<u>买得到</u>。
　　／シンガポールではどのような日本の家電製品でも買える。（商品があるから）

△ 现在在中国很多人<u>买得起</u>私家车。
　　／今、中国ではマイカーを買える人が大勢いる。（お金があるから）

△ 我一次<u>吃不了</u>二十个饺子。
　　／私は一度に20個の餃子は食べられない。（自分の食べられる量を超えているから）

△ 我实在是<u>吃不下</u>了。
　　／もうこれ以上は入りません。（すでにたくさん食べたから）

△ 太惨了，实在是<u>看不下去</u>。／あまりにも悲惨で見ていられない。

△ 他<u>看得见</u>黑板上的字。
　　／彼は黒板の字が見えます。（視力がいいから）

△ 十个学生我<u>教得过来</u>。
／私は10人の生徒を教えられる。（時間の都合がつくから、人数がそれほど多くないから）

△ 这孩子只有他爸爸才<u>管得了</u>。
　　／この子は父親の言うことしか聞かない。（コントロールできる実力があるから）

△ 你<u>管得着</u>吗？
　　／あなたには関係ないでしょう？（あなたに口を出す資格はありますか？）

△ 最近工作压力太大，晚上<u>睡不着</u>觉。
　　／最近、仕事のプレッシャーが大きくて、夜眠れません。

△ 快走吧，要不然<u>来不及</u>了。
　　／急ぎましょう、さもないと、間に合いませんよ。

△ 眼睛做了激光矫正手术以后,不戴眼镜也看得清楚了。
/目のレーシック手術を受けた後はメガネをかけなくても、はっきり見えるようになりました。

△ 鱼翅和鲍鱼很贵,天天吃就吃不起。
/フカヒレとアワビはとても高いので、毎日食べられません。

△ 她这个人闲不住,总得找点儿事儿干。
/彼女は暇には耐えられないので、いつも何かすることを探しています。

△ 我现在在接待客人走不开。
/今、来客中ですので、抜けられません。

△ 母校的老师求我帮忙,我推不掉。
/母校の先生が手助けを求めているので、断れません。

△ 这个孩子可能得了多动症,一直静不下来。
/この子は多動症かもしれません、じっとしていられないのです。

△ 公司人手不够,工作太多、根本忙不过来。
/会社は人手が足らず、仕事も多いので、忙しくて、やりきれない。

（5）可能補語と程度補語の肯定文、否定文および疑問文の構造の違い

	肯定文 [V 得 adj.]	否定文 [V 得 不 adj.]	疑問文 [V 得 adj. 吗] [V 得 adj. 不 adj.]
程度補語	△ 跑得快 pǎo de kuài	△ 跑得不快 pǎo de bu kuài	△ 跑得快吗? pǎo de kuài ma → 跑得快不快? pǎo de kuài bu kuài
	△ 说得好 shuō de hǎo	△ 说得不好 shuō de bu hǎo	△ 说得好吗? shuō de hǎo ma → 说得好不好? shuō de hǎo bu hǎo
	△ 疼得厉害 téng de lì hài	△ 疼得不厉害 téng de bu lì hài	△ 疼得厉害吗? téng de lì hài ma → 疼得厉害不厉害? téng de lì hài bu lì hài

	肯定文 [V1 得 V2] [V1 得 adj.]	否定文 [V1 不 V2] [V1 不 adj.]	疑問文 [V1 得 V2/adj. 吗] [V1 得 V2/adj. V1 不 V2/adj.]
可能補語	△ 听得懂 tīng de dǒng	△ 听不懂 tīng bu dǒng	△ 听得懂吗? tīng de dǒng ma （听得懂听不懂?） tīng de dǒng tīng bu dǒng
	△ 说得好 shuō de hǎo	△ 说不好 shuō bu hǎo	△ 说得好吗? shuō de hǎo ma （说得好说不好?） shuō de hǎo shuō bu hǎo
	△ 洗得干净 xǐ dé gān jing	△ 洗不干净 xǐ bu gān jing	△ 洗得干净吗? xǐ de gān jing ma （洗得干净洗不干净?） xǐ de gān jing xǐ bu gān jing

第3課

(6) 同じ構造の 程度補語と可能補語

例：△ 说得清楚　△ 洗得干净　△ 写得好　△ 睡得好　など
　　　shuō de qīng chu　　xǐ de gān jìng　　xiě de hǎo　　shuì de hǎo

　上記の一部分の「V 得 adj.」構造程度補語は可能補語にもなれますので、その時、全体の流れの中で程度補語か、可能補語かを判断します。また、以下に挙げる文の構造上の特徴に照らし合わせて、判断することもできます。

a) 程度補語の肯定文には補語の前に程度副詞「很」「真」「特別」などがよく置かれていますが、可能補語は補語の前に程度副詞を置きません。また強く発音する部分も違います。

例：
　　△ 他们 说 得　　　　　很 清 楚。
　　　　tā men shuō de　　hěn qīng chu
　　　　　　　述 V　　　　（程度補語を強く発音する）
　　　　　　　　　　　　　　　　／彼らはとてもはっきり説明しました。

　　△ 他 说 得　　　　　清 楚。／彼はきちんと説明できます。
　　　　tā shuō de　　　qīng chu
　　　（述語 V を強く発音する）（可能補語）

　　△ 这 件 衣 服 洗 得　　真 干 净。
　　　zhè jiàn yī fu xǐ de　zhēn gān jìng
　　　　　　　　　述 V　　（程度補語を強く発音する）
　　　　　　　　　　　　　　　　／この服は本当にきれいに洗われています。

　　△ 这 件 衣 服 洗 得　　干 净。
　　　zhè jiàn yī fu xǐ de　gān jìng
　　　（述語 V を強く発音する）（可能補語）
　　　　　　　　　　　　　　　　／この服の汚れは、きれいに落とせます。

　　△ 他 刚 才 说 得　　　真 好。
　　　tā gāng cái shuō de　zhēn hǎo
　　　　　　　　述 V　　（程度補語を強く発音する）
　　　　　　　　　　　　　　　　／彼は本当に上手に話しましたね。

　　△ 他 说 得　　　　　好, 让 他 说 吧！
　　　tā shuō de　　　　hǎo ràng tā shuō ba
　　　（述語 V を強く発音する）（可能補語）
　　　　　　　　　　　　　　　　／彼は上手に説明できるので、彼に任せましょう！

b）程度補語の否定文は「V 得不 adj.」で表現します。
　可能補語の否定文は「V 不 adj.」で表現します。

例：
△ 他 写 得 不 好。　／彼は上手に書いていません。
　　　V.　　程度補語

△ 他　写 不 好。　／彼は上手に書けません。
　　　　可能補語否定形

△ 这 件 衣 服 洗 得 不 干 净。／この服はきれいに洗われていません。
　　　　　　　V.　　程度補語

△ 这 件 衣 服 洗　不 干 净。
　　　　　　　　　可能補語否定形
　　　　　　／この服の汚れはきれいに落とせません。

c）程度補語の疑問型は以下のようになります。

| 述 V 得 | adj. | 不 | adj. ? |

例：
△ 昨 天 晚 上 你 睡 得　好　不 好？
　　　　　　　　　　　　／夕べはよく眠れましたか？
△ 上 次　他 讲 得　清 楚 不 清 楚？
　　　　　　　　　　　　／前回、彼ははっきり説明しましたか？

d）可能補語の疑問型は以下のようになります。

| 述 V 得 | adj. | V 不 adj. ? |

例：
△ 这 么 吵, 你　睡 得 好　睡 不 好？
　　　　　　　　　　　　／こんなにうるさいのに眠れましたか？
△ 你 讲 得 清 楚 讲 不 清 楚？
　　　　　　　　　　　　／あなたはちゃんと説明できますか？

応用会話 23

A: xiàn zài zhōng guó shì chǎng shāng pǐn zhēn fēng fù shén me dōu mǎi de dao
现在中国市场商品真丰富什么都买得到。

今、中国の市場には商品が本当に豊富にあって、何でも買えますね。

B: duì shàng zhì shì jiè míng páir xià zhì rì cháng shēng huó yòng pǐn yīng yǒu jìn yǒu
对，上至世界名牌儿，下至日常生活用品应有尽有。

ええ、上は世界の有名ブランド品から下は日常使う生活用品まで、ないものはないですよ。

A: jì de èr shí nián qián zán men xiǎo de shí hòu bié shuō shì jiè míng páir la dōng tiān lián lǜ sè shū cài dōu mǎi bu dào
记得二十年前，咱们小的时候，别说世界名牌儿啦，冬天连绿色蔬菜都买不到。

20年前、私たちが若かった頃などは、世界的なブランド品どころか、冬には緑色の野菜さえ買えませんでしたよね。

B: méi cuò guāng chī tǔ dòu luó bo hé dà bái cài xiàn zài yǒu jìn kǒu cài hái yǒu sù liào dà péng zhòng zhí de shū cài suī rán guì diǎnr dàn shén me xīn xiān shū cài dōu mǎi de dào
没错，光吃土豆、萝卜和大白菜，现在有进口菜还有塑料大棚种植的蔬菜，虽然贵点儿但什么新鲜蔬菜都买得到。

そのとおりですよ。じゃがいもや大根・白菜ばかり食べていましたが、今は輸入野菜やハウス栽培もあって、やや高めですが新鮮な野菜が何でも買えます。

A: shì a gāng cái wǒ zài cài shì chǎng lǐ hái kàn dào hé lán dòu huáng guā qín cài jiǔ cài shén me de
是啊！刚才我在菜市场里还看到荷兰豆、黄瓜、芹菜、韭菜什么的。

ですよね！さっきは市場でサヤエンドウ、きゅうり、セロリ、ニラなども見ましたよ。

B: qí shí gǎo huó jīng jì lǎo bǎi xìng hái shì zuì dà de shòu yì zhě
其实搞活经济，老百姓还是最大的受益者。

実際のところ、経済の活性化で最も恩恵を受けているのは、やはり庶民ですよね。

応用会話 24

A. tīng shuō fáng jià yòu zhǎng le, xiǎng mǎi fáng zi yě mǎi bu qǐ le.
听说房价又涨了,想买房子也买不起了。

また住宅価格が上がったそうだね。家を買いたくても買えないよ。

B. bú shi yǒu jīng jì shì yòng fáng chū shòu ma? jīng jì shì yòng fáng bú tài guì.
不是有经济适用房出售吗?经济适用房不太贵。

エコノミー住宅が売り出されたよね? エコノミー住宅はそんなに高くないよ。

A. dàn shì nà zhǒng fáng zi tiáo jiàn bù hǎo, yòu xiǎo yòu zhǎi, hái děi zì jǐ zhuāng xiū, tài má fan le.
但是那种房子条件不好,又小又窄,还得自己装修,太麻烦了。

でも、あの手の住宅は条件が悪いからね。小さく、狭い上に、さらに自分で内装工事をしなければならないから、面倒だ。

B. nà dāng rán le, yī fēn qián yī fēn huò ma!
那当然了,一分钱一分货嘛!

それは当然よ。安い物には安いなりの理由があるものよ!

A. kàn lái hái děi xiǎng bàn fǎ zhuàn wài kuài, kào sǐ gōng zī shén me gāo jí dōng xi yě mǎi bu qǐ.
看来还得想办法赚外块,靠死工资什么高级东西也买不起。

やはり何とかして副収入を得る手段を考えないと、給料だけでは高級品なんて買えないからね。

B. tóng yì. wǒ yě zhǔn bèi chū lái dān gàn le.
同意。我也准备出来单干了。

賛成ね。私も独立するつもりよ。

応用会話 25

A. 老板您现在时间方便吗？我想跟您商量点儿事儿。
社長、今ご都合はよろしいですか？ 少しご相談したいことがあるのですが。

B. 进来说吧！
（中へ）どうぞ、話してみたまえ！

A. 是这样，我现在负责三个项目，一个人实在忙不过来。
実は、私は今3つのプロジェクトの面倒を見ていますが、1人では本当にこなしきれません。

B. 怎么说呢？
どういうことだね？

A. 什么事儿都要亲力亲为，每天加班到十二点，有时候中午连饭都吃不上。
すべて自分でやらなければならないので、毎日12時まで残業になりますし、ランチを食べるヒマさえない時もあります。

B. 真的吗？
本当かい？

A. 真的。不信您可以问问其他的同事。我怕这样下去既耽误了工作又搞坏了身体。
はい。疑われるなら同僚に聞いてください。このままの状態が続いたら、仕事に支障をきたすだけではなく、体を壊さないか心配です。

B. 是这样啊！那给你配备一个助手吧！
そういうことなのか。では君にアシスタントを1人つけよう！

A. 您看能不能再减一个项目？
その上でプロジェクトを1つ減らすのは無理でしょうか？

B. 这比较困难。像你这样
   néng dú dǎng yí miàn de rén, zàn shí
   能独挡一面的人,暂时
   zhǎo bu dao。nǐ xiān gēn zhù shǒu yì qǐ
   找不到。你先跟助手一起
   gàn zhe, bù xíng zài kǎo lǜ
   干着,不行再考虑。

A. 好,谢谢您。我尽力而为。

それは難しいね。1人で仕事を切り回せる君のような人材は、すぐには見つけられない。まずはアシスタントとやってみて、ダメならまた考えよう。

はい、ありがとうございます。全力でがんばります。

応用会話 26

MP3 CD トラック 082

A. 最近你怎么没精神呀!

B. 到了一个新单位,我总觉得同事有点儿看不起我。

A. 你怎么会这么想?

B. 他们干什么也不叫我。

A. 你太多心了吧!不过要让人家看得起,你也得做出点儿成绩来。

最近、なぜ元気がないの!

新しい職場に入ったら、同僚にちょっと見下されているような気がしてならないの。

なぜそう思うの?

何をする時でも彼らは私を誘わないのよ。

考えすぎよ! でも他人に尊敬されたいのなら、あなたもちょっとは好結果を出さないとね。

豆知識 3 「中国のパソコン関連情報」　MP3 CD トラック 083

A. 电脑相关用语 (diàn nǎo xiāng guān yòng yǔ)

（パソコン関連用語）

① 登录 (dēng lù) ／ログイン（する）
② 点击 (diǎn jī) ／クリック（する）
③ 复制 (fù zhì) ／コピー（する）
④ 附件 (fù jiàn) ／添付ファイル
⑤ 鼠标 (shǔ biāo) ／マウス
⑥ 删除 (shān chú) ／削除（する）
⑦ 菜单 (cài dān) ／メニュー
⑧ 病毒 (bìng dú) ／ウイルス
⑨ 聊天室 (liáo tiān shì) ／チャットルーム
⑩ 邮址 (yóu zhǐ) ／メールアドレス
⑪ 电邮 (diàn yóu) ／電子メール
⑫ 宽带 (kuān dài) ／ブロードバンド
⑬ 笔记本电脑 (bǐ jì běn diàn nǎo) ／ノートブック型パソコン
⑭ 桌上型电脑 (zhuō shàng xíng diàn nǎo) ／デスクトップ型パソコン
⑮ 掌上电脑 (zhǎng shàng diàn nǎo) ／PDA
⑯ 平板电脑 (píng bǎn diàn nǎo) ／i-Pad 等のタブレットパソコン
⑰ 苹果电脑 (píng guǒ diàn nǎo) ／アップルパソコン
⑱ 果粉（苹果粉丝）(guǒ fěn / píng guǒ fěn sī) ／アップルパソコンのファン
⑲ 史蒂夫・乔布斯 (shǐ dì fū qiáo bù sī) ／スティーブ・ジョブズ
⑳ 微软 (wéi ruǎn) ／マイクロソフト
㉑ 比尔・盖茨 (bǐ ěr gài cì) ／ビル・ゲイツ
㉒ 门户网站 (mén hù wǎng zhàn) ／ポータルサイト
㉓ 搜狐 (sōu hú) ／SOHU ネット
㉔ 新浪网 (xīn làng wǎng) ／SINA ネット
㉕ 谷歌 (gǔ gē) ／Google
㉖ 雅虎 (yǎ hǔ) ／Yahoo!
㉗ 网友 (wǎng yǒu) ／ネットフレンド
㉘ 网民 (wǎng mín) ／ネットユーザー
㉙ 平均访问量 (píng jūn fǎng wèn liàng) ／平均アクセス数
㉚ 访问 (fǎng wèn) ／サイトへアクセスする
㉛ 互联网 (hù lián wǎng) ／ネット
㉜ 网际网络 (wǎng jì wǎng luò) ／インターネット
㉝ (网络)视频 (wǎng luò shì pín) ／ネットビデオチャット
㉞ 网络游戏 (wǎng luò yóu xì) ／ブラウザゲーム
㉟ 网页 (wǎng yǒu) ／ホーム
㊱ 网址 (wǎng zhǐ) ／ホームアドレス
㊲ 密码 (mì mǎ) ／パスワード
㊳ 视窗 (shì chuāng) ／ウィンドウズ
㊴ 高清电视 (gāo qīng diàn shì) ／ハイビジョンテレビ
㊵ 爱疯手机 (ài fēng shǒu jī) ／i-Phone
㊶ 博客 (bó kè) ／ブログ
㊷ 博主 (bó zhǔ) ／ブログ主
㊸ 微博 (wéi bó) ／中国版ツイッター
㊹ 下载 (xià zài) ／ダウンロード

㊺ 卸载 xiè zài / アンインストール

㊻ 退出 tuì chū / ログアウト

㊼ 键盘 jiàn pán / キーボード

㊽ 屏幕 píng mù / スクリーン

㊾ 文件夹 wén jiàn jiā / ファイル

㊿ 移动硬盘 yí dòng yìng pán / U盘 pán / USB

(51) 剪切 jiǎn qiē / 切り取り

(52) 粘贴 zhān tiē / ペースト

(53) 桌面 zhuō miàn / デスクトップ

(54) 链接 liàn jiē / リンク

(55) 发帖 fā tiě / 書き込み

(56) 脸书 liǎn shū ＝ 面书 miàn shū ＝ 面簿 miàn bù / フェイスブック・face book

(57) 面友 miàn yǒu / フェイスブック上で知り合った人

(58) 黑客 hēi kè / ハッカー

(59) 乱码 luàn mǎ / 文字化け

(60) 排版 pái bǎn / レイアウト

(61) 论坛 lùn tán / 掲示板、ネットフォーラム

(62) 跟帖 gēn tiě / 他の書き込みに応答する

(63) 抄送 chāo sòng /cc

MP3 CD トラック 084

B. 中国网民突破5亿
zhōng guó wǎng mín tū pò yì

（中国のネットユーザーが 5 億人を突破）

zhōng guó wǎng mín zǒng shù yǐ jīng tū pò yì mù qián hù lián wǎng yǐ jīng chéng wéi zhōng guó rén shēng huó gōng zuò xué xí bù kě huò quē de gōng jù zhèng zài duì zhōng guó de shè huì shēng huó de fāng fāng miàn miàn chǎn shēng zhe shēn kè de yǐng xiǎng

中国网民总数已经突破5亿。目前互联网已经成为中国人生活、工作、学习、不可或缺的工具，正在对中国的社会生活的方方面面产生着深刻的影响。

zhōng guó wǎng mín píng jūn měi zhōu zài hù lián wǎng shàng huā gè xiǎo shí ér yú lè hé gōu tōng shì tā men shàng wǎng de zhǔ yào mù dì zhōng guó wǎng mín jīng cháng fǎng wèn de shè jiāo wǎng zhàn shì kōng jiān rén rén wǎng kāi xīn wǎng dāng dāng wǎng

中国网民平均每周在互联网上花22个小时，而娱乐和沟通是他们上网的主要目的。中国网民经常访问的社交网站是「QQ空间」「人人网」「开心网」「当当网」。

wǎng mín jī jí cān yù de hù lián wǎng huó dòng yī cì wéi shōu fā yóu jiàn xià zài yīn yuè shōu tīng yīn yuè zài xiàn guān kàn shì pín yuè dú xīn wén hé

网民积极参与的互联网活动依次为收发邮件、下载音乐、收听音乐、在线观看视频、阅读新闻和

shí shì　　wǎng shàng gòu wù　　shǐ yòng wǎng luò yín háng　　lùn tán fā yán　　xiě bó
时事、网上购物、使用网络银行、论坛发言、写博
kè hé wēi bó　　wánr wǎng luò yóu xì yǐ jí wǎng shàng liáo tiānr　　jiāo yǒu
客和微博、玩儿网络游戏以及网上聊天儿、交友
děng děng
等等。

> 中国のネットユーザー数が5億を突破した。現在インターネットは中国人の生活・仕事・学習に不可欠のツールとなっており、まさに中国の社会生活のあらゆる方面に対して深い影響を生み出している。
>
> 中国のネットユーザーはインターネットに週平均22時間を費し、娯楽やコミュニケーションが彼らのネット利用の主な目的となっている。中国のネットユーザーがよくアクセスするソーシャルネットワークは「QQ空間」「人人網」「開心網」「当当網」である。
>
> ネットユーザーがよくアクセスするネットのコンテンツは、順番に、Eメールの送受信、音楽のダウンロード、音楽の聴取、オンラインテレビ観賞、ニュース、時事情報の閲読、オンラインショッピング、ネットバンクの利用、ネットフォーラムでの発言、ブログやツイッターの書き込み、ブラウザゲームの遊戯および友人とのチャットなどの順となる。

MP3 CD トラック 085

C. 中文的新兴网络流行文体
zhōng wén de xīn xīng wǎng luò liú xíng wén tǐ

（ネットで流行っている新しい文体）

suí zhe wǎng luò shēng yì de fán róng　　wǎng luò yǔ yán yě kāi shǐ xīng qǐ
随着网络生意的繁荣，网络语言也开始兴起。
bǐ rú zhōng guó zuì dà de wǎng luò shāng　　táo bǎo wǎng　　chuàng zào le zì jǐ
比如中国最大的网络商「淘宝网」创造了自己
de táo bǎo tǐ　　zhè zhǒng wén tǐ féng rén biàn chēng　qīn　　jí　qīn ài de
的「淘宝体」，这种文体逢人便称「亲」(即「亲爱的」
de jiǎn chēng　　háiyǒu yǐ fán kè　　　　　　pǐn pái guǎng gào ér zǒu hóng de
的简称)，还有以凡客(VANC L)品牌广告而走红的
fán kè tǐ　　gèng yǒu yǐ nǚ shī rén zhā xī lā mǔ　duō duō de shī gē　jiàn
「凡客体」，更有以女诗人扎西拉姆·多多的诗歌「见
yǔ bú jiàn　wéi zhǔ tí fēng gé de　jiàn yǔ bú jiàn　tǐ
与不见」为主题风格的「见与不见」体。
wǎng luò wén tǐ de tè diǎn shì yǐ qīng sōng　huó pō　yōu mò de cí huì yíng
网络文体的特点是以轻松、活泼、幽默的词汇营
zào yǒu qīn hé lì de fēn wéi　chù dòng dú zhě de xīn xián　tóng shí yùn yòng
造有亲和力的氛围，触动读者的心弦，同时运用

很多的柔软语气词，如「哦」「咯」「喔」「呵」等，以此来舒缓读者紧绷的神经，使人容易被说服。

以下举几个网络文体的宣传实例：

> ネットビジネスが盛んになるにつれて、ネット言語も盛んに出現してきた。例えば中国最大のインターネットサイト「淘宝網」は、自身の淘宝体を作り出している。この文体では閲覧者を「親」（「親愛なるの略称」）と呼ぶ。
> そして凡客（VANCL）ブランドの広告から人気が出た凡客体、さらに女性詩人の扎西拉姆・多多の詩歌「見与不見」をメインスタイルにした「見与不見」体も生み出した。
> ネット文体の特徴は、気楽で、活き活きとした、ユーモアのある言葉で親和力のある雰囲気を作り出し、読者の琴線に触れる点だ。同時に多くの語気を和らげる助詞、例えば「哦」「咯」「喔」「呵」などを使って、閲覧者の張りつめた神経を緩めさせて同調しやすくすることだ。
> 以下に、ネット文体の広告実例をいくつか挙げてみよう。

①「淘宝体」交通安全宣传语：亲，红灯伤不起哦！亲，注意谦让哦！亲，快车道很危险哦！亲，注意避让行人哦！

②「凡客体」防盗宣传海报：爱撬门、爱翻墙、爱戴头套、也爱戴手套，爱对老人说："我是您儿子的同事。"也爱对小朋友说："我是你爸爸的朋友。"有时也说："我是推销员。"他不是"神马"也不是"浮云"他是小偷。他一直在找你家，若你看见他，马上拨打110。

③「见与不见体」网上追捕逃犯通告：你认或不认，事实就在那里，法网恢恢，疏而不漏；

你信或不信，政策就在那里；你想或不想，亲人就在那里，望穿秋水，只盼君归；你愿意或不愿意，中秋就到了，人月能否两团圆？此情此景，在外漂泊的你还能 hold 住（撑住/挺住）吗？赶紧拨打24小时免费热线110，自首圆你回家梦！

① 「淘宝体」交通安全キャンペーンメッセージ：
　親愛なる友よ、赤信号に気をつけよう！　怪我をしたら大変だよ！　親愛なる友よ！　譲り合いを心がけよう。親愛なる友よ！　追い越し車線はすごく危ないよ。親愛なる友よ！　歩行者には道を譲ろうよ！

② 「凡客体」の防犯ポスター：
　ドアをこじ開ける、壁を乗り越える習慣がある、かつらや手袋を愛用する。しばしば老人に「私は息子さんの同僚です」と言い、子供には「お父さんの友達だよ」と言う。時には「私はセールスマンです」と言う。彼は「仙人」でも、「浮雲」でもありません。彼は犯罪者です。彼は常にあなたの家を狙っています。もし彼を見たら、すぐに110番に電話しましょう。

③ 「見与不見体」ネット掲載の逃走犯の手配告知：
　あなたは認めるか認めないか、事実がそこにあることを。法の網は広大で決して漏れがないことを。あなたは信じているか、いないか、政策はそこにあることを。あなたは思い出すかどうか、親と親族がそこにいることを。首を長くして君の帰りを待っていることを。あなたが願っていても願わなくても、中秋節がまもなくやって来て月が丸くなるように、人も再び一家団欒が持てることを。この思い、この情景を（思い浮かべた時）遠く離れた地でさすらうあなたは持ちこたえることができますか？
　今すぐ、24時間無料ホットライン110番に電話しましょう。自首をしてあなたの帰郷の夢をかなえましょう。

7. 宿　題

（解答は P.486）

1. 次の質問を中国語に訳し、答えも中国語で書きなさい。

① コンピューターの出現は何を変えましたか？

　Q：＿＿＿＿＿＿＿＿＿＿＿＿＿＿＿＿＿＿＿＿＿＿＿＿＿＿＿＿＿＿＿

　A：＿＿＿＿＿＿＿＿＿＿＿＿＿＿＿＿＿＿＿＿＿＿＿＿＿＿＿＿＿＿＿

② 人々はコンピューターを使って何ができますか？

　Q：＿＿＿＿＿＿＿＿＿＿＿＿＿＿＿＿＿＿＿＿＿＿＿＿＿＿＿＿＿＿＿

　A：＿＿＿＿＿＿＿＿＿＿＿＿＿＿＿＿＿＿＿＿＿＿＿＿＿＿＿＿＿＿＿
　＿＿＿＿＿＿＿＿＿＿＿＿＿＿＿＿＿＿＿＿＿＿＿＿＿＿＿＿＿＿＿＿＿
　＿＿＿＿＿＿＿＿＿＿＿＿＿＿＿＿＿＿＿＿＿＿＿＿＿＿＿＿＿＿＿＿＿

③ コンピューターを使うメリットは何ですか？

　Q：＿＿＿＿＿＿＿＿＿＿＿＿＿＿＿＿＿＿＿＿＿＿＿＿＿＿＿＿＿＿＿

　A：＿＿＿＿＿＿＿＿＿＿＿＿＿＿＿＿＿＿＿＿＿＿＿＿＿＿＿＿＿＿＿

④ コンピューターの濫用がもたらした社会問題は何ですか？

　Q：＿＿＿＿＿＿＿＿＿＿＿＿＿＿＿＿＿＿＿＿＿＿＿＿＿＿＿＿＿＿＿

　A：＿＿＿＿＿＿＿＿＿＿＿＿＿＿＿＿＿＿＿＿＿＿＿＿＿＿＿＿＿＿＿
　＿＿＿＿＿＿＿＿＿＿＿＿＿＿＿＿＿＿＿＿＿＿＿＿＿＿＿＿＿＿＿＿＿
　＿＿＿＿＿＿＿＿＿＿＿＿＿＿＿＿＿＿＿＿＿＿＿＿＿＿＿＿＿＿＿＿＿

⑤ どのようにすればコンピューターの濫用を避けられますか？

　Q：＿＿＿＿＿＿＿＿＿＿＿＿＿＿＿＿＿＿＿＿＿＿＿＿＿＿＿＿＿＿＿

　A：＿＿＿＿＿＿＿＿＿＿＿＿＿＿＿＿＿＿＿＿＿＿＿＿＿＿＿＿＿＿＿

2. 次の文型を使って文を作りなさい。

① …把…

② …的同时也…

③ 一方面…另一方面…

④ 应该

⑤ 除了…还/也…

⑥ 连…也/都…

⑦ 让…

⑧ 准备…

3. 可能補語と程度補語を使って、次の日本語を中国語に訳しなさい。

① A. 王さん、すごく疲れているように見えますが、何があったんですか？

　　B. 最近仕事のプレッシャーが大きいので、夜眠れません。

② A. お力になってあげられるかどうか分かりませんが、力を尽くします。

　　B. よろしくお願いいたします。

③日本人にとってシンガポールは便利な場所です。日本の食料品は、何でも買えます。

④小学生が交通事故を目撃しましたが、あまりに驚きすぎて、事故の経緯をはっきり説明できません。

⑤ 先生の説明は明確ではありません。

⑥ 他人を軽蔑してはいけません。

⑦ 昨晩はよく眠れましたか？

⑧ 私は場所が変わると眠れません。

⑨ 私には、こんなにたくさんの仕事はできません。

⑩ 中国語を2、3年やったのですが、日常会話はまだ流暢に話せません。やり方を変えたいです。

⑪ 何でも買えるようになりたい！

⑫ 親友から頼まれたので、どうしても断れません。お力を貸してくれませんか。

4. 次のパソコン用語を中国語に訳しましょう！

①切り取り　　　　　　　　②書き込み

③ブログ　　　　　　　　　④コピー

⑤文字化け　　　　　　　　⑥リンク

⑦デスクトップ　　　　　　⑧アクセス数

⑨削除　　　　　　　　　　⑩パスワード

5. 作文「コンピューターと私の生活」を書きなさい。

第4課 人类的自我鉴定

人類の自己鑑定

1. 本文

最新研究发现人们生活愉快与否，工作成功与否以及是否富有，都与以下五种因素有关系。这五种因素分别是智商 IQ [Inteligence Quotient]、情商（情绪智商）[EQ = Emotional Quotient]、逆境智商 AQ [Aggressive Quotient]、文化智商 CQ [Cultural Quotient] 还有财商。

「智商」是指一个人头脑的聪明指数，它决定一个人学习能力的高低和记忆力的好坏，智商来自遗传的因素较高。当然如果没有受教育的机会，先天具备高智商也是没有用的。

「情商」是测定和描述人的情绪、情感的一种指标，它主要指情绪的自我控制能力。具体包括①了解自己的情绪②控制自己的情绪③激励自己④了解别人的情绪⑤维持融洽的人际关系。现代心理学家认为，情商可以培养，也可以让智商发挥出更大的效应，情商是辅助一个人走向成功的重要因素。

除了智商和情商，最近专家学者又研究发现

「逆境智商」和「文化情商」这两种因素对人们也有着极其重要的作用。

「逆境智商」就是指人们在逆境中与困难和挫折斗争的能力。逆境智商的高低决定了你在遭遇艰难困苦的时候，能不能鼓起勇气走出低谷、转向成功。

「文化智商」就是指一个人的文化修养和艺术造诣。一个人的文化智商越高，人们对你的尊重程度也越高。

最后还要一提的是财商，财商就是指一个人管理钱财以及是否有商业头脑的指数。世界上很多百万富翁学历并不是很高，但是财商却很高，因此积累了庞大的财富。

以上的见解对你分析和了解自己是否有帮助呢？

2. 新しい単語

MP3 CDトラック087

1. 最新　　　　　　　　　　[副詞]　　　　最新の
△ 最新消息　　　　　　　　　　　　　　最新の情報
2. 研究　　　　　　　　　　[名詞・動詞]　研究（する）
3. 发现　　　　　　　　　　[名詞・動詞]　発見（する）
4. 与否　　　　　　　　　　[連詞]　　　　～するや否や、～であるかどうか
5. 以及　　　　　　　　　　[連詞]　　　　および

6. 往往 wǎng wǎng	[副詞]		往々にして、よく
7. 与…有关 yǔ…yǒu guān	[文型]		…と関係がある
8. 因素 yīn sù	[名詞]		要素、要因
9. 分别是… fēn bié shì	[文型]		それぞれ…である
10. 智商 zhì shāng	[名詞]		IQ
11. 情（绪智）商 qíng xù zhì shāng	[名詞]		EQ（心の知能指数・情動指数）
12. 逆境智商 nì jìng zhì shāng	[名詞]		逆境と戦う指数
13. 文化智商 wén huà zhì shāng	[名詞]		文化素養指数、教養指数
14. 指 zhǐ	[動詞]		指す
15. 聪明 cōng ming	[形容詞]		利口な、頭がいい
△ 他是一个聪明的孩子。 tā shì yí gè cōng ming de hái zi			彼は聡明な子供です。
16. 记忆力 jì yì lì	[名詞]		記憶力
△ 记忆力好 jì yì lì hǎo			記憶力がいい
△ 记忆力差 jì yì lì chà			記憶力が悪い
17. 遗传 yí chuán	[名詞・動詞]		遺伝（する）
18. 较高 jiào gāo	[副詞]		比較的高い
19. 测定 cè dìng	[名詞・動詞]		測定（する）
20. 描述 miáo shù	[動詞]		描写する、説明する
21. 情感 qíng gǎn	[名詞]		情感、感情、気持ち
22. 指标 zhǐ biāo	[名詞]		指数、指標
23. 好坏 hǎo huài	[名詞]		よしあし、善悪
24. 具体 jù tǐ	[副詞]		具体的に

25. 包括 bāo kuò	[動詞]	含む、〜を含める	
26. 自控性 zì kòng xìng	[名詞]	自己コントロール性	
27. 意味着 yì wèi zhe	[文型]	…を意味している	
28. 控制 kòng zhì	[名詞・動詞]	抑える、制御（する）、コントロール（する）	
29. 激励 jī lì	[名詞・動詞]	激励（する）、励ます	
30. 融洽 róng qià	[形容詞]	むつまじい、うちとける、融合する	
△ 关系融洽 guān xì róng qià		仲がいい	
31. 人际关系 rén jì guān xì	[名詞]	人間関係	
△ 人际关系复杂。 rén jì guān xì fù zá		人間関係が複雑です。	
32. 培养 péi yǎng	[動詞]	育て上げる、育成する	
33. 发挥 fā huī	[動詞]	発揮する、発揮させる	
△ 发挥力量 fā huī lì liang		力を発揮する	
34. 更大的 gèng dà de	[形容詞]	さらに大きな	
△ 出现了更大的问题。 chū xiàn le gèng dà de wèn tí		さらに大きな問題が起きた。	
35. 效应 xiào yìng	[名詞]	効果、反応	
△ 温室效应 wēn shì xiào yìng		温室効果	
36. 辅助 fǔ zhù	[動詞]	協力する、助ける	
37. 专家学者 zhuān jiā xué zhě	[名詞]	専門家と学者	
38. 挫折 cuò zhé	[名詞・動詞]	挫折（する）	
△ 遇到挫折 yù dào cuò zhé		挫折にあう	
39. 斗争 dòu zhēng	[名詞・動詞]	闘争（する）、争う、対立（する）	

40.	zāo yù 遭 遇	[動詞]	出会う、出くわす
△	zāo yù bú xìng 遭 遇 不 幸		不幸に遭遇する
41.	jiān nán kùn kǔ 艰 难 困 苦	[名詞]	著しい困難と苦労、艱難辛苦
42.	gǔ qǐ yǒng qì 鼓 起 勇 气	[動目]	勇気を奮い起こす
43.	zǒu chū 走 出	[動詞]	出て行く
44.	dī gǔ 低 谷	[名詞]	（景気の）谷・底、人生の低調期
△	rén shēng yǒu gāo cháo yě yǒu dī gǔ 人 生 有 高 潮 也 有 低 谷。		人生山あり、谷あり。
45.	zhuǎn xiàng 转 向…	[動詞]	…の方向に転じる
46.	wén huà xiū yǎng 文 化 修 养	[名詞]	文化素養、教養
△	wén huà xiū yǎng gāo 文 化 修 养 高		教養が高い、人間ができている
△	méi yǒu xiū yǎng 没 有 修 养		素養がない、人間ができていない
47.	yì shù 艺 术	[名詞]	芸術
48.	zào yì 造 诣	[名詞]	造詣
△	zhōng wén zào yì hěn shēn 中 文 造 诣 很 深。		中国語の造詣が深い。
49.	zūn zhòng 尊 重	[動詞]	尊重する、重んじる
△	xué sheng yīng gāi zūn zhòng lǎo shī 学 生 应 该 尊 重 老 师。		学生は先生を尊重すべきです。
50.	cái shāng 财 商	[名詞]	財務管理と投資の能力
△	cái shāng gāo de rén dōu hěn huì lǐ cái 财 商 高 的 人 都 很 会 理 财。		財テク能力指数が高い人は、お金のやりくりが上手です。
51.	shāng yè tóu nǎo 商 业 头 脑	[名詞]	商才
52.	bǎi wàn fù wēng 百 万 富 翁	[名詞]	百万長者
△	qiān wàn fù wēng 千 万 富 翁	[名詞]	千万長者

第4課

△	亿万富翁 yì wàn fù wēng	[名詞]	億万長者
53.	学历 xué lì	[名詞]	学歴
△	学历高 xué lì gāo		学歴が高い
△	学历低 xué lì dī		学歴が低い
54.	却 què	[連]	反対に、かえって
55.	积累 jī lěi	[名詞・動詞]	蓄積（する）、積み重ねる
56.	庞大 páng dà	[形容詞]	膨大である、非常に大きい
57.	财富 cái fù	[名詞]	富、財産
△	股神巴菲特靠炒股积累了大量的财富。 gǔ shén bā fēi tè kào chǎo gǔ jī lěi le dà liàng de cái fù		株の神様であるバフェットは、株の売買で大きな富を築いた。
58.	见解 jiàn jiě	[名詞]	見解
△	对这件事他有独到的见解。 duì zhè jiàn shì tā yǒu dú dào de jiàn jiě		本件に関して、彼は独特な見解を持っている。
59.	分析 fēn xi	[名詞・動詞]	分析（する）
60.	了解 liǎo jiě	[動詞]	了解する、理解する
61.	帮助 bāng zhù	[名詞・動詞]	助け（る）、援助（する）
△	这本字典对我很有帮助。 zhè běn zì diǎn duì wǒ hěn yǒu bāng zhù		この辞典は私にとって、とても役立つ。

3. 訳　文

人類の自己鑑定

　人々が楽しく暮らしているか否か、仕事で成功しているか否か、および財産があるか否かは、すべて以下の5つの要素と関係あることが最新の研究で分かった。この5つの要素とは、それぞれ知能指数IQ、心の知能指数EQ、逆境耐性指数AQ、文化素養指数CQ、さらには財テク能力指数である。

　知能指数は個人の頭脳の聡明度を指し、学習能力の優劣や記憶力のよしあしを決定する。知能指数は遺伝的要素が比較的高いが、もちろん教育を受ける機会がなければ、先天的に高い知能指数を備えていても無用の長物となる。

　心の知能指数は個人の情緒、感情を測定、説明する一種の指標で、主に感情の自己制御能力を指す。具体的には①自己の感情の理解、②自己の感情のコントロール、③自己の激励、④他人の感情への理解、⑤良好な人間関係の維持を含んでいる。現代の心理学者は、心の知能指数は向上させることができるし、知能指数をより大きく働かせることもできると考えている。心の知能指数は、個人が成功に向かうことを助ける重要な要素である。

　知能指数と心の知能指数以外に、最近、専門家と学者は「逆境耐性指数」と「文化素養指数」が人々に極めて重要な働きをすることを研究の末、発見した。

　「逆境耐性指数」とは、逆境に陥った際、困難や挫折と戦う能力を指す。逆境耐性指数の高低は、あなたが大きな困難に遭遇した時、勇気を奮い起こし、谷底から抜け出て成功に転じることができるかどうかを決定する。

　「文化素養指数」とは、個人の文化素養や芸術への造詣の深さを指す。その人物の文化素養指数が高ければ高いほど、周囲の人から尊重される。

　最後に、やはり財テク能力指数にも触れなければならないだろう。財テク能力指数は、個人の財産管理および商才の有無を示す指数である。世界には、学歴は決して高くなくても、財テク能力指数に大変すぐれており、巨万の富を築いた百万長者が大勢いる。

　以上の見解は、あなたが自己を分析し理解するのに役立つだろうか？

4. 文型と慣用句

MP3 CD トラック 088

1. 文1 与 否 $\genfrac{}{}{0pt}{}{关系到}{就看}$ 文2　文1 をするか否かは、文2 に大きな影響を与える

△ 这次考试及格与否关系到你的前途。
　　　　/ 今回の試験に合格するか否かは、君の将来に大きく影響する。

△ 六方会谈成功与否关系到朝鲜和东北亚的安全。
　　　/6 カ国協議が成功するか否かは、北朝鮮と北東アジアの安全にかかわる。

△ 成败与否就看这一步棋。/ 成功か失敗かは、この一手による。

解釈 1　「与否」の両側にはセンテンスや動目フレーズを置きます。「与否」の前の文1 の内容は「$\genfrac{}{}{0pt}{}{关系到}{就看}$」の後の文2 の内容を左右できることを表します。

2. 除了… 还 …　/ 以外にさらに… / …以外に…も / …以外に…みんな
　　　　也
　　　　都

△ 除了租金和员工工资，其它的开支都不大。
　　　　/ 賃貸料とスタッフの人件費以外の支出は、どれもさほど大きくない。

△ 公司除了要负担多项福利，还要为员工买医疗保险。
/ 会社は何項目もの福利厚生費を負担する以外に、従業員のために医療保険にも入らなければならない。

△ 除了非洲，世界上其它地区的野生动物也越来越少了。
　　　　/ アフリカに限らず、世界の他の地域の野生動物もどんどん減少している。

△ 除了管理公司，他还培训员工。
　　　　/ 会社の管理以外に、彼はスタッフのトレーニングもやっています。

解釈 2.a　文型「除了…还」の主語は人称代名詞、普通名詞または動目フレーズです。この文型では、主語が1つの場合には、文型の中の唯一の主語が1つの

ことをやるだけではなく、さらにもう１つのこともやる、または１つの状況が発生しただけではなく、さらにもう１つの状況も発生していることを表しています。その時、文型の中の唯一の主語は「除了」の前に置いても、文の動詞の前に置いてもいいです。

例：

tā chú le yán jiū shū fǎ　　yě yán jiū cí qì
他 除 了 研 究 书 法，也 研 究 瓷 器。
主語　　　　　　　　　　　　／彼は書道の研究以外に、陶器の研究もしています。

chú le yán jiū shū fǎ　tā yě yán jiū cí qì
除 了 研 究 书 法，他 也 研 究 瓷 器。
　　　　　　　　　　　主語

chú le chī zhōng yào　tā yě chī xī yào
除 了 吃 中 药，她 也 吃 西 药。
　　　　　　　　　　主語　　／彼女は漢方薬以外に、西洋の薬も飲んでいます。

tā chú le chī zhōng yào yě chī xī yào
她 除 了 吃 中 药 也 吃 西 药。
主語

chú le fā shēng le 　　jí dà dì zhèn　 rì běn hái fā shēng le hé xiè lòu
除 了 发 生 了 9 级 大 地 震，日 本 还 发 生 了 核 泄 漏。
　　　　　　　　　　　　　　　　　　　主語

rì běn chú le fā shēng le 　jí dà dì zhèn　 hái fā shēng le hé xiè lòu
日 本 除 了 发 生 了 9 级 大 地 震，还 发 生 了 核 泄 漏。
主語

／マグニチュード９の大地震以外に、日本では核漏えいも発生した。

解釈 2.b 「除了…还」文型で、主語が２つの場合、１つ目の主語にある状況が存在し、２つ目の主語にも同じ状況が存在していることを表します。この場合、１つ目の主語は「除了」の後に、２つ目の主語は文の述語動詞の前に置きます。２つの主語とも「除了」の前には置けません。

chú le fǎ yǔ fā yīn　zhōng wén fā yīn yě hěn nán
除 了 法 语 发 音，中 文 发 音 也 很 难。
　　　　主1　　　　　主2
　　　　　　　　／フランス語の発音だけではなく、中国語の発音も難しいです。

⊗ 法 语 发 音，除 了 中 文 发 音 也 很 难。
　　主1　　　　　　　主2

$\begin{cases}\end{cases}$
　　chú le dà xué shēng　　zhōng xiǎo xué shēng de xué xí yā lì yě hěn dà
　　除了大学生，中小学生的学习压力也很大。
　　　　　主1　　　　　　　主2
　　　　　　／大学生だけではなく、小中学生のプレッシャーも大きいです。

⊗ 大学生除了，中小学生的压力也很大。
　　　主1　　　　主2

3. …就是指… /…は…を指す

tóu zī fēng xiǎn jiù shì zhǐ shī bài de kě néng xìng
△ 投资风险就是指失败的可能性。
　　　　　　　　　　／投資リスクとは、失敗の可能性を指している。

èr nǎi jiù shì zhǐ hé fǎ qī zi yǐ wài de xiǎo lǎo po
△ 二奶就是指合法妻子以外的小老婆。
　　　　　　　　　　／「二奶」とは、正妻以外の愛人を指す。

jiǎ chàng jiù shì zhǐ gē chàng yǎn yuán xiàn chǎng yǎn chàng shí bú yòng zhēn shēng ér
△ 假唱就是指歌唱演员现场演唱时不用真声而
shì gēn zhe shì xiān lù zhì hǎo de gē dài duì kǒu xíng zhuāng zuò xiàn chǎng yǎn chàng
是跟着事先录制好的歌带，对口形装作现场演唱。
「クチパク」とは、歌手がライブで歌う時、本当には歌わず、事前に録音したテープの声に合わせて口を動かし、その場で歌っているように見せかけることを指す。

解釈3　「就是指」の後のセンテンスは前に置かれた内容をさらに詳しく説明しています。

4. 并不是A 而是 /本当はAではなくBである
　　　　　　但是B

wǒ bìng bú shì xiǎng gěi nǐ shī jiā yā lì ér shì xiǎng liǎo jiě qíng kuàng
△ 我并不是想给你施加压力而是想了解情况。
　　　　／私はあなたにプレッシャーをかけたいわけではなく、実情を知りたいのだ。

wǒ bìng bú shì bù bāng nǐ ér shì xīn yǒu yú ér lì bù zú
△ 我并不是不帮你而是心有余而力不足。
　　　　／私はあなたを助けたくないのではなく、助けたくてもその力がないのだ。

zì jǐ chuàng yè de rén bìng bú dōu shì xué lì hěn gāo dàn shì tā men dōu yǒng
△ 自己创业的人并不都是学历很高，但是他们都勇
yú tiǎo zhàn
于挑战。
／自分で創業した人は、みんなが学歴が高いわけではないが、全員がチャレンジ精神に富んでいる。

解釈4 「并不是」の後にはセンテンスAが、「而是」の後にはセンテンスBが来ます。

5. 既要 センテンス① 又要 センテンス② /…しなければならないと同時に(一方)、
　　　　　　　　　　　　　　　　　　　…もしなければなりません

△ 教导孩子既要有耐心又要有方法。
　　　　　　　　　/子供の教育は根気もいるし、また要領も大切だ。

△ 公司经营既要开源又要节流。
/会社の経営は、より多くの利益を生み出すとともに経費を節約しなければならない。

△ 大多数中年人既要照顾双亲又要培养孩子，很辛苦。
/大多数の熟年者は、両親の世話をしなくてはならないし、子供の面倒も見なくてはならないので、とても苦労が多い。

解釈5 同時に2つの行動をとらなければならない時に使う表現です。

6. 只有…才能… /…してこそ初めて…できる

△ 只有打好发音的基础才能学好中文。
　　　　　　　　　/発音の基礎をきちんと固めてこそ、中国語をマスターできる。

△ 只有努力奋斗才能有真正的成功。
　　　　　　　　　/奮闘努力があってこそ、本当の成功がある。

△ 只有让客人满意才能提高销售额。
　　　　　　　　　/お客さまを満足させてこそ、初めて売り上げを伸ばすことができる。

解釈6 「只有」の後には条件文、「才能」の後には結果文が来ます。「只有」の後の条件が揃って初めて、「才能」の後の結果になることを表します。

7. 与其A不如B / Aをするくらいなら、むしろBをする方がいい

△ 与其半途而废不如干脆不干。
yǔ qí bàn tú ér fèi bù rú gān cuì bú gàn
/ 途中でやめるくらいなら、いっそやらない方がいい。

△ 与其去借不如去买。
yǔ qí qù jiè bù rú qù mǎi
/ 借りるくらいなら、むしろ買う方がマシだ。

△ 与其吃印度菜还不如吃越南菜。
yǔ qí chī yìn dù cài hái bù rú chī yuè nán cài
/ インド料理を食べるなら、むしろベトナム料理の方がいい。

解釈7 「与其」の後にあるAの動作行為をせずに、「不如」の後にあるBの動作行為を行うよう提案しています。またはAの動作行為よりBの動作行為をする方がいいと主張しています。

MP3 CD トラック 089

トピック会話 4

A. 老王, 听说你最近又升职了, 恭喜啊!
lǎo wáng tīng shuō nǐ zuì jìn yòu shēng zhí le gōng xǐ a

B. 哪里哪里, 不值一提, 不值一提。
nǎ li nǎ li bù zhí yì tí bù zhí yì tí

A. 那你得请客啊!
nà nǐ děi qǐng kè a

B. 好, 等我忙过了这阵儿再说。
hǎo děng wǒ máng guò le zhèi zhènr zài shuō

A. 我看你在公司升职和加工资都一帆风顺的, 有什么诀窍儿说来听听。
wǒ kàn nǐ zài gōng sī shēng zhí hé jiā gōng zī dōu yì fān fēng shùn de yǒu shén me jué qiàor shuō lái tīng ting

B. 没什么, 就是做好本职工作和协调好团队的工作。
méi shén me jiù shì zuò hǎo běn zhí gōng zuò hé xié tiáo hǎo tuán duì de gōng zuò

A. 这也太笼统了, 说得再详细点儿!
zhè yě tài lóng tǒng le shuō de zài xiáng xì diǎnr

B. 譬如说对上司交代下来的工作要认真完成，还要努力做得比期待的更好。对部下既要调动他们的积极性，让他们发挥最大的作用，又要关心他们给他们鼓劲儿。还有做为一个部门经理也要勇于承担责任，这样才能把项目完成好。

A. 那我的上司根本不是这样，处处排挤我，不让我负责重要的工作。

B. 那你可以考虑调一个部门。

A：调哪儿都不行，他们是家族生意，我的顶头上司是老板的弟弟。

B：那你还是考虑辞职吧！

A：我可真是佩服你，简直就是打工族的模范。

B：你过奖了，我只是运气好而已。

トピック会話4　訳文

A. 王さん、最近また出世したそうですね、おめでとう！

B. ありがとう、でも別に騒ぐほどのことではないよ。

A. ここは、おごってもらいたいです！

B. いいよ。忙しさがひと段落したら、また相談しよう。

A. 王さんは会社で出世もしたし昇給もして、何もかも順調ですね。何か秘訣があるなら教えてください。

B. 秘訣などないよ。自分の仕事をきっちりやって、チームでの仕事はうまく協調性を取るだけだ。

A. それでは大まかすぎます。もっと詳しく話してください！

B. たとえば、上司から命じられた仕事はきちんとこなすだけではなく、期待以上に仕上げること。部下に対しては彼らの積極性を引き出し、最大限の働きをさせる一方、彼らを思いやり、元気づけないといけない。また一部門の長としても、あえて責任を負う気概が必要だ。その積み重ねで、プロジェクトを成功させることができるんだ。

A. そうなると、私の上司はまるで違いますね。あらゆる場面で私をのけ者にして、重要な仕事を任せてくれないんです。

B. では部の異動を考えてもいいかもしれないね。

A. どこに異動してもダメです。会社は家族経営で、私の直属の上司は社長の弟です。

B. それなら辞めることも考えないとね！

A. 本当にあなたはすごいですね。まるで労働者の鑑ですね。

B. 持ち上げすぎだよ。たまたまラッキーだっただけさ。

5. キーポイント

MP3 CD トラック 090

1.「合适」「适合」「适应」「适宜」の使い分け

日本語の「ふさわしい」という言葉は中国語に訳す際、状況・場面・話す内容によって、それぞれ違う訳語になります。ここでは、その使い分けを紹介します。

合适	适合	适应	适宜
①サイズがぴったりである。形容詞として使われます。	①デザインやスタイルが似合う。動詞として使われます。	①適応する、慣れていく。動詞として使われます。	①適切な、程よい。形容詞として使われます。
△这双鞋我穿正合适。 zhè shuāng xié wǒ chuān zhèng hé shì /この靴のサイズは私にぴったりです。 △他这条裤子的腰围太大了，不合适。 tā zhè tiáo kù zi de yāo wéi tài dà le, bù hé shì /このズボンのウエストは大きすぎて、合わない。	△这个发型很适合你。 zhè ge fà xíng hěn shì hé nǐ /このヘアスタイルはあなたに似合います。 △他不适合穿休闲服。 tā bú shì hé chuān xiū xián fú /彼はカジュアルウエアが似合わない。	△我终于适应了新加坡的炎热的气候。 wǒ zhōng yú shì yìng le xīn jiā pō de yán rè de qì hòu /私はやっとシンガポールの暑い気候に慣れました。 △去一个新地方要先适应环境。 qù yí gè xīn dì fāng yào xiān shì yìng huán jìng /新しい土地へ行ったら、まずは環境に適応しなくてはならない。	△夏威夷气候适宜。 xià wēi yí qì hòu shì yí /ハワイの気候はちょうどよい。 △幼儿学外语的最佳适宜年龄是三岁以后。 yòu ér xué wài yǔ de zuì jiā shì yí nián líng shì sān suì yǐ hòu /幼児の外国語習得の最適年齢は3歳以降です。
②やり方や態度などが適切である。否定文の形で使われることが多い。	②動作主は…をするのに適している／向いている。後の目的語は動目フレーズやセンテンスが来ることが多いです。	②どうしても適応、順応できない。 ※「适应不了」の型で使われることが多い。	②「适宜」とともに使える単語は決まっているため、勝手に組み合わせてはなりません。
△你这么做不合适吧！ nǐ zhè me zuò bù hé shì ba /君のやり方は不適切でしょう。	△他很内向，不适合做营销的工作。 tā hěn nèi xiàng, bú shì hé zuò yíng xiāo de gōng zuò /彼は内向的で、営業の仕事には向いていない。	△我怎么也适应不了他的领导方式。 wǒ zěn me yě shì yìng bù liǎo tā de lǐng dǎo fāng shì /私はどうしても彼の指導方法になじめない。	△适宜的年龄。 shì yí de nián líng /適切な年齢。 △气候适宜。 qì hòu shì yí /ちょうど良い気候。

第4課

合适	适合		
△这不是合适的做法。 zhè bù shì hé shì de zuò fǎ /これは適切なやり方ではない。	△你适合当播音员。 nǐ shì hé dāng bō yīn yuán /あなたはアナウンサーになるのが最適です。		
③…をするのにふさわしい候補者、人選。	③気候が生存に適していることを表す時に使います。		
△他是总裁的合适人选。 tā shì zǒng cái de hé shì rén xuǎn /彼は総裁にふさわしい候補者です。	△地中海的气候适合人类居住。 dì zhōng hǎi de qì hòu shì hé rén lèi jū zhù /地中海の気候は、人類の住居に適している。		

関連四字成語

MP3 CD トラック091

① 适可而止 (shì kě ér zhǐ) ころあいを見てやめる、適当なところでやめる。

△ 工作要适可而止，不要累过了头。
gōng zuò yào shì kě ér zhǐ, bú yào lèi guò le tóu

/仕事は疲れすぎないように、適当なところでストップする方がいい。

△ 你不要太过分了，适可而止吧！
nǐ bú yào tài guò fèn le, shì kě ér zhǐ ba

/度を過ごさないように、適当なところでやめておきなさい。

② 适得其反 (shì dé qí fǎn) 事の成り行きが希望とは逆になる。

△ 拔苗助长的教育方式适得其反。
bá miáo zhù zhǎng de jiào yù fāng shì shì dé qí fǎn

/成長を早めるために苗を手で引っ張る（功を焦って、方法を誤る）ような教育方法は、狙いとは逆効果になります。

△ 你这种独断专行的领导方法只会适得其反。
nǐ zhè zhǒng dú duàn zhuān xíng de lǐng dǎo fāng fǎ zhǐ huì shì dé qí fǎn

/あなたのこのような独断的な指導方法は、逆効果になるだけです。

練習：次の日本文を中国語に訳しなさい。　　　　　　　（解答は P.487）

① 幼児が外国語を学ぶ最適年齢はいつですか？

② 反抗期の子供に一方的に命令することは、逆効果になります。

③ 南極のペンギンは気候の温暖化に適応できず、大量に死にました。

④ 私はずいぶん太ったので、この背広は合わなくなりました。よかったら、もらってください！

⑤ 人間関係が複雑すぎるので、私は大企業で働くことになじめません。

⑥ いいかげんにしろ！

2.「好看」「漂亮」「美丽」「亮丽」の使い分け

日本語の「きれい、美しい」という言葉は中国語に訳すと、「好看」「漂亮」「美丽」「亮丽」とそれぞれ異なる単語になります。ここではその使い分けを紹介します。

好看	漂亮	美丽	亮丽
①顔だちがよい。東洋的な美しさを持つ女性にのみ使われます	①顔だちがきれい、彫りが深くて西洋的な美しさを持つ女性にのみ使われます	①美しい仙女や天使などのフィクションに登場する人物に使われます ＊日常生活において普通の人にはあまり使わない	①輝いていて美しい。若い女性を形容する時に使われます
△山口百惠长得很好看。 shān kǒu bǎi huì zhǎng de hěn hǎo kàn /山口百恵はとてもきれいです。 △巩俐长得很好看。 gǒng lì zhǎng dé hěn hǎokàn /コン・リーはとてもきれいです。	△翁倩玉长得很漂亮。 wēng qiàn yù cháng dé hěn piāo liang /ジュディ・オングはとてもきれいです。 △奥戴尔·赫本非常漂亮。 ào dài ěr hè běn fēi cháng piào liang /オードリー・ヘップバーンは非常に美しい。	△神话故事描写了美丽的仙女下凡。 shén huà gù shì miáo xiě le měi lì de xiān nǚ xià fán /神話には、美しい仙女が天から人間社会に降りて来た話が描かれている。 △天使的面孔圣洁美丽。 tiān shǐ de miàn kǒng shèng jié měi lì /天使の顔は神聖で美しい。	△青春亮丽的女性充满魅力。 qīng chūn liàng lì de nǚ xìng chōng mǎn mèi lì /青春ざかりの美しい女性は、とても魅力的です。 △国庆阅兵队伍中的女兵方阵形成一道亮丽的风景线。 guó qìng yuè bīng duì wǔ zhōng de nǚ bīng fāng zhèn xíng chéng yí dào liàng lì de fēng jǐng xiàn /国慶節閲兵パレードの若い女性兵士の方陣は、際立って美しい景色となっている。

好看	漂亮	美丽	亮丽
②服が美しい。 ＊華やかさではなく上品な美しさ。	②服が華やかで美しい。	②大自然が美しい。	②「亮丽」は「靓丽」とも書きます。
△你这件衣服 zhè jiàn yī fu 真好看，很适 zhēn hǎo kàn hěn shì 合你！ hé nǐ /その服はすてきですね。あなたに似合っています。	△中国的 zhōng guó de 著名歌唱 zhù míng gē chàng 家的演出服 jiā de yǎn chū fú 都很华丽、漂 dōu hěn huá lì piào 亮。 liang /中国の著名なオペラ歌手のステージ衣装はすべて華やかできれいです。	△美丽的祖国 měi lì de zǔ guó 山河 shān hé /美しい祖国の山河 △美丽的名山 měi lì de míng shān 大川 dà chuān /美しい名山と川	△真靓啊！ zhēn liàng ā /本当にきれいですね! △靓女。 liàng nǚ /きれいな女性 ＊口語では「靓丽」の「丽」が省略されることが多いです。
③面目が立つ。体裁がよい時に使われます。	③動作が見事で美しい。言葉が美しい。	③女性の名前に使用されます。	
△奥巴马当选 ào bā mǎ dāng xuǎn 美国总统， měi guó zǒng tǒng 黑人脸上很 hēi rén liǎn shàng hěn 好看。 hǎo kàn /オバマがアメリカ大統領に当選したことで、黒人は鼻が高い。	△英国足球 yīng guó zú qiú 明星贝克汉 míng xīng bèi kè hàn 姆的射门动 mǔ de shè mén dòng 作很漂亮。 zuò hěn piào liang /イギリスのサッカー選手ベッカムのシュートの動作は、とても見事です。	△我叫吴美丽。 wǒ jiào wú měi lì /呉美麗と申します。	
△中国人喜欢 zhōng guó rén xǐ huan 讲排场，结 jiǎng pái chǎng jié 婚典礼请很 hūn diǎn lǐ qǐng hěn 多客人出席 duō kè ren chū xí 觉得面子很 jué de miàn zǐ hěn 好看。 hǎo kàn /中国人は豪勢に振る舞うのが好きなので、結婚式に大勢の招待客が出席すると、とても体裁が良いと感じます。	△她的中文说 tā de zhōng wén shuō 得很漂亮。 de hěn piào liang /彼女の中国語はとても綺麗です。		

好看	漂亮	美丽	亮丽
	④景色、絵、写真、芸術作品が美しい。	④歌詞に使われ、大自然の美しさを形容します。	
	△这些摄影作品太漂亮了。 zhè xiē shè yǐng zuò pǐn tài piào liang le /これらの映像作品は本当にきれいです。 △九寨沟的自然风景太漂亮了,像画儿一样。 jiǔ zhài gōu de zì rán fēng jǐng tài piāo liang le xiàng huàr yí yàng /九寨溝の自然の風景は、まるで絵のように美しい。	△「美丽的草原我的家…」是蒙古民歌中的一句歌词。 měi lì de cǎo yuán wǒ de jiā shì měng gǔ mín gē zhōng de yí jù gē cí /「美しい草原、私の故郷」はモンゴル民謡の歌詞の一句です。	

漂亮

⑤環境や住居が清潔で、きれいである。

△新加坡不愧是花园城市,到处都是鲜花和绿树,非常漂亮。
xīn jiā pō bú kuì shì huā yuán chéng shì dào chù dōu shì xiān huā hé lǜ shù fēi cháng piào liang
/シンガポールはガーデンシティと称されるだけあって、至るところに花や樹木があり、とても美しい。

△你们家真漂亮!
nǐ men jiā zhēn piào liang
/お宅はきれいですね!

練習：次の日本文を中国語に訳しなさい。　　　　　　　　（解答は P.488）

① 彼は、きれいなお嫁さんをもらいたいと願っています。

② 留学して数年後に美しい中国語でしゃべれることに、あこがれています。

③ 物事を遂行する際には、体裁のよさばかり気にかけず、本質をつかむことがより重要です。

④ 日本人の母親が作ったお弁当は、まるで絵のようにきれいです。

⑤ 皆さんは本件を見事にやりぬきました。

⑥ バレエの発表会で子供たちの美しい踊りを見て、親たちはとても感動しました。

⑦ 美しいヴァイオリンの曲を聴きながら、赤ちゃんは幸せな眠りについた。

⑧ 20歳の女性は若さの盛り、美しく輝いています。

6. 文法ポイント

MP3 CD トラック 095

(1) 中国語の過去表現とその否定形

　独立語構造である中国語の過去表現は日本語や英語のように文法上の規則性がありません。日本語や英語は助動詞と動詞の規則的な変化を通して、過去の表現が統一されていますが、中国語の過去形は時間詞・時間副詞・時態助詞・慣用型などを用いて過去を表現します。

過去形表現はおおよそ以下の数種類です。

1. 過去時間詞で過去を表す

① 「昨天」「去年」「前天」「1995年」「不久前」「五十年代」「5年前」「过去」「刚才」などの、はっきりと過去を表す時間詞を主語の前後に置いて過去形を作ります。文の中の述語が形容詞の時は、過去形表現は文の語尾に「了」をつけず、過去時間詞で過去形を表します。

△ 二十年前这里很脏~~了~~。／20年前、ここは汚かった。
　　　　　　　　　　　形容詞

△ 昨天很冷~~了~~。／昨日は寒かった。
　　　　　形容詞

△ 不久前她刚从南非回来。
　　　　　　　　　　／ちょっと前に、彼女は南アフリカから帰国した。

△ 五十年代人们的穿着很朴素~~了~~。
　　　　　　　　　　　　　形容詞
　　　　　　　　　　／50年代、人々の服装は質素でした。

△ 刚才你朋友来了。／さっき、お友達が来ました。

② 過去時間詞は話者の発話時を基点として確定的に過去を表します（上記の図を参照）。

③「形容詞」「判断動詞」（是）「心理活動動詞」（喜欢、愿意など）、存在動詞（「在」「住在」）、所有動詞「有」の過去形は語尾に「了」をつけず、過去時間詞で過去を表します。

bù jiǔ qián tā hái zài hǎi wài
△不久前他还在海外~~了~~。/ 少し前まで彼は海外にいました。

wǔ nián qián wǒ zhù zài běi jīng
△五年前我住在北京~~了~~。/5 年前、私は北京に住んでいました。

guò qù tā shǒu xià yǒu hěn duō yuán gōng
△过去他手下有很多员工~~了~~。
/ 昔、彼のもとにはスタッフが大勢いた。

yī jiǔ jiǔ wǔ nián tā shì dà xué shēng
△一九九五年他是大学生~~了~~。/1995 年には彼は大学生でした。

yǐ qián wǒ xǐ huan niú ròu
△以前我喜欢牛肉~~了~~。/ 以前、私は牛肉が好きでした。

④ 否定形：過去時間詞がつく「形容詞」「判断動詞」（是）「心理活動動詞」（喜欢、愿意など）、存在動詞（「在」、「住在」）、所有動詞「有」の過去形の否定文は述語動詞 / 形容詞の前に「不」を置きます。「有」の過去否定は「不有」ではなく「没有」となります（「不」と「没」の使い分けは『本気で学ぶ中国語』の第 24 課の文法ポイントをご参照ください）。

△ 五年前我不住在北京，我住在天津。
/5年前、私は北京には住んでおらず、天津に住んでいた。

△ 昨天不冷。/ 昨日は寒くなかった。

△ 以前我不喜欢牛肉。/ 以前、私は牛肉が好きではなかった。

△ 过去他手下没有很多员工，只有两个。
/ 昔、彼のもとにはスタッフが大勢おらず、2人だけでした。

2. 述語動詞の前に過去時間副詞を置いて過去を表す　　MP3 CDトラック096

① よく使われている過去時間副詞に「曾经」「已经」「刚」「早就」などがあります。時間副詞「曾经…过」「已经…了」「刚才…了」「早就…了」はセットで使われ、過去を表します。

△ 他曾经在越南呆过。/ 彼はかつてベトナムに滞在したことがある。

△ 他曾经在美国工作过。/ 彼はかつてアメリカで働いたことがある。

△ 她曾经是一名女警察。/ 彼女はかつて婦人警官でした。

△ 他们刚才还在这儿。/ 彼らはさっき、ここにいました。

△ 你朋友刚走。/ 君の友人は帰ったばかりです。

△ 你朋友刚才来了。/ 君の友人は来たばかりです。

△ 他已经知道了。/ 彼はすでに知っていた。

△ 我早就看好了。/ 私はとっくに、それを気に入っていました。

② 過去時間詞が、必ず話者の発話時を基点として過去を確定的に表現するのに対して、過去時間副詞は必ずしも話者の発話する時を基点として過去を確定的に表現するとは限りません。過去時間副詞が重文（主①＋述Ⅴ①＋目①、

主②＋述V②＋目②）に使われた場合には、話者の発話時を基点として過去を確定的には表現しません。この場合は時間詞で文全体の時態を判断します。過去時間副詞が 単文（主・述V・目）に使われた場合には、話者の発話時を起点として過去を確定的に表現します。

例
{
<u>tā zǎo jiu xià bān le</u>
<u>他 早 就 下 班 了</u>。／彼はとっくに退社しました。
　　　　（確定過去形）

míng tiān bàng wǎn wǒ dào gōng sī de shí hou　tā zǎo jiu xià bān le
明 天 傍 晚 我 到 公 司 的 时 候，他 早 就 下 班 了。
〰〰〰〰
将来時間詞　　　　　　　　　　　　　　　　　　　（将来のある時点に対する過去）
／明日の夕方、私が会社に着いた時には、彼はとっくに退社した後だろう。
}

{
<u>wǒ dà nǚ ér yǐ jīng dà xué bì yè le</u>
<u>我 大 女 儿 已 经 大 学 毕 业 了</u>。／長女はとっくに大学を卒業した。
　　　　　（確定過去形）

míng nián wǒ èr nǚ ér kǎo dà xué de shí hòu　wǒ dà nǚ ér zǎo jiu dà xué bì yè le
明 年 我 二 女 儿 考 大 学 的 时 候，我 大 女 儿 早 就 大 学 毕 业 了。
〰〰〰〰
将来時間詞　　　　　　　　　　　　　　　　　　　　（将来のある時点に対する過去）
／来年私の次女が大学受験をする時、長女はもう大学を卒業している。
}

③ 否定形：過去時間副詞がつく文の中の述語が「形容詞」、「判断動詞」（是）、「心理活動動詞」（喜欢、愿意など）、存在動詞（「在」「住在」）の場合、その否定形は「不 V/adj.」「还不 V/adj.」となり、まだ〜していないことを表します。述語は動作動詞である場合、その否定形は「还没(有)述V」となります。

△
{
tā céng jīng shì nǚ jǐng chá
她 曾 经 是 女 警 察。／彼女はかつて婦警でした。

tā yǐ qián bú shì nǚ jǐng chá
她 以 前 <u>不 是</u> 女 警 察。／彼女はかつて婦警ではありませんでした。
　　　　　　　　　　　　　　　　　（＊「曾经」を「以前」に変える）
}

△
{
tā men gāng cái hái zài zhèr
他 们 刚 才 还 在 这儿。／彼らはさっき、ここにいました。
　　　　　　　存在V

tā men gāng cái bú zài zhèr
他 们 刚 才 <u>不 在</u> 这儿。／彼らはさっき、ここにはいませんでした。
}

△ {
　wǒ yǐ jīng zhī dào le
　我已经知道了。／私はもう知っていました。
　　　　心理動詞

　wǒ hái bù zhī dào
　我还不知道。／私はまだ知りません。
　　　　　　　＊（「还不知道」は固定表現、⊗还没知道は使わない）
}

△ {
　wǒ zǎo jiu kàn hǎo le
　我早就看好了。／私はとっくに、それを気に入っていました。
　　　　　動作V

　wǒ hái méi yǒu kàn hǎo
　我还没有看好。／私はまだ決めていません。
　　　　　　　＊（「早就V了」を「还没V」に変える）
}

△ {
　guǎn lǐ céng zǎo jiu tōng zhī le
　管理层早就通知了。／経営陣はとっくに知らせを出しました。
　　　　　　　動作V

　guǎn lǐ céng hái méi yǒu jué dìng
　管理层还没有决定。／経営陣はまだ決定していない。
　　　　　　　＊（「早就V了」を「还没V」に変える）
}

3. 述語動詞の後に「过」をつけ、過去の経験を表す　　MP3 CD トラック097

　述語動詞の後に「过」をつけ、過去の経験を表します。「过」がつく過去経験の否定文は「没V过」となります。

△ zhōng guó hěn duō dà xué bì yè shēng cān jiā guo "tuō fú" kǎo shì
　中国很多大学毕业生参加过「托福」考试。
　　　／中国の大学卒業生の多くが「TOEFL（トーフル）」を受けたことがある。

△ tā men dēng guo wàn lǐ cháng chéng
　他们登过万里长城。／彼らは万里の長城に登ったことがあります。

△ xiāng dāng duō de xī zàng rén méi yǒu qù guo xī zàng yǐ wài de dì fang
　相当多的西藏人没有去过西藏以外的地方。
　　　／相当多くのチベット人は、チベット以外の場所へ行ったことがない。

△ tā cóng lái méi tí guo zhè jiàn shì
　他从来没提过这件事。／彼はこの件に触れたことがない。

4.「…的时候」で過去を表す　　MP3 CDトラック098

　文中に「…的时候」がある時には動作主は必ず過去のことを述べているので、文は過去形になります。「…的时候」の「的」の前には過去時間詞・形容詞・動目フレーズなどが置け、「的」は省略されることもあります。過去のある時点を強調する時には「過去時間詞(的)这个时候」という固有表現も使われます。この場合「的」は省略されることがあります。

△ 小（的）时候，我很喜欢吃冰淇淋。
　　xiǎo de shí hòu, wǒ hěn xǐ huan chī bīng qí lín
　　　　　　　／小さい頃、私はアイスクリームが大好きでした。

△ 上大学的时候，我们在学校住校。
　　shàng dà xué de shí hòu, wǒ men zài xué xiào zhù xiào
　　　　　　　／大学時代、私たちは学校の寮に入っていた。

△ 去年（的）这个时候，我们在伦敦旅行。
　　qù nián de zhè ge shí hòu, wǒ men zài lún dūn lǚ xíng
　　　　　　　／去年の今頃、私たちはロンドンを旅行していました。

5.「是…的」慣用形を使って過去を表す　　MP3 CDトラック099

　「是…的」は動作がすでに発生し→話している双方（話し手と聞き手）とも、その動作がすでに発生したことを知っているとの前提のもとで、聞き手と話し手が、その動作が発生した「時間」「場所」「動作主」「動作の対象」「動作方式」などを、特に取り立てて聞いたり説明したりする時に使う過去形文型です。「是」は強調する部分の前に置き、「的」を文末に置きます。「是」は省略することもできます。「是…的」に関する詳しい説明は『本気で学ぶ中国語』の第24課の文法ポイントをご参照ください。

① 下記 A_1 と B_1 の会話で動作は発生済みであることを双方とも確認できましたので、$\boxed{A_2・B_2}$、$\boxed{A_3・B_3}$ の会話では、動作の発生時間・動作方式などに関してことさらに質問をしたり聞いたりする時には、以下のように「是…的」文型を使います。

$\begin{cases}A_1：\underset{nǐ}{你}\underset{mǎi}{买}\underset{shū}{书}\underset{le}{了}\underset{ma}{吗}? \\ \quad\quad\text{動作が発生したかどうかを「了」で聞く} \\ B_1：\underset{wǒ}{我}\underset{mǎi}{买}\underset{le}{了}。\\ \quad\quad\text{発生済みの答えも「了」で答える}\end{cases}$ /あなたは本を買いましたか？

/私は買いました。

$\begin{cases}A_2：\underset{nǐ}{你}(\underset{shì}{是})\underset{shén}{什}\underset{me}{么}\underset{shí}{时}\underset{hòu}{候}\underset{mǎi}{买}\underset{de}{的}? \\ \quad\quad\text{発生済みの動作時間を「是…的」で聞く} \\ B_2：\underset{wǒ}{我}(\underset{shì}{是})\underset{zuó}{昨}\underset{tiān}{天}\underset{mǎi}{买}\underset{de}{的}。\end{cases}$ /あなたはいつ買ったのですか？

/私は昨日、買ったのです。

$\begin{cases}A_3：\underset{nǐ}{你}(\underset{shì}{是})\underset{yòng}{用}\underset{shén}{什}\underset{me}{么}\underset{mǎi}{买}\underset{de}{的}? \\ \quad\quad\text{発生済みの動作方式を「是…的」で聞く} \\ B_3：\underset{wǒ}{我}(\underset{shì}{是})\underset{yòng}{用}\underset{xiàn}{现}\underset{jīn}{金}\underset{mǎi}{买}\underset{de}{的}。\end{cases}$ /何で買ったのですか？

/キャッシュで買ったのです。

② 下記 $\boxed{A_4・B_4}$ も動作が発生済み（すでに来た）の前提で行った会話ですので同じく「是…的」文型を使います。

$\begin{cases}A_4：\underset{nǐ}{你}(\underset{shì}{是})\underset{zěn}{怎}\underset{me}{么}\underset{lái}{来}\underset{de}{的}? \\ \quad\quad\text{発生済みの動作方式を「是…的」で聞く} \\ B_4：\underset{wǒ}{我}(\underset{shì}{是})\underset{zǒu}{走}\underset{zhe}{着}\underset{lái}{来}\underset{de}{的}。\end{cases}$ /どうやって来たのですか？

/歩いて来たのです。

③ 下記 $\boxed{A_1・B_1}$ の会話で動作は発生済みであることを双方とも確認できましたので、$\boxed{A_2・B_2}$ の会話文では、動作の発生時間・動作方式などに関してことさらに質問をしたり、聞いたりする時には以下のように「是…的」文型を使います。

A₁: 你 开始 学 中 文 了 吗?　／あなたは中国語の勉強を始めましたか？
　　　　nǐ kāi shǐ xué zhōng wén le ma
　　　動作が発生したかどうかを「了」で聞く

B₁: 我 开 始 学 了。　／すでに始めました。
　　　wǒ kāi shǐ xué le
　　　発生済みの答えも「了」で答える

A₂: 你（是）什么时候开始学中文的?
　　　nǐ shì shén me shí hòu kāi shǐ xué zhōng wén de
　　　発生済みの動作時間を「是…的」で聞く
　　　　　　　　　　　／いつ中国語の勉強を始めたのですか？

B₂: 我（是）去年开始学中文的。
　　　wǒ shì qù nián kāi shǐ xué zhōng wén de
　　　　　　　　　／去年中国語の勉強を始めたのです。

MP3 CD トラック100

6. 述語動詞の後や文末に時態助詞「了」をつけて過去を表す

① 時態助詞「了」は述語動詞、形容詞の後や文末に置かれ、状況の変化、新しい時態の発生、動作の完成・完了を表します。
② 「了」は、聞き手は動作が発生したことをまだ知らず、話し手がそれを聞き手に伝えるという前提で使われます。
③ 「了」と「是…的」の過去表現の使い分けについては、『本気で学ぶ中国語』の第24課の文法ポイントをご参照ください。
④ 「了」は用法が多く、内容も複雑です。その詳細は本書の第5課の文法ポイントをご参照ください。

△ 天气暖和了。／気候は暖かくなった。
　　tiān qì nuǎn huo le
　　　　変化

△ 他受伤了。／彼はケガをした。
　　tā shòu shāng le
　　　新しい事態の発生

△ 你结婚了吗?／あなたは結婚しましたか？
　　nǐ jié hūn le ma
　　　変化＆新しい事態の発生

△ 你写完论文了吗?／論文を書き終えましたか？
　　nǐ xiě wán lùn wén le ma
　　　変化

第4課

練習：過去形のポイントをよく理解して、次のセンテンスを和文中訳しましょう。

（解答は P.488）

① 彼は韓国に住んだことがある。

② 彼は世界旅行をしたことがある。

③ 私はクレジットカードで学費を払った。

④ 去年の今日、彼はスイスでスキーをしていた。

⑤ 彼は日本から帰って来たばかりです。

⑥ 私は昔、肉が大好きだったが、今はベジタリアンになった。

⑦ 今年の冬は去年と比べて、とても暖かい。

⑧ 私は中国語検定試験2級にとうに合格した。

⑨ 今年の夏休みに、北京へ行くか、それとも上海へ行くか、まだ決めていません。

⑩ 3年前、私たちは日本で会社勤めをしていたのですが、今はシンガポールで起業しました。

応用会話 27

A: 听说在中国八十年代和九十年代以后出生的孩子被称为「80后」和「90后」。社会上说他们是还没有断奶的一代，这话怎么讲？

中国では80年代と90年代以降に生まれた子供たちは「80後世代」と「90後世代」と呼ばれているそうです。社会は彼らを「乳離れ」できていない世代と呼んでいますが、これをどうとらえていますか？

B: 从字面上讲就是还在吃母亲的奶，实际上是指他们还在依赖父母，不能独立。

言葉どおりに解釈すれば、まだ母親のおっぱいを飲んでいるという意味ですが、実際には、両親に依存したまま独立できない若者たちを指しています。

A: 也就是以前常说的独生子女「小皇帝」吗？

つまり以前よく言われていた一人っ子の「小皇帝」のことですか？

B: 对，他们这一代城市出生的孩子大多数都是独生子女，被父母溺爱和过分照顾，他们娇生惯养、饭来张口、衣来伸手、自理能力差。

そうです。この世代の都市部で生まれた子供たちのほとんどは一人っ子で、両親に溺愛され、過保護に育てられました。蝶よ花よと大切にかわいがられ、ご飯が口元に来れば口を開け、服が体のところに来れば手を伸ばすと言った環境なので、自活能力には乏しいのです。

A: 有这么严重吗？

そんなにひどいのですか？

B. 每年9月初大学开学，很多家长送新生入学。因为父母要帮孩子搞定周围的事，一些家长就住在学校陪伴孩子，又由于经济问题一些家长甚至露宿在校园。

毎年9月初めの頃、大学の新学期に多くの保護者が新入生を学校に送ってきましたが、子供の身の回りのことを片付けるために、子供に付き添って学校に泊まる親がいたり、はては経済的理由で校内のキャンパスに野宿する親までいました。

A. 那这些孩子还能在宿舍中睡得安稳吗？

それで、その学生たちは学生寮で安眠できたのでしょうか？

B. 就是因为这些孩子看父母露宿校园也无动于衷，仍然心安理得地在宿舍睡觉，所以才在社会上引起了轩然大波。

両親がキャンパスで野宿するのを見ても、全く平気で寝られるからこそ、社会に大きな波紋を呼んだのですよ。

A. 二十多年前我们上大学那会儿，外地的学生都是一个人坐火车来的。本地的学生家长也是把孩子送到学校后就回家了，根本没在学校住宿陪伴。

私たちが大学に入った20数年前、地方の学生は1人で汽車に乗って来ましたね。地元の学生の保護者も子供を学校まで送った後は、家に帰りました。学校に付き添いのために泊まる親など全くいませんでしたよ。

B. 所以说现在的独生子女即使是上了大学也存在着高分低能的现象。

ですから今の一人っ子は、たとえ大学に入ったとしても勉強はできるが一般常識やコミュニケーション能力に欠ける傾向を抱えているんです。

A. 用时髦点儿的话说，就是IQ高，EQ低，AQ更低。

流行の言葉を使えば、IQ は高いが EQ は低い、AQ はさらに低いといったところですね。

(2) 時量詞とその使い方

時量詞は期間詞とも言い、時間の長さおよび動作の持続期間を表します。日本語の時量詞・期間詞は述語動詞の前に置きますが、中国語の時量詞・期間詞は常に述語動詞の後に置き、「述語動詞・時量詞」の型になっています。

例：△ 睡了<u>一天</u> ／1日寝た
　　　　　時量詞・期間詞

　　△ 学习<u>半年</u> ／半年勉強する
　　　　　時量詞・期間詞

　　△ 住了<u>两个星期</u> ／2週間泊まった
　　　　　時量詞・期間詞

時量詞がつくセンテンスの語順は以下のとおりです。

1．文章の中の目的語が間接目的語（人称代名詞、人名）の場合

① 主 + 述V・<u>人</u>／<u>間接目</u>・V了 + <u>時量詞</u>／<u>期間詞</u>

△ 我 等 他 等了 一个小时。／私は彼を1時間待った。
　wǒ děng tā děng le yí ge xiǎo shí

△ 妈妈 抱 儿子 抱了 一 整 天。／母親は息子を一日中抱いていた。
　mā ma bào ér zi bào le yì zhěng tiān

② 主 + 述語V了 + <u>人</u>／<u>間接目</u> + <u>時量詞</u>／<u>期間詞</u>

△ 我 等了 他 一个小时。／私は彼を1時間待った。
　wǒ děng le tā yí ge xiǎo shí

△ 妈妈 抱了 儿子 一 整 天。／母親は息子を一日中抱いていた。
　mā ma bào le ér zi yì zhěng tiān

2．文章の中の目的語が直接目的語（物）の場合

① 主 + 述語V + <u>物</u>／<u>直接目</u> + V了 + <u>時量詞</u>／<u>期間詞</u>

△ 他们 看 电视 看了 一个多小时。
　tā men kàn diàn shì kàn le yí ge duō xiǎo shí
　　　　　　　　　　　　／彼らは1時間以上テレビを見ました。

△ 我姐姐学 中文 学了 一年了。
　wǒ jiě jie xué zhōngwén xué le yì nián le
　　　　　　　　　　　　／姉は中国語を1年間勉強しました。

② 主 + 述語V了 + 時量詞 + (的) + 時量詞／限定語

△ 他们　看了　一个多小时的　电视。
　　tā men　kàn le　yí ge duō xiǎoshí de　diàn shì
／彼らは１時間以上テレビを見ました。

△ 我姐姐　学了　一年　（的）　中文。
　　wǒ jiě jie　xué le　yì nián　de　zhōng wén
／姉は中国語を１年間勉強しました。

③ 主 + 述語V + 物／直接目 + 時量詞／期間詞・了

△ 他们　看　电视　一个多小时了。
　　tā men　kàn　diàn shì　yí ge duō xiǎo shí le
／彼らは１時間以上テレビを見ました。

△ 我姐姐学　中文　一年了。
　　wǒ jiě jie xué　zhōng wén　yì nián le
／姉は中国語を１年間勉強しました。

3. 文章の中の述語動詞が自動詞で目的語がつかない場合

主 + 述語V（了） + 時量詞／期間詞・了

△ 我们　毕业（了）　三年　了。
　　wǒ men　bì yè le　sān nián　le
／私たちは卒業して３年になりました。

△ 旅客都已经　失踪（了）　三天　了。
　　lǚ kè dōu yǐ jīng　shīzōng le　sān tiān　le
／観光客が行方不明になって、すでに３日たちました。

解釈3 述語動詞の後の「了」は省略できます。２つの「了」を併用する文型の説明は本書の第５課の「了」の使い方を参照してください。

(3) 動量詞とその使い方

動量詞は回数詞とも言い、動作の量や回数を表します。中国語の動量詞の構造は下記のようです。

| V・ 数詞・量詞 |

| V・過了・数詞・量詞 |

△ 看 三 次 /3回見る
　　　kàn sān cì
　　　　　　動量詞

△ 听 过 两 遍 /2回聞いた(ことがある)
　　　tīng guo liǎng biàn
　　　　了　　　　動量詞

1．常用動量詞とその意味

動量詞	本来の意味	例文と訳文
①次	動作の回数を表す。「…回」の意味で、すべての動作行為動詞の後につくことができる。 ＊「毎次」は頻度副詞で「毎回」の意味になる。	△ 我看了三次哈利・波特。 wǒ kàn le sān cì hā lì bō tè ／私は「ハリー・ポッター」を3回見ました。 △ 每次都是他最后一个下班。 měi cì dōu shì tā zuì hòu yí ge xià bān ／毎回、彼は最後に会社を出る。
②回	「次」と同じく動作の回数を表し、北京で使われることが多い。すべての動作行為動詞の後につくことがある。	△ 他离过两回婚。 tā lí guò liǎng huí hūn ／彼は2回、離婚したことがある。 △ 我吃过几回日本菜。 wǒ chī guò jǐ huí rì běn cài ／私は何回か日本料理を食べたことがある。
③遍	最初から最後まで一通り1回やることを表す。「说」「看」「读」「写」「抄」などの「話す」や学習関連動詞とともに使われる場合が多い。	△ 他喜欢历史，看了很多遍「史记」。 tā xǐ huan lì shǐ kàn le hěn duō biàn shǐ jì ／彼は歴史好きで、「史記」を何度も読んでいます。 △ 太乱了，再重新抄一遍吧！ tài luàn le zài chóng xīn chāo yí biàn ba ／あまりにも乱筆なので、もう一度改めて書き直しましょう！
④趟	行って戻る回数を表し、若干苦労を伴う旅であるというニュアンスを持つ。	△ 去一趟西藏很不容易。 qù yí tàng xī zàng hěn bù róng yì ／チベット行きは楽な旅ではありません。 △ 前几天我去了一趟美国。 qián jǐ tiān wǒ qù le yí tàng měi guó ／数日前、アメリカに行って来ました。

		△ 你就辛苦一趟吧！ ／大変ですが、一度行ってください！
⑤顿	時間や労力のかかる動作行為の回数を数える時に使う。 動詞「吃」「说」「骂」「打」「揍」「责怪」の後にのみ置かれる。	△ 有时间我们一起吃一顿饭吧！ ／時間がある時に一度いっしょに食事をしましょう！ △ 爸爸狠狠地打了他一顿。 ／父親からはげしく殴られた。
⑥番	（動作行為の回数よりも）、心を込めて1回動作行為を行ったことを表す。動作行為にかける時間も短くない。	△ 老师的一番话让我很感动。 ／先生の誠意のある話に感動させられた。 △ 他思考了一番，才作出决定。 ／彼はきちんと考えた上で決定した。 △ 讲解员热情地解说了一番。 ／案内係は親切に一通り説明した。
⑦场	病気、災難、暴風雨、運動会、映画、劇の回数を表す。 「场」はある場所に発生した衝撃的な出来事に使う。	△ 昨天晚上下了一场暴雨，树叶都掉光了。 ／昨晩のひどい暴風雨で、木の葉がすべて落ちました。 △ 他得了一场大病。 ／彼は大病にかかった。 △ 一场水灾让农民颗粒无收。 ／一度の洪水が農民たちに収穫を失わせた。
⑧その他	動作行為を生き生き描写するために、数詞の後に体の名称の一部を置き、借用動量詞を構成する。それらの借用動量詞は日本語の擬声語、擬態語に訳されることが多い。	△ 看了一眼。／ちらりと一目見た。 △ 咬了一口。／がぶりと一口かんだ。 △ 踢了一脚。／ポーンと一蹴りした。 △ 打了一拳。／拳骨で一発ゴツンと殴った。

2. 動量詞がつくセンテンスの基本語順

① 主 ＋ 述語V・人　V了 ＋ 動量詞

△ 校长　批评　他　批评了　好几次。
　　xiào zhǎng　pī píng　tā　pī píng le　hǎo jǐ cì
　　／校長は彼を何度も叱責した。

△ 大伙儿　劝　他　劝了　两回。
　　dà huǒr　quàn　tā　quàn le　liǎng huí
　　／みんなは彼を2度なぐさめた。

② 主 ＋ 述語V了・人 ＋ 動量詞

△ 爸爸　打了　他　一顿。
　　bà ba　dǎ le　tā　yí dùn
　　／父親は彼をきつく1回殴った

△ 教练　踢了　他　一脚。
　　jiào liàn　tī le　tā　yì jiǎo
　　／コーチは彼をポンと蹴った。

△ 主人　轻轻　拍了　小狗　一下儿。
　　zhǔ rén　qīng qīng　pāi le　xiǎo gǒu　yí xiàr
　　／飼い主は小犬を軽くたたいた。

△ 那个人　瞪了　我　一眼。／あの人は私をにらんだ。
　　nà ge rén　dèng le　wǒ　yì yǎn

③ 主 ＋ 述語V了 ＋ 時量詞／限定語 ＋ 目的語

△ 我们一起　吃了　一顿　饭。
　　wǒ men yì qǐ　chī le　yí dùn　fàn
　　／私たちは一度いっしょに食事した。

△ 他们全家去了　一趟　新疆。
　　tā men quán jiā qù le　yí tàng　xīn jiāng
　　／彼ら一家は新疆へ行って来た。

△ 刚才　刮了　一阵　风。／先ほど、しばらく風が吹いた。
　　gāng cái　guā le　yí zhèn　fēng

△ 他　得了　一场　大病。／彼はひどい病気になった。
　　tā　dé le　yì chǎng　dà bìng

④ 主 ＋ 把・人/場所n.・述V了 ＋ 動量詞

△ 父親 把 孩子 打了 一頓。
fù qīn bǎ hái zi dǎ le yí dùn
／父親は子供をきつく1回殴った。

△ 年前他 把 屋子 打扫了 一遍。
nián qián tā bǎ wū zi dǎ sǎo le yí biàn
／正月前に彼は部屋を隅から隅まで掃除した。

解釈4 目的語をどのように処理したかを強調する「把」の使い方については、本書の第7課の文法ポイントをご参照ください。

MP3 CD トラック104

(4) 期間詞と動量詞の併用

センテンスの中に時量詞・期間詞および回数・動量詞が併用されている場合は、「どれくらいのベースで…回〜をする」ということを表します。疑問文に使われる期間詞には「多长时间」「多久」「几年」などがあり、動量詞には「几次」「多少次」などがあります。

1. 主 ＋ 期間詞／時量詞 ＋ 述V ＋ 動量詞（回数詞） ＋ 目的語

A：你 一个星期 学 几次 中文？
nǐ yí gè xīng qī xué jǐ cì zhōng wén
／あなたは1週間に何回、中国語を勉強しますか？

B：我 一个星期 学 一次 中文。
wǒ yí gè xīng qī xué yí cì zhōng wén
／私は1週間に1回、中国語を勉強します。

A：你们多长时间回 一次 日本？
nǐ men duō cháng shí jiān huí yí cì rì běn
／あなたたちは、どれくらいに1回のペースで日本に帰りますか？

B：我们半年回 一次 日本。
wǒ men bàn nián huí yí cì rì běn
／私たちは半年に1回、日本に帰ります。

```
     nǐ yī tiān shàng jǐ cì wǎng
A：你 一 天 上 几 次 网？／あなたは１日に何回アクセスしますか？
     yǒu shí hou liǎng cì   yǒu shí hou sān cì
B：有 时 候 两 次，有 时 候 三 次。／２〜３回です。
```

解釈1 他動詞の後に目的語（名詞）がつく場合は、回数詞を述語動詞と目的語（名詞）の間に入れます。詳しくは『本気で学ぶ中国語』の第21課の常用文型をご参照ください。

```
     dǎ sān cì gāo ěr fū              chī liǎng cì rì běn cài
△ 打 三 次 高 尔 夫           △ 吃 两 次 日 本 菜
   V         目                    V          目
```

2. 主 ＋ 時量詞 / (期間詞) ＋ 述V ＋ 動量詞 / (回数詞)

```
     nǐ men    duō cháng shí jiān    qù lǚ xíng   yí cì
A：你 们 多 长 时 间 （去）旅 行 一 次?
                  ／あなたたちは、どれくらいのペースで旅行に行きますか？
     dà gài    yì nián       qù lǚ xíng    yí cì
B：大 概 一 年 去 旅 行 一 次。
                  ／だいたい１年に一度、旅行に行きます。

     xué shēng men  yì zhōu    yùn dòng    jǐ cì
A：学 生 们 一 周 运 动 几 次?
                  ／学生たちは週に何度スポーツをしますか？
     dà gài     yì zhōu    yùn dòng    sān cì
B：大 概 一 周 运 动 三 次。
                  ／だいたい週に３回運動します。
```

解釈2 述語自動詞（V1V2構造あるいはV1V2V3構造）の後には目的語がつかないため、動量詞／回数詞は述語自動詞の後、つまりセンテンスの最後に置かれます。

```
   xué xí wǔ biàn              qù lǚ xíng sān cì
△ 学 习 五 遍              △ 去 旅 行 三 次
   V1 V2                         V1 V2 V3

   cān guān yí cì              yùn dòng shí cì
△ 参 观 一 次              △ 运 动 十 次
   V1 V2                         V1 V2
```

応用会話 28

A: 高桥太太,你学了多长时间的中文才考过中检2级的?

高橋さん、どのくらい中国語を習ってから中検2級を受けたのですか?

B: 我学了两年多才考过的。

私は2年ちょっと習ってから試験を受けたわ。

A: 那你一共学了多少个小时?

それなら全部で何時間学んだの?

B: 我也没仔细算过,大概两千多个小时吧!

細かく数えたことはないけど、だいたい2000数時間くらいでしょう!

A: 那么多啊!你一个星期上几次课?

そんなにたくさん! 1週間に何回授業を受けたの?

B: 第一年星期一到星期五每天上课,每天四个小时,每周二十个小时。第二年开始每周去学三次,每次上两个小时的课。

1年目は月から金まで毎日授業を受けて、1日4時間授業だったから、毎週20時間。2年目からは週3日、毎回2時間の授業を受けたわ。

A. 是不是集中学习才有效果？

B. 这是一个方面，不过最重要的还是要有好教材和好老师。好老师自然有一套好的教学方法，只有这样才能取得事半功倍的学习效果。

集中的に学んだほうが効果的なのかしら？

それも一因となるけど、大事なのは良い教材と良い教師を見つけること。良い教師であれば自ずと良い教授法を備えているし、この3つがあってこそ、少ない努力で大きな効果を上げることができるのよ。

A. 那除了上课还要做作业吧！

B. 不光是做作业，还要复习和听录音，做朗读练习等，课下花的学习时间基本和上课时间一样多。只有这样才能完全消化理解以及掌握学过的东西，否则事倍功半。

授業以外に宿題もやらないといけないでしょう！

宿題に限らず、復習や録音素材を聞くこと、朗読練習も必要よ。授業以外の学習時間と授業時間は同じくらい多くの時間を費やしてこそ、完全に授業を消化できて、学んだことを理解できる、さもないと努力のわりに効果が上がらないわ。

A. 太不容易了！我刚开始学发音，路还长着呢。

B. 不要灰心，持之以恒就一定能取得好的学习效果。

それは大変だね！私は発音を学び始めたばかりだから、先はまだまだ長いね。

元気を出して！ 根気よく続けていれば、必ず良い学習結果が得られるわよ。

応用会話 29

A. 从昨天到今天我给吉江太太打了好多次电话都找不到她，你知道她去哪儿了吗？

昨日から今日にかけて吉江さんに何度も電話しているのに、つながらないよ。彼女がどこに行ったのか知らない？

B. 不知道，听说她五月份要回国短期休假，你找她有什么急事吗？

知らないわ。5月に休暇で短期間帰国すると聞いたけど。何か急ぎの用件でもあるの？

A. 我想告诉她中文检定考试的报名日期就要截止了，再不去就报不上（名）了。

中国語検定試験の申し込み期限がもうすぐだから、申し込みに行かないと締め切られると伝えたかったんだ。

B. 中检考试一年有几次呀？

中国語検定試験は1年間に何回あるの？

A. 一年有三次。三月、六月和十一月。

1年間に3回、3月、6月、11月にあるよ。

B. 那她也可以下次再报考啊！

それなら、彼女は次回でも受験できるわね！

A. 下次就是几个月以后了，老师让我们趁热打铁，现在我们正在集中学习，容易考出好成绩。

次回は数ヵ月後になるよ。先生は私たちに、鉄は熱いうちに打てと今集中レッスンの最中だから、今なら楽に好成績が取れるよ。

第4課

B. 我也赶紧帮你联络一下儿吧！我有她的邮址，可以发电邮给她。

じゃあ私も、急いで連絡をとってみるわ！ メールアドレスを知っているから、彼女に電子メールを送ってみるね。

A. 那太好了, 这样她不论在哪儿都可以看到了。

よかった。それなら、どこにいようと見ることができるね。

応用会話 30

MP3 CD トラック107

A. 我想去加拿大留学。不知道怎么联系?

カナダに留学したいのですが、どのように連絡をつけてよいのか分かりません。

B. 你可以通过留学中介, 也可以上网浏览各个大学的网站。

留学仲介組織を利用してもいいし、インターネットで各大学のサイトを見てもいいのでは。

A. 网站里有详细的介绍吗?

サイトには詳しい説明が載っていますか?

B. 各个名牌大学的留学生网站对课程、学费、留学生住宿等都有详尽的介绍。

各有名大学の留学生サイトにはカリキュラム、学費、留学生宿舎などに関する詳しい紹介が載っていますよ。

A. 真的吗? 那我去网上找找。

そうなんですか? ではインターネットで探してみます。

豆知識4 「中国の最新社会情報」

MP3 CD トラック108

①"小姐"称呼的变化

(「小姐」の呼び方の変化)

以前对未婚女性都可以称为小姐，但是现在由于「小姐」成了陪酒女郎的代名词，所以在中国不能随便称年轻女性为「小姐」了。

只有对认识的女性在「小姐」之前加上本人的姓氏比如「吴小姐」「赵小姐」来称呼才不会失礼。所以在中国称呼年轻女性之前最好问一句"请问我怎么称呼你"，这样才稳妥。

一般来说，对20岁前后的年轻女子可以称她为「小妹」，对30岁左右的女子称为「大姐」，对酒店、饭店服务人员可以称为「服务员」或「服务生」。

现在商店的售货员为了表示对女顾客的基本尊重，不论女顾客的年龄大小都喜欢把女顾客称为「姐」。

以前は未婚の女性であれば、誰をも「小姐」と呼べたのですが、今では「小姐」が酒席で接待する女性の代名詞となったため、中国では若い女性を自由に「小姐」と呼べなくなりました。

面識のある女性に対してのみ、「小姐」の前に本人の姓をつけて、例えば「吴小姐」「赵小姐」と呼ぶことは失礼に当たりません。だから中国では若い女性に対して名前を呼ぶ前に、「何とお呼びすればよろしいですか？」と聞いておけば無難でしょう。

通常は20代前後の若い女性を「小妹」、30代前後の女性を「大姐」、ホテル、レストランのサービススタッフを「服务员」または「服务生」と呼ぶといいでしょう。

今現在、大多数のお店の販売員は女姓顧客に礼儀正しく対応する気持ちを表すため、女性客の年齢が自分より上であろうが下であろうが、一律に女姓顧客を「姐」（お姉さま）と呼ぶ傾向があります。

② 中国的大学生　就业难
（中国の大学生の就職難）

以前中国的大学生都是由国家负担学费，大学毕业生凤毛麟角，是天之骄子。毕业以后都由国家统一分配工作，根本不存在找不到工作的问题。

2000年以后，中国的大学进行<u>扩招</u>/<u>扩大招生</u>，大学体制也实行改革，学生自己负担学费。

现在中国的大学毕业生，有百分之三十毕业以后面临找不到工作的问题。

以前は中国のすべての大学の学費を国家が負担していた。大学の卒業生は数が極めて少なく、貴重な神の寵児とされ、卒業後は国によって仕事が割り当てられたので、仕事が見つからないという問題は全くなかった。

2000年以降、中国の大学は学生の募集数を拡大し、大学の運営体制にも改革を行い、学生は学費を自己負担することとなった。

今、中国の大学卒業生の30％は、卒業後に就職先が見つからない問題に直面している。

③ 无就业愿望一族
（就職願望ゼロ族）

最近中国出现了无就业愿望一族，就是不愿意出来工作的人。这个现象在30岁至39岁年龄组的女性尤为明显。从丁克一族到啃老族再到无就业愿望一族，中国的社会结构正面临各种变化。

最近中国には、就職を希望しない「无就业愿望一族」（就職願望ゼロ族）が現れた。この現象は、30歳から39歳の年齢層の女性に特に顕著だ。ディンクスから、パラサイトそして今度は「无就业愿望一族」まで、中国社会は今まさに様々な構造変化に直面している。

④ 鸟巢一代
（鳥の巣世代）

鸟巢一代是指中国所有受到奥运会影响的年轻人。他们出生于20世纪80至90年代，在改革开放中成长，对西方经验和中国传统同样抱着尊重和宽容的心态。

他们中的很多人通晓外语，能言善辩，举止优雅，面对不同肤色不同民族的人群没有羞涩、胆怯而是张开怀抱迎接。北京奥运会期间他们的友善、自信和开放给全世界留下了深刻的印象。

「鳥の巣」世代とは、中国のオリンピック開催の影響を受けた全若者を指す。彼らは21世紀の80〜90年代に生まれ、改革開放政策の中で成長し、西洋の経験も中国の伝統も、同じように尊重し、寛容な態度を取っている。

彼らの多くは外国語に精通し、弁が立ち、行動もスマートで、異なる肌の色、異なる民族の人々に対しても照れたり臆したりすることなく胸を開いて受け入れる。オリンピック開催中、彼らの友好的で、自信に満ちた開放的な態度は世界中に深い印象を残した。

⑤ 春节回谁家过年难倒独生子女夫妻

（春節期間、誰の家で正月を祝うか悩む一人っ子夫婦）

中国七十年代末开始实行的一对夫妻只生一个孩子的计划生育政策，至今已经过去了三十多年。这些八十年代后出生的独生子女，如今都成家立业，每年春节都面临着回谁的父母家过年的这一难题。中国人最讲究在农历新年（春节）时阖家团圆。传统的做法是妻子随丈夫回夫家过年。

中国70年代末に実施が始まった、ひと組の夫婦に1人の子供という計画出産政策は、現在までに30年余りが過ぎた。80年代以降に生まれた一人っ子たちは結婚し、職業を持ち独立している。結婚すると毎年どちらの両親のもとで春節を過ごすかという難題に直面する。中国人が最も重視する旧暦の正月である春節は、家族が集まり、楽しく時を過ごすものである。伝統的な方法では、妻が夫に従って彼の実家に行き、正月を祝う。

但由于八零后的夫妻都是独生子女，妻子不愿意随丈夫回夫家过年而让自己的父母忍受孤独。有

些夫妻甚至为了回谁家过年而吵得不可开交。这个问题在社会上引起了广泛的讨论，专家提供了几个建议。

a. 4+2+1法：就是把双方父母凑到一起，四个老人加上小两口，再加上孩子，一起过年。虽然三家集合在一起过好年不容易，但是人多热闹，可以充分体会大团圆的乐趣。

b. 赶场法：除夕晚上先去一方家，然后再去另一方家。这个方法虽然礼数周到，但比较累而且要求夫妻双方的父母家不能相距太远。

c. 各回各家各找各妈法：双方过年时暂时牺牲一下儿两个人的世界，各回各家陪伴自己的父母过年。

しかし80年代以降生まれの夫婦は、ともに一人っ子なので、妻は夫について彼の実家で正月を過ごすことで自分の両親にさびしい思いをさせるのを嫌がる。どちらの家で正月を過ごすかということで、ひどい喧嘩にさえなる夫婦もいる。この問題は社会に大きな議論を引き起こし、専門家がいくつかの提言を出した。

a. 4＋2＋1法：すなわち双方の両親を集め、4人の老人にプラス若夫婦、さらにプラス子供で、一緒に正月を祝う。3家族が集まり正月を祝うのは簡単ではないが、大勢でにぎやかなので十分に一家団らんの喜びを味わえる。

b. 掛け持ち法：大晦日にまず一方の家に行き、次にもう一方の家に行く。この方法は礼儀を尽くすことができるが、疲れるし、それぞれの両親の家がそう離れていないことが求められる。

c. それぞれ各自帰省する法：双方正月は、一時的に2人の世界を犠牲にして、各自帰省し自分の両親と一緒に正月を祝う。

⑥ 中国「春运」 全球最大规模的人口迁徙
（「中国春節期間中の旅客輸送」—世界最大規模の人口大移動）

中国人口众多，光是每年从农村到城市打工、求学的人口就有好几亿。这些人在中国的传统节日「春节」前夕都要乘火车（少数人乘轮船或骑摩托车）回家乡过年，春节之后再返回打工的城市讨生活。所以在中国，春节前后运输网上每年都有上亿的人口迁徙移动。大规模的春运考验着中国交通运输系统在乘客买票、运力安排和行车安全方面的能力。

以前由于春运期间乘火车的人暴增，车票却不能增加，所以春运为倒卖火车票的人提供了非法谋取暴利的机会。

为了方便人们买票以及打击票贩子，中国2012年首次实行春运网络售票和实名购买火车票制度。即购票人用身份证，一个人只限购买一张票。

> 中国の人口は非常に多く、毎年農村から都市に仕事や学びに行く人口だけでも数億人はいる。彼らは中国の伝統的な節句である「春節」前に列車に乗って（少数は船やオートバイで）故郷に帰り正月を過ごし、春節後に働いている都市に戻って生計を立てているので、中国では春節の前後の交通網上を毎年何億人にも上る人口が大移動する。大規模な春節期間中の旅客輸送は、中国交通運輸システムの「乗客のチケット購入」「ダイヤ編成」「安全運行」面の能力を試す場となる。

> 以前、春節期間中の乗客が激増したのに乗車券は増やせなかったことから、闇で鉄道チケットを売る人に違法に暴利をむさぼる機会を与えてしまった。
>
> 人々のチケット購入を便利にし、違法チケット販売者に打撃を与えるために、中国では2012年に初めて帰省列車チケットのネット販売とチケットの実名購入制度を実行した。つまりチケットの購入者は、身分証を用いて1人につき1枚のみ購入する制度である。

全新的买票、取票、进站过程,让人们重新学习如何搭火车。

有的农民工表示,他们不会使用网络,只能托熟人网购。准备回湖北的农民工陆大姐说:"我们怎么会上网?是我哥哥托他认识的人网上买的,确实比较方便。"

也有不少网民在微博上抱怨:"网络订票难登陆,电话订票难接上,想去排队买票,但票一放出来,在网上就被抢光了,购票无从下手。"

有农民工甚至写公开信给铁道部说:"买车票象摸彩票。"

看来中国「春运」——全球最大规模的人口迁徙这一难题将长久地困扰着中国的铁路运输部门。

> 新たなチケット購入・受け取り・乗車プロセスは、人々にどうやって列車に乗り込むかを改めて学ばせた。

ある出稼ぎ農民は、インターネットを使えないので知人に購入を依頼するしかない、と述べた。湖北省に帰郷予定の出稼ぎ農民の陸さんは、「私たちがネットを使えるわけがないでしょう？　兄が兄の知り合いに頼んでネットで購入してもらったのよ。確かに便利だったわ」と言った。

　また多くのネットユーザーは、「ツイッターでのオンラインチケット予約はなかなかログインできないし、電話チケット予約もなかなかつながらないので、並んでチケットを購入しようとしたら、チケットが販売されたとたんに、ネット販売で売り切れてしまいお手上げ状態だ」と、ぼやいた。

　ある出稼ぎ農民は、鉄道部に公開状まで書いて「チケットの購入はまるで宝くじのようだ」と言った。

　見たところ中国の春節期間中の旅客輸送は、世界で最大規模の人口大移動であり、この難題は中国の鉄道運輸部門を永久に悩ませ続けることだろう。

7. 宿　題

1. 次の質問を中国語に訳し、答えも中国語で書きなさい。　　　（解答は P.488）

① 人々の生活が楽しいか否か、仕事が成功するか否か、財産を持てるか否かは、すべてどのような要素と関連がありますか？

　Q：＿＿＿＿＿＿＿＿＿＿＿＿＿＿＿＿＿＿＿＿＿＿＿＿＿＿＿＿＿＿＿＿

　A：＿＿＿＿＿＿＿＿＿＿＿＿＿＿＿＿＿＿＿＿＿＿＿＿＿＿＿＿＿＿＿＿

② 「知能指数」は何を指していますか？

　Q：＿＿＿＿＿＿＿＿＿＿＿＿＿＿＿＿＿＿＿＿＿＿＿＿＿＿＿＿＿＿＿＿

　A：＿＿＿＿＿＿＿＿＿＿＿＿＿＿＿＿＿＿＿＿＿＿＿＿＿＿＿＿＿＿＿＿

③ 「心の知能指数」には何が含まれていますか？

　Q：＿＿＿＿＿＿＿＿＿＿＿＿＿＿＿＿＿＿＿＿＿＿＿＿＿＿＿＿＿＿＿＿

　A：＿＿＿＿＿＿＿＿＿＿＿＿＿＿＿＿＿＿＿＿＿＿＿＿＿＿＿＿＿＿＿＿

④ 「文化素養／教養指数」は何を指していますか？どのような役割がありますか？

　Q：＿＿＿＿＿＿＿＿＿＿＿＿＿＿＿＿＿＿＿＿＿＿＿＿＿＿＿＿＿＿＿＿

　A：＿＿＿＿＿＿＿＿＿＿＿＿＿＿＿＿＿＿＿＿＿＿＿＿＿＿＿＿＿＿＿＿

⑤ 人々を低迷から成功へ導くことができるのは、どのような指数ですか？

　Q：＿＿＿＿＿＿＿＿＿＿＿＿＿＿＿＿＿＿＿＿＿＿＿＿＿＿＿＿＿＿＿＿

　A：＿＿＿＿＿＿＿＿＿＿＿＿＿＿＿＿＿＿＿＿＿＿＿＿＿＿＿＿＿＿＿＿

⑥ 百万長者や億万長者になるには、どのような指数が必要ですか？

　Q：＿＿＿＿＿＿＿＿＿＿＿＿＿＿＿＿＿＿＿＿＿＿＿＿＿＿＿＿＿＿＿＿

　A：＿＿＿＿＿＿＿＿＿＿＿＿＿＿＿＿＿＿＿＿＿＿＿＿＿＿＿＿＿＿＿＿

2. 次の文型を使って文を作りなさい。

① …与否…

② …就是指

③ 并不是…而是…

④ 既要…也要…

⑤ 只有…才能…

⑥ 与其…不如…

⑦ 不论…都…

⑧ 不光要…还要…

3. 次の日本語を中国語に訳しなさい。

① 中国では大学の卒業証書を手に入れてからでないと、仕事を見つけにくいです。

② 若い時、私はけっこうやせていました。

③ 言わなくても、とっくに知っていました。

④ 子供が大きくなった頃には、われわれはもう年をとっているでしょう。

⑤ 金銭で、世の中のすべてを解決することはできません。

⑥ あなたのお話はとても参考になりました。

⑦ 彼は小さい頃、とても腕白でしたが、今は立派に成長しました。

⑧ 大学生の頃、小遣いは自分でアルバイトをして稼ぎました。

⑨ 西洋人と東洋人は考え方が違うし、子供を教育する方法も大きく違います。

⑩　中国語検定試験は年に何回ありますか？

⑪　伊藤さんは家族といっしょに南アフリカに６年駐在しました。

⑫　ほとんどの親は子供の出世を願っています。

4．次の中国語の単語を正しい語順に並べ替え、日本語に訳しなさい。

①　多长时间　　日本　　回　　一次　　你们　　？

②　重新　　把　　一遍　　他　　学过　　的　　了　　内容　　复习　。

③　劝　　很多　　大伙儿　　他　　了　　次　　。

④　还没有　　西藏　　中国人　　到过　　大多数　　也　　。

⑤　了　　早就　　决定　　公司　　人选　　。

⑥　效果　　学习　　持之以恒　　取得　　就能　　好的　　。

5．作文「自己分析」を書きなさい。

第5课 中国人和日本人之间的文化差异

中国人と日本人の文化の違い

1. 本文

中日两国一衣带水,文化和历史的交流源远流长,在中国的唐朝,日本就开始派遣唐使到中国学习先进的管理制度和吸取文化的精华。至今老一辈的日本人仍然喜欢研读中国历史,喜欢吟诵汉诗,喜欢看《三国志》、《孙子兵法》等历史故事书和兵法书。很多日本人也向往着去古代的长安(今陕西省西安市)、敦煌等地旅行,沿着古丝绸之路探寻文化的源头。

这几年随着中国的经济发展和腾飞,日本又掀起了中文热。不计其数的日本人开始学中文,也有大量的日本人到中国留学和工作。中日两国间的经济和文化交流掀起了空前的热潮。在此我向大家介绍一下儿中国人和日本人在思维方式、价值观、看问题的角度和处理问题的方法等方面的差异,以便在彼此的交往中消除误会、加深理解、更好地沟通和交流。

(1) 从民族性格方面讲,日本人崇尚团队精神,对所属的组织有归属感,强调人与人之间

的协调,不主张突出个性。中国人则崇尚自由行动,不愿意受组织或纪律的束缚,喜欢突出个人,人与人之间不容易协调和团结。还有大多数的日本人都认为就职于大公司,有一份稳定的工作,好过个人出来创业。因为在日本,个人创业所承担的风险太大,失败的可能性也很高。而大多数的中国人都愿意出来创业自己当老板,虽然风险大,但成功的可能性更大。中国人无论在多大的公司做到多高的职位,他们都觉得是在为别人打工而不是在耕耘自己的事业,因此没有非常大的自豪感。也就是说大多数日本人宁可在大公司做职员也不愿自己当小老板,大多数中国人则相反宁愿自己创业当小老板也不愿在大公司做职员。

(2)在生活中更有一件典型的例子,反映了中国人和日本人在处理问题时采取完全相反的方式。日本人调动工作或搬家以后,出于礼貌总会给周围一些有过交往的人寄一张「搬迁通知」。内容大概如下:我(们)于○○年○月搬家了,新的地址和电话是…。如果到附近来,请一定来玩儿。但是寄出「搬迁通知」的

日本人和收到「搬迁通知」的日本人都心知肚明，对方寄出的「搬迁通知」只是出于礼貌，"如果到附近来时欢迎来访"的字样也只不过是社交辞令，大多数关系一般的人在接到某人的「搬迁通知」后都不会真的去拜访这个人。

相反中国人正好是趁搬家之际清理自己的关系网，中国人搬家后绝对不会把新家的地址和电话告诉不想与之继续交往的人。所以当中国人收到日本人寄来的「搬迁通知」后，由于搬迁通知上清楚地写明了地址、电话还有欢迎来访的句子，中国人就会觉得发信人是想继续跟自己交往才给自己寄了「搬迁通知」的。有一天收信人也许真的会联络或者会去拜访寄「搬迁通知」的人。由此看来中国人把「搬迁通知」当成一种真正交往的信号而日本人则把「搬迁通知」当成人际交往中的一种礼貌。

(3) 还有在家庭生活中，新中国成立以后中国政府提倡男女平等，中国夫妇共同工作、共同分担家务。大多数中国女性结婚生子以后依然外出工作而把孩子交给父母或保姆照看。这是因为大多数中国的职业女性觉

得辞去工作只在家里为家人服务,不能体现自己的社会价值。这样既不受周围人的尊重,人生也没有意义。即使丈夫事业再成功,孩子再有出息,也弥补不了自己没有社会价值的失落,所以大多数中国女性都选择一生工作。而且在中国,女性如果和男性一样拥有同等的学历和同样的能力的话,就有同等的机会获得升职和加薪。

而在日本还存在着男尊女卑的观念,男女即使有同等学历也不能同工同酬,女性结婚以后也很难晋升到高职位。所以以前大多数日本女性即使有很高的学历,有了孩子以后也会辞去工作,专心在家相夫教子。她们认为把孩子培养好、把丈夫照顾好这是她们的职责,在自己的奉献和支持下丈夫出人头地、孩子学业优异,这是非常有意义和光荣的事。也就是说,日本女性更看重自己的家庭价值。

现在随着社会情况的改变,日本女性结婚和生孩子以后仍然继续工作的人也逐渐增多了,而妻子有工作的丈夫也开始分担家务了。不过在大公司里,女性职员还是很难晋

shēng dào gāo de guǎn lǐ céng de zhí wèi, jí shǐ shì shuāng zhí gōng, tài
升到高的管理层的职位,即使是双职工,太
tài yě bǐ xiān sheng chéng dān gèng duō de jiā wù
太也比先生承担更多的家务。
　　yǐ shàng de nèi róng xī wàng néng bāng zhù nǐ rèn shi hé liǎo jiě
　　以上的内容希望能帮助你认识和了解
zhōng rì liǎng guó rén mín de bù tóng, yě zhù yuàn zhōng rì liǎng guó rén
中日两国人民的不同,也祝愿中日两国人
mín zài jiāo liú zhōng jiǎn shǎo mó cā, zēng jìn lǐ jiě
民在交流中减少摩擦,增进理解。

2. 新しい単語　　　　　　　　　　MP3 CD トラック115

1. yī yī dài shuǐ 一衣带水　　［四字成語］　一衣帯水。一本の帯のような水（河）、河海を隔てた近い距離、隣国との親密な関係のたとえ

2. táng cháo 唐朝　　［名詞］　唐の時代

3. qiǎn táng shǐ 遣唐使　　［名詞］　遣唐使

4. jīng huá 精华　　［名詞］　精華、精髄

△ qǔ qí jīng huá, qù qí zāo pò 取其精华,去其糟粕。　　良い部分を吸収し、悪い部分を取り除く。

5. lǎo yí bèi 老一辈　　［名詞］　一世代上（の人）

6. yán dú 研读　　［動詞］　掘り下げて精読する、研究する

7. yín sòng 吟诵　　［動詞］　暗唱する、朗読する、吟ずる

8. xiàng wǎng 向往　　［動詞］　あこがれる

△ tā xiàng wǎng zhe chéng wéi yí ge dà xué shēng 他向往着成为一个大学生。　　彼は大学生になることにあこがれている。

9. yán zhe 沿着…　　［介詞］　…に沿って

△ yán zhe dà lù xiàng qián zǒu 沿着大路向前走。　　大通りに沿って、まっすぐに行く。

10. sī chóu zhī lù 丝绸之路　　［名詞］　シルクロード

11.	探寻 (tàn xún)	[動詞]	探し求める、尋ねる
△	探寻源头。(tàn xún yuán tóu)		ルーツを探求する。
12.	腾飞 (téng fēi)	[動詞]	急速に発展する
△	经济腾飞 (jīng jì téng fēi)		経済の急成長
13.	掀起 (xiān qǐ)	[動詞]	わき上がる、巻き起こす
14.	热潮 (rè cháo)	[名詞]	ブーム
△	掀起学中文的热潮。(xiān qǐ xué zhōng wén de rè cháo)		中国語学習ブームを巻き起こした。
△	集邮热 (jí yóu rè)		切手収集ブーム
△	投资热 (tóu zī rè)		投資ブーム
15.	不计其数 (bú jì qí shù)	[四字成語]	数が非常に多い、数えきれないほど多い
△	不计其数的中国人到海外定居。(bú jì qí shù de zhōng guó rén dào hǎi wài dìng jū)		数えきれないほどの中国人が海外に移住する。
16.	思维方式 (sī wéi fāng shì)	[名詞]	考え方、発想
△	不同国家的人思维方式也不同。(bù tóng guó jiā de rén sī wéi fāng shì yě bù tóng)		国が異なれば、発想も異なる。
17.	差异 (chā yì)	[名詞]	違い
18.	消除 (xiāo chú)	[動詞]	除去する、取り除く
△	消除误会 (xiāo chú wù huì)		誤解を解く
19.	误解 (wù jiě)	[名詞・動詞]	誤解（する）
△	希望你不要误解我。(xī wàng nǐ bú yào wù jiě wǒ)		私を誤解しないでください。
20.	加深 (jiā shēn)	[動詞]	深める、深まる
△	加深理解和沟通。(jiā shēn lǐ jiě hé gōu tōng)		理解と意思の疎通を深める。

21.	gōu tōng 沟 通	[動詞]	橋渡しをする、(意思、文化)を疎通させる
△	liǎng ge rén quē fá gōu tōng 两 个 人 缺 乏 沟 通。		2人はコミュニケーションが足りない。
22.	chóng shàng 崇 尚	[動詞]	尊ぶ
△	chóng shàng jié jiǎn 崇 尚 节 俭。		倹約を尊ぶ。
23.	tuán duì jīng shén 团 队 精 神	[名詞]	チームワーク、団結心
△	quē fá tuán duì jīng shén 缺 乏 团 队 精 神。		チームワークがよくない。
24.	guī shǔ gǎn 归 属 感	[名詞]	帰属感
25.	xié tiáo 协 调	[動詞・形容詞]	協調する、調和(させる)、調和している
26.	tū chū 突 出	[動詞・形容詞]	突き破って出る、強調する、特に目立つ
△	tā zhè ge rén hěn tū chū 他 这 个 人 很 突 出。		彼は集団の中で目立っている。
27.	gè xìng 个 性	[名詞]	個性
△	tā hěn yǒu gè xìng 她 很 有 个 性。		彼女は個性が強い。
28.	shù fù 束 缚	[名詞・動詞]	束縛(する)
△	bú shòu chuán tǒng guān niàn de shù fù 不 受 传 统 观 念 的 束 缚。		伝統的な観念に縛られない。
29.	chuàng yè 创 业	[動詞]	創業する、事業を始める
△	jiān kǔ chuàng yè bái shǒu qǐ jiā 艰 苦 创 业,白 手 起 家。		苦労して起業する、ゼロから会社を作り上げる。
30.	zì háo 自 豪	[動詞]	誇る
△	yǒu zì háo gǎn 有 自 豪 感。		誇りを感じる。
31.	chéng dān 承 担	[動詞]	引き受ける
△	chéng dān fēng xiǎn 承 担 风 险。		リスクを引き受ける。

第5課

32.	zhí wèi 职位	[名詞]	職務上の地位、ポスト
△	zhí wèi gāo 职位高。		立場が上、ポジションが高い。
33.	xiāng fǎn 相反	[形容詞]	反対である
△	cháo zhe xiāng fǎn de fāng xiàng zǒu 朝着相反的方向走。		逆方向へ行く。
34.	diào dòng gōng zuò 调动工作	[動詞]	転勤する、異動する
△	gōng sī diào tā qù fēn háng gōng zuò 公司调他去分行工作。		会社は彼を支店へ転勤させた。
35.	lǐ mào 礼貌	[名詞・形容詞]	礼儀、礼儀正しい
△	yǒu lǐ mào 有礼貌。		礼儀正しい。
△	méi yǒu lǐ mào 没有礼貌。		礼儀正しくない。
△	chū yú lǐ mào 出于礼貌		礼儀から
36.	bān qiān tōng zhī 搬迁通知	[名詞]	転居通知、引っ越し案内
37.	guān xì wǎng 关系网	[名詞]	人脈
△	lā guān xi zǒu hòu mén 拉关系，走后门。		人脈を広げ、便宜を図る。
38.	shè jiāo cí lìng 社交辞令	[名詞]	社交辞令
39.	jiā wù 家务	[名詞]	家事
△	zuò jiā wù 做家务		家事をする
40.	tí chàng 提倡	[動詞]	提唱する
△	tí chàng jīng shén wén míng 提倡精神文明。		精神文明を提唱する。
41.	shēng zhí 升职	[動詞]	昇進する
42.	jiā xīn 加薪	[動詞]	給料を増やす、賃上げする
△	gōng xīn jià wèi 工薪价位		庶民価格
43.	nán nǚ píng děng 男女平等	[フレーズ]	男女平等

44.	男尊女卑 (nán zūn nǚ bēi)	[四字成語]	男尊女卑
45.	同工同酬 (tóng gōng tóng chóu)	[四字成語]	同一労働同一賃金
△	男女同工同酬 (nán nǚ tóng gōng tóng chóu)		男女は同一労働同一賃金
46.	相夫教子 (xiāng fū jiào zǐ)	[四字成語]	夫を支え、子供をしつけ、教育する
△	在家相夫教子是她的愿望。(zài jiā xiāng fū jiào zǐ shì tā de yuàn wàng)		家で夫を助け、子育てをするのが彼女の願いです。
47.	奉献 (fèng xiàn)	[名詞・動詞]	貢献（する）、捧げる
△	她一生奉献给工作。(tā yì shēng fèng xiàn gěi gōng zuò)		彼女は生涯を仕事に捧げる。
48.	出人头地 (chū rén tóu dì)	[四字成語]	出世する、人の上に出る、頭角を現す
△	家长都希望孩子能出人头地。(jiā zhǎng dōu xī wàng hái zi néng chū rén tóu dì)		両親はみんな、子供の出世を望む。
49.	有出息 (yǒu chū xi)	[フレーズ]	将来性がある、頼もしい、見込みがある
△	没出息。(méi chū xi)		将来性がない、見込みがない
50.	弥补 (mí bǔ)	[動詞]	補う、埋め合わせる
△	弥补不足。(mí bǔ bù zú)		足りないところを補う。
51.	失落感 (shī luò gǎn)	[名詞]	喪失感
52.	选择 (xuǎn zé)	[名詞・動詞]	選択（する）
△	选择伴侣。(xuǎn zé bàn lǚ)		伴侶を選ぶ。

3. 訳　文

中国人と日本人の文化の違い

　日中両国は一衣帯水、文化や歴史の交流は悠久の昔から続いている。唐の時代には日本はすでに遣唐使を派遣し、先進的な管理制度を学び、文化の精髄を吸収した。現在でも年配の日本人は依然として中国の歴史の精読を好み、漢詩の朗読や、

『三国志』『孫子の兵法』などの歴史物語や兵法書を読むことを好む。多くの日本人は古の長安（現在の陝西省西安市）や敦煌などを旅し、昔のシルクロードをめぐり、文化の源を訪ねることに心を惹かれている。

　ここ数年、中国経済の急成長に伴って、日本で再び中国語ブームが巻き起こり、数えきれないほどの日本人が中国語を学び始めた。また大勢の日本人が中国に留学や仕事でやって来ている。日中両国間の文化の交流は、かつてないほどに盛り上がっている。そこで私は、互いの交流の中で生じる誤解を解き、互いの理解を深め、さらに良好なコミュニケーションや交流ができるよう、中国人と日本人の考え方、価値観、問題を考える観点、対処方法などの違いを皆さんに紹介しようと思う。

(1) 民族性という点から言えば、日本人はチームワークを尊び、所属している組織に帰属感を持っている。人間関係では協調を重視し、個性を出すことを考えない。中国人は自由な行動を尊び、組織の束縛を好まず、自らを主張し、他人同士が協調したり団結したりすることは難しい。また多くの日本人は大企業に勤めることは、安定した仕事を得ることで、自分で起業するよりよいと考える。なぜなら、日本での起業は引き受けるリスクが非常に大きく、失敗する可能性がとても高いからだ。一方、多くの中国人は、リスクは大きいが成功の可能性はさらに大きいとして起業し、社長になることを望む。中国人はどんなに大きな会社で、どんなに高いポジションにつこうとも、しょせんは他人のために働いているにすぎず、自分の事業のための努力ではないからそれほど誇り高いと思いません。言い換えれば、多くの日本人は、小企業の社長になるより大企業の社員であることを望み、逆に多くの中国人は、起業して小企業の社長になる方が大企業の社員よりましと考える。

(2) 生活面において、問題を処理する際に中国人と日本人が全く逆の方法をとることを示した典型的な例がある。日本人は転勤あるいは引っ越し後、一般的な礼儀として交流があった周囲の人に対して「転居通知」を送る。内容は概ね以下のとおりである。「私（たち）は〇〇年〇月に引っ越しました。新しい住所と電話番号は…。お近くにお越しの際は、ぜひお立ち寄りください。」しかし「転居通知」を送ったり、それを受け取ったりした日本人は、相手に送ったのは礼儀からであって、「お近くにお越しの際は、ぜひお立ち寄りください。」との言葉も社交辞令にすぎないことがよく分かっている。特別親しくない人から「転居通知」を受け取っても、多くの人は実際にその人の家を訪ねたりはしない。

　それとは反対に中国人は、引っ越しを契機に自分の人的ネットワークを整

理する。中国人は付き合いを続けたくない人に、引っ越し後の新居の住所や電話番号を絶対に教えることはしない。したがって中国人が日本人から「転居通知」を受け取れば、その「転居通知」には住所と電話番号と訪問を歓迎するとの言葉がはっきりと書いてあるのだから、この人は自分との交流を続けたいと思って「転居通知」を送ったのだろうと考える。そして「転居通知」を出してくれた日本人に実際に連絡をしたり、訪ねたりするかもしれない。このことから見ると、中国人は「転居通知」を本物の友好のあかし、日本人は「転居通知」を人間関係における１つの礼儀とみなしているようだ。

(3) さらに家庭生活を見てみよう。新中国の成立後、中国政府が男女平等を提唱したため、中国人夫婦は家事を分担し、多くの中国人女性は結婚後、出産後もやはり外で働き、両親かお手伝いさんに子供を見てもらっている。多くの働く中国人女性は、仕事を辞めて家庭で家族の面倒を見るだけでは、自分の社会的な価値を示すことができないし、周囲からは尊敬もされず、人生は意味を失ってしまうと考える。たとえ夫の事業が成功しても、子供が優秀でも、自分が社会的価値を失くした喪失感を補うことはできないと考えるので、中国人女性の多くは一生働くことを選択する。しかも、中国の女性は男性と同等の学歴や能力を持っていれば、男性と同等の昇進や昇給のチャンスがある。

しかし日本ではまだ男尊女卑の考えが残っているので、男女がたとえ同等の学歴でも、同一労働・同一賃金とはならないし、女性が結婚した後も高いポストに昇進することはとても難しい。だから、多くの日本人女性は、これまでたとえとても高い学歴を持っていても、子供ができたら仕事を辞め、家で夫のサポートや子育てに専念していたのだ。彼女たちは、子供をきちんと育て上げ、夫の世話をきちんとすることが自分たちの職責であると考える。自分の努力やサポートで夫が人より出世すること、子供の成績が特別優秀になることに意義を感じ、誇りに思うのである。日本人女性は、自分の家庭の価値をより重視している。

今は日本の社会事情の変化に伴い、結婚後や出産後も仕事を続ける日本人女性がだんだんと増え、働く妻を持つ夫も家事の分担を始めた。しかし大手企業で女性が高い管理職に昇進することは、やはり難しい。仮に共働きでも、妻は夫より多くの家事をこなす。

以上の内容が、あなたが日中両国人の違いを認識・理解することに多少なりとも役立ち、また日中両国の人々の交流における摩擦を減らし、理解が深まることを願っている。

4. 文型と慣用句

1. 以便… …しやすいように、…するのに都合がいいように、…するために

△ 会议内容最好及早通知，以便大家充分准备。
/ みんなが十分に準備できるように、会議の内容は早めに知らせておく方がいい。

△ 参加工作就存钱，以便将来买房子。
/ 将来、家を買うために、就職したらすぐ貯金する。

△ 学好外语以便找到高薪的工作。
/ 給料のいい仕事を見つけるために、外国語を習得する。

解釈1 「以便」の前に目的を達成するための準備行動を述べる文を、「以便」の後に目的を説明する文を置きます。

2. 虽然… 但是／却(是)／可是 … …であるけれども…、…であるが…

△ 她虽然是中国人，却是在外国长大的。
/ 彼女は中国人ですが、外国で育ちました。

△ 他的工作虽然平凡，但是很重要。
/ 彼の仕事は平凡ですが、とても重要です。

△ 虽然价钱贵些，但是质量不错。
/ 値段は少し高いが、品質は良い。

解釈2 事実の譲歩を表す。まずある事実を認めた上で、その後で反対の内容を言います。

3. | 宁愿 / 宁可 / 宁肯 | A也不B　BよりはむしろAの方がいい

△ nìng kě zì jǐ xīn kǔ diǎnr　yě bú yuàn má fan bié rén
　宁 可 自 己 辛 苦 点儿，也 不 愿 麻 烦 别 人。
　　　　　　　　　／人に迷惑をかけるより、むしろ自分でやる方がいい。

△ nìng kě bù chī bú shuì　yě yào bǎ zhè ge nán guān gōng pò
　宁 可 不 吃 不 睡，也 要 把 这 个 难 关 攻 破。
　　　　　　　　　／寝食を忘れても、この難関を突破する。

△ nìng kě lù sù jiē tóu yě bú qù tā jiā zhù
　宁 可 露 宿 街 头 也 不 去 他 家 住。
　　　　　　　　　／彼の家に泊まるくらいなら、むしろ野宿する方がいい。

△ nìng yuàn sǐ yě bù qū fú
　宁 愿 死 也 不 屈 服。／屈辱を受けるくらいなら、死んだ方がましだ。

解釈3　a.「宁可」「宁愿」の後に肯定文が来たら、「也」の後には否定文が来ます。その場合、Bをするなら、むしろAをする方がよほどいいということを表します。

b.「宁可」「宁愿」の後に否定文が来たら、「也」の後には肯定文が来ます。その場合はBという目的を達成するために、Aの行為をする覚悟ができたことを表します。

4. | 与其A不如B | ／AをするよりむしろBをする方がいい

△ yǔ qí suí biàn xià jié lùn　bù rú shì xiān duō zuò diào chá
　与 其 随 便 下 结 论，不 如 事 先 多 做 调 查。
　　　／いい加減に結論を出すよりも、むしろ事前にしっかり調査してみることだ。

△ yǔ qí jì rén lí xià　bù rú zì jǐ chū qù chuǎng
　与 其 寄 人 篱 下，不 如 自 己 出 去 闯。
　／居候（人の家で我慢して生活する）でいるより、自ら外の世界に出て新たな道を切り開いた方がいい。

△ yǔ qí jìn xíng fēng xiǎn tóu zī　bù rú mǎi rén shòu bǎo xiǎn
　与 其 进 行 风 险 投 资，不 如 买 人 寿 保 险。
　　　　　　　　　／リスクのある投資をするより、生命保険に入る方がいい。

解釈4　AをするよりBをする方が絶対いいということを表す時に使う文型です。「与其」と「不如」の後には、多くはセンテンスが来ます。

5. 无论…都… /…を問わず…、…であろうとなかろうと…

△ 无论做什么工作，都应该事先做好充分的准备。
 wú lùn zuò shén me gōng zuò dōu yīng gāi shì xiān zuò hǎo chōng fèn de zhǔn bèi
/どのような仕事をするにも、事前に十分な準備をしておかなければならない。

△ 无论有什么困难都必须在本月内完成。
 wú lùn yǒu shén me kùn nan dōu bì xū zài běn yuè nèi wán chéng
/いかなる困難があろうとも、今月中に完成しなければならない。

△ 他无论干什么都全力以赴，所以总是获得成功。
 tā wú lùn gàn shén me dōu quán lì yǐ fù suǒ yǐ zǒng shì huò dé chéng gōng
/彼は何事にも全力を尽くすので、常に成功する。

解釈5 a. いかなるA条件のもとでもB動作行為をやらなければならないことを表します。
 b. いかなるA条件のもとでも結果あるいは結論が同じであることを表します。
 c. 「无论」の後には通常「干什么」「在哪儿」「是谁」のような特殊疑問詞を置きます。

6. 只不过（是）… …であるにすぎない

△ 我只不过（是）做了应该做的事。
 wǒ zhǐ bú guò shì zuò le yīng gāi zuò de shì
 （動詞）
/私はやるべきことをしたにすぎない。

△ 我没有别的意思，只不过（是）随便问问。
 wǒ méi yǒu bié de yì si zhǐ bú guò shì suí biàn wèn wen
 （副詞）
/特に意味があるわけではなく、ただの質問です。

△ 他只不过是一个小职员，没有决定权。
 tā zhǐ bú guò shì yí ge xiǎo zhí yuán méi yǒu jué dìng quán
 （限定語・名詞）
/彼はただの下っ端のスタッフにすぎず、決定権はありません。

解釈6 「只不过（是）」の後には（限定語付きの）名詞か文章が来ます。「只不过是」の後に動詞や副詞が来る場合、「是」は省略されることがあります。

7. 既…又…/也… …であり、…でもある

△ 他既不想工作又不想继续升学。
/ 彼は就職もしたくないし、勉強も続けたくない。

△ 这个手提电脑既能接收电邮，又能上网。
/ このノートパソコンはメールの送受信もできるし、インターネットもできます。

△ 学习既不会影响你的工作又能帮助你提高能力。
/ 勉強は君の仕事の妨げにはならないし、その上、能力を高める助けになる。

解釈7 2つの状況が同時に存在する/しないことを表します。「既」と「又」の後には動目フレーズやセンテンスが来ます。

MP3 CDトラック117

トピック会話 5

A. 佐藤先生,你在中国工作生活很多年了,你觉得中国人和日本人在思维方式、行为习惯上有什么不同吗?

B. 非常不同,有时候简直是大相径庭。比如说,中国的员工在一个公司很难工作很长时间,两三年以后他们就想换工作了。

A. 因为中国人信奉"人挪活,树挪死"的观念,尤其是年轻人愿意在变化中寻找更好的机会。日本人呢？还是从年轻到退休一直为一家公司工作吗?

B: 现在的情况已经有所改变,特别是九十年代泡沫经济以后很多公司采取了聘用短期合同工的方式。短期合同工被迫转换工作的情况也时有发生。年轻人已经不能再像老一辈那样对一家公司从一而终了。但绝对不像中国人那么主动地频繁地跳槽、调换工作。

A: 可能是因为中国是陆地国家,自古以来人们在一个地方混不下去了,可以靠双脚逃到另一个地方开拓新生活。所以在《孙子兵法》中,孙子就告诉后代"三十六计走为上"。而日本是一个岛国,四周环海,在古代由于交通工具不发达,日本人很难靠双脚逃出日本,再加上日本又小,无论逃到哪儿,都有可能被认出来,逃跑弊大于利。所以我认为日本人信奉的是"坚守和忍耐"的信条,不善于迎接新的变化。

B: 你说得有道理。还有在中国,我经常被邀请参加宴会和婚礼。在宴席上主人向客人敬烟、劝酒,而且每次主人都准备过量的食物,客人吃不了都浪费了。我们日本人觉得很可惜。日本人会给客人斟酒但不硬劝,也不给客人敬烟。因为我们认为抽烟喝酒有损于健康,不能向客人推荐对身体有害的东西。

A. 在中国如果你不给朋友、客人或客户敬烟会被认为小气甚至因此会失去友情或生意的机会。而且中国人认为在宴席上如果客人都把饭菜吃光了，说明主人准备的量不够，主人会觉得很没面子。

B. 日本人的想法正相反，如果客人没有把饭菜吃完而是剩下了食物，主人会觉得是自己准备的食物不好吃，客人不喜欢，会觉得很过意不去的。

A. 看来中日两国人民的思维方式和行为习惯还真有很多不一样的。为了能够让双方增进了解，我们应该多多交流。

トピック会話5　訳文

A. 佐藤さんは中国での仕事や生活が長いですよね。中国人と日本人では、考え方や行動・習慣でどんな違いがあるとお考えですか？

B. とても違いますね。全く違うと言ってもいい時もありますよ。例えば、中国人の社員は１つの会社に長く勤められなくて、２～３年もすると転職を考えます。

A. 中国人は「人は環境が変わればまた新しい面が開けてくるが，木は他へ移されると枯れてしまう」という考えを信じていますからね。特に若者は変化の中でさらに良いチャンスを探そうとします。日本人はどうですか？やはり若い時から定年まで同じ会社に勤めるのですか？

B. 今は状況が変わってきています。特に90年代のバブル以降はたくさんの会社は契約社員という雇用形式を採り入れ、契約社員はやむを得ず転職するという現象も起きています。若者はすでに上の世代のように1つの会社に骨をうずめたりはできません。とはいっても、中国人のように積極的に頻繁に転職をすることは絶対にしません。

A. 中国は陸続きの国なので、人々は太古の昔から1つの場所で暮らしにくくなったら、自らの力で別の場所に逃げ出し、新しい暮らしを切り開くことができたからかもしれません。ですから「孫子の兵法」の中で孫子は後の人々に、「三十六計逃げるに如かず（逃げるべき時は逃げ、その後再起を図るのが最上の選択）」と言っています。一方、日本は島国で周囲を海に囲まれています。交通が発達していない昔は、自らの足で脱出することは難しかったんですよ。その上日本は小さく、どこに逃げたとしても見つかる可能性があって、逃げるのは利より害が大きかったのです。ですから日本人は「我慢と忍耐」を重んじ、新しい変化を受け入れることが苦手なのだと思います。

B. 今のお話は納得できますね。それから中国でよく宴会や結婚式に招待されますが、宴席ではホスト側がお客さんにタバコや酒を勧め、毎回あり余るほどの料理を準備しています。食べきれず無駄になってしまうので、私たち日本人はもったいなく思います。日本人はお客さんにお酌はしますが無理強いはしませんし、タバコを勧めたりもしません。と言うのも、私たちはタバコや酒は健康を損ねるものと思っているからです。ですから、お客さんに体に悪いものは勧められないんです。

A. 中国で、もしあなたが友達やお客さん、またはお得意さんにタバコを勧めないと、ケチだと思われるし、極端な場合、そのせいで友人やビジネスチャンスを失うことさえあり得ます。中国人は宴席で、もしお客さんが料理を全部食べてしまったら、準備した量が足りなかったことになり、招待した側はメンツを失くしたと感じます。

B. 日本人の考え方は正反対ですよ。もし客が料理を全部食べずに残したとしたら、招待した側は用意した料理がおいしくなくて喜んでもらえなかったと申し訳なく思います。

A. 中日両国の人々の考え方や行動・習慣には本当に多くの違いがあるようですね。お互いの理解を深めるためにも、我々は大いに交流しなければなりませんね。

5. キーポイント

MP3 CDトラック118

「害羞」「羞恥」「羞愧」「羞辱」の使い分け

中国語の「害羞」「羞恥」「羞愧」「羞辱」には同じ「羞」という文字を使っていますが、意味は大きく違います。その意味の違いを理解せずに使うと、大きな誤解が生じます。きちんと意味を理解して使いましょう。ここでは4つの単語の違いを紹介します。「害羞」は心理活動動詞であり、「羞恥」は名詞です。「羞愧」は心理活動動詞としても名詞としても使えます。「羞辱」は動詞としても、名詞としても使えます。心理活動動詞の使い方に関しては、第8課（6）文法2.を参照ください。

害羞	羞恥	羞愧	羞辱
①「主語・(很)害羞」は「恥ずかしがり屋」の意味で、主に子供の人見知りについて使う。	①恥じる	①自分のやった不適当な行為に対して、恥ずかしい、申し訳ないと思う。	①辱める、恥をかかせる
△小孩儿大多数很害羞。 xiǎo háir dà duō shù hěn hài xiū /子供たちは大体恥ずかしがり屋です。	△人人都有羞耻心。 rén rén dōu yǒu xiū chǐ xīn /人々はみんな羞恥心を持っている。	△文化大革命中，有的学生批斗恩师，有的孩子批判父母，现在回想起来觉得很羞愧。 wén huà dà gé mìng zhōng yǒu de xué shēng pī dòu ēn shī yǒu de hái zi pī pàn fù mǔ xiàn zài huí xiǎng qǐ lái jué de hěn xiū kuì /文化大革命の際、学生は恩師を批判したり、殴ったりし、子供は親を批判したりしました。いま振り返ると慙愧に堪えません。	△他当众羞辱了我，我绝对不会原谅他。 tā dāng zhòng xiū rǔ le wǒ wǒ jué duì bú huì yuán liàng tā /彼はみんなの前で私に恥をかかせた。私は絶対に彼を許せない。
△我女儿是一个害羞的孩子。 wǒ nǚ ér shì yí ge hài xiū de hái zi /娘は恥ずかしがり屋です。 ＊この文の中の「害羞」は限定語です。	△男人叛国当间谍，女人卖春这是羞耻的事。 nán rén pàn guó dāng jiàn dié nǚ rén mài chūn zhè shì xiū chǐ de shì /男性は国を裏切りスパイになること、女性は娼婦になることが恥とされます。 ※「有羞耻心」と「没有羞耻心」は固定フレーズとして使われます。	△学生时代考试的时候他几次作弊，现在想想很羞愧。 xué shēng shí dài kǎo shì de shí hou tā jǐ cì zuò bì xiàn zài xiǎng xiǎng hěn xiū kuì /学生時代に試験の時、彼は何度もカンニングをしたことを、今ではとても恥ずかしく思っています。	△上司可以对部下的工作态度提出批评，但是不能羞辱部下的人格。 shàng si kě yǐ duì bù xià de gōng zuò tài du tí chū pī píng dàn shì bù néng xiū rǔ bù xià de rén gé /上司は部下の仕事ぶりを批判してもよいですが、人格を侮辱してはいけません。

害羞	羞耻	羞愧	羞辱
②心理活動動詞として使われ、述語や限定語になることが多い。過去形表現には「了」をつけない。	②名詞として使われ、限定語や目的語になることが多い。	②心理活動動詞として使われ、述語になることが多い。	②名詞や動詞として使われ、目的語、述語になることが多い。
wǒ xiǎo shí hou hěn hài xiū kě xiàn zài shén me dōu bú pà △我小时候很害羞✕、可现在什么都不怕。 / 私は小さい時、恥ずかしがり屋でしたが、今は何も怖くなくなりました。 wáng fēi zài wǔ tái shàng hěn shǎo jiǎng huà yīn wèi tā shì yí ge hài xiū de gē shǒu △王菲在舞台上很少讲话，因为她是一个害羞的歌手。 / 王菲（フェイ・ウォン）は舞台ではめったに話しません。彼女はシャイな歌手なんです。	mài guó qiú róng bù zhī xiūchǐ △卖国求荣，不知羞耻！ / 国を裏切って自分の栄達を求めるなんて、何て恥知らずなんだ！ tā shì yí ge bù zhī xiū chǐ de rén △他是一个不知羞耻的人。 / 彼は羞恥心がない人です。	tā wèi zì jǐ de tōu qiè xíng wéi gǎn dào xiū kuì △他为自己的偷窃行为感到羞愧✕。 / 彼は、その当時の窃盗行為を恥じています。 tā yīn tān wū shòu huì ér bèi miǎn zhí xiàn zài jué de hěn xiū kuì △他因贪污受贿而被免职，现在觉得很羞愧。 / 彼は汚職で免職されましたが、今は後悔し懺悔しています。	wǒ bù néng rěn shòu tā de xiū rǔ bǎ tā gào shàng le fǎ tíng △我不能忍受他的羞辱把他告上了法庭。 / 私は彼からの辱めに耐えられなかったので、彼を訴えた。 bù néng suí biàn xiū rǔ bié rén △不能随便羞辱别人。 / 好き勝手に人を辱めてはいけません。
③「害羞」と書き方が似ている「害臊」は「恥を知らない」「羞恥心がない」の意味で、人の人格を激しく批判する時にしか使わない nà gū niang gān yuàn lún wéi jì nǚ yě bù yuàn yì zuò pǔ tōng de gōng zuò zhēn bù hài sào △那姑娘甘愿沦为妓女也不愿意做普通的工作，真不害臊。 / あの娘さんは娼婦になっても、普通の仕事をしたくないなんて、本当に恥知らずです。		③「羞愧难当」の四字成語として使う（恥ずかしくてたまらない）。 zuò le duì bu qǐ fù mǔ jiā rén de shì wǒ jué de xiū kuì nán dāng △做了对不起父母家人的事我觉得羞愧难当。 / 両親と家族に申し訳ないことをしてしまい、恥ずかしくてたまりません。	

害羞

△那个男人被有钱的老女人包养了，当上了二爷，不工作，真不害臊。
/ あの男は金持ちの女に養われて、その女の不倫相手になり、仕事もしない、本当に恥知らずです。

④「害羞」は主に子供が恥ずかしがる時の形容に使い、「不好意思」は大人が恥ずかしがる時の形容に使う。「不好意思」は人に迷惑をかけた時、恐縮と感謝（すみません＆ありがとう）の気持ちを表す時にも使う。

△给你添了很多麻烦真不好意思。
/ いろいろご迷惑をおかけして本当にすみません。

△我在众人面前摔了一跤非常不好意思~~。~~
/ みんなの前で転んだので、大変恥ずかしかったです。

＊その時の「不好意思~~」~~の代わりに「难堪」（格好悪い）、「窘」（恥ずかしい）とも言えます。

> **練習**：下記の文を中国語に訳しなさい。　　　　　　　　（解答は P.490）

① 日本語の「人見知り」という言葉は大人にも使いますが、中国語の「人見知り」は子供にしか使いません。

② 私は小さい時、恥ずかしがり屋だったのですが、大人になったら何も怖くなくなりました。

③ 人間には自尊心があるので、上司が部下を叱る時に恥をかかせてはいけません。

④ 学生時代、大勢の人の前でスピーチするのは、とても恥ずかしかった。

⑤ この子は人見知りです。

⑥ 日本人は、人前で何か失敗して笑われるのを、とても恥ずかしく思います。

⑦ 日本人は完璧を求め、恥を恐れる民族です。

⑧ エレベーターに乗ったら後の方から小声で「チャックが開いていますよ」と注意されました。その瞬間、本当に恥ずかしかったです。

6. 文法ポイント
　　　　　　　　　　　　　　　　　　　MP3 CD トラック 121

> 了　① 時態助詞として使う：述語動詞の後や文末に置き、動作の完了を表す。
> 　　② 語気助詞として使う：文末に置き、様々なニュアンスを表す。

(1) 時態助詞「了」の主な使い方

時態助詞「完成，完了」を表す「了」には、主に次のような使い方があります。

1. 文末に置いて状況の変化や新しい事態の発生を表す。
　（いずれも動作がすでに発生したことが前提となる）

a. 状況の変化

　　△ 天气暖和了。／気候は暖かくなった。
　　　　tiān qì nuǎn huo le

　　△ 他大学毕业了。／彼は大学を卒業しました。
　　　　tā dà xué bì yè le

　　△ 你几岁了？／いくつになったの？
　　　　nǐ jǐ suì le

　　△ 四十岁以后我对历史感兴趣了。
　　　　sì shí suì yǐ hòu wǒ duì lì shǐ gǎn xìng qu le
　　　　　　　　／40歳になってから、歴史に興味を持つようになりました。

b. 新しい事態の発生

　　△ 着火了。／火事だ。
　　　　zháo huǒ le

　　△ 他受伤了。／彼はケガをしました。
　　　　tā shòu shāng le

　　△ 电话铃响了。／電話のベルが鳴った。
　　　　diàn huà líng xiǎng le

2. 動詞の後と文末に置き、動作・行為が完成・完了したことを表す。(…しました。)

△ 他 来 了。/ 彼は来ました。
　　tā lái le

△ 她 走 了。/ 彼女はもう発ちました。
　　tā zǒu le

△ 你 吃 饭 了 吗? / ご飯はすみましたか？
　　nǐ chī fàn le ma

△ 我 做 作 业 了。/ 私は宿題をやりました。
　　wǒ zuò zuò yè le

△ 他 买 书 了。/ 彼は本を買いました。
　　tā mǎi shū le

△ 你 昨 天 买 什 么 了? / 昨日、何を買ったのですか？
　　nǐ zuó tiān mǎi shén me le

MP3 CD トラック122

(2) 語気助詞「了」の使用および時態助詞「了」との併用

1. 動作行為が完成・完了したことを表す時、時態助詞「了」と語気助詞「了」を併用することがありますが、文中の時態助詞「了」の方はしばしば省略されます。その場合、文末の「了」(語気助詞) が、時態助詞「了」を兼ねていると解釈します。

△ 我 吃 (了) 饭 了。/ ご飯はすみましたよ。
　　wǒ chī le fàn le
　　　　　完了　　　語気

△ 他 走 (了) 三 天 了。/ 彼がここを出て、もう3日になりましたよ。
　　tā zǒu le sān tiān le
　　　　　完了　　　　　語気

2. 時態助詞「了」と語気助詞「了」が併用される時、文末の語気助詞「了」は省略できません。文末の「了」が省略されると文の終了感が弱く、聞き手はまだ文が続くと考えます。

△ 我 吃 了 饭 (了) → 我 吃 了 饭 就 冲 凉 (のように理解されがちです)。
　　wǒ chī le fàn le　　　wǒ chī le fàn jiù chōng liáng
　　　　　　　「了」が省略されると　　　　　　　　　/ ご飯がすんだら、シャワーを浴びます。

△ 我 做 了 作 业 (了)。→ 我 做 了 作 业 再 玩儿 (のように理解されがちです)。
　　wǒ zuò le zuò yè le　　　wǒ zuò le zuò yè zài wánr
　　　　　　　「了」が省略されると　　　　　　　　　/ 私は宿題をやったら、遊びます。

3. 文中の時態助詞「了」は動作行為がすでに起こったことを表し、文末の語気助詞「了」はその動作行為は今でも続いていることを表します。言い換えれば、文末の語気助詞「了」がない時、その動作行為は終了したということです。

a.
- 聞き手（A） 你在伦敦住了多长时间<u>了</u>?
  nǐ zài lún dūn zhù le duō cháng shí jiān le
  ／あなたは、どれくらいロンドンに住んでいるのですか？
- 話し手（B） 我在伦敦住了三年<u>了</u>。
  wǒ zài lún dūn zhù le sān nián le
  ／私はロンドンに3年住んでいます。

解釈 a. 話し手Bは今でもロンドンに住んでいます。聞き手Aも、BがまだロンドンにStill住んでいることを知っています。

b.
- 聞き手（A） 你（以前）在伦敦住了多长时间?
  nǐ yǐ qián zài lún dūn zhù le duō cháng shí jiān
  ／あなたは（過去）どれくらいロンドンに住んでいたのですか？
- 話し手（B） 我（以前）在伦敦住了三年。
  wǒ yǐ qián zài lún dūn zhù le sān nián
  ／私は（過去）ロンドンに3年住んでいました。

解釈 b. 話し手Bは今はもうロンドンに住んでいません。聞き手Aも、Bがロンドンに住んでいないことを知っています。この場合、過去時間詞がなくても、聞き手と話し手双方は過去について話していることを暗黙に了解しています。

c.
- 聞き手（A） 你学了多长时间中文<u>了</u>?
  nǐ xué le duō cháng shí jiān zhōng wén le
  ／あなたはどれくらい中国語を勉強していますか？
- 話し手（B） 我学了两年中文了。
  wǒ xué le liǎng nián zhōng wén le
  ／私は中国語を2年間勉強しています。

解釈 c. 話し手は今でも中国語を勉強しています。
聞き手は話し手が勉強していることを知っています。

d.
- 聞き手（A） 你(以前)学了多长时间中文？
  nǐ yǐ qián xué le duō cháng shí jiān zhōng wén
  /あなたは（昔）中国語をどれくらい勉強しましたか？
- 話し手（B） 我学了两年中文。
  wǒ xué le liǎng nián zhōng wén
  /私は（昔）中国語を2年間勉強しました。

解釈 d. 話し手Bは中国語の勉強を中止しました。聞き手Aは、Bが中止したことを知っています。この場合、過去時間詞がなくても、聞き手と話し手双方は過去について話していることを暗黙に了解しています。

4. 2つの「了」を併用する時、前の時態助詞「了」は動作がすでに起こったことを表し、語尾の語気助詞「了」は現在に対して何らかの影響を与えていることを表します。文の語尾に「了」だけある場合、その「了」は動作をし終えたことを説明するだけです。

△
- 我吃了饭了。
  wǒ chī le fàn le
  /私はご飯を食べましたよ。
  →（食べ終え、お腹一杯で、もう食べられません）
- 我吃饭了。
  wǒ chī fàn le
  /私はご飯を食べた。
  （食べ終えたことを説明しているだけです）

△
- 我做了作业了。
  wǒ zuò le zuò yè le
  /私は宿題をやり終えましたよ。
  →（やり終えたので、だから今遊んでもいい）
- 我做作业了。
  wǒ zuò zuò yè le
  /私は宿題をやり終えた。
  （やり終えたことを説明するだけです）

△
- 他回了宿舍了。
  tā huí le sù shè le
  /彼はもう宿舎に帰りましたよ。
  →（帰ったので、今はここにいない）
- 他回宿舍了。
  tā huí sù shè le
  /彼は宿舎に帰りました。
  （帰ったことを説明しているだけです）

(3) 語気助詞「了」が含む特別なニュアンス

　語気助詞「了」は語尾で特別なニュアンスを表します。感嘆詞「啦」の代わりに使われています。この時の「了」は時態とは関係ないことを理解してください。

1. 文末に置き、事柄を相手に知らせる、誘うという語気を表します。

　　△ 开饭了！ / 食事だよ！
　　　　kāi fàn le

　　△ 喂，集合了！ / おい、集合だよ！
　　　　wèi　jí hé le

2. 断定、つまり明白で、疑いようがないという語気を表します。(…なのだ、…だ)

　　△ 这就是你的不对了。 / これは、あなたの間違いですよ。
　　　　zhè jiù shì nǐ de bú duì le

　　△ 我想他不会来了。 / 彼はもう来ないと思いますよ。
　　　　wǒ xiǎng tā bú huì lái le

3. あいさつ用語に使います。

　　△ 辛苦了。 / ご苦労さま。
　　　　xīn kǔ le

　　△ 失陪了。 / お先に失礼いたします。
　　　　shī péi le

　　△ 我吃了。 / いただきます。
　　　　wǒ chī le

　　△ 我回来了。 / ただいま。
　　　　wǒ huí lái le

　　△ 我走了。 / いってきます。
　　　　wǒ zǒu le

　　△ 我告辞了。 / 先に失礼いたします。
　　　　wǒ gào cí le

4. 数々の固有の組み合わせがあります。この時の「了」は時態とは関係ありません。

a. 太 adj. 了
   可 v.　　　性質状態を強調するニュアンスを表します。
　　　　　　　（あまりにも…すぎます、とても…）

　　　　　　nà tài hǎo le
　　△ 那 太 好 了！／それはすばらしい！

　　　　　　tài gǎn xiè nǐ le
　　△ 太 感 谢 你 了！／本当にありがとうございました！

　　　　　　wǒ tài lèi le
　　△ 我 太 累 了。／私はとても疲れた。

　　　　　　jīn tiān tài rè le
　　△ 今 天 太 热 了。／今日は暑すぎます。

　　　　　　tā měi tiān kě máng le
　　△ 他 每 天 可 忙 了！／彼は毎日とても忙しい！

　　　　　　zhè hái zi kě táo qì le
　　△ 这 孩 子 可 淘 气 了！／この子はとても腕白ですよ！

b. 还 + 反復疑問文 + 了　まだ…ですか？　また…するのですか？

　　　　　　míng tiān hái qù bu qù le
　　△ 明 天 还 去 不 去 了？／明日また行きますか？

　　　　　　tóu hái téng bu téng le
　　△ 头 还 疼 不 疼 了？／頭はまだ痛いですか？

c. 该…了　もうそろそろ…するころだ

　　　　　　xiǎo wáng gāi xià bān le
　　△ 小 王 该 下 班 了。／王さんは、もうそろそろ会社が引ける頃です。

　　　　　　yǐ jīng shí yī yuè le　　gāi lěng le
　　△ 已 经 十 一 月 了，该 冷 了。／もう11月です。そろそろ寒くなります。

d. 将来態の文の文末に使う「了」は、本来決まっている期日の出来事や予測可能な出来事を言う場合に使われます。その場合、「要…了」「快要…了」「就要…了」「就是 名詞 了」の文型で使われます。その中の「了」は「…ですよ」の意味です。

△ 明年我就要大学毕业了。／来年、私は大学を卒業するんですよ。

△ 她快要生孩子了。／彼女はもうすぐ出産ですよ。

△ 下个星期就是圣诞节了。／来週はクリスマスですよ。

△ 再过两个星期就是华人新年了。
　　　　　　／あと2週間すれば、チャイニーズニューイヤーですよ。

△ 明天我要过生日了。／明日、私は誕生日を祝いますよ。

△ 要下雨了。／もうすぐ雨が降りそうです。

△ 她快生了。／彼女はもうすぐ出産です。

e. …起来了 …し出した、…し始めた

△ 他们打起来了。／彼らは喧嘩を始めた。

△ 雨渐渐大起来了。／雨がだんだん、ひどくなってきました。

5. 中国人同士で会話する際、語尾の語気助詞「了」の後には、以下のa、bの2種類のセンテンスが続く場合があります。時々a、bをはっきり言わないこともありますが、聞き手と話し手はその時のニュアンスから判断します。

a. 動作はすでに起こり、発話時にはその動作行為をもう十分行ったが、動作主は引き続き行う気持ちがあることを表す。→　動作継続

b. その動作をすでに十分行ったので、動作主はその動作を引き続き行う気がないことを表す。→　動作中止

※以下の例で比べてみましょう。

△ {
　tā shēng hái zi le
　她 生 孩 子 了。　　　　　　　　／彼女は子供を産んだ。(動作の発生、産
　　　　　　　　　　　　　　　　　　　んだ事実だけを説明する)

　tā shēng le sān ge nǚér
　她 生 了 三 个 女儿。　　　　　　／彼女は女の子3人を産んだ。(産んだ数
　　　　　　　　　　　　　　　　　　　を強調説明する)
}

△ {
　tā yǐ jīng shēng le
　她 已 经 生 了
　sān ge nǚér le
　三 个 女儿 了,
　　{
　　　　hái xiǎng yào ge ér zi
　　a. 还 想 要 个 儿 子。
　　　／彼女はもうすでに女の子3人を産みましたが、やはりまだ息
　　　子を欲しいと思っています。(産む動作が続く)
　　　　zú gòu le　 bú yào le
　　b. 足 够 了, 不 要 了。
　　　／彼女はもうすでに女の子3人産んだのです、だから十分で
　　　す、もう子供はいりません。(産む動作が続かない)
　　}
}

{
　tā chī jiǎo zi le
　他 吃 饺 子 了。　　　　　　　　／彼は餃子を食べました。(動作の発生、
　　　　　　　　　　　　　　　　　　　食べた事実だけを言う)

　tā chī le sān shi ge jiǎo zi
　他 吃 了 三 十 个 饺 子。　　　　／彼は餃子を30個食べました。(食べた数
　　　　　　　　　　　　　　　　　　　を強調説明する)
}

△ {
　tā chī le sān shi
　他 吃 了 三 十
　ge jiǎo zi le
　个 饺 子 了,
　　{
　　　　hái zài chī
　　a. 还 在 吃。
　　　／彼は餃子を30個食べたのですが、まだ食べています。
　　　(動作が続く)
　　　　zài yě chī bu xia le
　　b. 再 也 吃 不 下 了。
　　　／彼は餃子を30個食べたので、もうこれ以上食べられません。
　　　(動作が続かない)
　　}
}

{
　tā jié hūn le
　她 结 婚 了。　　　　　　　　　　／彼女は結婚しました。(動作の発生、
　　　　　　　　　　　　　　　　　　　結婚した事実を説明する)

　tā jié le liǎng cì hūn
　她 结 了 两 次 婚。　　　　　　　／彼女は2回結婚しました。(結婚した回数
　　　　　　　　　　　　　　　　　　　を強調する)
}

△ {
　tā jié le liǎng
　她 结 了 两
　cì hūn le
　次 婚 了,
　　{
　　　　xiàn zài yí ge rén　 hái xiǎng zài jié hūn
　　a. 现 在 一 个 人, 还 想 再 结 婚。
　　　／彼女は2回結婚して、今は独りですが、やはりまた結婚したいと思っ
　　　ています。
　　　　suī rán xiàn zài yí ge rén　 kě zài yě bù xiǎng jié hūn le
　　b. 虽 然 现 在 一 个 人, 可 再 也 不 想 结 婚 了。
　　　／彼女は2回結婚し、今は独りですが、もうこれ以上結婚したくな
　　　いと思っています。
　　}
}

△ {
　A. _{jīn wǎn de jù huì nǐ yuē le jǐ ge péng you le}
　　今晚的聚会你约了几个朋友了？ ／今晩の集まりに君は友達を
　　　　　　　　　　　　　　　　　　　　　何人誘ったの？
　B. _{wǒ yǐ jīng yuē le shí ge le}
　　我已经约了10个了。　　　　　／私はもう10人誘いました。
　＊（予定の人数が集まるまで引き続き誘うか、もう誘う必要がないのか、話し手Aの
　　判断によって次の答えが違ってきます）
　A. {
　　a. _{zú gòu le， bú yòng zài yuē le}
　　　足够了，不用再约了。／もう十分です、もう誘う必要はありません。
　　b. _{hái bú gòu， hái yào jì xù yuē}
　　　还不够，还要继续约。／まだ足りません、引き続き誘ってください。
}

6. 動作の完了を表すセンテンスでは、目的語が数量詞限定語を伴っている場合、語気助詞「了」を使わず時態助詞「了」のみが使われます。つまり、この時の１つしかない「了」は必ず述語動詞の後に置き、文末には置きません。もし文末に語気助詞を置くと、上の４．と同じように「中止」か「継続」のどちらかのセンテンスが後に来ることになります。

△ _{tā xiě le liǎng fēng xìn}
　他写了两封信 ✗。
　　　　　　　　　　　　　／彼は手紙を２通書いた。（書いた数を強調説明する）

△ _{wǒ zài shū diàn mǎi le liǎng běn shū}
　我在书店买了两本书 ✗。
　　　　　　　　　　　　　／私は本屋で本を２冊買った。（買った数を強調説明する）

△ _{zài běi jīng wǒ kàn le sān chǎng jīng jù}
　在北京我看了三场京剧 ✗。
　　　　　　　　　　　　　／北京で私は京劇を３回見た。（見た回数を強調説明する）

MP3 CD トラック 124

(4) 時態助詞「了」の特別な使用例

1. 時態は過去なのに「了」を使わないケース

a. 形容詞が述語になる場合、過去の時態でも「了」を使いません。時間詞で過去の表現をします。

△ _{sān shí nián qián běi jīng hěn zāng}
　三十年前北京很脏 ✗。／30年前、北京は汚かった。

△ 昨天很热<s>了</s>。/ 昨日は暑かった。

b. 体の状況を説明する様態動詞「胖」「瘦」「累」「轻松」は程度副詞「很」「非常」[特別]などが前にある場合は、形容詞扱いになりますので、過去であっても「了」を使いません。

△ 我以前很瘦<s>了</s>，现在很胖。
　　　　　　　　　　　　　/ 私は以前やせていたが、今はとても太っている。

△ 昨天我非常累<s>了</s>。/ 昨日私は非常に疲れた。

△ 昨天我很累<s>了</s>。/ 昨日私はとても疲れた。

△ 以前我的工作特别轻松<s>了</s>。/ 以前の仕事はとても気楽でした。

c. 「胖」「瘦」「累」「轻松」の前に程度副詞「很」「非常」「特別」がない場合は動詞扱いなので、過去表現に「了」が使え、状態の変化を表します。

△ 我累了。/ 私は疲れた。

△ 她胖了。/ 彼女は太りました。

△ 你瘦了。/ あなたはやせました。

△ 考试结束了，我轻松了。/ 試験が終わって、楽になりました。

d. 「形容詞＋了」は形容詞の性質状態の変化、「今は…のようになった」ということを表します。その場合、現在の状況を表している時間詞「現在」がよく省略されます。

△ （现在）这件衣服小了。/ この服は小さくなりました。

△ 他的头发长了。/ 彼の髪はのびました。

△ （现在）孩子大了，父母熬出来了。
　　　　　　　　　　　　　/ 子供が大きくなって、親は楽になりました。

e. 過去のある時期に頻繁に繰り返した動作には「了」をつけません。

△ 在北京的时候，我们经常包饺子~~了~~。
　　　　　　　　　　　　　　／北京にいた頃、よく餃子を作った。

△ 以前在新加坡我常常去听爵士乐~~了~~。
　　　　　　　　　　　　　　／昔シンガポールでは、よくジャズを聞きに行った。

△ 他过去经常喝酒~~了~~，现在不喝了。
　　　　　　　　　　　　　　／彼は以前しょっちゅう酒を飲んでいたが、今は飲まなくなった。

※ 不…了 ／（文型）…しなくなった（次の2のaを参照）

f. 過去の時態であっても、毎日繰り返された動作には「了」をつけません。例えば「工作」「上班」「研究」「学习」「住在」などの動詞には「了」をつけません。

※ただし期間詞が文の中にある場合は動詞の後に「了」が必要です。

△ { 1980年至1990年我住在美国~~了~~。
　　　／1980年から1990年まで私はアメリカに住んでいた。
　　　1980年至1990年我在美国住了十年。
　　　　　　　　　　　　　（期間詞）
　　　／1980年から1990年まで、私は10年間アメリカに住んでいた。

△ { 上个月我天天吃方便面~~了~~。
　　　／先月私は毎日インスタントラーメンを食べました。
　　　上个月我吃了一个月的方便面。
　　　　　　　　（期間詞）
　　　／先月私は、1カ月間インスタントラーメンを食べました。

△ { 91年至96年我在广州工作~~了~~。
　　　／91年から96年まで、私は広州で働いていた。
　　　91年至96年我在广州工作了五年。
　　　　　　　　　　　　　（期間詞）
　　　／91年から96年まで、私は広州で5年間働いていた。

△ {
bā líng nián zhì bā sì nián wǒ zài běi jīng dà xué xué rì yǔ
80年至84年我在北京大学学日语✗。
／80年から84年まで、私は北京大学で日本語を学んでいた。

bā líng nián zhì bā sì nián wǒ zài běi jīng dà xué xué le sì nián rì yǔ
80年至84年我在北京大学学了<u>四年</u>日语。
　　　　　　　　　　　　　　　　（期間詞）
／80年から84年まで、私は北京大学で4年間、日本語を学んでいた。
}

△ {
dú bó shì de shí hòu wǒ men yán jiū ér tóng xīn lǐ xué
读博士的时候,我们研究儿童心理学✗。
／博士課程の頃、我々は児童心理学を研究していた。

dú bó shì de shí hòu wǒ men yán jiū le sān nián ér tóng xīn lǐ xué
读博士的时候,我们研究了<u>三年</u>儿童心理学。
　　　　　　　　　　　　　（期間詞）
／博士課程の頃、我々は児童心理学を3年間研究していた。
}

△ {
qù xiāng gǎng lǚ xíng de shí hòu wǒ tiān tiān chī fāng biàn miàn
去香港旅行的时候,我天天吃方便面✗。
／香港へ旅行に行った時、私は毎日インスタントラーメンを食べました。

wǒ zhàng fu zài xīn jiā pō gōng zuò de shí hòu wǒ de hái zi men zài xīn jiā pō
我丈夫在新加坡工作的时候,我的孩子们在新加坡
de rì běn rén xiǎo xué shàng xué tā men zài nàr shàng le sān nián xué
的日本人小学上学,他们在那儿上了<u>三年</u>（学）。
　　　　　　　　　　　　　　　　　　　（期間詞）
／夫がシンガポールで働いていた頃、うちの子供たちはシンガポールの日本人小学校に入り、そこに3年間通った。
}

g. 過去の所有には「了」をつけません。

△ shí nián qián wǒ yǒu wǔ liàng chē xiàn zài dōu mài le
<u>十年前</u>我有五辆车✗,现在都卖了。
／10年前、私は車を5台持っていたが、今はすべて売ってしまった。

△ yǐ qián tā hěn yǒu qián xiàn zài pò chǎn le
<u>以前</u>他很有钱✗,现在破产了。
／以前、彼は金持ちだったが、今は破産してしまった。

△ sān shí suì de shí hou tā yǒu sān jiā gōng sī hòu lái dōu dǎo bì le
<u>三十岁的时候</u>,他有三家公司✗,后来都倒闭了。
／30歳の時、彼は3つの会社を持っていましたが、その後、全部倒産しました。

△ tā yǐ qián hěn yǒu qián hòu lái méi qián le xiàn zài tā yòu yǒu qián le
他以前很有钱,后来<u>没钱了</u>,现在他<u>又有钱了</u>。
／以前彼は金持ちだったが、その後お金がなくなり、今また金持ちになった。

＊「没 n. 了」と「又有 n. 了」は固定用法です。

268

h. 「有 n. 了」「有了 n.」「有了 数量詞 n.」の使い分け

△ 他_{tā} 有_{yǒu} 车_{chē} 了_{le}。／彼は車を持っている。

△ 十年前我有十辆车，现在我只有三辆车了。
_{shí nián qián wǒ yǒu shí liàng chē xiàn zài wǒ zhǐ yǒu sān liàng chē le}
／10年前、私は車を10台持っていましたが、今では3台だけになりました。

△ 以前他有三家公司，现在他有了五家公司。
_{yǐ qián tā yǒu sān jiā gōng sī xiàn zài tā yǒu le wǔ jiā gōng sī}
／昔、彼は3つの会社を持っていたが、今は5つも持つようになった。

＊「有 n. 了」は所有している物品を強調します。
＊「有了 n.」は所有していない状況から所有する状況となった変化を強調します。
＊「有了数量詞 n.」は所有の数字変化を表します。
＊「只有…了」は固有の組み合わせで、「…だけが残されている」の意味です。

i. 過去の存在を表す時には、存在動詞「在」の後にまたは語尾に「了」をつけません。

△ 以前我在<s>了</s>北京，现在我在新加坡。
_{yǐ qián wǒ zài běi jīng xiàn zài wǒ zài xīn jiā pō}
／以前、私は北京にいましたが、今はシンガポールにいます。

△ 小的时候我家在大板<s>了</s>，现在我家在东京。
_{xiǎo de shí hòu wǒ jiā zài dà bǎn xiàn zài wǒ jiā zài dōng jīng}
／子供の頃、私の家は大阪にありましたが、今は東京です。

j. 「喜欢」「不愿意」「想」「不敢」などの過去の心理状態（心理活動）を表す知覚感覚助動詞がつく文は、過去形であっても「了」を使いません。

△ 学生时代我对历史不感兴趣<s>了</s>。
_{xué shēng shí dài wǒ duì lì shǐ bù gǎn xìng qù}
／学生時代、私は歴史に興味がなかった。

△ 以前，我不喜欢吃菜<s>了</s>。
_{yǐ qián wǒ bù xǐ huan chī cài}
／昔、私は野菜を食べるのが好きではなかった。

第5課

△ xiǎo shí hòu wǎn shang wǒ bù gǎn yí ge rén zài jiā
  小时候，晚 上 我 不敢 一个 人 在 家了。
  /小さい頃、私は夜1人で家にいるのが怖かった。

△ shí nián qián zài měi guó de shí hòu wǒ jué de hěn bù ān quán
  十 年 前 在 美 国 的 时 候，我 觉 得 很 不 安 全了。
  /10年前アメリカにいた頃、私は安全ではないと思いました。

△ yǐ qián hái zi xiǎo tā bú yuàn yì zài hūn   xiàn zài hái zi dà le
  以 前 孩子 小，他 不 愿 意 再 婚了，现 在 孩 子 大 了，
  tā xiǎng zài hūn
  他 想 再 婚。
  /昔は子供が小さかったので、彼は再婚したくなかったが、今は子供が大きくなったので、再婚を考えています。

2.「了」の慣用句

a. 不 述 V・目 了   …しなくなった（以前は…したのですが）

　　A：nǐ hái chōu yān ma
　　　你 还 抽 烟 吗？ /まだタバコを吸っているの？
　　B：wǒ bù chōu le
　　　我 不 抽 了。/吸わなくなりました。

　　A：nǐ hái xiǎng qù měi guó ma
　　　你 还 想 去 美 国 吗？ /まだアメリカに行きたいですか？
　　B：wǒ bù xiǎng qù le
　　　我 不 想 去 了。/行きたくなくなりました。

b. 没有 n. 了   …がなくなった（以前はあったのですが）

△ wǒ méi yǒu qián le
  我 没 有 钱 了。/お金がなくなった。

△ tā méi yǒu zhù de dì fāng le
  他 没 有 住 的 地 方 了。/彼は住むところがなくなった。

△ A：nǐ hái yǒu wèn tí ma
　　你 还 有 问 题 吗？ /まだ質問がありますか？
　　B：wǒ méi yǒu le
　　　我 没 有 了。/もうありません。

c. 「可以…了」 もう…ができるようになった

△ tā kě yǐ zì jǐ kāi chē le
  他 可 以 自 己 开 车 了。/彼は車の運転ができるようになりました。

△ shí èr diǎn le kě yǐ qù chī wǔ fàn le
  十 二 点 了，可 以 去 吃 午 饭 了。/もう12時だから、お昼を食べに行けます。

d. 「想…了」 …したくなった

△ 我 想 回 家 了。／私は家に帰りたくなった。
　　wǒ xiǎng huí jiā le

△ 他 想 放 弃 了。／彼はやめたくなった。
　　tā xiǎng fàng qì le

練習問題：次の日本語を中国語に訳しなさい。　　　　（解答は P.490）

① Ａ．あなたは食事をしましたか？　Ｂ．私はもう食事をしました。

② 彼は私に手紙を１通くれました。私も返事を出しました。

③ Ａ、午後一緒に町へ買い物に行きましょう。Ｂ、私はもう行って来ました。

④ 雪が降り出しました。

⑤ 彼は出かけました。

⑥ 私は中国語を１年半勉強しましたが、今はやめました。

⑦ 彼はもう２年以上、中国語を勉強しています。

⑧ 来週、新学期が始まります。

⑨ 私は、授業が終わったらアルバイトに行きます。

⑩　お邪魔します。／お邪魔しました。

⑪　君は、私のノートパソコンをどこに置きましたか？

⑫　私は油絵を壁に掛けました。

⑬　早くしなさい！　そうしないと、もう間に合わないですよ。

⑭　小さい子供がショッピングセンターで迷子になりました。

⑮　私が欲しかったバッグは、他の人に買われてしまいました。

⑯　昨夜、私たちが住んでいるマンションで火事が起きました。

⑰　30分以上待っているのですが、彼はまだ来ません。

⑱　母が先に風邪をひいて、その後、私もうつされ、最後に家族全員が倒れてしまいました。

⑲　冬が来ました、春はもうすぐですよ！

⑳　子供の頃、1人で電車に乗るのが怖かった。

応用会話 31

A. <ruby>青<rt>qīng</rt></ruby><ruby>木<rt>mù</rt></ruby><ruby>同<rt>tóng</rt></ruby><ruby>学<rt>xué</rt></ruby>，<ruby>你<rt>nǐ</rt></ruby><ruby>学<rt>xué</rt></ruby><ruby>中<rt>zhōng</rt></ruby><ruby>文<rt>wén</rt></ruby><ruby>几<rt>jǐ</rt></ruby><ruby>年<rt>nián</rt></ruby><ruby>了<rt>le</rt></ruby>？

青木さんは中国語を勉強して何年になりますか？

B. <ruby>我<rt>wǒ</rt></ruby><ruby>学<rt>xué</rt></ruby><ruby>中<rt>zhōng</rt></ruby><ruby>文<rt>wén</rt></ruby><ruby>四<rt>sì</rt></ruby><ruby>年<rt>nián</rt></ruby><ruby>了<rt>le</rt></ruby>。

中国語を勉強して4年です

A. <ruby>那<rt>nà</rt></ruby><ruby>你<rt>nǐ</rt></ruby><ruby>的<rt>de</rt></ruby><ruby>中<rt>zhōng</rt></ruby><ruby>文<rt>wén</rt></ruby><ruby>已<rt>yǐ</rt></ruby><ruby>经<rt>jīng</rt></ruby><ruby>达<rt>dá</rt></ruby><ruby>到<rt>dào</rt></ruby><ruby>炉<rt>lú</rt></ruby><ruby>火<rt>huǒ</rt></ruby><ruby>纯<rt>chún</rt></ruby><ruby>青<rt>qīng</rt></ruby><ruby>的<rt>de</rt></ruby><ruby>地<rt>dì</rt></ruby><ruby>步<rt>bù</rt></ruby><ruby>了<rt>le</rt></ruby><ruby>吧<rt>ba</rt></ruby>？

じゃあ、あなたの中国語はもう最高レベルじゃないですか？

B. <ruby>哪<rt>nǎ</rt></ruby><ruby>里<rt>li</rt></ruby><ruby>哪<rt>nǎ</rt></ruby><ruby>里<rt>li</rt></ruby>。<ruby>中<rt>zhōng</rt></ruby><ruby>文<rt>wén</rt></ruby><ruby>博<rt>bó</rt></ruby><ruby>大<rt>dà</rt></ruby><ruby>精<rt>jīng</rt></ruby><ruby>深<rt>shēn</rt></ruby>，<ruby>不<rt>bù</rt></ruby><ruby>仅<rt>jǐn</rt></ruby><ruby>发<rt>fā</rt></ruby><ruby>音<rt>yīn</rt></ruby><ruby>难<rt>nán</rt></ruby><ruby>语<rt>yǔ</rt></ruby><ruby>法<rt>fǎ</rt></ruby><ruby>和<rt>hé</rt></ruby><ruby>词<rt>cí</rt></ruby><ruby>汇<rt>huì</rt></ruby><ruby>的<rt>de</rt></ruby><ruby>掌<rt>zhǎng</rt></ruby><ruby>握<rt>wò</rt></ruby><ruby>也<rt>yě</rt></ruby><ruby>很<rt>hěn</rt></ruby><ruby>不<rt>bù</rt></ruby><ruby>容<rt>róng</rt></ruby><ruby>易<rt>yì</rt></ruby>。

とんでもないです。中国語は広くて奥深いですよ、発音が難しいだけではなく、文法や単語もなかなか理解できません。

A. <ruby>语<rt>yǔ</rt></ruby><ruby>法<rt>fǎ</rt></ruby><ruby>中<rt>zhōng</rt></ruby><ruby>哪<rt>nǎ</rt></ruby><ruby>个<rt>ge</rt></ruby><ruby>部<rt>bù</rt></ruby><ruby>分<rt>fen</rt></ruby><ruby>最<rt>zuì</rt></ruby><ruby>不<rt>bù</rt></ruby><ruby>容<rt>róng</rt></ruby><ruby>易<rt>yì</rt></ruby>？

文法ではどの部分が一番難しいですか？

B. <ruby>对<rt>duì</rt></ruby><ruby>我<rt>wǒ</rt></ruby><ruby>来<rt>lái</rt></ruby><ruby>说<rt>shuō</rt></ruby>「<ruby>了<rt>le</rt></ruby>」<ruby>的<rt>de</rt></ruby><ruby>用<rt>yòng</rt></ruby><ruby>法<rt>fǎ</rt></ruby><ruby>很<rt>hěn</rt></ruby><ruby>难<rt>nán</rt></ruby>，<ruby>非<rt>fēi</rt></ruby><ruby>常<rt>cháng</rt></ruby><ruby>不<rt>bù</rt></ruby><ruby>规<rt>guī</rt></ruby><ruby>则<rt>zé</rt></ruby>。<ruby>比<rt>bǐ</rt></ruby><ruby>如<rt>rú</rt></ruby><ruby>说<rt>shuō</rt></ruby><ruby>明<rt>míng</rt></ruby><ruby>明<rt>míng</rt></ruby><ruby>是<rt>shì</rt></ruby><ruby>过<rt>guò</rt></ruby><ruby>去<rt>qù</rt></ruby><ruby>时<rt>shí</rt></ruby><ruby>却<rt>què</rt></ruby><ruby>不<rt>bú</rt></ruby><ruby>用<rt>yòng</rt></ruby>「<ruby>了<rt>le</rt></ruby>」，<ruby>明<rt>míng</rt></ruby><ruby>明<rt>míng</rt></ruby><ruby>是<rt>shì</rt></ruby><ruby>将<rt>jiāng</rt></ruby><ruby>来<rt>lái</rt></ruby><ruby>时<rt>shí</rt></ruby><ruby>却<rt>què</rt></ruby><ruby>要<rt>yào</rt></ruby><ruby>用<rt>yòng</rt></ruby>「<ruby>了<rt>le</rt></ruby>」，<ruby>又<rt>yòu</rt></ruby><ruby>没<rt>méi</rt></ruby><ruby>有<rt>yǒu</rt></ruby><ruby>一<rt>yí</rt></ruby><ruby>个<rt>ge</rt></ruby><ruby>统<rt>tǒng</rt></ruby><ruby>一<rt>yī</rt></ruby><ruby>的<rt>de</rt></ruby><ruby>解<rt>jiě</rt></ruby><ruby>释<rt>shì</rt></ruby>。

私にとって、「了」の用法が規則性がなくてとても難しいです。例えば、明らかに過去の話でも「了」を使わず、反対に明らかに未来の話なのに「了」を使ったり、統一した解釈がありません。

A. <ruby>对<rt>duì</rt></ruby>，<ruby>这<rt>zhè</rt></ruby><ruby>一<rt>yì</rt></ruby><ruby>点<rt>diǎn</rt></ruby><ruby>有<rt>yǒu</rt></ruby><ruby>时<rt>shí</rt></ruby><ruby>连<rt>lián</rt></ruby><ruby>中<rt>zhōng</rt></ruby><ruby>国<rt>guó</rt></ruby><ruby>人<rt>rén</rt></ruby><ruby>也<rt>yě</rt></ruby><ruby>是<rt>shì</rt></ruby><ruby>会<rt>huì</rt></ruby><ruby>用<rt>yòng</rt></ruby><ruby>不<rt>bú</rt></ruby><ruby>会<rt>huì</rt></ruby><ruby>讲<rt>jiǎng</rt></ruby>，<ruby>有<rt>yǒu</rt></ruby><ruby>很<rt>hěn</rt></ruby><ruby>多<rt>duō</rt></ruby><ruby>是<rt>shì</rt></ruby><ruby>习<rt>xí</rt></ruby><ruby>惯<rt>guàn</rt></ruby><ruby>成<rt>chéng</rt></ruby><ruby>自<rt>zì</rt></ruby><ruby>然<rt>rán</rt></ruby><ruby>的<rt>de</rt></ruby><ruby>东<rt>dōng</rt></ruby><ruby>西<rt>xi</rt></ruby>。

そのとおりです。それについては中国人でさえ使うことはできても、説明できない時もあります。多くは、習慣的に使っていく中で自然にできたものですから。

第5課

B. 还有「把」的用法更难。为什么要用「把」？什么时候用「把」？我真是一窍不通。该用的时候没有用，不该用的时候又用了。这些复杂的用法对于我们外国人来说太难习惯了。真希望有一本好的语法书能让我弄清楚。

「把」の用法はもっと難しくて、なぜ「把」を使わないといけないのか！ どんな時に「把」を使うのか！ 本当に全く分かりません。使うべき時に使わず、使ってはいけない時に使ってしまいます。私たち外国人には、このように複雑な用法を使いこなすのはとても難しいです。私の疑問をクリアにしてくれる良い文法書が、本当にほしいです。

A. 那你好好看看我们这一课和下一课的语法要点吧。老师总结了很多「了」和「把」的用法，肯定对你有帮助。

それならこの1課と次の課の文法ポイントをよく見てごらんなさいよ。先生が数多くの「了」と「把」の用法をまとめているから、きっと参考になりますよ。

B. 我一定抽时间好好看看。

必ず時間を作って、よく読んでみますね。

応用会話 32

A: 贾老师，你能向我介绍一种好的学习方法吗？我想全面提高我的听、说、读、写、译的水平。

B: 提高听力，你要反复听课本的录音，多听广播，多看电视，最好把喜欢的节目录下来，把其中不懂的生词、短语、惯用句、成语等彻底弄明白。

A: 那提高口语有什么好方法？

B: 你要每天抽出一些时间做朗读练习，还有多跟同学朋友用中文会话聊天儿，最好把学过的内容背下来，这样可以准确流畅地进行表达。当然如果发音基础不好的话，你还要再重新过一遍发音。

賈先生、私は、聞く、話す、読む、書く、訳す力を全体的に向上させたいんです。良い学習方法を紹介してくださいませんか？

聞く力のレベルアップは教科書の録音を繰り返し聞くこと、ラジオをたくさん聞き、テレビをたくさん見ることです。一番いいのは好きな番組を録音・録画し、その中で知らない単語や分からないフレーズ、慣用句、成語等を徹底的に明らかにすることです。

では、話す力を向上させるにはどんな方法がありますか？

毎日、時間を作って朗読練習をしましょう。それから、クラスメートや友人と中国語でたくさん話すことです。一番いいのは学んだ内容を暗記することです。そうすれば、正確で流暢な表現ができるようになりますよ。もちろん、発音の基礎ができていないならば、改めて発音を学ぶ必要はありますよ。

A. chú le jiāo kē shū yǐ wài, wǒ hái měi tiān kàn diǎnr bào zhǐ hé zá zhì, zhè duì tí gāo yuè dú shuǐ píng yǒu bāng zhù ma?
除了教科书以外,我还每天看点儿报纸和杂志,这对提高阅读水平有帮助吗?

教科書以外に毎日、新聞と雑誌を少し読んでいますが、これは読解の向上に役立ちますか?

B. dāng rán yǒu bāng zhù. dú jiě fēn wéi jīng dú hé fàn dú, jiào kē shū xū yào jīng dú yǐ qiú chè dǐ zhǎng wò xué guò de nèi róng. bào zhǐ hé zá zhì kě yǐ fàn dú, bāng zhù nǐ liǎo jiě xīn de cí huì hé shè huì dòng xiàng, hái yǒu zēng qiáng yǔ gǎn. shū xiě néng lì de tí gāo jiù xū yào duō zuò zuò yè le.
当然有帮助。读解分为精读和泛读,教科书需要精读以求彻底掌握学过的内容。报纸和杂志可以泛读,帮助你了解新的词汇和社会动向,还有增强语感。书写能力的提高就需要多做作业了。

もちろん役に立ちますよ。読解には精読と多読があります。教科書は、学んだ内容を完全に理解するために精読が必要です。新聞や雑誌は多読、つまり目を通した後、意味を理解すればよく、あなたが新しい単語や社会の動向を理解するのに役立ちますし、語感を鍛えられます。書く能力の向上には宿題をたくさんやることです。

A. nà zěn me tí gāo wǒ de fān yì shuǐ píng ne?
那怎么提高我的翻译水平呢?

では、翻訳レベルはどのように引き上げればよいでしょうか?

B. chú le kàn yì xiē yǒu guān fān yì jì qiǎo de shū yǐ wài, nǐ zuì hǎo bǎ yì xiē yǒu dài biǎo xìng de jù zi hé wén zhāng fān yì chéng rì yǔ, hái yǒu bǎ jiào cái zhōng dài yǒu rì yǔ fān yì de jù zi hé wén zhāng fān yì chéng zhōng wén, tōng guò fān yì liàn xí shuō chū hé xiě chū zhǔn què de zhōng wén yì si. zhè yàng fǎn fù liàn xí yí dìng kě yǐ tí gāo fān yì shuǐ píng.
除了看一些有关翻译技巧的书以外,你最好把一些有代表性的句子和文章翻译成日语,还有把教材中带有日语翻译的句子和文章翻译成中文,通过翻译练习说出和写出准确的中文意思。这样反复练习一定可以提高翻译水平。

翻訳テクニックに関する本を読む以外に、代表的な短文や文章を日本語に訳したり、教材の中で日本語がついた短文や文章を中国語に訳しましょう。翻訳練習を通して、正確な中国語の意味を口に出したり、書き出したりしましょう。このように何度も練習を繰り返せば必ず翻訳のレベルアップができますよ。

A. xiè xie nín de tí yì.
谢谢您的提议。

アドバイスをありがとうございました。

応用会話 33

A: <ruby>小<rt>xiǎo</rt></ruby> <ruby>王<rt>wáng</rt></ruby>, <ruby>好<rt>hǎo</rt></ruby> <ruby>久<rt>jiǔ</rt></ruby> <ruby>不<rt>bú</rt></ruby> <ruby>见<rt>jiàn</rt></ruby> <ruby>了<rt>le</rt></ruby>。<ruby>听<rt>tīng</rt></ruby> <ruby>说<rt>shuō</rt></ruby> <ruby>你<rt>nǐ</rt></ruby> <ruby>回<rt>huí</rt></ruby> <ruby>国<rt>guó</rt></ruby> <ruby>短<rt>duǎn</rt></ruby> <ruby>期<rt>qī</rt></ruby> <ruby>休<rt>xiū</rt></ruby> <ruby>假<rt>jià</rt></ruby> <ruby>了<rt>le</rt></ruby>?

王さん、久しぶりですね。短期休暇で帰国したそうですね?

B: <ruby>对<rt>duì</rt></ruby>,<ruby>隔<rt>gé</rt></ruby> <ruby>了<rt>le</rt></ruby> <ruby>五<rt>wǔ</rt></ruby> <ruby>年<rt>nián</rt></ruby> <ruby>回<rt>huí</rt></ruby> <ruby>国<rt>guó</rt></ruby> <ruby>探<rt>tàn</rt></ruby> <ruby>亲<rt>qīn</rt></ruby>,<ruby>国<rt>guó</rt></ruby> <ruby>内<rt>nèi</rt></ruby> <ruby>的<rt>de</rt></ruby> <ruby>变<rt>biàn</rt></ruby> <ruby>化<rt>huà</rt></ruby> <ruby>实<rt>shí</rt></ruby> <ruby>在<rt>zài</rt></ruby> <ruby>是<rt>shì</rt></ruby> <ruby>太<rt>tài</rt></ruby> <ruby>大<rt>dà</rt></ruby> <ruby>了<rt>le</rt></ruby>!

ええ、5年ぶりに親族に会いに帰国しましたが、国内の変化は本当にすごかったですよ!

A: <ruby>人<rt>rén</rt></ruby> <ruby>们<rt>men</rt></ruby> <ruby>的<rt>de</rt></ruby> <ruby>生<rt>shēng</rt></ruby> <ruby>活<rt>huó</rt></ruby> <ruby>水<rt>shuǐ</rt></ruby> <ruby>平<rt>píng</rt></ruby> <ruby>提<rt>tí</rt></ruby> <ruby>高<rt>gāo</rt></ruby> <ruby>了<rt>le</rt></ruby> <ruby>吧<rt>ba</rt></ruby>!

生活水準は上がっていたでしょうね?

B: <ruby>提<rt>tí</rt></ruby> <ruby>高<rt>gāo</rt></ruby> <ruby>得<rt>de</rt></ruby> <ruby>太<rt>tài</rt></ruby> <ruby>快<rt>kuài</rt></ruby> <ruby>了<rt>le</rt></ruby>。<ruby>以<rt>yǐ</rt></ruby> <ruby>前<rt>qián</rt></ruby> <ruby>中<rt>zhōng</rt></ruby> <ruby>国<rt>guó</rt></ruby> <ruby>的<rt>de</rt></ruby> <ruby>自<rt>zì</rt></ruby> <ruby>行<rt>xíng</rt></ruby> <ruby>车<rt>chē</rt></ruby> <ruby>多<rt>duō</rt></ruby> <ruby>得<rt>de</rt></ruby> <ruby>不<rt>bù</rt></ruby> <ruby>得<rt>dé</rt></ruby> <ruby>了<rt>liǎo</rt></ruby>,<ruby>现<rt>xiàn</rt></ruby> <ruby>在<rt>zài</rt></ruby> <ruby>大<rt>dà</rt></ruby> <ruby>多<rt>duō</rt></ruby> <ruby>数<rt>shù</rt></ruby> <ruby>中<rt>zhōng</rt></ruby> <ruby>等<rt>děng</rt></ruby> <ruby>收<rt>shōu</rt></ruby> <ruby>入<rt>rù</rt></ruby> <ruby>以<rt>yǐ</rt></ruby> <ruby>上<rt>shàng</rt></ruby> <ruby>的<rt>de</rt></ruby> <ruby>人<rt>rén</rt></ruby> <ruby>都<rt>dōu</rt></ruby> <ruby>买<rt>mǎi</rt></ruby> <ruby>了<rt>le</rt></ruby> <ruby>私<rt>sī</rt></ruby> <ruby>家<rt>jiā</rt></ruby> <ruby>车<rt>chē</rt></ruby>,<ruby>路<rt>lù</rt></ruby> <ruby>上<rt>shang</rt></ruby> <ruby>的<rt>de</rt></ruby> <ruby>自<rt>zì</rt></ruby> <ruby>行<rt>xíng</rt></ruby> <ruby>车<rt>chē</rt></ruby> <ruby>反<rt>fǎn</rt></ruby> <ruby>而<rt>ér</rt></ruby> <ruby>减<rt>jiǎn</rt></ruby> <ruby>少<rt>shǎo</rt></ruby> <ruby>了<rt>le</rt></ruby>。

上がり方が速すぎます。以前、中国では自転車の数がものすごく多かったのですが、今は中程度以上の収入のある人のほとんどが自家用車を買うので、道の自転車は逆に減りました。

A: <ruby>是<rt>shì</rt></ruby> <ruby>吗<rt>ma</rt></ruby>? <ruby>但<rt>dàn</rt></ruby> <ruby>是<rt>shì</rt></ruby> <ruby>车<rt>chē</rt></ruby> <ruby>太<rt>tài</rt></ruby> <ruby>多<rt>duō</rt></ruby> <ruby>了<rt>le</rt></ruby>,<ruby>交<rt>jiāo</rt></ruby> <ruby>通<rt>tōng</rt></ruby> <ruby>相<rt>xiāng</rt></ruby> <ruby>当<rt>dāng</rt></ruby> <ruby>混<rt>hùn</rt></ruby> <ruby>乱<rt>luàn</rt></ruby> <ruby>吧<rt>ba</rt></ruby>!

そうですか? でも車が多すぎると交通は相当乱れるのでは?

B: <ruby>的<rt>dí</rt></ruby> <ruby>确<rt>què</rt></ruby> <ruby>是<rt>shì</rt></ruby>。<ruby>这<rt>zhè</rt></ruby> <ruby>是<rt>shì</rt></ruby> <ruby>一<rt>yí</rt></ruby> <ruby>个<rt>ge</rt></ruby> <ruby>急<rt>jí</rt></ruby> <ruby>待<rt>dài</rt></ruby> <ruby>解<rt>jiě</rt></ruby> <ruby>决<rt>jué</rt></ruby> <ruby>的<rt>de</rt></ruby> <ruby>难<rt>nán</rt></ruby> <ruby>题<rt>tí</rt></ruby>。<ruby>还<rt>hái</rt></ruby> <ruby>有<rt>yǒu</rt></ruby> <ruby>我<rt>wǒ</rt></ruby> <ruby>这<rt>zhè</rt></ruby> <ruby>次<rt>cì</rt></ruby> <ruby>回<rt>huí</rt></ruby> <ruby>国<rt>guó</rt></ruby> <ruby>感<rt>gǎn</rt></ruby> <ruby>触<rt>chù</rt></ruby> <ruby>极<rt>jí</rt></ruby> <ruby>深<rt>shēn</rt></ruby> <ruby>的<rt>de</rt></ruby> <ruby>是<rt>shì</rt></ruby> <ruby>人<rt>rén</rt></ruby> <ruby>们<rt>men</rt></ruby> <ruby>的<rt>de</rt></ruby> <ruby>住<rt>zhù</rt></ruby> <ruby>房<rt>fáng</rt></ruby> <ruby>条<rt>tiáo</rt></ruby> <ruby>件<rt>jiàn</rt></ruby> <ruby>得<rt>dé</rt></ruby> <ruby>到<rt>dào</rt></ruby> <ruby>了<rt>le</rt></ruby> <ruby>很<rt>hěn</rt></ruby> <ruby>大<rt>dà</rt></ruby> <ruby>的<rt>de</rt></ruby> <ruby>改<rt>gǎi</rt></ruby> <ruby>善<rt>shàn</rt></ruby>。<ruby>经<rt>jīng</rt></ruby> <ruby>济<rt>jì</rt></ruby> <ruby>适<rt>shì</rt></ruby> <ruby>用<rt>yòng</rt></ruby> <ruby>房<rt>fáng</rt></ruby>、<ruby>公<rt>gōng</rt></ruby> <ruby>寓<rt>yù</rt></ruby>、<ruby>别<rt>bié</rt></ruby> <ruby>墅<rt>shù</rt></ruby> <ruby>等<rt>děng</rt></ruby> <ruby>多<rt>duō</rt></ruby> <ruby>种<rt>zhǒng</rt></ruby> <ruby>多<rt>duō</rt></ruby> <ruby>样<rt>yàng</rt></ruby>。<ruby>这<rt>zhè</rt></ruby> <ruby>些<rt>xiē</rt></ruby> <ruby>住<rt>zhù</rt></ruby> <ruby>房<rt>fáng</rt></ruby> <ruby>不<rt>bù</rt></ruby> <ruby>仅<rt>jǐn</rt></ruby> <ruby>宽<rt>kuān</rt></ruby> <ruby>敞<rt>chǎng</rt></ruby>,<ruby>室<rt>shì</rt></ruby> <ruby>内<rt>nèi</rt></ruby> <ruby>设<rt>shè</rt></ruby> <ruby>施<rt>shī</rt></ruby> <ruby>也<rt>yě</rt></ruby> <ruby>非<rt>fēi</rt></ruby>

確かに。これは解決を急がなければならない難題ですよ。それから、今回の帰国で最も感慨深かったのは、人々の住宅環境が大いに改善されたことです。低価格の分譲住宅、マンション、別荘などいろいろあって、広いだけでなく、室内の設備もとても整っています。家電やエアコンなどみな揃っている上、リビング用

常完善，各种家电产品和空调等一应俱全，家居用品也很时尚。有些富裕家庭还有两三套房子。

品もてもおしゃれです。一部の裕福な家庭は、家を2～3軒も持っています。

A. 但是听说中国的贫富差距也越来越大了。

しかし、中国の貧富の差もだんだん広がっていると聞きますよ。

B. 这也是一个严峻的社会问题。尤其是偏远山区还是很贫困，很多人外出打工赚钱养家，但在大中城市参加境外游的中国人也越来越多了。

それも深刻な社会問題の1つです。とりわけ辺鄙な山間部は今もとても貧しく、多くの人が出稼ぎに行き、家族を養っています。しかし、大中都市では海外旅行に行く中国人もだんだん増えています。

A. 中国太大了，要平衡发展也真不容易。

中国はとても広いので、均等な発展は本当に難しいですね。

豆知識 5 「日本人の知らない中国人の一面」　MP3 CDトラック 128

中国人と日本人の発想の違い、行動パターンの違いは数え切れないほどあります。ここではもう少し他の面から紹介しましょう。

① 孝顺父母的方式 （親孝行の方法）

在日本孝顺父母的最好的方式就是和他们一起住或经常去看他们，帮他们做家务，生病的时候照顾他们,还有买礼物送给他们。在中国除此以外,大多数有稳定收入的子女都会定期给父母钱，孝顺父母。

因为中国人觉得父母是花了很多钱把自己培养大的,所以给他们钱是表达孝心的最好方式，父母也乐于接受这种形式。

> 日本において親孝行の最もよい方法は、両親との同居、あるいは頻繁に両親宅に足を運び、家事を手伝ったりすること、病気の時、世話をしたり、また贈り物をすることです。中国では、この他に、安定した収入がある多くの子供は定期的に両親にお金を贈り、親孝行します。
>
> 両親はたくさんのお金を使って自分を育ててくれたのだから、両親にお金をあげることは親孝行の心を示す最も良い方法であると中国人は思っているからです。両親もこのような形の親孝行を喜んで受けます。

② 葬礼帛金 / 香火钱 （香典の金額）　MP3 CDトラック 129

在日本有一个习惯，如果有人去世了,普通朋友和熟人给的「香火钱」不会超过一万日元。因为日本人觉得人死是悲哀、悲痛的事情,悼念不多给钱。

第5課

况且死者生前都上了保险,死后家人可以从保险公司获得大笔的赔偿金,家属的生活费无需外人担心。

但是中国人在参加朋友和熟人的丧礼的时候,会力所能及地多给香火钱。因为中国人认为家里人死了,留下来的人生活会有困难,所以香火钱多多愈善。第一、贫困的死者大多数都没有买保险,第二、即使死者买了保险,自己也要力所能及地多给,这样才显得有情义,能受到好的评价。

日本には人が亡くなった場合、普通の友人や知人が包む香典は1万円を超えないという慣習があります。日本人は人が亡くなるのは悲しい悲痛なできごとで、哀悼の意を示すのに多くのお金を出すのはよくないと思うからです。
その上、死んだ人は生前、生命保険をかけたので、家族は保険会社から大口の弁償金が貰えるので、他人は遺族の生活を心配する必要がありません。

しかし中国人は友人や知人の葬儀に参列する時は、できる限り多くの香典を包みます。なぜなら中国人は、家族が亡くなると残された人は生活にきっと困るだろうから、そのために香典は多ければ多いほどよいと思うからです。なぜかと言うと大多数の貧困な死者は保険をかけていなかったのです。仮に、死者が保険をかけたとしても、自分が死者の遺族にできるだけ沢山の香典をあげると、情がある人と思われ、よい評価が得られます。

在新加坡曾经有一个贫困家庭的丈夫卧轨自杀了,留下了体弱的妻子和两个未成年的孩子。丈夫死后,妻子连坐巴士去认尸的钱也没有。

报纸大篇幅地报道了这一不幸事件后,引起了民众的广泛同情。在办丧事的几天内,有很多不认识的人也来吊唁给香火钱,遗孀一共收到了50万新币(约三千五百万日元)的帛金,她和孩子的下半生的生活也因此有了保障。

这位遗孀从帛金中拿出了10万新币(约七百万日元)捐给了跟自己一样生活困难的人,这件事对于日本人来说简直就像天方夜谭一样。

> かつてシンガポールである貧困家庭の夫が地下鉄のレールに横たわって自殺をし、病弱の妻と2人の未成年の子供が残されましたが、夫の死後、妻には遺体確認に行くバス代もありませんでした。
>
> 新聞がこの不幸な事件を大々的に報道した結果、多くの人々の同情を呼び、数日間の葬儀の間に、面識のない人も大勢弔問に訪れ、香典を置いて行きました。未亡人は全部で50万シンガポールドル(日本円で3500万円)の香典を受け取りました。彼女と子供の後の生活も、これによって保障されました。
>
> この未亡人は香典の中から10万シンガポールドル(日本円で700万円)を自分と同じような生活に困窮している人のために寄付しました。このことは日本人から見ればまるで『アラビアンナイト』の物語のようでしょう。

MP3 CD トラック130

③ 中国人对失败者相对宽大(中国人は敗北者に寛大である)

五千年的历史长河中,中国人目睹了很多人生的起伏跌宕以及成功和失败的轮替交织。由此中国人相信人生十年河东,十年河西,所以对失败的人比较宽大。

中国人は5000年の長い歴史の中で、多くの山あり、谷ありの人生や成功と失敗が代わる代わる交差するのを目の当たりにしてきました。また中国人は10年たてば物事は変化する（10年間失敗したとしても、次の10年間で成功する）と信じているので、失敗した者に比較的寛大なのです。

因为这个人现在虽然失败了，但将来可能会东山再起，再获成功。

所以中国人对失败者比较宽大，当失败者有求于自己的时候，会尽可能地伸出援手予以失败者帮助。中国人相信这样做将来会有好报。

今失敗したとしても、再起し成功をおさめる可能性もあります。だから中国人は失敗した者に比較的寛大であり、失敗した者が助けを求めてきた時にはできるだけ手を差し伸べ援助するのです。このようにしたら、よい報いが来ると信じています。

MP3 CDトラック131

④ 中国人对餐厅经营者充满敬意（中国人はレストラン経営者に敬意を払う）

自从盘古开天地，中国人就信奉「民以食为天」，所以中国人非常敬重开餐厅经营饮食生意的人。

因为对于中国人来说，开餐厅是比较容易获得成功的行业，开餐厅获得成功后，很多经营者再从餐饮业进军到别的行业，因此而获得更大的成功。

对于中国人来说开餐厅搞餐饮业像是奠定人生成功的基石,因此开餐厅,搞餐饮的人为众人所羡慕和敬重。

> 盤古（ばんこ）が天と地を創造した昔から、中国人は**民以食为天**「食が最も重要」（人は食に頼って生きているので、食を最も大切なものとする）という言葉を信奉しているので、レストランを経営する飲食業の人をとても尊敬します。
>
> また中国人からすると、レストランは比較的成功しやすい業種で、レストランで成功を収めた後、多くの経営者は飲食業から別の業種へ手を広げます。そしてさらに大きな成功を収めるのです。
>
> 中国人にとって、レストランを開き、飲食業を営むことは、人生における成功の礎を打ち立てるようなものですから、レストランを開き、飲食業を営む人はみんなから羨望され、尊敬されるのです。

⑤ 中国人的梦想是自己做老板 （中国人の夢は社長になる）

与日本人截然相反的是中国人非常渴望自己开公司当老板。中国人认为即便是小生意,也比在大公司打工强。因为中国人出来自己做生意后获得成功的几率较大,一旦成功以后,会比在大公司打工的高层还荣华富贵。因此中国人都认为即使在大公司做得职位再高,也是没有自己的事业,不算成功。

香港首富李嘉诚曾经的第一助手跟随李嘉诚一辈子,在他手下做高管,每月领着超高薪的工资,被称为"打工皇帝。"但他前几年退休

后，接受媒体的采访，当被问到："今生您有什么遗憾？"时，他说："如果说有什么遗憾，那就是没有创办自己的公司。"他不认为自己是成功的。他的话代表了绝大多数中国人的想法。

学中文的日本人，尤其是学到了高级阶段，应该了解以上的这些中国人的独特的想法和价值观，以利于同中国人的交流。

中国人が日本人と明らかに異なるのは、自分で会社を作り、社長になりたいと強く思っていることです。大企業で雇われるより、たとえ小さくても自分で商売をする方がずっとよいと考えます。中国人は独立して自分で商売をすると成功を勝ち取る確率が高いし、一旦成功すれば大企業の幹部より栄華と富を手に入れられるからです。このため中国人は、たとえ大企業でどんなに高いポストに就いたとしても、自分の事業ではないので成功とは考えません。

香港一の資産家・李嘉誠のかつての第一補佐役は彼と一生を共にし、彼の下で高い地位と、毎月超高額の給料を得て、「サラリーマン皇帝」とまで言われました。しかし、数年前彼が退職した後に、メディアの取材を受け、「これまでの人生で何か心残りはありませんか？」と質問された時に、彼は「心残りがあるとしたら、それは自分の会社を作れなかったことかな」と答えました。彼は自分が成功したとは思っていないのです。彼の話は、絶対多数の中国人の考えを代表しています。

中国語を学んでいる日本人、特に上級者は中国人とうまく付き合うために、これらの中国人特有の考え方や価値観を理解すべきでしょう。

7. 宿 題

（解答は P.491）

1. 次の質問を中国語に訳し、答えも中国語で書きなさい。

① 民族の性質上、日本人と中国人はどう違いますか？

　Q：＿＿＿＿＿＿＿＿＿＿＿＿＿＿＿＿＿＿＿＿＿＿＿＿＿＿＿＿＿

　A：＿＿＿＿＿＿＿＿＿＿＿＿＿＿＿＿＿＿＿＿＿＿＿＿＿＿＿＿＿

　＿＿＿＿＿＿＿＿＿＿＿＿＿＿＿＿＿＿＿＿＿＿＿＿＿＿＿＿＿＿＿

② どうして中国人は自分で起業したがり、日本人は会社勤めをしたがるのですか？

　Q：＿＿＿＿＿＿＿＿＿＿＿＿＿＿＿＿＿＿＿＿＿＿＿＿＿＿＿＿＿

　A：＿＿＿＿＿＿＿＿＿＿＿＿＿＿＿＿＿＿＿＿＿＿＿＿＿＿＿＿＿

　＿＿＿＿＿＿＿＿＿＿＿＿＿＿＿＿＿＿＿＿＿＿＿＿＿＿＿＿＿＿＿

③ 転勤や引っ越しの後、日本人と中国人の行動はどう違いますか？

　Q：＿＿＿＿＿＿＿＿＿＿＿＿＿＿＿＿＿＿＿＿＿＿＿＿＿＿＿＿＿

　A：＿＿＿＿＿＿＿＿＿＿＿＿＿＿＿＿＿＿＿＿＿＿＿＿＿＿＿＿＿

　＿＿＿＿＿＿＿＿＿＿＿＿＿＿＿＿＿＿＿＿＿＿＿＿＿＿＿＿＿＿＿

④ 中国人女性のほとんどは、どうしてずっと働きたいのですか？

　Q：＿＿＿＿＿＿＿＿＿＿＿＿＿＿＿＿＿＿＿＿＿＿＿＿＿＿＿＿＿

　A：＿＿＿＿＿＿＿＿＿＿＿＿＿＿＿＿＿＿＿＿＿＿＿＿＿＿＿＿＿

　＿＿＿＿＿＿＿＿＿＿＿＿＿＿＿＿＿＿＿＿＿＿＿＿＿＿＿＿＿＿＿

第5課

⑤ 中国社会では、どのように男女平等が行われていますか？

　Q：＿＿＿＿＿＿＿＿＿＿＿＿＿＿＿＿＿＿＿＿＿＿＿＿＿＿＿＿＿

　A：＿＿＿＿＿＿＿＿＿＿＿＿＿＿＿＿＿＿＿＿＿＿＿＿＿＿＿＿＿

　　　＿＿＿＿＿＿＿＿＿＿＿＿＿＿＿＿＿＿＿＿＿＿＿＿＿＿＿＿＿

2. 次の文型を使って文を作りなさい。

① … 以便 …

② 虽然 … 但是 …

③ 宁可 … 也不 …

④ 无论 … 都 …

⑤ 只不过 …

⑥ 不仅 … 也 …

3. 次の中国語の単語を正しい語順に並べ替え、日本語に訳しなさい。

① 辛辛苦苦　孩子　父母　把　养大了　地　。

② 当成　把　警卫　小偷　了　主人　。

③ 都　房屋　冲走　把　海啸　很多　了　。

④ 把　内容　学过的　最好　下来　背　。

⑤ 搞清楚　很　把　重要　这一点　。

⑥ 混淆　把　了　不要　问题　。

4. 次の日本語を中国語に訳しなさい。

① 中国人は次のことを信じています。
　人生には山あり、谷あり、最初の10年間は失敗しても、次の10年間で成功するかもしれません。

②　中国人は、人間にとって食が何より重要だと思っています。

③　中国人の家庭概念では、家事は必ず夫婦が共に受け持たなければなりません。

④　彼は私の右腕です。

⑤　中国人は敗北者に寛大です。

⑥　中国語を勉強する日本人、特に上級者は日本人と中国人の発想の違い、価値観の違い、物事の処理方法の違いを認識しなければなりません。

⑦ 中国人が日本人と明らかに異なるのは、自分で会社を作り、社長になりたいと強く思っていることです。

_____

_____

⑧ このことは日本人から見れば、まるで「アラビアンナイト」の物語のようでしょう！

_____

_____

5. 作文：「私の感じた日本人と中国人の違い」を書きなさい。

第6課 中文新语

中国語の新しい言葉

1. 本 文

随着中国经济的发展和社会情况的变化以及人们的生活方式的改变,越来越多的新词出现在中文字典中。别说是学中文的外国人,就连移居海外的中国人如果不注意学习和吸收,也很难了解这些新词的意思。

在这里向大家介绍一些中国社会的新词汇。

① 丁克家庭:指夫妻双方均有收入并自愿不生育子女的家庭。上世纪九十年代中期,随着这种家庭的大量出现,这个词开始广泛被使用。「丁克」音译自英语DINKS (Double income no kids)。

② 丁宠家庭:指不要孩子,把宠物当孩子养的家庭。

③ 萌:原意指植物刚刚发芽,新意指幼稚且有点儿糊涂。

④ 独二代:即独生子女的父母也是独生子女,也称4-2-1家庭,即夫妇2个,夫妇双方的父母4个以及一个孩子。

⑤ 闷骚：指人的性格表面沉静但内心狂野。

⑥ 灰色技能：某些企业要求毕业生具备的比如喝酒、唱歌、打麻将、打牌等特殊的交际技能。

⑦ 卡神：就是某人在别人要买东西付钱的时候，收他的钱，用自己的卡来刷。这样这个人的卡就会有积分，然后用这些积分来换礼品并把礼品卖掉赚钱。

⑧ 啃椅族：最近在中国的快餐厅内，有一些人久坐或买杯饮料坐四五个小时，这已经不再是罕见的情况。这些长时间占位的人则被称为啃椅族。

⑨ 裸考：高考新名词，简而言之就是没有享受任何加分项目，仅凭实力参加考试的考生。

⑩ 裸官：为了防止有一天遭到审查而把家属、孩子、存款都弄到国外的中国官员被称为「裸官」。

⑪ 悲催：难过、催人泪下般悲惨。

⑫ 捧车族：指买得起车却用不起车，宁可把车"捧"起来闲置的一些人，美其名曰「捧车族」。

（＊捧：两手で大事に持つ）

⑬ 穷人跑：低价位的国产跑车。

⑭ 手机手：发短信发到手指僵硬，疼痛难忍。医学上称为拇指腱鞘炎，是指肌腱与外围的腱鞘出现发炎的现象，症状为掌指关节疼痛。

⑮ 职粉：「职业粉丝」的简称，他们专门为参选艺人拉票、搞活动、策划形象等。

⑯ 晒网：指匿名把自己的秘密在网上公开的行为。

⑰ 晒密：就是指有些年轻的网民匿名把自己的私密（私人秘密）发布到网络上，像是在网上晒太阳一样。这些喜欢晒网的人被称为晒密族或晒客。

⑱ 月嫂：专门在产妇生产后伺候产妇、照顾婴儿的保姆。

⑲ 装嫩：指不年轻的人装年轻。

⑳ 空巢老人：是指那些孩子都在外地工作或去外地打工，被留在无儿女的家中的老人。

中文的新词产生得非常快，而且数量也迅速增多。本课文和小知识中只介绍了一百二十个新词。中文学习者应该尽量多看最新的报纸、杂志和网上的信息，并且要通过多跟中国人交流来接触了解现代中国人生活

<ruby>中<rt>zhōng</rt></ruby> <ruby>频<rt>pín</rt></ruby> <ruby>繁<rt>fán</rt></ruby> <ruby>使<rt>shǐ</rt></ruby> <ruby>用<rt>yòng</rt></ruby> <ruby>的<rt>de</rt></ruby> <ruby>新<rt>xīn</rt></ruby> <ruby>词<rt>cí</rt></ruby>，<ruby>这<rt>zhè</rt></ruby> <ruby>样<rt>yàng</rt></ruby> <ruby>有<rt>yǒu</rt></ruby> <ruby>助<rt>zhù</rt></ruby> <ruby>于<rt>yú</rt></ruby> <ruby>提<rt>tí</rt></ruby> <ruby>高<rt>gāo</rt></ruby> <ruby>中<rt>zhōng</rt></ruby> <ruby>文<rt>wén</rt></ruby> <ruby>的<rt>de</rt></ruby> <ruby>理<rt>lǐ</rt></ruby> <ruby>解<rt>jiě</rt></ruby> <ruby>能<rt>néng</rt></ruby> <ruby>力<rt>lì</rt></ruby> <ruby>和<rt>hé</rt></ruby> <ruby>沟<rt>gōu</rt></ruby> <ruby>通<rt>tōng</rt></ruby> <ruby>能<rt>néng</rt></ruby> <ruby>力<rt>lì</rt></ruby>。

2. 新しい単語

MP3 CD トラック134

1.	丁克家庭 (dīng kè jiā tíng)	[名詞]	ディンクス、共働きで子供のいない夫婦だけの家庭
2.	丁宠家庭 (dīng chǒng jiā tíng)	[名詞]	子供がいなくて、ペットを子供のように育てている家庭
3.	萌 (méng)	[形容詞]	幼い、どこかが抜けている
4.	抗衰老 (kàng shuāi lǎo)	[動目]	アンチエイジング
5.	积分 (jī fēn)	[名詞]	累計ポイント、平均点、積分
6.	独二代 (dú èr dài)	[名詞]	両親も一人っ子である一人っ子
7.	闷骚 (mèn sāo)	[形容詞]	性格は表面が静かで内面が野性的である
8.	灰色技能 (huī sè jì néng)	[名詞]	飲酒、カラオケ、麻雀などの接待能力
9.	卡神 (kǎ shén)	[名詞]	カード使いの達人
10.	啃椅族 (kěn yǐ zú)	[名詞]	ファストフード店で長居する人々
11.	赚钱 (zhuàn qián)	[動詞]	金を儲ける、金が儲かる
△	现如今在中国谁都想赚大钱。(xiàn rú jīn zài zhōng guó shéi dōu xiǎng zhuàn dà qián)		今の中国では誰もが大金を稼ぎたいと思っている。
12.	快餐厅 (kuài cān tīng)	[名詞]	ファストフード店
13.	礼品 (lǐ pǐn)	[名詞]	贈り物、みやげ、ギフト、プレゼント
△	用积分来换礼品。(yòng jī fēn lái huàn lǐ pǐn)		ポイントをギフトと交換する
14.	悲催 (bēi cuī)	[形容詞]	悲しい、涙が出るくらい悲惨な

第6課

15.	饮料 (yǐn liào)	[名詞]	飲料、飲み物
△	软饮料 (ruǎn yǐn liào)		ソフトドリンク
16.	罕见 (hǎn jiàn)	[形容詞]	まれに見る、めったにない
△	这种病很罕见。(zhè zhǒng bìng hěn hǎn jiàn)		このような病気はとても珍しい。
17.	占位 (zhàn wèi)	[動詞]	場所をとる、席をとる
18.	裸考 (luǒ kǎo)	[名詞]	実力で試験を受けること
19.	凭 (píng)	[動詞]	頼る、頼みとする、依存する
△	仅凭考试成绩录取。(jǐn píng kǎo shì chéng jì lù qǔ)		テストの成績だけで採用する。
20.	简而言之 (jiǎn ér yán zhī)	[成語]	簡単に言えば
21.	捧车族 (pěng chē zú)	[名詞]	車の維持費が高いので、せっかく買った車を使わずに飾り物にしている人々
22.	美其名曰 (měi qí míng yuē)	[成語]	聞こえのいいことを言う
23.	穷人跑 (qióng rén pǎo)	[名詞]	中国産の安いスポーツカー
△	国产跑车 (guó chǎn pǎo chē)		国産スポーツカー
24.	手机手 (shǒu jī shǒu)	[名詞]	携帯を使いすぎて痛みのひどい指
25.	短信 (duǎn xìn)	[名詞]	（携帯電話で送る）ショートメッセージ
26.	僵硬 (jiāng yìng)	[形容詞]	（体のある部分が）硬直している、こわばっている
27.	疼痛难忍 (téng tòng nán rěn)	[フレーズ]	痛くてたまらない
△	颈椎错位疼痛难忍。(jǐng zhuī cuò wèi téng tòng nán rěn)		首の骨がずれて、痛くてたまりません。
28.	拇指 (mǔ zhǐ)	[名詞]	親指
29.	食指 (shí zhǐ)	[名詞]	人差し指

	zhōng zhǐ		
30.	中指	［名詞］	中指
31.	wú míng zhǐ 无名指	［名詞］	薬指
32.	xiǎo zhǐ 小指	［名詞］	小指
33.	jiàn qiào yán 腱鞘炎	［名詞］	腱鞘炎
34.	zhí yè fěn sī 职业粉丝	［名詞］	プロのファン

　　zhí　zhí yè　fěn　fěn sī　　　　　　　　　　zhí fěn　　　zhí yè fěn sī
　职は职业、粉は粉丝（英語「fans」の音訳、「职粉」は「职业粉丝」を
　2字に圧縮した新語。

35.	lā piào 拉票	［動詞］	票を集める、選挙運動をする
△	wèi cān xuǎn yì rén lā piào 为参选艺人拉票。		ノミネートされたタレントのために票集めをする。
36.	cè huà 策划	［動詞・名詞］	画策（する）、策を立てる、たくらむ
37.	shài wǎng 晒网	［動詞］	匿名で自分のプライバシーをインターネットで公開する
38.	yuè sǎo 月嫂	［名詞］	産後の母親と新生児の世話を専門に行う女性

3. 訳　文

中国語の新しい言葉

　中国の経済発展、社会状況の変化、人々のライフスタイルの変化に伴って、ますます多くの新語が辞書に載るようになりました。中国語を学ぶ外国人はもちろんのこと、海外に移り住んでいる中国人でさえ、学び吸収することを怠ると、これらの新語はなかなか理解できません。ここでは皆さんに中国社会の一部の新語を紹介します。

① **丁克家庭**：DINKS（ディンクス）、夫婦ともに収入があり、かつ子供を持たないことを選択した家庭。90年代半ばに、このスタイルの家庭が多く出現した。それにつれ広く使われ始めたこの言葉「丁克」は、英語のDINKS（Double income no kids）を音訳したもの。

② **丁宠家庭**：子供を持たず、ペットを子供のように育てている家庭を指す。

（pets-only DINKS family）
③ 萌：元々は植物の芽が出たばかりの意味ですが、新しい意味は人が幼くて、どこかが抜けていることを指す。
④ 独二代：両親ともに一人っ子である一人っ子のこと。4－2－1家庭とも呼ばれる。つまり夫婦2人、夫婦それぞれの両親4人と子供1人のこと。
⑤ 闷骚：人の性格は表面が静かで内心が野性的である。
⑥ 灰色技能：ある種の企業では、新卒社員に求めている飲酒、カラオケ、マージャン、カードゲームなどの接待にかかわる特別な能力
⑦ 卡神：他人が買い物で現金を支払う時、その現金を受け取り、自分のカードで支払う。そうして彼のカードにはポイントがつき、後にギフトと交換し、さらにそれを売り払い、現金を稼ぐこと。
⑧ 啃椅族：最近の中国ではファストフード店で長居する、あるいは飲み物一杯で4～5時間居座るのも珍しいことではなくなった。このように長居する人々を「啃椅族」と呼ぶ。
⑨ 裸考：大学入試関係の新単語。簡単に言うと、いかなる加点もなしに、テストの成績のみで大学入試を受けること。
⑩ 裸官：政府からの万が一の調査の予防に自分以外の家族、預金をすべて海外に移し、自分だけが中国に残っている高官。
⑪ 悲催：悲しい、涙が出るくらい悲惨な。
⑫ 捧车族：車は買えるが維持費は払えないので、せっかく買った車を使わず、飾りとして置いておく人々を、聞こえがいい言い方で「捧车族」という。
⑬ 穷人跑：中国産の安いスポーツカー。
⑭ 手机手：メールを発信することで指を使いすぎて、指が硬直し、激痛を感じるようになる。医学的には親指腱鞘炎と呼ばれ、指の腱とその周りの腱鞘が炎症を起こし、手指の関節の痛みが現れている状態。
⑮ 职粉：「职」は「職業」、「粉」は「粉丝」（英語「fans」の音訳）、「職業粉絲」を2字に縮めた新語。彼らはノミネートされたタレントの集票活動、イベント開催、イメージ作りなどを専門に行う。
⑯ 晒网：自分のプライバシーを匿名でインターネットに公開することを指す。
⑰ 晒密：若いネットユーザーが匿名で自分のプライバシー（個人の秘密）を、まるで「晒太阳」（日光浴）をするようにインターネット上に公開すること。このようなネット上に秘密をさらすことを好む人々を「晒秘族」または「晒客」と呼ぶ。
⑱ 月嫂：産後の母親と新生児の世話を専門的に行う家政婦。
⑲ 装嫩：若くないのに若作りすること。

⑳ 空巣老人：子供がよその土地に仕事や出稼ぎへ行き、誰もいない家に残された老人を指す。

　中国語の新語の誕生、その数の増加は非常に速いのですが、本文と後の豆知識では120程度しか紹介していません。中国語の学習者は、中国語の最新の新聞、雑誌およびネット情報をできるだけ数多く読み、できるだけ中国人とコミュニケーションをとることで、現代の中国人が生活の中で頻繁に使っている新語を理解するよう努めれば、中国語の理解力とコミュニケーション能力の向上に役立つことでしょう。

4. 文型と慣用句

MP3 CD トラック135

1. 別说是 A 就连 B 都／也 …／A はもちろんのこと B でさえ…

　　bié shuō shì shàng bān zú jiù lián dà xué shēng dōu yōng yǒu xìn yòng kǎ
△ 别 说 是 上 班 族 就 连 大 学 生 都 拥 有 信 用 卡。
／サラリーマンはもちろんのこと、大学生でさえクレジットカードを持っている。

　　bié shuō shì xiǎo háir jiù lián dà ren dōu bú huì zuò zhè dào shù xué tí
△ 别 说 是 小 孩儿 就 连 大 人 都 不 会 做 这 道 数 学 题。
／子供はもちろんのこと、大人でさえこの数学問題は解けない。

　　tā bié shuō mǎi shē chǐ pǐn jiù lián chī fàn dōu chéng wèn tí
△ 他 别 说 买 奢 侈 品 就 连 吃 饭 都 成 问 题。
／彼はぜいたく品を買うのはもちろんのこと、ご飯さえ食べられない。

解釈1 a.「别说是」と「就连」の後には名詞・人称代名詞および動目フレーズを置きます。「别说是」の後のAは名詞や人称代名詞の場合、Aはもちろんですが、「就连」の後のBもある動作行為ができる／できないことを表す。

b.「别说」の後に来るAは動目フレーズの場合、動作主が「難度が高い動作行為」はもちろんのこと、「就连」の後の「基本的な動作行為」の実行でさえ難しいことを表します。

2. 把 A 当 成 B　AをBと思い込む、AをBとする、AをBに当てる

△ 他们没有孩子，把狗当成孩子。
／彼らは子供がいないので、犬を我が子と思っている。

△ 你就把这里当成自己的家吧。
／ここを自分の家だと思ってください。

△ 他把工作当成使命。／彼は仕事を使命とみなしている。

解釈2　AをBとして扱う時に使う文型です。動詞の後に「成」がつく時には、必ず「把」構文を使います。

トピック会話 6

A. 我发现随着中国人生活方式的变化，出现了很多新词来反应不同生活形态的人群，这对我们外国人来说太难掌握了。

B. 别说外国人了，就连中国人也要不断了解其真正的内涵才能搞懂。比如像新词「无就业愿望一族」、「啃老族」等都属于这一类。

A. 「无就业愿望一族」一听就能明白是什么意思，但「啃老族」就有点儿不明白了。

B. 「啃老族」就是指成人以后或大学毕业以后，不出去工作或者有工资收入也依然依赖父母的工资过活的人。

A. 中国现在竟然也有这样的人了。我以为中国的年轻人都努力工作，赚的钱每个月都交给父母呢。

B. 现在情况不一样了，有的人每月拿钱孝顺父母，有的人啃食父母。

トピック会話6　訳文

A. 中国人のライフスタイルの変化に伴って、異なるライフスタイルを持った人々を反映した新しい単語が生まれていることに気づきました。これは我々外国人には、とても把握しがたいものです。

B. 外国人だけではないですよ、中国人でも絶えずその真の意味を理解することに努めていないと分かりません。例えば「無職業願望一族」「啃老族」などの新しい単語も、みなその仲間です。

A. 「無職業願望一族」は聞けばその意味が分かりますが、「啃老族」はよく分かりません。

B. 「啃老族」は成人後、あるいは大学卒業後働かずにあるいは仕事と収入があっても父母の収入に依存して生活する人のことです。

A. 中国にも、そのような人がいるのですね。中国の若者はみんな一生懸命働いて、稼いだお金を毎月両親にあげていると思っていました。

B. 今は状況も様々です。毎月お金で親孝行する人もいれば、両親を食い物にする人もいます。

5. キーポイント

1.「温柔」「温和／平和」「和善／和蔼」「亲切」の使い分け

日本語の「やさしい」という単語は中国語に訳す時、内容や場面によってそれぞれ「温柔」「温和／平和」「和善／和蔼」「亲切」に訳されます。「温柔」「温和／平和」「和善／和蔼」「亲切」はどれも形容詞で、文の中で、形容詞述語、状況語、限定語として使いますが、意味とニュアンスが微妙に違いますので、ここではその4つの単語の意味の違いと使い分けを紹介します。

温柔	温和／平和	和善／和蔼	亲切
①優しい（ガールフレンドや妻に使う）。それ以外の女性に使う時には要注意。スキンシップのとれる関係なら使ってもよい。そうでなければ、不適切。	①「温和」は性格や態度が優しい、特に性格が穏やかで怒りっぽくない人の形容に使う。女性に使うことが多いが、男性にも使える。	①態度や表情が親切で友好的で、親しみやすい。男性にも女性にも使える。	①優しい、親しみやすい（政治家や国家の地位が高い人が謙虚な親しみやすい姿勢と態度で民衆に接する時に使う）。
△我想找一个温柔体贴的女孩子当女朋友。 wǒ xiǎng zhǎo yí ge wēn róu tǐ tiē de nǚ hái zi dāng nǚ péng you ／やさしくて思いやりのある女性を恋人にしたい。 △旧时代的妻子温柔善良，大都在家相夫教子。 jiù shí dài de qī zi wēn róu shàn liáng, dà dōu zài jiā xiāng fū jiào zǐ ／昔の妻は善良で優しく、家で夫の世話や子育てに専念する人が多かった。	△我先生性格温和从来不生气。 wǒ xiān sheng xìng gé wēn hé cóng lái bù shēng qì ／主人は優しくて決して怒らない人です。 △幼儿园的阿姨对待所有的小朋友都很温和。 yòu ér yuán de ā yí duì dài suǒ yǒu de xiǎo péng you dōu hěn wēn hé ／幼稚園の保母さんは、どの子供にも優しく接します。	△邻居的老人家很和善／和蔼。 lín jū de lǎo rén jia hěn hé shàn／hé ǎi ／隣のご老人は、とても親しみやすく優しい。 △医生护士的和蔼的笑容温暖了病人的心。 yī shēng hù shi de hé ǎi de xiào róng wēn nuǎn le bìng rén de xīn ／医者と看護師の優しい笑顔は患者の心を温めた。 ✕「和善的笑容」とは言いません。	△温家宝亲切地看望了灾区民众。 wēn jiā bǎo qīn qiè de kàn wàng le zāi qū mín zhòng ／温家宝総理は、気さくな態度で被災地の民衆をお見舞いしました。 △天皇和皇后亲切地接见了民间代表。 tiān huáng hé huáng hòu qīn qiè de jiē jiàn le mín jiān dài biǎo ／天皇皇后両陛下は温かいお心で民間代表と接見しました。

温柔	温和／平和	和善／和蔼	亲切
②小説や映画の中の若い女主人公に使う。	②「温和」と似た意味の「平和」は気持ちが平和で、妙な競争心や嫉妬心がないことを強調する。	②四字成語「和蔼可亲」（優しくて親しみやすい）は、上の立場の人や地位の高い人に使う。	②優しい、温かい。上の立場の人、地位の高い人に使う。
△文学名著《家春秋》里的「四凤」是一个美丽温柔的女性。 wén xué míng zhù《jiā chūn qiū》lǐ de「sì fèng」shì yí ge měi lì wēn róu de nǚ xìng /文学の名作『家春秋』の中の「四鳳」はきれいで優しい女性です。 △女演员的温柔的眼神打动了观众。 nǚ yǎn yuán de wēn róu de yǎn shén dǎ dòng le guān zhòng /女優の優しい目つきは観衆の心を打った。	△他的心态很平和。 tā de xīn tài hěn píng hé /彼は妙な競争心がないので、穏やかでバランスのとれた心を持っています。 △在竞争激烈、贫富差别悬殊的社会生活,有一个平和的心很重要。 zài jìng zhēng jī liè、pín fù chā bié xuán shū de shè huì shēng huó yǒu yí ge píng hé de xīn hěn zhòng yào /競争が激しく、貧富の差が大きい社会で生活するには、穏やかでバランスのとれた心がとても大事です。	△周恩来总理和蔼可亲。 zhōu ēn lái zǒng lǐ hé ǎi kě qīn /周恩来総理は優しくて、親しみやすい人物です。	△主席亲切的话语感动了我们。 zhǔ xí qīn qiè de huà yǔ gǎn dòng le wǒ men /主席の優しい温かい言葉に、私たちは感動しました。 △老师亲切地笑了。 lǎo shī qīn qiè de xiào le /先生が優しく笑いました。

亲切

③懐かしい、親しみがある

△这首歌听起来很亲切。 /この歌は、とても懐かしいです。
zhè shǒu gē tīng qǐ lái hěn qīn qiè

△家乡话总是让人感到亲切。 /故郷のなまりに、いつも懐かしさを感じる。
jiā xiāng huà zǒng shì ràng rén gǎn dào qīn qiè

④日本語の「親切」は中国語の「亲切」に訳さず、「热心」「友善」「好意」と訳します。

△他是一个热心的人。 /彼は親切な人です。
tā shì yí ge rè xīn de rén

△谢谢你的好意。 /ご親切にありがとう。
xiè xie nǐ de hǎo yì

△新加坡人很友善。 /シンガポール人はとても親切です。
xīn jiā pō rén hěn yǒu shàn

△同事们都对我很好 /同僚はみんな親切にしてくれます。
tóng shì men dōu duì wǒ hěn hǎo

△同学们热心帮助我。 /クラスメートは親切にも私をヘルプしてくれます。
tóng xué men rè xīn bāng zhù wǒ

練習：次の日本文を中国語に訳しなさい。　　　　　　　　　　（解答は P.492）

① 日本女性は世界中で「とても優しい」と評価されているので、中国人男性の中には日本女性を妻にしたいと思う人が少なくありません。

② 彼女は穏やかで優しい、典型的な良妻賢母です。

③ 社会の発展に伴い、人々の親切な気持ちがだんだんと薄れてきました。

④ 日本人は親切にされすぎると、とまどってしまいます。なぜなら相手の意図が分からないからです。

⑤ 私は外国に出嫁ぎに行きましたが、主人の一族がみんな親切にしてくれるので、実家の両親もどうにか安心しました。

⑥ 主人はとても優しいので、彼と結婚することにしました。

⑦　兄は、優しくて、きれいで人の気持ちをよく理解し、思いやりのあるガールフレンドを探しています。"そんな完璧な人はめったにいません"と、みんなから言われました。でも彼は諦めません。

⑧　手術を受ける前、患者はとても緊張しますが、その時の医者の優しい笑顔と言葉は患者の不安な気持ちをほぐすことができます。

⑨　地球に優しい製品を研究し生産するのが、これからの課題です。

⑩　行きすぎた親切は、かえって他人を不安に感じさせます。

2.「満意」と「満足」の違い

中国語の「満意」と「満足」は日本語では等しく「満足」と訳しますが、中国語の「満意」と「満足」の使い方や意味には微妙な違いがあります。ここでは、その違いを紹介します。

満意	満足
①他人が提供してくれた／作ってくれたサービス、待遇、条件などに対して、今のところ、うれしく思い、かつ不満がない。	①他人からの親切や好意に対して、十分だと思い、かつそれ以上の要望がない。
△ 客人们都对这家餐厅的服务感到满意。 kè ren men dōu duì zhè jiā cān tīng de fú wù gǎn dào mǎn yì ／お客さんたちはみんな、このレストランのサービスを気に入って、不満がない。 △ 他对公司开出的条件很满意。 tā duì gōng sī kāi chū de tiáo jiàn hěn mǎn yì ／彼は会社が出した条件を良しとし、不満がない。	△ 我老公是独子,可我一连生了三个女儿,我的公婆都没有怨言,我的老公也依然疼爱我,我觉得很满足。 wǒ lǎo gōng shì dú zǐ kě wǒ yī lián shēng le sān gè nǚ ér wǒ de gōng pó dōu méi yǒu yuàn yán wǒ de lǎo gōng yě yī rán téng ài wǒ wǒ jué de hěn mǎn zú ／主人は一人息子で、私は続けて3人、娘を産んだのですが、義理の父母からはクレームがないし、主人は依然として私をかわいがってくれるし、私はとても満足しています。 △ 孩子们都很孝顺,父母很满足。 hái zi men dōu hěn xiào shùn fù mǔ hěn mǎn zú ／子供たちはみんな親孝行で、両親は大変満足しています。

满意	满足
②今まで取得した実績と成果に対して、喜びを感じ、かつ不満がない。	②享受している物質条件や待遇に対して、十分だと感じ、かつそれ以上の要望がない。＊「知足」ともいう。
△他对自己能够取得80分感到满意。 ／彼は自分が80点取れたことに満足を感じています。 △他父母对儿女取得的成就感到很满意。 ／両親は子供たちの素晴らしい実績に大満足しています。	△三十出头就评上了副教授她很满足。 ／30歳を出たばかりで副教授に選ばれ、彼女は大変満足しています。 △人到中年衣食无忧，事业有成，她很满足。 ／熟年に入って、生活の心配がなく、仕事も成功していることに、彼女は非常に満足しています。
③ a.対…感到满意 文型として使われる。使うポイントは①②と同じ。 b.否定形は「対…感到不满（意）」／…に対して不満を感じている。	③满足于… ／…に十分だと感じる。文型として使い、使うポイントは①②と同じ。「于」の後には名詞やフレーズが来る。
△外国企业对这里的投资环境感到满意。 ／外国企業はここの投資環境をよいと思い、不満がない。 △新生对大学的学习环境和师资条件感到很满意。 ／新入生は大学の学習環境、教師のレベルに対して不満はありません。 △现在的大多数年轻人对蜗居的环境很不满意。 ／今の大多数の若者は、カタツムリの殻のような小さい住居に対して、強く不満を感じています。	△他参加工作以后满足于现状，不思进取。 ／彼は就職してから、現状に対して満足し、それ以上の向上を望まない。 △年轻人只满足于物质享受就会堕落。 ／若者が物質を享受するだけで満足するなら、堕落してしまいます。

満意	満足
④ 否定形：a.「不満（意）・目」／不満である　b.「有不満（意）的」／不満がある	④ 否定形：「不満足」＝「不知足」／貪欲である、不満足である、不満がある
△ <ruby>对<rt>duì</rt></ruby> <ruby>公<rt>gōng</rt></ruby> <ruby>司<rt>sī</rt></ruby> <ruby>的<rt>de</rt></ruby> <ruby>新<rt>xīn</rt></ruby> <ruby>规<rt>guī</rt></ruby> <ruby>定<rt>dìng</rt></ruby> <ruby>大<rt>dà</rt></ruby> <ruby>家<rt>jiā</rt></ruby> <ruby>有<rt>yǒu</rt></ruby> <ruby>什<rt>shén</rt></ruby> <ruby>么<rt>me</rt></ruby> <ruby>不<rt>bù</rt></ruby> <ruby>满<rt>mǎn</rt></ruby>（<ruby>意<rt>yì</rt></ruby>）<ruby>的<rt>de</rt></ruby> <ruby>吗<rt>ma</rt></ruby>？／会社の新しい規定に対して、皆さん、何かご不満はありますか？ △ 我没有什么不满的。／私は特に不満がない。 △ 我不满（意）她瞒着我。／彼女が私に実情を隠すことに不満です。	△ 他永远不满足／不知足，总是满腹牢骚。／彼は常に満足がいかず、文句ばかり言っています。 △ 中国有句老话"知足者常乐"。／中国の古い言葉に「足るを知る者は楽しい人生を送る」があります。
	⑤「心満意足」は四字成語として使い、大満足している様子を形容する。
	△ 那个老人抱着孙子，一付心满意足的样子。／あのお年寄りは孫を抱いて、大満足の様子です。 △ 上了年纪以后，我们能享受天伦之乐，心满意足。／年をとってから私たちは家族団らんを楽しめ、大いに満足です。

練習：次の日本文を中国語に訳しなさい。　　　　　　　　　　（解答は P.492）

① ハードル選手の劉翔がアテネ・オリンピックでハードルの金メダルを獲得したので、彼のコーチは大変満足しています。

② 私はもう年ですので、分不相応な望みはありません。家で孫の遊び相手になりながら、悠々自適に暮らすことに大変満足しています。

③ 彼はいろいろな挫折を経験したので、人生に対して、不満だらけです。

④ 学校の指導に対して、大変満足しています。

⑤ この車の機能に不満です。

⑥　ご不満がおありでしたら、遠慮なくおっしゃってください。

_____

_____

⑦　彼はヘッドハンティング企業の斡旋で新しい会社に入った。新しい会社が提示した条件に満足している。

_____

⑧　株主は、今年配られた配当金に対して不満がない。

_____

6. 文法ポイント

MP3 CD トラック 142

結果補語

(1) 結果補語の構成

　動作の結果を補足説明する補語を結果補語と呼びます。結果補語は形容詞や動詞からなり、前の動詞／形容詞と一体になって述語動詞の役割を果たします。

1. 大多数の結果補語は　動詞1・$\dfrac{\text{V2./adj.}}{\text{結果補語}}$　構造になっています（補語表①〜㉔）。

　一部分の結果補語は　$\dfrac{\text{形容詞}}{\text{動詞1}}$・$\dfrac{\text{V2.}}{\text{結果補語}}$　構造になっています（補語表㉕）。

2. 「動詞・結果補語」または「形容詞・結果補語」の間には他の成分を入れることができず、その組み合わせが決められているため、勝手に作ることはできません。

(2) 結果補語の完了形および過去経験の表現

1. 結果補語の完了形を表す「了」は、ほとんど文末に置きます。「了」は動詞と結果補語の間には入れないことに注意しましょう。

　△ 你学会做蛋糕了吗？　／ケーキが作れるようになりましたか？

　△ 她搬到哪里去了？　／彼女はどこへ引っ越しましたか？

　△ 你收到录取通知书了吗？　／君は採用通知を受け取りましたか？

2. 過去経験助詞「过」は一部の「動詞・結果補語」の後には使えますが、すべての「動詞・結果補語」には使えません。

　△ 你看见过飞碟吗？　／UFOを見たことがありますか？

　△ 你收到过罚单吗？　／あなたは罰金通知をもらったことがありますか？

　　⊗　她买走过　　⊗　吃完过　　⊗　记住过

(3) 結果補語疑問文

1. 「吗」疑問文：文末に「吗」をつける。

△ <ruby>你<rt>nǐ</rt></ruby> <ruby>记住<rt>jì zhù</rt></ruby> <ruby>我的<rt>wǒ de</rt></ruby> <ruby>电话<rt>diàn huà</rt></ruby> <ruby>号码<rt>hào mǎ</rt></ruby> <ruby>了<rt>le</rt></ruby> <ruby>吗<rt>ma</rt></ruby>? ／私の電話番号を覚えましたか？

△ 你 bǎ 这 zhè 篇 piān 文 wén 章 zhāng 翻 fān 译 yì 完 wán 了 le 吗 ma? ／この文章を訳し終えましたか？

△ 他 tā 遇 yù 到 dào 贵 guì 人 rén 了 le 吗 ma? ／彼は将来力になってくれる人に出会いましたか？

2. 反復疑問文

> a. 主 ＋ 動詞（結果補語）＋ 没 ＋ 動詞・結果補語 ＋ 目的語？

△ 你 nǐ 找 zhǎo （到 dao） 没 méi 找 zhǎo 到 dao 工作 gōng zuò?
／仕事は見つかりましたか？

△ 你 nǐ 听 tīng （清楚 qīng chu） 没 méi 听 tīng 清楚 qīng chu 他的话 tā de huà?
／彼の話をはっきりと聞き取れましたか？

△ 他 tā 写 xiě （完 wán） 没 méi 写 xiě 完 wán 博士论文 bó shì lùn wén?
／彼は博士論文を書き終えましたか？

解釈 a 最初の結果補語は省略することもできます。

> b. 主 ＋ 動詞・結果補語 ＋ 目的語・了 ＋ 没有？

△ 你 nǐ 签 qiān 好 hǎo 字 zì 了没有 le méi you? ／サインはしましたか？

△ 你 nǐ 处理 chǔ lǐ 完 wán 工作 gōng zuò 了没有 le méi you?
／仕事の処理は終わりましたか？

△ 你们 nǐ men 记 jì 住 zhù 要点 yào diǎn 了没有 le méi you? ／要点は覚えましたか？

解釈 b 疑問詞「了没有？」＝「了吗？」

例：你吃饭了没有？ nǐ chī fàn le méi you ＝你吃饭了吗？ nǐ chī fàn le ma ／ご飯を食べましたか？

(4) 結果補語の否定形

結果補語の否定形には2つのタイプがあります。

1. 没・V結果補語　客観的理由で〜できない、〜していない

　　zhōu wéi tài chǎo le wǒ méi tīng qīng chu
　△ 周 围 太 吵 了 我 没 听 清 楚。
　　　　　　　　　　　　/ 周りがうるさすぎて、はっきり聞き取れなかった。

　　wǒ hái méi shuì zháo
　△ 我 还 没 睡 着。/ まだ眠りについていません。

　　tā hái méi wán chéng rèn wu
　△ 他 还 没 完 成 任 务。/ 彼はまだ任務を果たしていない。

2. V・不結果補語　主観的、能力的な問題で〜できない、〜する力がついていない

　　tā wán bu chéng rèn wu
　△ 他 完 不 成 任 务。/ 彼は任務を果たせない。

　　wǒ de ěr duǒ bù hǎo　tīng bu qīng chu
　△ 我 的 耳 朵 不 好，听 不 清 楚。
　　　　　　　　　　　　/ 私は耳がよくないので、はっきり聞こえません。

　　wǒ suì shu dà le　xué bu huì xīn dōng xi le
　△ 我 岁 数 大 了，学 不 会 新 东 西 了。
　　　　　　　　　　　　/ 私はもう年なので、新しいものは習得できません。

(5) 常用結果補語と例文

	結果補語	意味と解釈	使用例	否定形
1	V・懂	分かる、理解できる	△我听懂了他的话。 wǒ tīng dǒng le tā de huà /私は彼の話が聞き取れました。 △你看懂那篇文章了吗? nǐ kàn dǒng nà piān wén zhāng le ma /君はあの文章を(見て)分かりましたか?	a. 没V懂 客観的な原因で分からない △我没听懂他的话。 wǒ méi tīng dǒng tā de huà /私は彼の話が聞き取れなかった。(客観的理由による) b. V不懂 能力的に～が理解できない、理解する力がない △我听不懂他的话。 wǒ tīng bu dǒng tā de huà /私は彼の話が聞き取れなかった。(聞き取る力がない)
2	V・会	a. 十分に理解する b. 習得する	△他学会开车了。 tā xué huì kāi chē le /彼は運転できるようになった。 △妈妈学会用电脑了。 mā ma xué huì yòng diàn nǎo le /母はパソコンが使えるようになった。	a. 没V会 客観的な理由で習得していない △他没学会开车。 tā méi xué huì kāi chē /彼は(客観的理由により)運転技術を身につけていない。 b. V不会 能力的に習得できない △妈妈年纪大了,学不会电脑。 mā ma nián jì dà le, xué bu huì diàn nǎo /母は年をとったので、パソコンの使い方を習得できない。

	結果補語	意味と解釈	使用例	否定形
3	V・完	a. ～し終わってから b. ～し終える	△ 他 下完 课 就 去 打工。 tā xià wán kè jiù qù dǎ gōng /彼は授業が終わったら、すぐアルバイトに行く。 △ 我 吃 完 饭 后 就 查 看 电 邮。 wǒ chī wán fàn hòu jiù chá kàn diàn yóu /私はご飯を食べたら、すぐメールをチェックする。	a. 没V完 客観的な理由で～し終わっていない △ 他 没 吃 完 饭 就 走 了。 tā méi chī wán fàn jiù zǒu le /彼はご飯を食べ終えないまま出かけた。 b. V不完 個人的な理由で終えることができない △ 我 吃 不 完 这 么 多 饺 子。 wǒ chī bu wán zhè me duō jiǎo zi /こんなにたくさんの餃子は食べきれない。 c. 不V1完目1 不V2・目2 /V1目1し終えないとV1目2しない △ 不 写 完 作 业 不 吃 饭。 bù xiě wán zuò yè bù chī fàn /宿題をやり終えないと、ご飯を食べない。 △ 不 写 完 论 文 不 能 毕 业。 bù xiě wán lùn wén bù néng bì yè /論文を書き終えないと卒業できない。

	結果補語	意味と解釈	使用例	否定形
4	V・到	a.目標を達成する b.目的地に到達する c.手に入れる d.過去完了形に多く使われる	△他 終于 找到 了 工作。 tā zhōng yú zhǎo dào le gōng zuò /彼はついに仕事を見つけた。 △我 在 这 里 学 到 了 很 多 东 西。 wǒ zài zhè li xué dao le hěn duō dōng xi /私はここでたくさんのことを学びました。 △请 翻 到 第 102 页。 qǐng fān dao dì 102 yè /102ページを開いてください。 △她 搬 到 了 横 滨。 tā bān dao le héng bīn /彼女は横浜に引っ越した。	a. 没V到 客観的な理由で目的を達成していない △经 济 不 景 气, 他 没 找 到 工 作。 jīng jì bù jǐng qì, tā méi zhǎo dao gōng zuò /不景気なので、彼はまだ仕事を見つけていない。 b. V不到 個人的な理由で目的を達成できなかった △他 学 历 低 找 不 到 高 工 资 的 工 作。 tā xué lì dī zhǎo bu dao gāo gōng zī de gōng zuò /彼は学歴が低いので、高賃金の仕事を見つけられない。 △这 个 我 做 不 到。 zhè ge wǒ zuò bu dao /本件は私にはできない。

	結果補語	意味と解釈	使用例	否定形
5	V・成	a. 変化して別物になる b. …とみなす c. 目標達成 d. 過去完了形に使うことが多い	△他 長 成 大 人 了。 tā zhǎng chéng dà rén le /彼は成長して、すっかり大人になった。 △会 长 促 成 了 这 件 事。 huì zhǎng cù chéng le zhè jiàn shì /会長は本件を成立させた。 △雪 化 了 变 成 了 水。 xuě huà le biàn chéng le shuǐ /雪が融けて水になった。 △我 把 你 当 成 中 国 人 了。 wǒ bǎ nǐ dāng chéng zhōng guó rén le /私はあなたを中国人だと思っている。	没V成 客観的な理由で～ができていない △会 长 没 促 成 这 件 事。 huì zhǎng méi cù chéng zhè jiàn shì /会長は（客観的な理由で）本件を成立させていない。 V不成 能力的な問題で達成できなかった △他 办 不 成 这 件 事。 tā bàn bu chéng zhè jiàn shì /彼は（能力上）本件をやり遂げられない。 △这 棵 树 长 不 成 大 树。 zhè kē shù zhǎng bu chéng dà shù /この木は大木に成長できない。（＊大木になる種類の木ではないため）

第6課

	結果補語	意味と解釈	使用例	否定形
6	V・开	a. くっついているものを分ける	△ 请 打开 书。 qǐng dǎ kāi shū / 本を開いてください。	没V开 分けられていない事実を述べている
		b. ある場所から離れる	△ 那对情侣分开了。 nà duì qíng lǚ fēn kāi le / あのカップルは別れた。	△ 那两个人没分开。 nà liǎng gè rén méi fēn kāi / あの2人は別れていない。
		c. 心を広く持つ	△ 他离开家出去打工了。 tā lí kāi jiā chū qù dǎ gōng le / 彼は家を離れ、出稼ぎに行った。	V不开 内部的な理由で分けられない
			△ 你想开点儿。看开 nǐ xiǎng kāi diǎnr /（悲しいことなどに）いつまでもこだわらずに、心を広く持ちなさい。	△ 我们两人分不开了。 wǒ men liǎng rén fēn bu kāi le / 私たち2人はもう離れられない。
				△ 这件事我一直想不开。 zhè jiàn shì wǒ yì zhí xiǎng bu kāi / この件に関しては、ずっと納得できない。（気分がすっきりしない）
				△ 这把锁打不开。 zhè bǎ suǒ dǎ bu kāi / 鍵が故障して開けられない。

	結果補語	意味と解釈	使用例	否定形
7	V・走	a.元の位置から離れる b.品物が買われていった	△ 那套瓷器被人买走了。 /あの磁器セットは誰かに買われてしまった。 △ 把这台风扇搬走。 /この扇風機をどこかへ持って行きなさい。 △ 鸽子飞走了。 /ハトは飛んで行った。 △ 把客人用过的杯子拿走。 /お客さんが使ったグラスを、あっちへ持って行きなさい。	没V走 元の位置から動かされていない △ 那套家具没被人买走。 /あの家具セットは誰にも買われていない。 ＊受け身の標識語「被」がある場合、否定形は「没被V走」になります。 V不走 力がないので動かせない △ 钢琴太重了一个人搬不走。 /ピアノは重すぎて1人で運べない。
8	a. V・错 b. V・对	a.Vをし間違えた b.Vを正しくした	△ 你打错（电话）了。 /間違い電話です。 △ 是我听错了。 /私の聞き間違いでした。 △ 他回答对了。 /彼の答えは正しかった。	没V错 …をし間違えていない △ 我没听错。 /私は聞き間違えてはいない。 △ 她没看错。 /彼女は見間違えてはいない。 V不错 しっかりしているので間違いをするはずがない △ 我听不错。 /私は聞き間違えていないはずだ。 △ 她看不错。 /彼女が見間違えるはずがない。

	結果補語	意味と解釈	使用例	否定形
9	V・见	a.目と耳で対象物をキャッチする b.過去完了形に使うことが多い	△ 我看见她跟男朋友牵着手逛街。 wǒ kàn jiàn tā gēn nán péng you qiān zhe shǒu guàng jiē ／私は、彼女がボーイフレンドと手をつないで街をぶらつくのを見た。 △ 我碰见熟人很高兴。 wǒ pèng jiàn shú rén hěn gāo xìng ／私は知人に会えて、とてもうれしかった。 △ 我听见她在哭。 wǒ tīng jiàn tā zài kū ／私は、彼女の泣き声を聞いた。	没V见 客観的な原因で…が耳／目に入らなかった △ 我没看见她。 wǒ méi kàn jiàn tā ／私は彼女を見ていない。 △ 我刚才没听见你说什么。 wǒ gāng cái méi tīng jiàn nǐ shuō shén me ／先ほどは、あなたの言葉が耳に入らなかった。 V不见 (身体障害や周りが暗いことで)目が見えない、耳が聞こえない △ 她失明了,看不见了。 tā shī míng le, kàn bu jiàn le ／彼女は失明して目が見えなくなった。 △ 爷爷耳背听不见孙子说什么。 yé ye ěr bèi tīng bu jiàn sūn zi shuō shén me ／おじいさんは耳が遠くなって、孫が何を言っているのか聞こえない。

	結果補語	意味と解釈	使用例	否定形
10	V・着 V・到	a.目的が達成できる b.「到」と「着」は置き換えて使える c.過去完了形に使うことが多い	△你一定能找着满意的工作。 /君は必ず満足できる仕事を見つけられる。 △孩子睡着了。 /子供は眠りについた。 △这次大减价她买着了便宜货。 /今回のバーゲンで、彼女はお買い得な商品が買えた。	没V着 まだ…の目的を達成できていない △他没找着满意的工作。 /彼は満足できる仕事を見つけていない。 △他没等到成功的那一天。 /彼は成功する日が来るのを、ついに待てなかった。 V不着 a 主観的な原因で…の目的が達成できない b 商品がないので手に入れられない △他学历低找不着高工资的工作。 /彼は学歴が低いので、高収入の仕事を見つけられない。 △我工作压力太大，晚上睡不着。 /仕事のプレッシャーが大きすぎて、夜眠れない。 △在瑞士买不着便宜货。 /スイスでは安価な商品は買えない。

	結果補語	意味と解釈	使用例	否定形
11	V・住	a.しっかり定着させる b.しっかり持つ、しっかりつかむ	△ 你们要记住学过的内容。 /学んだ内容はしっかり覚えるように。 △ 人们要善于把握住机会。 /チャンスは逃さずに、しっかりとつかむべきだ。 △ 拿住别掉了。 /しっかり持ちなさい、落さないでね。	没V住 …がしっかり定着していない △ 我没抓住这个好机会。 /今回の絶好のチャンスを逃してしまった。 △ 她没记住那个句型。 /彼女はあの文型を覚えていない。 V不住 (力不足で)しっかり持てない、記憶力の問題で覚えられない △ 他太小接不住篮球。 /彼は小さすぎて、バスケットボールを捕球できなかった。 △ 我怎么也记不住英语单词。 /どうしても英単語が覚えられない。

	結果補語	意味と解釈	使用例	否定形
12	V・累了	…し疲れた	△ 小孩儿哭累了，睡着了。 xiǎo hái'r kū lèi le, shuì zháo le /子供は泣き疲れて、眠ってしまった。 △ 你们走累了，歇会儿吧。 nǐ men zǒu lèi le, xiē huìr ba /歩き疲れたから、ちょっと休みましょう。	不累 疲れない/疲れていない 还不累 まだ疲れていない A. 你们走累了吧！ nǐ men zǒu lèi le ba /皆さん、歩き疲れたでしょう！ B. 还不累。 hái bú lèi /まだ疲れていません。 ⊗「V・不累」と「没V累」はあまり使いません。

第6課

	結果補語	意味と解釈	使用例	否定形
13	V・惯了	a. …し慣れる b. …し慣れた	△他 chī guàn le cū liáng 　吃 惯 了 粗 粮， 　chī bu guàn mǐ miàn 　吃 不 惯 米 面。 /彼は雑穀を食べ慣れているので、米や小麦粉が好きではない。 △tīng guàn le biǎo yáng de 　听 惯 了 表 扬 的 　rén bú yuàn yì jiē shòu 　人 不 愿 意 接 受 　pī píng 　批 评。 /ほめ言葉を聞き慣れている人は、批判を受け付けない。	a 　V 不惯 …をし慣れない 　（自分の原因で） △wǒ kàn bu guàn tā de 　我 看 不 惯 他 的 　zuò fēng 　作 风。 /彼のやり方には納得できない。 △gōng gong pó po zài ér 　公 公 婆 婆 在 儿 　xí fu jiā zhù bu guàn 　媳 妇 家 住 不 惯。 /舅と姑は、息子の嫁の家に住むことにはなじめない。 b 　没 V 惯 まだ…を慣れていない（時間の問題） △wǒ zài wài guó hái 　我 在 外 国 还 　méi zhù guàn 　没 住 惯。 /外国には、まだ住み慣れていない。 c 　不习惯 …をすることに慣れない／…に慣れない △wǒ zài běi fāng zhù guàn 　我 在 北 方 住 惯 　le bù xí guàn nán fāng 　了, 不 习 惯 南 方 　de qì hòu 　的 气 候。 /私は北方に住み慣れているので、南方の気候にはなじめない。 △wǒ bù xí guàn shàng yè bān 　我 不 习 惯 上 夜 班。 /私は夜勤に慣れていない。 △wǒ bù xí guàn zì xué 　我 不 习 惯 自 学 　wài yǔ 　外 语。 /私は外国語の独学に慣れていない。

	結果補語	意味と解釈	使用例	否定形
14	V・好	a. 完成する b. 満足な状態に達している	△文件都准备好了。 /書類は全部用意できました。 △结婚的东西已经选好了。 /結婚用の品物はすべて揃えました。 △吃好了吗? /満腹になりましたか? ご満足いただけましたか?	没V好 まだ…できていない △住处还没找好。 /住む場所は、まだ見つけていない。 V不好 …が満足な状態に到達できていない △搞不好会出大乱子的。 /きちんとやらないと、大きなトラブルになりますよ。 △她没有自信,觉得自己什么都干不好。 /彼女は自信がないため、何もかもうまくやれないと思っている。

結果補語	意味と解釈	使用例	否定形
15 V・干净	a. きれいになる b. すべてなくなる（この場合は「光」と置き換えられる）	△这条床单洗干净了。 /このシーツは洗ってきれいになった。 △他去赌博把钱全输干净了。 /彼はギャンブルに行き、全額負けた。 △把这儿弄干净。 /ここを、きれいにしなさい。	没V干净 まだきれいに…していない △房间没打扫干净，再打扫一遍。 /部屋はきれいに掃除されていない、もう一度掃除し直しなさい。 V不干净 きれいにすることができない △这件衣服洗不干净。 /この服はきれいに洗えない。 （＊汚れが頑固だから）
16 V・清楚	a. はっきりしている b. 明瞭である	△你听清楚了吗? /はっきり聞こえましたか？ △你看清楚了吗? /はっきり見えましたか？ △你们弄清楚了吗? /状況をきちんと把握できましたか？ ※弄清楚＝搞清楚	没V清楚 はっきりと〜していない △我没看清楚。 /はっきり見えませんでした。 V不清楚 はっきりと〜することができない △太吵了听不清楚。 /うるさすぎて、はっきり聞こえない。 △问题太复杂了谁也搞不清楚。 /問題が複雑すぎて、誰もきちんと把握できない。

	結果補語	意味と解釈	使用例	否定形
17	V・上	a.開いているものを閉じる b.スイッチを消す c.目的が達成できる d.…を気に入った e.…が好きになった、自分のものにしたい	△<ruby>关<rt>guān</rt></ruby> <ruby>上<rt>shang</rt></ruby> <ruby>灯<rt>dēng</rt></ruby>。 ／明かりを消す。 △<ruby>合<rt>hé</rt></ruby> <ruby>上<rt>shang</rt></ruby> <ruby>书<rt>shū</rt></ruby>。 ／本を閉じる。 △<ruby>忙<rt>máng</rt></ruby> <ruby>了<rt>le</rt></ruby> <ruby>半<rt>bàn</rt></ruby> <ruby>天<rt>tiān</rt></ruby> <ruby>终<rt>zhōng</rt></ruby> <ruby>于<rt>yú</rt></ruby> <ruby>吃<rt>chī</rt></ruby> <ruby>上<rt>shang</rt></ruby> <ruby>饭<rt>fàn</rt></ruby> <ruby>了<rt>le</rt></ruby>。 ／忙しい半日だったが、やっとご飯を食べられた。 △<ruby>他<rt>tā</rt></ruby> <ruby>看<rt>kàn</rt></ruby> <ruby>上<rt>shang</rt></ruby> <ruby>李<rt>lǐ</rt></ruby> <ruby>小姐<rt>xiǎo jiě</rt></ruby> <ruby>了<rt>le</rt></ruby>。 ／彼は李さんを気に入った。 △<ruby>我们<rt>wǒ men</rt></ruby> <ruby>看<rt>kàn</rt></ruby> <ruby>上<rt>shang</rt></ruby> <ruby>这<rt>zhè</rt></ruby> <ruby>套<rt>tào</rt></ruby> <ruby>房子<rt>fáng zi</rt></ruby> <ruby>了<rt>le</rt></ruby>。 ／私たちはこの家を気に入った。	V不上 客観的な理由で…できない △<ruby>忙<rt>máng</rt></ruby> <ruby>得<rt>de</rt></ruby> <ruby>吃<rt>chī</rt></ruby> <ruby>不<rt>bu</rt></ruby> <ruby>上<rt>shang</rt></ruby> <ruby>饭<rt>fàn</rt></ruby>。 ／忙しくて、ご飯を食べる時間もない。 △<ruby>穷<rt>qióng</rt></ruby> <ruby>得<rt>de</rt></ruby> <ruby>吃<rt>chī</rt></ruby> <ruby>不<rt>bu</rt></ruby> <ruby>上<rt>shang</rt></ruby> <ruby>饭<rt>fàn</rt></ruby>。 ／貧しくて、食料品を買う金もない（ご飯が食べられない）。 △<ruby>她<rt>tā</rt></ruby> <ruby>看<rt>kàn</rt></ruby> <ruby>不<rt>bu</rt></ruby> <ruby>上<rt>shang</rt></ruby> <ruby>这<rt>zhè</rt></ruby> <ruby>套<rt>tào</rt></ruby> <ruby>家具<rt>jiā jù</rt></ruby>。 ／彼女はこの家具セットが気に入らない（好きではない）。 △<ruby>这个<rt>zhè ge</rt></ruby> <ruby>窗户<rt>chuāng hù</rt></ruby> <ruby>关<rt>guān</rt></ruby> <ruby>不<rt>bu</rt></ruby> <ruby>上<rt>shang</rt></ruby>。 ／この窓が閉められない。

	結果補語	意味と解釈	使用例	否定形
18	V・光	a. …を完全になくした	△头发都掉光了。 /髪が全部抜け落ちました。	没V光 …をなくしていない
		b. …が完全になくなった	△糖都被孩子吃光了。 /飴は全部、子供に食べられました。	△他没把钱花光。 /彼は、お金を完全に使い果たしていない。
			△救济品都被灾民抢光了。 /救援物資は全部、被災者に奪われていった。	不V光 *ほとんど使われない
			△父母死后他们都把财产分光了。 /両親が死んだ後、彼らは財産を全部きれいに分けました。	

326

	結果補語	意味と解釈	使用例	否定形
19	V・齐	…を揃えた	△开工厂的资金都凑齐了。 /工場を開く資金は、すべて揃えました。 △结婚用的东西都买齐了。 /結婚用の品は全部揃えました。 △请把展览会所需的东西准备齐。 /展示会に必要な物を揃えてください。	V不齐 揃えない、揃える可能性がない △办学校的钱凑不齐。 /学校を作る資金が揃えられない。 △结婚用的东西一时买不齐。 /結婚用の品は短時間では揃えられない。 没V齐 まだ揃っていない △所需的资金还没凑齐。 /必要な資金がまだ揃っていない。 △上学用的东西还没买齐。 /入学用品が、まだ買い揃っていない。

	結果補語	意味と解釈	使用例	否定形
20	V・掉	…をなくす …を外す	△把这块污迹 　bǎ zhè kuài wū jì 洗掉吧！ 　xǐ diào ba /この汚れを洗い落としましょう！ △我想用激光 　wǒ xiǎng yòng jī guāng 把这颗痣去掉。 　bǎ zhè kē zhì qù diào /レーザーでこのほくろを取りたい。	V不掉 浸透しすぎて、取れない △衣服上的墨迹 　yī fu shàng de mò jì 洗不掉。 　xǐ bu diào /服の汚れが洗い落とせない。 △我忘不掉那段 　wǒ wàng bu diào nà duàn 经历。 　jīng lì /あの頃の経験が忘れられない。 没V掉 まだ取れていない △他还没忘掉失 　tā hái méi wàng diào shī 恋的伤痛。 　liàn de shāng tòng /失恋の痛みがまだ取れていない。

	結果補語	意味と解釈	使用例	否定形
21	V・满	いっぱいになった	△瓶子里装满了水。 /ビンには、水がいっぱい入っています。 △空气里充满了芳香的气味。 /空気に芳しい香が満ちている。	V不满 いくらやっても、いっぱいにならない △人的欲望是填不满的。 /人間の欲望にはきりがありません。 *欲望填不满＝欲壑难填（四字成語）。 △水池太深，水灌不满。 /池が深すぎて、いくら水を入れても、いっぱいになりません。 没V满 まだいっぱいになっていない △油箱还没加满呢，继续加。 /ガソリンタンクはまだいっぱいになっていないので、続けて入れてください。 △纸还没写满呢，接着写吧！ /紙にはまだ余白があるので、続けて書きましょう！

	結果補語	意味と解釈	使用例	否定形
22	V・跑	a.その場から消えた b.誰かに持っていかれた	△小偷儿把保险箱偷跑了。 /泥棒は金庫を盗んでいった。 △传说中的怪兽被鞭炮声吓跑了。 /伝説の中の怪獣は爆竹の音に驚いて、逃げてしまいました。	V不跑 と 没V跑 ＊どちらも、ほとんど使われません。
23	V・疯	a.精神に異常をきたす b.精神に異常はきたしていないが、気が変になるほど状況がひどい	△文化大革命中,他精神上和肉体上都受尽了折磨,最后被逼疯了。 /文化大革命の時、彼は精神的にも肉体的にもひどく虐待され、最後には気が変になった。 △孩子找不着了,父母急疯了。 /子供が見つからないので、親は大変焦っている。 △因为出国工作,见不着孩子,她想孩子快想疯了。 /外国で働いているため、彼女は子供に会えません。会いたくて会いたくて、どうしようもありません。	疯不了 ＊「気が変になることがない」という意味ですが、これもほとんど使われません。

	結果補語	意味と解釈	使用例	否定形
24	V・坏	a. 壊れた b. 壊れていないが、壊れるほど状況がひどい c. …てたまりません、大変…である	△电饭锅烧坏了。 diàn fàn guō shāo huài le /炊飯器が焼けて壊れた。 △看着孩子累成那样妈妈急坏了。 kàn zhe hái zi lèi chéng nà yàng mā mā jí huài le /子供があんなに疲れているのを見て、母親は大変心配している。	坏不了 壊れる（悪くなる）ことがない △排骨放冰箱里冻上，坏不了。 pái gǔ fàng bīng xiāng lǐ dòng shàng, huài bu liǎo /スペアリブは、冷凍室に入れれば悪くなりません。
25	V・死 adj.	a. 命を落とした（死んだ） b. 死んではいないが、「死ぬ」ほど状況がひどい	△最近麻烦事儿太多，我都烦死了。 zuì jìn má fan shìr tài duō, wǒ dōu fán sǐ le /最近は面倒くさいことが多くて、いやでたまりません。 △他英年早逝，是累死的。 tā yīng nián zǎo shì, shì lèi sǐ de /彼は若くして世を去りましたが、過労死でした。 △最近加班超多，简直快忙死了。 zuì jìn jiā bān chāo duō, jiǎn zhí kuài máng sǐ le /最近残業が驚くほど多く、忙しくてたまりません。 △骨折了，疼死了。 gǔ zhé le, téng sǐ le /骨折し、痛くてたまりません。	V 不死 Vで死ぬことがない △这个药毒不死老鼠 zhè ge yào dú bù sǐ lǎo shǔ /この薬では、ネズミは死なない 没 V 死 まだ死んでいない △蟑螂还没被打死。 zhāng láng hái méi bèi dǎ sǐ /ゴキブリは、まだ死んでいない。 还死不了呢 決まり表現であり、「死ぬまでには、まだ遠い」という意味です △你们别惦记我的遗产了，我还死不了呢。 nǐ men bié diàn ji wǒ de yí chǎn le, wǒ hái sǐ bu liǎo ne /君たち、僕の遺産を狙うなよ。僕はまだまだ死なないよ。

第6課

331

応用会話 34

A. <ruby>明<rt>míng</rt></ruby> <ruby>天<rt>tiān</rt></ruby> <ruby>就<rt>jiù</rt></ruby> <ruby>要<rt>yào</rt></ruby> <ruby>上<rt>shàng</rt></ruby> <ruby>台<rt>tái</rt></ruby> <ruby>表<rt>biǎo</rt></ruby> <ruby>演<rt>yǎn</rt></ruby> <ruby>了<rt>le</rt></ruby>。<ruby>你<rt>nǐ</rt></ruby> <ruby>们<rt>men</rt></ruby> <ruby>都<rt>dōu</rt></ruby> <ruby>准<rt>zhǔn</rt></ruby> <ruby>备<rt>bèi</rt></ruby> <ruby>好<rt>hǎo</rt></ruby> <ruby>了<rt>le</rt></ruby> <ruby>吗<rt>ma</rt></ruby>?

明日は本番のステージです。皆さん、準備はよろしいですか？

B. 老师我可能太紧张了，台词总是念错。

先生、緊張しすぎて、いつもセリフを間違えてしまいます。

A. 你要静下心来，把正式演出当成排练就能放轻松了。

心を落ち着かせて、本番でもリハーサルだと思えばリラックスできますよ。

B. 但我心里害怕，做不到。

でも内心恐くて、できません。

A. 你不要考虑太多了，一定能做到的。

考えすぎてはいけませんよ、あなたならきっとできます。

応用会話 35

A. <ruby>林<rt>lín</rt></ruby><ruby>太<rt>tài</rt></ruby><ruby>太<rt>tai</rt></ruby>,<ruby>你<rt>nǐ</rt></ruby><ruby>儿<rt>ér</rt></ruby><ruby>子<rt>zi</rt></ruby><ruby>硕<rt>shuò</rt></ruby><ruby>士<rt>shì</rt></ruby><ruby>毕<rt>bì</rt></ruby><ruby>业<rt>yè</rt></ruby><ruby>以<rt>yǐ</rt></ruby><ruby>后<rt>hòu</rt></ruby><ruby>找<rt>zhǎo</rt></ruby><ruby>到<rt>dào</rt></ruby><ruby>工<rt>gōng</rt></ruby><ruby>作<rt>zuò</rt></ruby><ruby>了<rt>le</rt></ruby><ruby>吗<rt>ma</rt></ruby>?

林さん、息子さんは修士課程を卒業後、仕事は見つかったの？

B. 别提了。他高不成低不就的,找了半年也没找到合适的。

聞かないで。うちの子は「帯に短し、たすきに長し」なの。半年も仕事を探したけど、合う会社が見つからないのよ。

A. 他是学什么专业的？

息子さんの専門は？

B. 我也弄不清楚,好像是学生物工程的。

私にもよく分からないわ。バイオテクノロジーだったような。

A. 这可是热门专业呀,只要抓住机会应该很快就能找着工作。

それって人気の分野じゃないの、きちんとチャンスさえつかめばすぐに仕事は見つかるはずよ。

B. 但愿吧！

そう願うわ！

応用会話 36

A: wáng jìng wǒ zěn me yě nòng bu dǒng shài wǎng shì shén me yì si nǐ néng gěi wǒ jiǎng jiang ma
王静，我怎么也弄不懂晒网是什么意思，你能给我讲讲吗？

王静、どうしても「晒網」の意味が分からないんだ、教えてくれない？

B: shài wǎng shì zuì xīn liú xíng yǔ jiù shì zhǐ yǒu xiē nián qīng de wǎng mín nì míng bǎ zì jǐ de sī mì fā bù dào wǎng luò shàng xiàng zài wǎng shàng shài tài yáng yí yàng xǐ huan shài wǎng de rén bèi chēng wéi shài mì zú huò shài kè
晒网是最新流行语，就是指有些年轻的网民匿名把自己的私密发布到网络上，象在网上晒太阳一样，喜欢晒网的人被称为「晒密族」或「晒客」。

「晒網」は最新の流行語で、若いネットユーザーが匿名で自分のプライバシーをネット上に公開すること、ネット上で日光浴をするように情報を晒す人を「晒密族」あるいは「晒客」と呼ぶの。

A: shài mì zú dōu shài shén me ne
「晒密族」都晒什么呢？

「晒密族」は何を公開するの？

B: shén me dōu shài bǐ rú shài jiā jū shài zhào piàn shài hūn yīn shài xìng shēng huó shài shēn tǐ yǐn sī shén me dōu huì ná chū lái shài kě yǐ shuō shì wú suǒ bú shài le
什么都晒，比如晒家居、晒照片、晒婚姻、晒性生活、晒身体隐私、什么都会拿出来晒，可以说是无所不晒了。

何もかもよ。例えば、住まい、写真、結婚生活、性生活、身体のプライバシー、何でもネットで公開して、公開しないものはないと言っていいわ。

A: zhè xiē shài kè cóng shài wǎng zhōng néng huò dé shén me mǎn zú ma
这些晒客从晒网中能获得什么满足吗？

彼らは情報を晒して、何が満足なの？

B. 有的人把内心深处的秘密或苦恼发布在网上，有时可以获得其他网友的理解和安慰，内心就会轻松多了，舒坦多了。

心の奥にしまっていた秘密や苦悩をネットに公開したら、サイトを訪れた人が理解や慰めの言葉をかけてくれると、それで精神的にとても楽になる人もいるわ。

A. 但是如果晒网秘密被暴露后受到抨击怎么办？

でも、秘密を晒して暴露した後に非難されたらどうするの？

B. 晒客都用的是网名，不用担心被人"对号入座"，受到抨击也无所谓。

彼らはみんなハンドルネームを使っているから個人を特定される心配はないし、非難されてもどうってことないわ。

A. 现代人真的是有多种渠道释放情绪呀。

現代人には、感情を吐き出す手段が本当にいろいろあるね。

応用会話 37

A. píng mù wǒ gào sù nǐ yí jiàn shài wǎng de zhēn shì
　平木,我告诉你一件晒网的真事。

B. shuō chu lái wǒ tīng ting
　说出来我听听。

A. yǒu yí ge zài wài zī ruǎn jiàn gōng sī gōng zuò de xiǎo jiě, wǎng míng shì 「huā zhū xiǎo mó nǚ」, tā jiù tōng guò shài wǎng, bǎi píng le yí jiàn lìng tā nèi jiù de shì
　有一个在外资软件公司工作的小姐,网名是「花猪小魔女」,她就通过晒网,摆平了一件令她内疚的事。

B. zhēn de ma? zěn me bǎi píng de?
　真的吗?怎么摆平的?

A. tā zài jǐ nián qián zuò le yí jiàn duì bu qǐ tā xiān shēng de shì, měi dāng xiǎng qǐ zhè jiàn shì tā jiù shēn shēn ào nǎo wú fǎ shì huái
　她在几年前做了一件对不起她先生的事,每当想起这件事她就深深懊恼无法释怀。

B. nà tā zěn me bàn?
　那她怎么办?

A. tā jiù bǎ zhè yī shēn cáng zài nèi xīn de mì mì fā bù zài wǎng shàng, jìng rán huò dé le zhòng duō wǎng yǒu de lǐ jiě hé ān wèi, tā yí xiàr jiù jué de qīng sōng duō le
　她就把这一深藏在内心的秘密发布在网上,竟然获得了众多网友的理解和安慰,她一下儿就觉得轻松多了。

平木さん、「晒網」で実際にあったことを教えるわ。

ぜひ聞かせて。

ある外資のソフトウェア企業に勤める、「花猪小魔女」のハンドルネームを持つ若い女性が、「晒網」を利用して心の悩みを解消したのよ。

本当に? どうやって解消したの?

彼女は何年か前にご主人に対して申し訳の立たないことをしてしまって、それを思い出すたびに心の奥が苦しくて、その苦しみから逃れられずにいたの。

それで彼女はどうしたの?

彼女は、その心の奥底にしまった秘密をネットに公開したことによって、多くのサイト訪問者に理解と慰めの言葉をかけられて、精神的にとても楽になったのよ。

B. 那她从此就爱上晒网了吧!

じゃあ、彼女はそれを契機に「晒網」が好きになったんだね!

A. 对,从那儿以后她常常把工作和生活中的矛盾、压力和不愉快的事拿到网上公开,诉诉苦闷、发发牢骚、免得自己憋在心里,心情烦躁、情绪低落。

そのとおりよ、それから彼女は仕事や生活で起きた衝突やストレス、不愉快な出来事をよくネットに載せて、苦悶を訴えたり、グチをこぼしたりしたの。それでイライラした気持ちや落ち込んだ気持ちをため込むこともなくなったのよ。

B. 晒网还真是一个满足当代人沟通需求的渠道、不过我不想成为晒客

「晒網」って本当に、今を生きる人々のコミュニケーションニーズを満足させるツールなんだね。でも、私自身は「晒客」になる気はないね。

豆知識6 「中国語の最新用語」

ここ数年、中国では生活スタイルが激しく変化する中、数えきれないほどたくさんの「新しい単語」が誕生しました。ここでは最新用語を 90 ほど紹介します。

---

1. 私密 _{sī mì}　　　　　　　　　　　　　　　（プライバシー、プライベート）

私密就是指个人私事。
_{sī mì jiù shì zhǐ gè rén sī shì}

個人の私的なことを指している。

---

2. 超前消费 _{chāo qián xiāo fèi}　　　　　　　　　　　　　バブル消費、過剰消費

在改革开放中成长的一代人消费观(念)发生很大变化,最近出现了超过实际收入水平的超前消费现象。

改革解放の中で成長してきた世代の消費観念は大きな変化を見せ、実際の収入レベル以上の消費を行う現象が現れた。

---

3. 经济适用房 _{jīng jì shì yòng fáng}　　　　　（中低所得者層向けの）低価格分譲住宅

按照国家住宅设计标准建造,向城镇的中低收入家庭出售的普通住宅。

国家の住宅建設基準にのっとって建設された、都市や農村部にある町の中低収入家庭に向けて売り出された一般的な住宅。

---

4. 烂尾楼 _{làn wěi lóu}　　　　（資金問題などで建設が途中で中止されている建物）

由于资金不足,管理失控等原因,迟迟不能竣工,不能按期交付使用的楼房。

資金不足や管理ができなくなったことにより、竣工できず期日どおりに引き渡しができないビルのこと。

---

5. 养眼 _{yǎng yǎn}　　　　　　　　　　　　　　　　　　　　（目の保養）

形容人与事物看起来非常舒服,产生愉快感。

見ることで、気分がよくなったり、楽しくなるような事物や人物を形容する時に使う。

6. 工薪阶层　　　　　　　　　　　　　　　　　（サラリーマン（層）、給与所得者（層））

有稳定工作并以工资为主要经济来源的人或社会阶层。

安定した仕事があり、給料を主な収入源としている人または階層。

7. 阳光　　　　　　　　　　　　　　　　　　　　　　　　　　　　（陽光）

a. 原指太阳光，现在也作为形容词用，形容人健康、开朗、充满活力。

a. もともとは太陽の光という意味だが、今は形容詞としても使われ、明るく健康的で元気な人物を形容する。

b. 指事物、现象等公开透明。

b. 物事や現象などがオープンで透明性が高いことを表す。

8. 驴友　　　　　　　　　　　　　　　　　　　　　　　　（バッグパッカー）

背着行囊结伴享受廉价自助旅行的人。

リュックサックを背負って、少ない旅費で一緒に自由旅行を楽しむ人。

9. 名嘴　　　　　　　　　　　　　　　　　　　　　　（人気キャスター）

指著名的电视或电台主持人。

テレビやラジオの有名キャスターを指す。

10. 灰色收入　　　　　　　　　　　　　　　　　　　　　（灰色所得）

指工资以外通过其它途径获得的收入。包括兼职收入、稿酬、利息、股票获利等。这类收入不很公开也不很隐私，介于白色收入（正当收入）和黑色收入（非法收入）之间故称灰色收入。

給料以外に別の手段で得た収入、副業収入、原稿料、利息、株で得た利益などを指す。この種の収入は完全にオープンにされてもいないが、秘匿もされていない。「白い所得（正当な所得）」と「黒い所得（違法な所得）」の間にあるため、「灰色所得」と呼ばれる。

11. 假唱 jiǎ chàng (口パク)

歌唱演员现场演唱时不用真声而是跟着事先录制好的歌带对口形，以冒充现场演唱。

歌手が出演する際にその場で実際には歌わず、事前に録音したテープの歌声に口を合わせて本当に歌っているように見せかけること。

12. 弱势群体 ruò shì qún tǐ (弱者層)

在经济收入、社会地位、竞争能力、权益维护等方面处于弱势地位的社会人群。

収入や社会的地位、競争力、権利の擁護などの面で社会的に弱い立場にいる層。

13. 豆腐渣工程 dòu fu zhā gōng chéng (手抜き工事、欠陥工事)

质量低劣未达到设计要求的建筑工程。

「豆腐渣」とは、おから（豆腐の搾りかす）のことであり、品質が粗悪で設計基準に従って施工されていない建築工事のたとえ。

14. 旗舰店 qí jiàn diàn (旗艦店、フラッグシップ、モデルショップ)

旗舰原指海军舰艇编队司令员所在的军舰。现在旗舰店指某一连锁店的样板店，因销售业绩出色能够对其它店起表率作用。

旗艦とは元来、海軍で艦隊の司令官が乗っている軍艦のこと。今はチェーン店の中でも、とりわけ販売成績がよく、他の手本となる役割を果たす店舗を旗艦店と呼ぶ。

15. 到位 dào wèi (達成する、うまく完成させる)

原指到达适当的位置或预定的地点，新义比喻达到某种规定的要求或事情做得很圆满。

もともとの意味は、（予定していた）所定の位置、地点に着くことを表す。新しい意味は規定のレベルに達したり、物事をうまく処理できたことのたとえとして使う。

16. 互动 （インタラクティブ）

原为社会学术语，指人与人之间的交互作用，包括感官互动、情绪互动、行为互动等。新义指共同参与、即时交流、相互作用。

もとは社会学の学術用語で人と人の間で感覚や情緒や行動などの双方向性の相互作用を意味した。新しい意味は、共同で参与し、即時に交流し合い、相互に作用し影響し合うことを指す。

17. 楼盘 （建設中または販売中の不動産物件（マンション、団地））

兴建或出售的商品楼，包括单栋的住宅楼和成组的住宅楼群，起初多用于香港。

建築中あるいは販売中の単独のマンションや団地を含む、分譲住宅。この言葉は香港で使われ始めた。

18. 搞定 = 摆平 （解決する、うまく収める）

指将事情办妥，把问题解决。原多用于广东、上海等地，原来写作"搞掂"，进入普通话后多写作"搞定"。

物事を適切に処理して問題を解決すること。もとは主に広東省や上海市などで使われ、もともとは「搞掂」と書いていたが、標準語で使われるようになってから「搞定」と書かれるようになった。

19. 换位思考 （立場を変えて考える）

从对方的立场和角度来考虑问题，也说「变位思考」。

相手の立場や見方で問題を考える。「変位思考」とも言う。

20. 小资 （プチブルジョア）

称有一定学历和经济实力，特别是追求生活品位、情趣和格调的人。

一定の学歴や経済力を持ち、特に生活の質や品位・趣味にこだわる人を指す。

21.	hù gōng 护 工	（看護ヘルパー）
	shòu gù wèi zhù yuàn bìng rén zuò shēng huó 受 雇 为 住 院 病 人 做 生 活 hù lǐ de rén yuán 护 理 的 人 员 。	患者の親族に雇われて入院患者の世話をする人。
22.	hǎi guī 海 归	帰国した海外留学経験者
	hǎi wài xué chéng guī guó duō zhǐ huí guó 海 外 学 成 归 国 ，多 指 回 国 chuàng yè yǒu shí yě xiě zuò hǎi guī hǎi 创 业 ，有 时 也 写 作 海 龟。「海 guī yǔ hǎi guī xié yīn yǒu huī xié yì 归」与「海龟」谐 音 ，有 诙 谐 意 。	海外に留学し、卒業、帰国した人々のこと。帰国してから起業した者を指すことが多い。「海龟」と書かれる時もある。「海归」と「海龟」は発音が同じであるため、ユーモアのある言い方となる。
23.	pāi dàng 拍 档	（パートナー）
	xié zuò huò hé zuò de rén qǐ chū duō yòng 协 作 或 合 作 的 人 ，起 初 多 用 yú gǎng tái dì qū 于 港 台 地 区。	協力者。最初は香港、台湾地区で多く使われた。
24.	kǎn 侃	（興奮して話す、雑談にふける、ほらを吹く）
	xián liáo chuī niú qǐ chū duō yòng yú běi 闲 聊 、吹 牛 ，起 初 多 用 于 北 jīng dì qū 京 地 区 。	世間話をする、ホラを吹く。最初は北京で多く使われた。
25.	hǎi dài 海 带	（仕事に就けない、帰国した海外留学経験者）
	hǎi dài shì yì zhǒng hǎi zǎo xīn yǔ zhǐ nà 海 带 是 一 种 海 藻 。新 语 指 那 xiē cóng hǎi wài liú xué guī lái què zhǎo bú 些 从 海 外 留 学 归 来 却 找 不 dào gōng zuò de liú xué guī guó rén yuán 到 工 作 的 留 学 归 国 人 员 。 yīn wèi suí zhe hǎi wài liú xué guī guó rén 因 为 随 着 海 外 留 学 归 国 人 yuán de zēng duō zhōng guó guó nèi de gōng 员 的 增 多 ，中 国 国 内 的 工 zuò yě yuè lái yuè nán zhǎo hǎi dài de dài 作 也 越 来 越 难 找 。海 带 的「带」 yǔ děng dài de dài tóng yīn suǒ yǐ zhǎo 与 等 待 的「待」同 音 ，所 以 找 bu dào gōng zuò de hǎi wài guī guó rén yuán 不 到 工 作 的 海 外 归 国 人 员 bèi chēng wéi hǎi dài 被 称 为「海 带」。	"海带"は海藻の一種。新語では、海外留学から帰国したが仕事を見つけられない人々を指す。海外留学から帰国した人の数が増えるにつれ、中国国内で職を見つけにくくなったことと、中国語では「海带」の「带」と「等待」の「待」の発音が同じであるため、仕事を待つ帰国した海外留学経験者は"海带"（昆布）と呼ばれている。

26. 贺岁片 (hè suì piān) (正月映画)

瞄准岁末年初娱乐市场而制作的纯商业娱乐片。始于20世纪80年代香港台湾地区。在日本上映的大陆导演冯小刚的作品《大腕》就是典型的贺岁片。

年末年始のエンターテインメント市場を狙って作られた娯楽映画のこと。娯楽映画は1980年代に香港、台湾地区で作成され始めた。日本で上映された大陸の馮小剛監督の「ハッピー・フューネラル」は典型的な正月映画である。

27. 走穴 (zǒu xué) (芸能人が所属事務所に無断で活動し収入を得ること)

指某些艺人私自参加临时拼凑的班子外出进行有偿演出以捞取外快的行为。

一部の芸能人が無断でにわか作りのグループに参加して、公演を行い、臨時収入を得る行為を指す。

28. 靠谱 (kào pǔ) (信頼できる、あてになれる)

也说「可信」「可靠」「靠得住」。

「可信」「可靠」「靠得住」とも言う。

◆他这个人不靠谱。

彼は信用できない人です / 当てにできない人です。

◆这事儿靠谱吗?

本件は当てになりますか?

29. 砍价 (kǎn jià) (値切る)

买主在个人的商店或摊位买东西时,把原来的卖价尽量压到很低与卖主进行交涉。

個人商店や露店で買い物をする際、買い手が元の売値から大幅に値切って売り手と値引き交渉をすること。

30. 口水战 (舌戦、口論、論争)

对立双方由于利益冲突而引发的激烈争论或法律纠纷，也称「口水仗」「口水大战」。

双方の利益の衝突によって引き起こされた激しい論争や法律的な争いのこと。「口水仗」や「口水大战」とも言う。

31. 炒作 (繰り返して大げさに宣伝する)

为扩大影响而反复宣传。

影響を拡大するために繰り返して大げさに宣伝すること。

◆ 娱记们也应该对近来炒作明星小演员的方法进行反思。

芸能記者たちも最近のかけだしのスターたちの売り込み（知名度アップ）のために、繰り返し大げさに宣伝することを反省すべきです。

◆ 这不是真的，是报纸的炒作。

これは事実ではありません。新聞が、話題を呼ぶために大げさに宣伝したのです。

32. 狗仔队 (パパラッチ)

◆ 狗仔队让艺人们不胜其烦。

パパラッチの存在は芸能人をとても悩ませる。

◆ 狗仔队的追踪导致了戴安娜的车祸。

パパラッチの追走がダイアナの自動車事故を引き起こした。

33. 吃软饭 (男性が働かずに、女性に養ってもらう)

本来是指吃蒸得很软的米饭。新的意思是男人不工作挣钱，而被女人养，跟女人拿钱。

本来は軟らかく蒸したご飯を食べる意味だが、新しい意味は、男は働かず、女性に養ってもらい、女からお金をもらうこと。

◆ 他是一个吃软饭的。

彼は女性に養ってもらっています。

34. 踢爆 (tī bào)　　　　　　　　　　　　　　　　　　（暴露する）

全力爆出、揭露内幕和事情。　　　　　　全力をあげて内部情報、実情を明るみに出す。

◆ 知情人踢爆了内幕，使这件不光彩的事暴露出来。　　　内情を知っている人が内幕を暴露し、本件の不名誉な事実を明るみに出した。

35. 人肉搜索 (rén ròu sōu suǒ)　　　　　　　　　（身上の徹底調査）

a. 人肉搜索的方式是利用现代科技，广聚五湖四海的网友的力量，各自通过各种渠道获得被搜索对象的零散消息，然后汇总在一起，形成被搜索调查对象的完整资料。

a. 身上の徹底調査の方法は、現代の科学技術を利用したものである。全国各地のネットユーザーの力を集め、それぞれが各種のルートから調査対象者のばらばらの情報を得た後、それらをまとめ、身上調査対象者の完璧な資料を作る。

b. 人肉搜索的对象多为贪官和干了坏事的人，人肉搜索的目的是让他们的罪行暴露出来受到惩罚。

b.「人肉搜索」の対象の多くは、汚職を行った高官と悪事を働いた人たちである。「人肉搜索」の目的は、彼らの罪を暴露し処罰を受けさせることである。

◆ 对贪官网民进行了人肉搜索，找到了有利的证据。　　　汚職役人に対して、ネットユーザーは徹底的に身上調査を行い、有力な証拠をつかんだ。

36. 小三儿 (xiǎo sānr)　　　　　　　　　　　　　　　　（愛人）

以前用于对家里第三个孩子的昵称。现在指介入别人夫妻之间，破坏别人家庭幸福的第三者。

昔は3番目の子の愛称として使った。今は夫婦の間に入って、人の家庭の幸せを壊す第三者のことを指す。

◆听说第三者竟然结成了「小三儿联盟」保护自己的利益。

聞くところによると愛人たちが、なんと「愛人連盟」を結成し、自分の利益を守ろうとしているそうです。

37. 纠结　　　　（気持ちが複雑で、すっきりしない）

旧意为动词,指藤蔓,枝条等互相缠绕。新意常作为形容词使用,指各种情感、情绪、想法复杂地交织在一起,让人感到心中郁闷、矛盾甚至不舒爽。

以前は動詞として「藤のつるや枝などが互いにからまる」という意味だったが、新しい意味は、形容詞としてよく用いられ、いろいろな感情、気分、考え方が複雑に混じり合う憂鬱、矛盾、不快などの感情を表す。

◆大学同学升官儿的升官儿,发财的发财,只有我一事无成,心中很是纠结。

大学のあるクラスメートは高官になり、ある人は金持ちになりました。私だけ何事も成し遂げられず、何とも複雑な心境です。

38. 拧巴＝别扭　　　　（ひねくれる）

指人的性格别扭,不开朗,不直接。

人の性格がひねくれて、暗く、素直ではないことを指す。

◆他这个人性格很拧巴/别扭,不好相处。

彼の性格はひねくれているので付き合いにくい。

39. 托儿　　　　（詐欺行為の協力者（さくら））

指受人指使或得了好处后从旁边协助诱骗上当的人。

指図されたり、リベートを受け取って、詐欺を行う人が誰かを騙しやすいようその場で援護する人を指す。

◆他是托儿,你别受骗。

彼はさくらです。騙されないように！

346

40. 范儿 (スタイル、雰囲気、オーラ)

范儿就是指气势、架势、气派。 「范儿」は、その人が身にまとうスタイル、パワーや雰囲気を指す。

◆ 我的朋友很有明星的范儿。 友達はスターの雰囲気があります。

41. 大腕儿 (大スター、大御所)

指功成名就的文艺界或体育界的大明星。 成功した芸能界またスポーツ界の大スターを指す。

◆ 姚明是体育明星-大腕儿。 姚明は成功したスポーツ界の大スターです。

42. 大鳄 (有名な企業家)

指成功的有钱有势的企业家。 成功した財力と勢力を持つ企業家を指す。

◆ 大鳄们应该多回馈社会，率先做慈善。 成功した企業家は、得た利益を社会に多く還元すべきであり、率先して慈善事業をすべきです。

43. 蜗居 (狭苦しい部屋に住むこと)

形容住在象蜗牛的壳儿一样小的房子里。 カタツムリの殻のような小さな部屋に住むことを「蜗居」と言う。

◆《蜗居》是一部深入全面地反映中国社会多方面问题的小说，后来改编成了电视剧。 「蜗居」は、中国社会が抱える様々な問題を踏み込んで描き出した小説です。のちにテレビドラマ化されました。

44. 蚁族 (yǐ zú)　　（生活条件が悪いアリのように勤勉に働く人々）

指居住在窄小的房子里,忍受着低薪和艰苦的劳动,像蚂蚁一样辛苦工作和生活的人。

狭い部屋に住み、低収入とひどい労働条件に耐えながら、アリのようにせっせと勤勉に苦労して働き、生活している人を指す。

◆在中国年轻人大学毕业以后,在大城市工作生活,如果没有父母可靠,就只能过蚁族的生活。

中国では若者は大学を卒業した後、大都市で仕事をし生活する際に親の支えがないと、アリ族（苦しい条件であくせく働く）の生活をせざるを得ない。

45. 钓鱼 (diào yú)　　（わなをしかける）

原意是钓鱼,新的意思是执法人员违反法律精神,别有用心地设圈套引诱别人上钩的行为。

本来の意味は魚を釣ることであるが、新しい意味では、法の執行者が法の精神に違反して意図的にわなを仕掛け、人をわなに誘い込む行為。

46. 秒杀 (miǎo shā)　　（瞬殺する（一瞬で相手を打ち負かす））

原本为网络游戏专用词,指玩家在游戏瞬间被PK出局/踢出局或者瞬间将对手击倒。后来被广泛运用,竞赛中瞬间被淘汰也被称为秒杀,股票价格在短时间内大幅度下跌也叫秒杀。

本来はネットゲームの用語で、プレイヤーがゲーム中に、あっという間にPKでゲームオーバーになる、または一瞬にして相手を打ち倒すことを指す。後に幅広く用いられ、競技の中であっという間に負かされることも「秒殺」と言われるようになった。株価が一瞬にして大幅に下がることも「秒殺」と言う。

◆ 网上消息，草根歌唱明星朱之文唱的歌儿在网上暴红后，瞬间秒杀了同样是草根明星的「旭日阳刚」。

ネットの情報では、庶民スター朱之文の歌がネットで大人気を得ると、同じく庶民スターの「旭日阳刚」の歌は瞬殺されました。

47. 秒杀族　　（瞬殺客（一瞬で購入品を決める客））

瞬间就敲定要买的东西的群体或个人，也称为秒杀客。

一瞬で買うものを決める人、またはその集団。「秒杀客」とも言う。

◆ 大陆出现毒奶粉风波后，很多大陆旅客蜂拥到香港抢购奶粉，成了「奶粉秒杀族」或「秒杀客」。

大陸で毒粉ミルク事件が起きてから、大陸の観光客が香港に殺到し粉ミルクを買い漁り、「奶粉秒杀族」「秒杀客」と呼ばれた。

48. 躲猫猫　　（責任逃れ、隠ぺい工作）

本来是一种儿童游戏，即捉迷藏。现在被赋予新的涵义，指有关方面隐瞒事实，或逃避监督或暗箱操作，目的是不让公众了解真情。

本来は子供の遊びでかくれんぼの意味であるが、今は新しい意味も加わった。関係者が事実を隠ぺいしたり、監督責任を逃れようとしたり、陰で工作したりして、民衆に真相を知らせないようにすることを指す。

◆ 发生动车出轨的事故以后，有关当局躲猫猫的态度让人愤怒。

新幹線の脱線事故が起きた後、関係当局の隠ぺい的な態度が人々を激怒させた。

第6課

49. 不折腾 （無駄な行動をしない）

不胡闹，不走岔路，不把时间、精力和金钱浪费在没有价值的事情上。
無駄な行動をしない、正しい道から外れない、時間、エネルギー、金銭を価値のないことに浪費しないこと。

◆他和她结了离、离了结，结婚离婚折腾了好几回。
彼と彼女は結婚後間もなく離婚し、離婚後また復縁するなど、何回も結婚、離婚を繰り返し、時間やら何やらを無駄にしました。

◆为了持续发展，中国不能再折腾了。
持続発展のため、中国はめちゃくちゃな無駄行為をしてはいけません。

50. 麦霸 （カラオケが好きで、カラオケで歌う時、マイクを離さない人）

◆跟麦霸一起唱卡拉OK极其无聊。
カラオケで歌う時、マイクを離さない人と一緒だと、極めて面白くないです。

51. 单女／剩女 （婚期を過ぎてもまだ独身でいる女性）

不结婚又享有优裕生活的单身女性。她们绝大多数拥有高学历、高收入、高智商，长相不错。但她们却因为择偶条件要求比较高，导致找不到合适的婚姻伴侣而被称为「单女」或「剩女」。「剩女」多少有些轻蔑的意思，所以多用「单女」来称呼。
結婚せず豊かな生活を楽しんでいる独身女性。彼女たちのほとんどは学歴が高く、収入が多く、知能指数が高く美人である。しかし彼女たちは結婚相手を選ぶ時の条件が一般より高いので、見合う結婚相手が見つけられずに「単女」あるいは「剩女」と呼ばれている。「剩女」には多少軽蔑の意味があるので、「単女」の方が多用される。

◆ <ruby>没<rt>méi</rt></ruby><ruby>结<rt>jié</rt></ruby><ruby>婚<rt>hūn</rt></ruby><ruby>的<rt>de</rt></ruby><ruby>女<rt>nǚ</rt></ruby><ruby>性<rt>xìng</rt></ruby><ruby>被<rt>bèi</rt></ruby><ruby>称<rt>chēng</rt></ruby><ruby>为<rt>wéi</rt></ruby>「<ruby>单<rt>dān</rt></ruby><ruby>女<rt>nǚ</rt></ruby>」<ruby>或<rt>huò</rt></ruby>「<ruby>剩<rt>shèng</rt></ruby><ruby>女<rt>nǚ</rt></ruby>」，<ruby>没<rt>méi</rt></ruby><ruby>结<rt>jié</rt></ruby><ruby>婚<rt>hūn</rt></ruby><ruby>的<rt>de</rt></ruby><ruby>有<rt>yǒu</rt></ruby><ruby>钱<rt>qián</rt></ruby><ruby>有<rt>yǒu</rt></ruby><ruby>地<rt>dì</rt></ruby><ruby>位<rt>wèi</rt></ruby><ruby>的<rt>de</rt></ruby><ruby>男<rt>nán</rt></ruby><ruby>性<rt>xìng</rt></ruby><ruby>被<rt>bèi</rt></ruby><ruby>称<rt>chēng</rt></ruby><ruby>为<rt>wéi</rt></ruby>「<ruby>钻<rt>zuàn</rt></ruby><ruby>石<rt>shí</rt></ruby><ruby>王<rt>wáng</rt></ruby><ruby>老<rt>lǎo</rt></ruby><ruby>五<rt>wǔ</rt></ruby>」，<ruby>没<rt>méi</rt></ruby><ruby>钱<rt>qián</rt></ruby><ruby>没<rt>méi</rt></ruby><ruby>地<rt>dì</rt></ruby><ruby>位<rt>wèi</rt></ruby><ruby>的<rt>de</rt></ruby><ruby>男<rt>nán</rt></ruby><ruby>性<rt>xìng</rt></ruby><ruby>被<rt>bèi</rt></ruby><ruby>称<rt>chēng</rt></ruby><ruby>为<rt>wéi</rt></ruby>「<ruby>剩<rt>shèng</rt></ruby><ruby>男<rt>nán</rt></ruby>」，<ruby>意<rt>yì</rt></ruby><ruby>思<rt>si</rt></ruby><ruby>是<rt>shì</rt></ruby><ruby>被<rt>bèi</rt></ruby><ruby>挑<rt>tiāo</rt></ruby><ruby>剩<rt>shèng</rt></ruby><ruby>下<rt>xià</rt></ruby><ruby>的<rt>de</rt></ruby><ruby>男<rt>nán</rt></ruby><ruby>士<rt>shì</rt></ruby>。

結婚していない女性は「单女」「剩女」と呼ばれ、結婚しておらず地位が高く、金がある男性は「钻石王老五」（事業に成功して裕福なダイヤモンドのように貴重な未婚男性）と呼ばれ、財産と地位がない男性は「剩男（残りもの男）」と呼ばれている。

52. <ruby>她<rt>tā</rt></ruby><ruby>经<rt>jīng</rt></ruby><ruby>济<rt>jì</rt></ruby>　（女性が主に消費者になる商売）

<ruby>由<rt>yóu</rt></ruby><ruby>于<rt>yú</rt></ruby><ruby>女<rt>nǚ</rt></ruby><ruby>性<rt>xìng</rt></ruby><ruby>对<rt>duì</rt></ruby><ruby>消<rt>xiāo</rt></ruby><ruby>费<rt>fèi</rt></ruby><ruby>的<rt>de</rt></ruby><ruby>推<rt>tuī</rt></ruby><ruby>崇<rt>chóng</rt></ruby><ruby>并<rt>bìng</rt></ruby><ruby>积<rt>jī</rt></ruby><ruby>极<rt>jí</rt></ruby><ruby>购<rt>gòu</rt></ruby><ruby>买<rt>mǎi</rt></ruby><ruby>因<rt>yīn</rt></ruby><ruby>此<rt>cǐ</rt></ruby><ruby>而<rt>ér</rt></ruby><ruby>产<rt>chǎn</rt></ruby><ruby>生<rt>shēng</rt></ruby><ruby>了<rt>le</rt></ruby><ruby>推<rt>tuī</rt></ruby><ruby>动<rt>dòng</rt></ruby><ruby>经<rt>jīng</rt></ruby><ruby>济<rt>jì</rt></ruby><ruby>的<rt>de</rt></ruby><ruby>明<rt>míng</rt></ruby><ruby>显<rt>xiǎn</rt></ruby><ruby>效<rt>xiào</rt></ruby><ruby>果<rt>guǒ</rt></ruby>，<ruby>所<rt>suǒ</rt></ruby><ruby>以<rt>yǐ</rt></ruby><ruby>由<rt>yóu</rt></ruby><ruby>女<rt>nǚ</rt></ruby><ruby>性<rt>xìng</rt></ruby><ruby>推<rt>tuī</rt></ruby><ruby>动<rt>dòng</rt></ruby><ruby>的<rt>de</rt></ruby><ruby>经<rt>jīng</rt></ruby><ruby>济<rt>jì</rt></ruby><ruby>消<rt>xiāo</rt></ruby><ruby>费<rt>fèi</rt></ruby><ruby>被<rt>bèi</rt></ruby><ruby>称<rt>chēng</rt></ruby><ruby>为<rt>wéi</rt></ruby><ruby>她<rt>tā</rt></ruby><ruby>经<rt>jīng</rt></ruby><ruby>济<rt>jì</rt></ruby>。

女性の消費重視、かつその積極的な購買意欲による経済の推進効果は明らかだ。そこで、女性によって推し進められたビジネスを「她经济」と言う。

◆ 「<ruby>她<rt>tā</rt></ruby><ruby>经<rt>jīng</rt></ruby><ruby>济<rt>jì</rt></ruby>」<ruby>的<rt>de</rt></ruby><ruby>影<rt>yǐng</rt></ruby><ruby>响<rt>xiǎng</rt></ruby><ruby>力<rt>lì</rt></ruby><ruby>不<rt>bù</rt></ruby><ruby>可<rt>kě</rt></ruby><ruby>低<rt>dī</rt></ruby><ruby>估<rt>gū</rt></ruby>。

「她经济」の影響力を軽く見てはなりません。

53. <ruby>闪<rt>shǎn</rt></ruby><ruby>婚<rt>hūn</rt></ruby>　（スピード結婚）

<ruby>极<rt>jí</rt></ruby><ruby>快<rt>kuài</rt></ruby><ruby>速<rt>sù</rt></ruby><ruby>地<rt>de</rt></ruby><ruby>结<rt>jié</rt></ruby><ruby>婚<rt>hūn</rt></ruby>。

出会って短期間で結婚すること。

54. <ruby>闪<rt>shǎn</rt></ruby><ruby>孕<rt>yùn</rt></ruby>　（スピード妊娠）

<ruby>交<rt>jiāo</rt></ruby><ruby>往<rt>wǎng</rt></ruby><ruby>不<rt>bù</rt></ruby><ruby>久<rt>jiǔ</rt></ruby><ruby>后<rt>hòu</rt></ruby><ruby>很<rt>hěn</rt></ruby><ruby>快<rt>kuài</rt></ruby><ruby>怀<rt>huái</rt></ruby><ruby>孕<rt>yùn</rt></ruby>。

付き合ってすぐ妊娠すること。

55. <ruby>闪<rt>shǎn</rt></ruby><ruby>离<rt>lí</rt></ruby>　（スピード離婚）

<ruby>极<rt>jí</rt></ruby><ruby>快<rt>kuài</rt></ruby><ruby>速<rt>sù</rt></ruby><ruby>地<rt>de</rt></ruby><ruby>离<rt>lí</rt></ruby><ruby>婚<rt>hūn</rt></ruby>。

短期間で離婚すること。

56. 拼婚 pīn hūn　　　　　　　　　　　　　　　　（集団結婚式）

为了节省婚礼、婚纱等的费用，跟不认识的人凑在一起，举办婚礼。
wèi le jié shěng hūn lǐ, hūn shā děng de fèi yòng, gēn bú rèn shi de rén còu zài yì qǐ, jǔ bàn hūn lǐ.

式や衣装などの費用を節約するため、見ず知らずのカップルが集まり一緒に結婚式を挙げること。

◆ 现在年轻人闪婚、闪离、闪孕和拼婚的情况，不足为奇。
xiàn zài nián qīng rén shǎn hūn, shǎn lí, shǎn yùn hé pīn hūn de qíng kuàng, bù zú wéi qí.

今の若者たちのスピード婚、スピード離婚、スピード妊娠、集団結婚式は珍しくないです。

57. 拼桌 pīn zhuō　　　　　　　　　　　　　　　　（相席する）

因为餐厅里吃饭的客人多，餐桌不够，所以不认识的人围着一个桌子吃饭，这样的就餐形式被称为拼桌。
yīn wèi cān tīng lǐ chī fàn de kè ren duō, cān zhuō bú gòu, suǒ yǐ bú rèn shi de rén wéi zhe yí ge zhuō zi chī fàn, zhè yàng de jiù cān xíng shì bèi chēng wéi pīn zhuō.

レストランで客が多くテーブルが足りないために見ず知らずの人と同じテーブルで食事をする、このようなことを「拼桌」と言う。

◆ 生意好的大众餐厅，午餐和晚餐的繁忙时段，就餐的顾客只能拼桌。
shēng yì hǎo de dà zhòng cān tīng, wǔ cān hé wǎn cān de fán máng shí duàn, jiù cān de gù kè zhǐ néng pīn zhuō.

繁盛している大衆レストランでは、お昼と夜のピーク時には、客は相席するしかない。

58. 裸婚 luǒ hūn　　　　　　　　　　　　　　　（婚姻届だけを提出する結婚）

指不买车子，不买房子，不买婚戒，不举办结婚典礼，只登记的结婚形式。
zhǐ bù mǎi chē zi, bù mǎi fáng zi, bù mǎi hūn jiè, bù jǔ bàn jié hūn diǎn lǐ, zhǐ dēng jì de jié hūn xíng shì.

車、家、指輪を買わず、式も挙げず、届だけで済ませる結婚方式。

◆《裸婚时代》这部电视剧生动地反映了裸婚男女的现实问题。
luǒ hūn shí dài zhè bù diàn shì jù shēng dòng de fǎn yìng le luǒ hūn nán nǚ de xiàn shí wèn tí.

テレビドラマ「裸婚时代」は何も買わず、届だけで済ませる男女のリアルな問題を、生き生きと描写している。

59. 忽悠 (hū you) （ごまかす、騙す）

东北地区流行语,意思是用花言巧语设陷阱引人上钩,也有吹牛、夸夸其谈,哗众取宠的意思。

東北地区で流行している言葉。意味は、言葉巧みにおだてあげて罠にかけようとすること。ほらを吹く、大げさに言う、派手に振る舞い、人の歓心を得ようとする意味もある。

◆他这个人特能忽悠,你小心别让他把你忽悠了,别上了他的当。

彼という人間は口がうまいので、おだてられて騙されないように気をつけてください。

60. 公司蛀虫 (gōng sī zhù chóng) （会社の害虫・会社で個人的なことを行う人）

指吃饭、健身、休息、游戏甚至谈恋爱都在公司及其附近进行的白领。

食事、トレーニング、休憩、ゲーム、さらには恋愛までも、会社やその付近で行うホワイトカラーを指す。

61. 宅男/宅女 (zhái nán / zhái nǚ) （宅男/宅女）

◆我先生是典型的宅男,天天在家宅着。

主人は典型的なオタクです。毎日家に閉じこもっています。

62. 卧槽族 (wò cáo zú) （転職のチャンスをうかがう人）

一边在A公司干一边找机会跳槽/换工作到B公司的人。

Aの会社で働きながら、転職のチャンスをうかがい、Bの会社へ転職しようとする人。

◆现代白领中卧槽的人越来越多。

今、会社員の中には転職のチャンスをうかがう人がますます増えてきた。

第6課

63. 赖校族 （就職せず、ずっと学校に居座る人々）

大学毕业以后不想到社会上工作而是依然花父母的钱留在学校继续读硕士、博士的人。

大学卒業後も就職願望がなく、依然として学校に残り、両親の援助のもとで修士や博士の勉強をする人。

64. 月光族 （月給を毎月使い切ってしまう人々）

每月把工资花光的人，零储蓄的人。

毎月給料を使い果たす人。貯金が全くない人。

65. 早餐逃跑族 （朝食を抜く人々）

没有时间吃早饭，就匆忙跑出家门去上班的人。

朝食をとる時間がなく、慌しく家を出て、出勤する人たち。

◆随着承受工作重压的人群的增加，早餐逃跑族也日趋增多了。

仕事の重圧を感じる人が増えるに従い、朝食を抜く人も増えました。

66. 房奴 （住宅ローンに縛られている人）

背负着沉重的贷款的人，好像房子的奴隶。

大きなローンを抱えている人は、まるで家の奴隷のようだ。

67. 卡奴 （クレジットカードの奴隷）

申请了很多信用卡且超额花费的人，好像信用卡的奴隶。

多くのクレジットカードを持ち、過剰消費に陥る人。まるでクレジットカードの奴隷のようである。

68. 婚奴 （婚姻の奴隷）

为婚姻付出很多努力和代价的人，好像婚姻的奴隶。

結婚生活にたくさんの苦労と代価を払う人。まるで婚姻の奴隷のようである。

69. 孩奴 　　　　　　　　　　　　　　　（子供の奴隷）

为孩子无条件地做很多事，好像孩子的奴隶一样。

子供のために無条件にどんなこ とでもして、まるで子供の奴隷 のような親。

70. 草根 　　　　　　　　　　　　　　　（下層労働者）

社会下层的农民或农民工。

社会の下層の農民や出稼ぎ労働者

◆ 草根阶层出了很多草根明星，如歌星朱之文，旭日阳刚等，他们的歌声真切感人。

社会の底辺から多くの大衆ス ターが現れました。例えば歌手 の朱之文、旭日阳刚らです。彼 らの痛切な歌声に人々は感動し ます。

71. 团购 　　　　　　　　　　　　　　　（共同購入）

团购是把一定数量的消费者联合起来，加大与商家谈判的筹码和力度，以求用最优惠的价格购买同一种商品的购物方式。组织团购的团购网，充当着商家与消费者之间的谈判人的角色。

「团购」とは一定数の消費者が 集まり、売り手との交渉条件や 交渉力を高めて最大限に値引き させるため、団体で商品を購入 する方法。共同購入を組織する 共同購入サイトは、売り手と買 い手の間の交渉を担う役割を果 たしている。

◆ 为了减轻生活压力，降低成本，团购已经成了一种风潮。

生活上のストレスやコストを減 らすため、共同購入はすでに ブームとなっています。

72. 网购　(インターネットショッピング)

网购是指在网上购物。

◆ 为了节省成本和寻求方便,大多数中国的城市居民都通过网购来购买商品。

「网购」インターネットで商品を購入することを指す。

コストの削減と便利さを求め、中国の都市居住者の多くはインターネットで商品を買います。

73. 设计　(デザインする、計略をめぐらす、他人を陥れる)

原意是设计东西或画图,新意是做圈套陷害别人。

◆ 他被同事设计了。

もともとは物をデザインしたり図案化したりする意味だが、新しくは、他人を陥れる意味。

彼は同僚に陥れられた。

74. 留守儿童　(留守児童)

指父母都去城市打工,被留在家乡的儿童。

◆ 农村留守儿童的生活受到了社会各界的关注。

両親ともに出稼ぎに行き、田舎に残された子供を指す。

田舎の留守児童の生活は、社会各方面の関心を集めた。

75. 空巢老人　(子供が傍にいない老人)

孩子都在外地工作或去外地打工,被留在无儿女的家中的老人。

◆ 空巢老人越多,社会的忧虑越大。

子供が他の都市で働き、家で留守をする年寄り。

一人暮らしの老人または二人暮らしの老夫婦が多ければ多いほど、社会の憂慮も大きいです。

76. 炫富 = 炫耀财富　　　　　　　　　　　（富をひけらかす）

◆ 郭美美网上炫富的事件，在网民中间引起了轩然大波。

郭美美がネット上で富をひけらかした事件は、インターネットユーザーの間で大騒ぎになった。

77. 给力　　　　　　　　　　　　　　　　（力になる、サポートする）

对某件事或某个人给予特别的支持和力量。

あることやある人に対し特別に支援したり、力を貸すこと。

78. 虎妈　　　　　　　　　　　　　（虎ママ（子供の教育に厳格な母親））

字面意思是像老虎一样凶残的妈妈。实际指对子女的要求－主要是对学业成绩要求非常高，管教严格到不近人情，稍有不满就对孩子施以打骂的母亲。此词出自美国的一位华裔蔡女士写的《虎妈的战歌》一书。

文字の上では虎のように凶悪で残忍な母親だが、実際は子供たちに高い学業成績を要求し、情け容赦なく厳しくしつけ、子供に対し満足がいかないとたたいたり叱ったりする母親を言う。この言葉は、中国系アメリカ人の蔡女史が書いた「虎妈的战歌」によるものである。

第6課

79. 狼爸 = 鹰爸 　　　　（狼パパ＝鷹パパ（子供の教育に厳格な父親））

字面意思是像狼一样凶残的爸爸。实际是指对子女的要求主要是对学业成绩的要求非常高，管教严格到不近人情，稍有不满就对孩子施以打骂的父亲。此词的由来是中国广州的一位父亲公开说："三天一顿打，孩子进北大。"这位父亲的三个孩子在他的这种教育方式下，都考进了中国的著名学府—北京大学。

◆世界著名的青年钢琴家郎朗的父亲也是一名「狼爸」，他在训练郎朗练琴方面也是相当严格和残酷的。

文字の上では狼のように凶悪残忍な父親だが、実際は子供たちに高い学業成績を求め、情け容赦なく子供をしつけ、子供に対して満足のいかないことがあると、たたいたり叱ったりする父親を言う。

この言葉は、中国・広州のある父親が「3日に一度たたいて、子供を北京大学に合格させた」と公表したことによる。この父親の3人の子供は彼の教育方針のもと、みな著名な最高学府である北京大学に合格したのである

世界的に有名な青年ピアニスト郎朗の父親も「狼爸」です。彼の郎朗へのピアノのトレーニングは、相当厳しくて、過酷でした。

80. 净身出户　　　（男性が離婚の際に、全財産を前妻に渡すこと）

「净身」在封建时代的意思是男子为了当宦官，而被割掉生殖器。现代的意思是男子离婚以后，不分得任何婚姻财产，光溜溜地离开原来的家。大多数都是因为男子有了外遇，做了对不起妻子的事而主动放弃婚姻财产或自愿受到如此的惩罚。

「净身」は、封建時代に男性が宦官になるため去勢する意味だった。現在の意味は男性が離婚時に、いかなる財産も受け取らず身一つで家を出ること。多くは男性が浮気をし、妻に申し訳ないことをしたので自ら財産を放棄するか、このような罰を受けることを望むかである。

◆他做了对不起妻子女儿的事，离婚时净身出户。

彼は妻と娘に申し訳の立たないことをしたので、離婚する時、財産をすべて置いて、家を出た。

81. 屌丝男　　　（クズ男）

出身卑微、相貌普通、收入不高的男人。

底辺の家庭に生まれ、収入は低く、容貌も平凡な男性。

82. 搭　　　（ただで乗る、建てる、似合う）

原本是作为动词使用，现在常常作为形容词来使用，意思是配搭协调。

本来は動詞として使う。現在は似合う、うまく組み合わせている、調和がとれているの意味でよく使われる。

如：◆搭车

無料で車に乗せる。

◆搭建临时舞台

仮設舞台を作る。

◆这件衣服和那双鞋子很搭。

この服とあの靴はとても合います。

83. 海选　　　（有権者が候補者を指名して行う直接選挙）

投票表决从民众中选出村代表或其他领导。

投票や信任不信任の表決によって、民衆の中から村の代表や指導者を選出する。

84. 彩铃　　　（携帯電話の特別な着信音）

由手机铃声乐手特别设计的电话铃声。有些是好听的流行歌曲，有些是钢琴名曲，也有些是幽默的对白，更有甚者还有教训人的话，比如以下内容：

着信音クリエーターが特別にデザインした携帯電話の着信音。心地よいポップスであったり、ピアノの名曲であったり、ユーモラスな台詞や、人を諭す言葉まである。例えば、次のようである。

◆主人！那家伙又来电话啦！

ご主人様！　あいつから、また電話です！

◆姐！那个帅小伙儿又来电话啦！我看他挺诚心的，姐！你还是接了吧！

お姉さま！　あのイケメンからまたお電話ですよ！　彼は本気のようですよ、お姉さま！やっぱり出てください！

◆爱已欠费，情已停机，缘分不在服务区；思也痛苦，想也伤心，何必缴费再开机！

愛はもうなくなった、心もすでにない、あなたとのつながりも圏外。考えるのも苦しく、思うのもつらいのだから、もう携帯代を払うのも連絡を取るのもやめましょう

85. 钉子户　　　（立ち退き拒否世帯）

因为不满意住房拆迁的赔偿条件而死硬在原住房里不搬走的人被称为「钉子户」，就像钉子钉在地板上一样。

立ち退き費用などの条件に納得できず、強硬にもとの住居に住み続ける人を「钉子户」と言う。板に打ちつけられた釘のようであるため、「钉子户」と呼ばれた。

86. 医闹　　　　　　　　　　　　（医療ゴロ（もっぱら病院で騒ぎを起こす人））

医闹就是专门在医院闹事的人。只要打听到哪家医院出了医疗事故，他们就有组织、有规模地带领病人家属闹事，目的就是从中通过分红获得非法经济利益。具体行为包括在医院设置障碍、阻挡患者就医，或者殴打医务人员，向医院索取高额的赔偿等等。

「医闹」は、もっぱら病院で騒ぎを起こす人である。彼らは医療事故を起こした病院の情報を聞きつけると、組織的に一定の人数で患者の家族を引き連れて病院に行き、騒ぎを起こす。そのねらいはその分け前（違法な利益）を得ること。具体的には、病院内に障害物を置く、患者が診察を受けるのを妨害する、病院職員に暴力をふるう、病院に高額の補償金を要求するなどである。

87. 北漂　　　　　　　　　　　（稼ぐチャンスを求めて、地方から北京に来ること）

外地人来北京找工作或寻求更好的发展机会。

北京以外の地から北京にやって来て、より稼げるチャンスを探すこと。

◆很多北漂族在北京过着艰难求存的生活。

地方から北京に来た多くの非定住者は、北京で生きるのがやっとのつらい生活を送っている。

88. 追尾　　　　　　　　　　　　　　　　　　　　　　　（追突する）

◆真倒霉，我的车被追尾了。

全く運が悪い、追突されてしまった。

89. 手机低头族　　　　　　　（うつむいて携帯を操作する人（携帯依存症））

经常低头看手机、上网、发短信、发电邮的人。

常に下を向いて携帯を見たり、ネットを見たり、SMSを送ったり、メールしたりする人。

◆现在城市中的手机低头族越来越普遍。

今、街中で下を向いて携帯を操作する人は、以前より普通に見かけるようになってきた。

90. 挤提 （取り付け騒ぎ）

储户因为担心银行倒闭,自己的存款消失而蜂拥到银行,提取自己的存款,造成拥挤的场面。

銀行が倒産し自分の預金がなくなることを心配した預金者が、大勢で銀行に押し掛け預金を下ろし、混乱を起こすこと。

◆希腊的民众担心希腊脱欧元区后采用的新货币没人要,于是蜂拥而至到银行去提领存款,出现了挤提的现象。

ギリシャの民衆は、自国がユーロ圏から離脱した後、ギリシャの新通貨を必要とする人がいなくなることを心配した。そこで銀行に押し寄せ預金を下ろし取り付け騒ぎを起こした。

91. 国考＝国家公务员考试 （国家公務員試験のこと）

◆"国家公务员考试竞争非常激烈,某些热门职种的录取率是万分之一。

国家公務員試験の競争はとても熾烈で、一部の人気職種の採用率は一万分の一である。

92. 高富帅 （背が高く、お金持ちでかっこいい男性）

身形高大、富有又帅气的男人。

高＋富＋帅の3つの美点を連ねた単語、日本の三高のようなもの。

93. 白富美 （肌は色白で、お金持ちで美しい女性）

皮肤白皙,富有又美丽的女人。

白＋富＋美の3つの美点を連ねた単語。

94. 有眼缘 (yǒu yǎn yuán)

（男性と女性がお互い気に入り、好意を持つ）

男人和女人相互喜欢、看得上。
(nán rén hé nǚ rén xiāng hù xǐ huan kàn dé shàng)

相手を見たとたん直感的に好意を持つ（ある種の一目惚れのこと）。

◆在电台的男女相亲的节目上，经常有男嘉宾说："我觉得女嘉宾挺好的,只是<u>差点儿眼缘</u> / <u>没有眼缘</u>。"
(zài diàn tái de nán nǚ xiāng qīn de jié mù shàng jīng cháng yǒu nán jiā bīn shuō wǒ jué de nǚ jiā bīn tǐng hǎo de zhǐ shì chà diǎnr yǎn yuán méi yǒu yǎn yuán)

テレビのお見合い番組では、男性出演者が「女性出演者はとてもすばらしい方ですが、なんとなく心が動きません。/ 心が動きません。」とよく言います。

95. 老公控 (lǎo gōng kòng)

（夫を制御する人）

强烈的控制老公的欲望
(qiáng liè de kòng zhì lǎo gōng de yù wà)

夫を厳しく制御したい意欲。

96. 香水控 (xiāng shuǐ kòng)

（香水を熱愛する人）

非常喜欢香水,对香水的选用都非常讲究
(fēi cháng xǐ huan xiāng shuǐ duì xiāng shuǐ de xuǎn yòng dōu fēi cháng jiǎng jiu)

香水を熱愛し、香水のチョイス、使い方にとてもこだわること。

97. K歌 (K gē)

（カラオケで歌う）

唱卡拉OK
(chàng kǎ lā OK)

カラオケで歌うこと。

98. 二 (èr)

（ちょっとお馬鹿）

本来是数字,但新语的意思是"有点儿傻""有点儿呆"。
(běn lái shì shù zì dàn xīn yǔ de yì si shì yǒu diǎnr shǎ yǒu diǎnr dāi)

二は数字だが、新語では「ちょっとお馬鹿」、「いささか間が抜けている」の意味となる。

◆他这个人有点儿"二"。
(tā zhè ge rén yǒu diǎnr èr)

彼はちょっと間が抜けている。

第6課

99. 外貌协会的　　　　　　　　　　　　（容姿を重視する人）

男女找对象或交往时，非常注重对方的外貌和长相，要求对方是美女或帅哥的人。

交際相手を見つける際、または交際時にとにかく容姿を重視して、相手には美女やイケメンを望む人のこと。

100. 非诚勿扰　　　　　　　　　　　　（「非誠勿擾」）

「非诚勿扰」一词的本意是：没有诚意不要来打扰。现在江苏电视台把自己电台制作的男女相亲的节目取名为「非诚勿扰」。这台节目因为内容丰富，登场人物个性鲜明，已经成了全中国收视率最高的大型综合服务类节目。

「非诚勿扰」の本来の言葉の意味は「誠意がない方はお断りします（冷やかしお断り）」の意味であり、今は江蘇衛星テレビが自社制作するお見合い番組の番組名となっている。この番組は盛りだくさんの内容、出演者たちの際立つ個性によって、いまや中国で最高視聴率を持つ大型バラエティー番組となった。

7. 宿 題

1. 次の質問を中国語に訳し、答えも中国語で書きなさい。　　　（解答は P.493）

① なぜ、今の中国で新語がたくさん生まれたのですか？

　Q：＿＿＿＿＿＿＿＿＿＿＿＿＿＿＿＿＿＿＿＿＿＿＿＿＿＿＿＿＿

　A：＿＿＿＿＿＿＿＿＿＿＿＿＿＿＿＿＿＿＿＿＿＿＿＿＿＿＿＿＿

② 「丁克家庭」は、どのような家庭を指していますか？

　Q：＿＿＿＿＿＿＿＿＿＿＿＿＿＿＿＿＿＿＿＿＿＿＿＿＿＿＿＿＿

　A：＿＿＿＿＿＿＿＿＿＿＿＿＿＿＿＿＿＿＿＿＿＿＿＿＿＿＿＿＿

③ 「灰色技能」は、どのような技能を指していますか？

　Q：＿＿＿＿＿＿＿＿＿＿＿＿＿＿＿＿＿＿＿＿＿＿＿＿＿＿＿＿＿

　A：＿＿＿＿＿＿＿＿＿＿＿＿＿＿＿＿＿＿＿＿＿＿＿＿＿＿＿＿＿

④ 「啃椅族」の特徴は何ですか？

　Q：＿＿＿＿＿＿＿＿＿＿＿＿＿＿＿＿＿＿＿＿＿＿＿＿＿＿＿＿＿

　A：＿＿＿＿＿＿＿＿＿＿＿＿＿＿＿＿＿＿＿＿＿＿＿＿＿＿＿＿＿

⑤ 「穷人跑」は、「貧しい人が走る」という意味ですか？

　Q：＿＿＿＿＿＿＿＿＿＿＿＿＿＿＿＿＿＿＿＿＿＿＿＿＿＿＿＿＿

　A：＿＿＿＿＿＿＿＿＿＿＿＿＿＿＿＿＿＿＿＿＿＿＿＿＿＿＿＿＿

2. 次の文型を使って文を作りなさい。

① 別说是…就连…

② 把…当成…

3. 次の誤りを正し、日本語に訳しなさい。

① 你看得见清楚了白板上的字吗？

② 我要两天之内赶写报告完。

③ 他错弄地址了。

④ 演唱会的票都卖干净了吗？

⑤ 我终于认好了他的真面目。

4. 結果補語表現で、次の日本語を中国語に訳してください。

① チャンスをしっかりつかみましょう！

② あなたは計算を間違えました。

③ 中国から来た義理の父と母は、すっかり日本に住み慣れました。

④ うっかりして、やり間違えました。

⑤ 欲しいノートパソコンはまだ手に入れていません。

⑥ 彼は針灸を学んで会得しました。

⑦ 魯迅先生は、数多くの日本の小説を中国語に訳した。

⑧ 息子は2時間泣いて、やっと寝つきました。

⑨ 彼は最優秀論文賞を獲得した。

⑩ すべて段取りをつけた。

5. 次の中国語を日本語に訳しなさい。

① 家庭教育的本质是享受亲子共同学习、双向互动的过程。

② 海归派的留学人员成为中国企业争夺的焦点。

③ 驶入上海高速公路网的车辆收费仅需一张通行卡就可以搞定。

④ 奥运新闻中心是世界各国数千名记者每天工作的地方，一些洋快餐也抓住商机大举进驻。

⑤ 此次救助金由市慈善总会负责接收和发送，一切阳光操作并接受各界的监督。

⑥ 这儿风景如画，非常养眼。

⑦ "小资"不是小资本而是一种生活方式，一种心态。

⑧ 我是前年下半年来到北京的，与另外两个拍档开了这家餐厅。

⑨ 二锅头助兴，流行乐煽情，于是哥儿几个开始侃工作，侃女人，侃房子。

⑩ 主持人工资并不高，压力非常大，还不让走穴，所以很多名嘴都辞职下海了。

6. 作文 ： ①「中文新语很难」（中国語の新語はとても難しい）
　　　　　 ②「我所知道的中文新语」（私の知っている中国語の新語）

第7課 人格魅力

人間的魅力

1. 本文

小李大学毕业后被招聘到一家大型家电公司做销售工作。小伙子来自农村，有一股拼劲儿而且对销售工作很热衷，所以业绩一直不错。但美中不足的是小李和主管的关系总是有些不协调。终于有一天，因为一件根本不值一提的事情，两个人吵了起来。最后小李一怒之下向老总递交了辞呈。老总对小李的印象一直是不错的，他思虑了良久，最后说："把手里的业务清理一下儿交给我，我会同意的。"

三个小时后，小李交给老总四份文件，第一份关于自己本月需要结算的各种业务上的经济往来；第二份关于目前已经建立良好合作的单位名单，上面有每个负责人的地址和电话，甚至包括了各个老板的喜好；第三份目前正在争取的客户名单，资料中列举了这些单位经理的籍贯和简历，比如谁当过兵、谁下过乡、谁离过婚；第四份是对于还没有开展业务地区的攻关计划。

面对小李的"临终交代",老总有些吃惊,他最后的批复是:小李留下做主管而那位主管则降职调离这个部门。当那位主管向老总讨个说法时,老总说:"像小李这样的人才,你和他处不好关系,这本身就是失职。"

一个对自己高标准要求的人无论是在求职时,还是在辞职时都会出色地处理,让别人感到他的人格魅力。

2. 新しい単語

MP3 CD トラック175

1. 招聘　　　　　　　　　[動詞]　　招聘する、募集する

   应聘　　　　　　　　　[動詞]　　招聘に応じる

   △ 某公司在招聘财务主管,小王打算应聘。　　ある会社が財務マネージャーを募集しており、王さんは応募するつもりだ。

2. 销售　　　　　　　　　[動詞]　　売る、販売する

   △ 我在公司做销售/营销的工作。　　会社では営業を担当しています。

3. 一股　　　　　　　　　[量詞]　　一筋の、一縷の

   △ 一股拼劲儿　　ぐっと頑張るエネルギー、敢闘精神

   △ 一股烟儿　　一筋の煙

   △ 一股香味儿　　一筋の香り

4. 热衷　　　　　　　　　[動詞]　　…に熱中する、…に対して情熱がある

△ 对销售工作很热衷。 営業の仕事に情熱を持っている。

△ 热衷于集邮。 切手の収集に熱中している。

5. 业绩 ［名詞］ 業績、功績、手柄

△ 他们公司去年取得了很好的业绩。 彼らの会社は去年とても良い業績を残した。

6. 美中不足 ［四字成語］ 立派な中にも少し足りない点がある、玉にキズ

△ 这座洋房什么都好，美中不足的是面对大马路太不安全了。 この洋館はとてもすばらしいが、大通りに面していて、安全面に不安があるのが玉にキズだ。

7. 主管 ［名詞］ 部門の責任者、マネージャー

△ 业务主管 業務責任者

8. 协调 ［動詞・形容詞］ 協調（する）、調和がとれている、釣り合いをとる

△ 这幅画儿和室内气氛不协调。 この絵は、室内の雰囲気と合っていない。

9. 不值一提 ［成語］ 言うまでもない、取り上げる価値もない

△ 这件事不值一提。 この件は取り上げる価値もない。

10. 吵 ［形容詞］ うるさい、騒がしい

吵架 ［動詞］ 口げんかをする

吵起来了 ［フレーズ］ 口げんかを始めた

△ 这里在施工，很吵。 ここは工事しているので、とてもうるさいです。

△ 他们为了一点儿小事儿吵起来了。 彼らは、ささいなことでけんかを始めた。

11. 一怒之下 ［成語］ かっとなる

△ 他一怒之下把同事打伤了。 彼はかっとなって同僚を殴り、けがをさせた。

12. 递交　　　　　　　　［動詞］　手渡す、（正式な書類を）提出する
△ 他向公司递交了辞呈。 彼は会社に辞表を提出した。
△ 新任大使向国王递交国书。 新任の大使は、信任状を国王に捧呈する（両手で捧げ持ってさしあげる）。

13. 印象　　　　　　　　［名詞］　印象
△ 我对这件事印象很深。 私は、この件に対して強い印象を持った。
△ 这件事给我留下了很深的印象。 この件は私に深い印象を与えた。

14. 思虑　　　　　　　　［動詞］　思慮する、考えを巡らす
△ 思虑了良久，终于做出了决定。 長い間じっくり考えた結果、ついに結論を出した。

15. 结算　　　　　　　　［動詞・名詞］　決算（する）
△ 年终结算时发现亏损了很多。 年度末の決算で、多くの損失に気づいた。

16. 往来　　　　　　　　［動詞］　往来する、交際する
△ 这两家公司有业务往来。 この2社は業務上の付き合いがある。

17. 名单　　　　　　　　［名詞］　名簿、人名リスト
△ 客户名单 顧客リスト

18. 单位　　　　　　　　［名詞］　勤め先、勤務先
△ 我们单位重组辞退了很多人。 我々の会社は、リストラで多くの職員を解雇した。

19. 负责人　　　　　　　［名詞］　責任者、直接の担当者
△ 他是这个项目的负责人。 彼が当プロジェクトの責任者です。

20. 喜好 （xǐ hào）		［動詞・名詞］	好む、喜ぶ、愛好する、好み
喜好 = 爱好 （xǐ hào = ài hào）			
△ 他喜好唱京剧。 （tā xǐ hào chàng jīng jù）			彼は京劇が好きです。
21. 争取 （zhēng qǔ）		［動詞］	勝ち取る、努力して獲得する、実現をめざす
△ 我要争取得满分。 （wǒ yào zhēng qǔ dé mǎn fēn）			満点をとれるように頑張る。
△ 能争取的机会尽量争取。 （néng zhēng qǔ de jī huì jǐn liàng zhēng qǔ）			つかめるチャンスなら、できるだけつかみなさい。
22. 籍贯 （jí guàn）		［名詞］	原籍、本籍、出身地
23. 简历 （jiǎn lì）		［名詞］	略歴
履历表 （lǚ lì biǎo）		［名詞］	履歴書
△ 有兴趣的人请电邮简历。 （yǒu xìng qù de rén qǐng diàn yóu jiǎn lì）			興味がある人は略歴をメールしてください。
△ 来面试时请带履历表。 （lái miàn shì shí qǐng dài lǚ lì biǎo）			面接に来る時、履歴書を持参してください。
24. 当兵 （dāng bīng）		［動詞］	兵士になる、入隊する、兵役につく
25. 下放 （xià fàng）		［動詞］	（1966～1976年頃、文化大革命の間）幹部や知識人を地方の農山村へ働きに行かせる。
△ 上山下乡 （shàng shān xià xiāng）			（1966～1976年）中学生や高校生が卒業後、農山村に長期間滞在して思想改造をはかるとともに、農山村の社会主義建設に協力すること
26. 攻关 （gōng guān）		［動詞］	難関に挑む
27. 临终交代 （lín zhōng jiāo dài）		［名詞］	臨終での遺言 → 最後の言葉
28. 吃惊 （chī jīng）		［動詞］	驚く
△ 大吃一惊 （dà chī yì jīng）			びっくり仰天する、非常に驚く

第7課

29.	pī fù 批复	［動詞］	（下級機関からの指示を求める文書に対して）意見を書きつけて返答する
30.	jiàng zhí 降职	［動詞］	降格する
△	gōng zuò nǔ lì yè jì hǎo de shēng zhí le gōng 工作努力业绩好的升职了，工 zuò bú rèn zhēn yè jì bù hǎo de bèi jiàng zhí le 作不认真业绩不好的被降职了。		一生懸命仕事をして、業績の良い人が昇進した、仕事が不真面目で業績の悪い人は降格された。
31.	diào lí 调离…	［動詞］	…の部署から配置転換する
△	tā bèi diào lí le rén shì bù 他被调离了人事部。		彼は人事部から配置転換された。
32.	tǎo gè shuō fǎ 讨个说法	［フレーズ］	納得できる説明を求める、きちんと説明してもらう
33.	chǔ de hǎo 处得好	［可能補語］	仲良く付き合える
34.	chǔ bù hǎo 处不好	［可能補語］	仲良く付き合えない
△	tā hé shuí dōu chǔ bu hǎo guān xì 她和谁都处不好关系。		彼女は誰ともうまく付き合えない。
35.	shī zhí 失职	［動詞］	責任を果たさない、職務を果たさない、職務怠慢である
36.	pǐn zhì 品质	［名詞］	（人の）本質、資質、品性
△	tā zhè ge rén pǐn zhì hěn hǎo 他这个人品质很好。		彼という人物はとても品格がある。
37.	wú lùn shì hái shì 无论是…还是…	［文型］	…でも…でも、 …でもあり、…でもある
△	wú lùn shì qiú zhí shí hái shì cí zhí shí tā dōu 无论是求职时还是辞职时，他都 biǎo xiàn de fēi cháng chū sè 表现得非常出色。		求職の時でも辞職の時でも、彼は見事な働きを見せました。
38.	qiú zhí 求职	［動詞］	求職する、職を求める
△	jìn xíng qiú zhí huó dòng 进行求职活动		就職活動を行う
△	tí jiāo cí zhí bào gào 提交辞职报告		辞表を提出する
39.	suǒ wèi de 所谓的	［文語］	いわゆる

△ 这就是所谓的修养。　　　　　　　　　これはいわゆる教養です。
      zhè jiù shì suǒ wèi de xiū yǎng

40. 人格　　　　　　　　　　　　　［名詞］　　人格
      rén gé

△ 人格高尚　　　　　　　　　　　　　　高尚な人格
      rén gé gāo shàng

41. 魅力　　　　　　　　　　　　　［名詞］　　魅力
      mèi lì

△ 他很有魅力。　　　　　　　　　　　　彼はとても魅力的だ。
      tā hěn yǒu mèi lì

3．訳　文

人間的魅力

　李君は大学卒業後、大手家電会社に就職し、営業の仕事をしています。この若者は農村出身で、エネルギッシュで、営業の仕事にも情熱的に取り組んでいたので、営業成績はずっとすばらしいものでした。しかしすべてが順調な中、李君とマネージャーとの関係が常にギクシャクしていることが唯一の問題でした。ついにある日、ささいなことで2人は口論を始め、李君は怒りにまかせて社長に辞表を提出したのでした。李君に対する印象はそれまでとても良かったので、社長は長いこと考えた末、「担当している業務を整理して私に提出しなさい。辞表は受け入れる」と言いました。

　3時間後、李君は社長に4枚の書類を提出しました。1枚目は、彼の担当の今月中に決算が必要な各種業務上のやりとりに関するものでした。2枚目は、現在すでに良好な提携関係にある企業のリストです。それには各企業の担当者の住所、電話番号、さらにそれぞれの社長の好みまで書かれていました。3枚目は、現在獲得に努めている顧客のリストで、顧客先の責任者の出身地および経歴、例えば、軍歴、下放歴、離婚歴などの略歴までもがありました。4枚目は、まだ業務を展開していない地域への攻略計画でした。

　李君の「遺言書」を目にして驚いた社長の最終判断は、「李君をマネージャーとして残し、現マネージャーを降格し移動させる」ということでした。元のマネージャーが社長に納得のいく説明を求めたところ、社長は「李君のような人材とうまい関係が築けないこと自体が職務怠慢に当たる」と答えました。

　自分に厳しい人は、求職の際であろうと、辞職の際であろうと、見事な働きで、人間的魅力を相手に感じさせるものです。

4. 文型と慣用句

MP3 CD トラック 176

1. …的是… …なのは…である

　　　　měi zhōng bù zú de shì xiǎo lǐ hé zhǔ guǎn de guān xì zǒng shì yǒu xiē bù xié tiáo
△ 美 中 不 足 的 是 小 李 和 主 管 的 关 系 总 是 有 些 不 协 调。
／玉にキズなのは李君とマネージャーの関係がいつもぎくしゃくしていることです。

　　　　yí hàn de shì tā bù néng yǔ wǒ men tóng xíng
△ 遗 憾 的 是 他 不 能 与 我 们 同 行。
／残念なことに、彼は我々と同行できない。

　　　　ràng fù mǔ jué de nán guò de shì tā yīn wèi shī liàn dé le yōu yù zhèng
△ 让 父 母 觉 得 难 过 的 是 他 因 为 失 恋 得 了 忧 郁 症。
／両親を悲しませたのは、彼が失恋で鬱病になったことです。

解釈 1 「的是」の前には形容詞、四字成語、センテンスを置き、「的是」の後には
センテンスを置きます。

2. 也许… …かもしれない

　　　　tā yě xǔ gēn běn jiù bú shì zhuān yè lǎo shī
△ 他 也 许 根 本 就 不 是 专 业 老 师。
／彼はプロの教師ではないかもしれません。

　　　　yě xǔ zhè jiàn shì gēn běn jiù shì yí ge cuò wù
△ 也 许 这 件 事 根 本 就 是 一 个 错 误。
／本件は、最初から間違っているかもしれません。

解釈 2 事実が不特定であることを表す。「也许」は主語の前後に置くことができます。「也许」の代わりに「可能」を使うこともあります。

3. 关于… …に関しては

　　　　guān yú zuò yùn dòng wǒ yǒu hěn duō xīn dé
△ 关 于 做 运 动 我 有 很 多 心 得。
／運動することに関して、私には多くの心得がある。

　　　　guān yú zhè ge wèn tí xū yào shēn rù tǎo lùn
△ 关 于 这 个 问 题 需 要 深 入 讨 论。
／この問題については、よく検討する必要がある。

△ 关于目前已经建立良好合作的单位名单已经整理好了。
／現在、良好な提携関係を築いている会社のリストはすでにきちんと整理されている。

解釈3 「关于」の後には一般的に名詞や人称代名詞を置きますが、動目フレーズが来ることもあります。名詞の前に長い限定語がつくこともあります。

4. 无论是 A 还是 B　AにしてもBにしても

△ 无论是进军房地产还是投资股票都有一定的风险。
／不動産業界に攻め込むにしても、株に投資するにしても、一定のリスクがあります。

△ 无论是推销还是经营他都很擅长。
／彼は営業にも経営にも、どちらにも長けている。

解釈4 AもBも例外なく…であるという意味です。AとBには単語もフレーズも置くことができます。

MP3 CD トラック177

トピック会話 7

A: 小王，读了这篇文章以后让我感到很意外，真没想到中国员工还有这么负责任和品格高尚的人。

B: 那是你还没有深入了解中国人，中国人形形色色各种各样，有好人也有坏人，有的人人格高尚，也有的人品格低劣，总之是好人居多。

A. 这我相信。

B. 前两天报纸上又登了一篇真人真事。一位中学语文教师在被劫匪抢去了钱包、手机后没有马上报警而是给劫匪发了21条短信,苦口婆心地给那男青年讲道理,想让他迷途知返、知错改错、退还钱财。

A. 那收到预期的效果了吗?

B. 这位男青年终于被打动了,不仅送还了财物还给这位老师写了一封信表示:您的规劝感人肺腑,今后我一定要痛改前非,好好做人。

A. 这真可以说是一个奇迹。那他是亲自把钱物送还给老师的吗?

B. 那倒不是。他毕竟无颜面对老师,他是按身份证上的地址找到老师家,然后把装着钱、手机、身份证还有信的布兜扔进老师家的院子里了。

A. 我第一次听到这么感人的故事。

トピック会話7　訳文

A. 王君、この文章を読んで本当に予想外でびっくりしたよ。中国の労働者にこんなに責任感があって、高尚な人がいるなんて。

B. それは君がまだ中国人を深く理解していないからだね。中国人もいろいろで、善人もいれば、悪人もいる。立派な人もいれば、劣った人もいる。でも、良い人が多いよ。

A. それはそうだろうね。

B. 2日前の新聞に、実際の事件が載っていたよ。中学校の国語の先生が強盗に財布、携帯電話を盗られたんだ。けれどすぐに警察には通報しないで、21通のショートメッセージを強盗に送ったそうだ。そのメールで、彼に正しい道へと戻り、誤りを認め、お金と盗んだ物を返すよう繰り返し説得したんだ。

A. それで効果はあったのかい？

B. その青年はついには心を動かされて、盗んだ物を返しただけでなく、「先生のお叱りと忠告は私の胸に響きました。今後は必ずや前非を改め、真っ当な人間になってやり直します」と教師に手紙まで書いたんだ。

A. まさに一つの奇跡と言えるね。じゃあ彼は盗んだ物を直接自分でその先生に返したのかい？

B. それは違う。さすがに彼も先生には会わせる顔がなかったようで、身分証の住所を頼りに先生の家を探して、現金、携帯電話、身分証と手紙を入れた布袋を家の中庭に投げ入れたんだよ。

A. こんな感動的な話は始めてだよ。

5. キーポイント

MP3 CD トラック 178

1.「弄」の使い方

動詞「弄」は口語表現に多く使われ、様々な用法があります。

① 「する」「やる」の意味として、他の動詞の代わりに使われます。（本来の動詞が発音しにくい、もしくはあまり使われないなどの理由で）

△ 客人都到了,饭菜弄好了吗?
　　（做）
　　／お客さんが全員到着しました。料理は用意できましたか?

△ 你能把这瓶香槟酒弄开吗?
　　　　　　　　　　　（打）
　　／君、このシャンパンを開けられますか?

△ 你弄错了。／あなたは誤解しています。
　　（理解）

△ 你弄明白了吗?　／君、分かりましたか?
　　（听、看）

△ 把这儿弄干净。／ここをきれいにしなさい。
　　（打扫、清理）

② 「いじる」「もてあそぶ」の意味として悪い結果になった時に使われ、以下の3つの形があります。

a. 弄・結果補語・了／不注意で（いじって）良くない結果になった

　弄坏了 ／いじくって壊れた

△ 他把手表弄坏了。／彼は不注意から時計を壊した。

　弄错了 ／やり間違えた

△ 你别弄错了 / 誤解をしないでください。

弄醒了 / 無理に起こした、目を覚まさせた

△ 你别把孩子弄醒了 / 子供を起こさないでください。

弄脏了 / 不注意で汚れた

△ 她把衣服弄脏了 / 彼女は服を汚した。

弄不好… / どうかすると、悪くすると…

△ 弄不好他会告你的 / 下手をすると、彼はあなたを訴える。

b. 弄得・センテンス（補語）

/ …という<u>結果・状態</u>に陥った（よくない結果に使います）

△ 他很自私，弄得大家都不愿意跟他在一起。
/ 彼はとても自分勝手なので、みんな、彼とは一緒にいたくない。

△ 太太很苛刻弄得丈夫很苦恼。
/ 奥さんがつらく当たるので、ご主人はとても悩んでいます。

△ 银行追债，弄得他走投无路。
/ 銀行から債務の返済を迫られ、彼は八方ふさがりだ。

c. A 被/把 B 弄得・様態補語　　/ AはBに…のようにされた、
　　　　　　　　　　　　　　　　/ AはBを…のようにした

△ 他把我弄得十分尴尬。
/ 彼のせいで、私はとても気まずい思いをした。

△ 他把大家弄得哭笑不得。
/ 彼（の行動と発言）は、みんなを泣くに泣けず笑うに笑えなくさせた。

△ <ruby>大<rt>dà</rt></ruby> <ruby>人<rt>rén</rt></ruby> <ruby>被<rt>bèi</rt></ruby> <ruby>孩<rt>hái</rt></ruby> <ruby>子<rt>zi</rt></ruby> <ruby>弄<rt>nòng</rt></ruby> <ruby>得<rt>de</rt></ruby> <ruby>不<rt>bù</rt></ruby> <ruby>知<rt>zhī</rt></ruby> <ruby>所<rt>suǒ</rt></ruby> <ruby>措<rt>cuò</rt></ruby>。
/大人は子供のせいで、どうしてよいか分からず困ってしまった。

③ なんとか…を手に入れる

△ 经过努力终于把合同弄到手了。
/努力の末、やっと契約を取りつけた。

△ 他从朋友那儿弄来了两张入场券。
/彼は友達から入場券を2枚、何とか手に入れました。

△ 咱们得想办法弄点儿钱。
/我々は何とか方法を考え、お金を少し手に入れなくてはならない。

練習:「弄」を使って次の日本語を中国語に訳しなさい。　　（解答は P.494）

① 赤ちゃんは、起こされて大声で泣き始めた。

② すみません、私の間違いでした。

③ 彼は、オリンピック開会式の入場券を3枚手に入れました。

④ ワインがこぼれて、服が汚れました。

⑤ ヴァイオリンを壊さないように注意してください。

2.「搞」の使い方

「搞」は述語動詞ですが、文の中ではいろいろな動詞の代わりに使われます。また後に来る名詞・形容詞とともに慣用句を作って、様々な意味を表します。

1. する、やる、行うとして使う

△ <u>搞</u> 调 查 研 究（gǎo diào chá yán jiū）／調査や研究をする
　做

△ <u>搞</u> 工 作（gǎo gōng zuò）／仕事をする
　干

△ <u>搞</u> 人 口 普 查（gǎo rén kǒu pǔ chá）／人口調査を行う
　进行

△ 你 是 怎 么 <u>搞</u> 的？（nǐ shì zěn me gǎo de）／お前、何をしたんだ？
　　　　　　弄

2.「搞」+特定の名詞・目的語で、固有表現になる

a. 搞 对 象 / 結婚相手を探す、恋をする

△ 他 已 经 搞 对 象 了。（tā yǐ jīng gǎo duì xiàng le）／彼は恋愛中だ。

b. 搞 鬼 / よからぬことをたくらむ

△ 暗 中 搞 鬼（àn zhōng gǎo guǐ）　　　　△ 你 在 那 儿 搞 什 么 鬼？（nǐ zài nàr gǎo shén me guǐ）
／ひそかに悪巧みをする。　　　　　　　　／そこで何をこそこそやっているの？

c.「搞・名詞・的」/ …の仕事に従事する

△ 他 是 搞 音 乐 的。（tā shì gǎo yīn yuè de）　　　△ 她 是 搞 贸 易 的。（tā shì gǎo mào yì de）
／彼は音楽をやっています。　　　　　　　　　　　／彼女は貿易の仕事をしています。

d. 搞 关 系 / コネをつける、根回しをする

△ 她 在 搞 关 系。（tā zài gǎo guān xi）／彼女は根回しをしています。

第7課

3.「搞・特定の形容詞」:「搞」の後の形容詞は結果補語

a. 搞好/ちゃんとやり遂げる

　搞不好/うまくやれない（否定文）

△ 我一定要搞好工作。/ 私は必ずや、きちんと仕事をやり遂げます。

wǒ yí dìng yào gǎo hǎo gōng zuò

△ 和上司搞好关系。/ 上司と良い関係を保つ。

hé shàng si gǎo hǎo guān xì

△ 婆媳关系很难搞好。/ 嫁姑の間では、良い関係の維持は難しい。

pó xí guān xì hěn nán gǎo hǎo

b. 搞糟了/うまくやれない、やりそこなう

△ 他把事情搞糟了。/ 彼はこの件をしくじった。

tā bǎ shì qíng gǎo zāo le

c. 搞臭/名誉を失墜させる、評判を落とす

△ 文化大革命的时候，很多教授学者的名誉被搞臭了。/ 文化大革命の時、多くの教授と学者の名誉は汚された。

wén huà dà gé mìng de shí hòu hěn duō jiào shòu xué zhě de míng yù bèi gǎo chòu le

4.「搞・特定の動詞」:固有述語動詞になり、「搞」の後の動詞は結果補語（「搞」の代わりに「弄」を使うことも可能）

a. 搞混/混乱させる、混同する

△ 我把你们的名字给搞混了/弄混了。/ 私は、あなたたちの名前を混同してしまった。

wǒ bǎ nǐ men de míng zi gěi gǎo hùn le nòng hún le

b. 搞砸/しくじる、だめになる　＝搞糟了

△ 这件事让他给搞砸了。/ 彼はこの件でへまをした。

zhè jiàn shì ràng tā gěi gǎo zá le

△ 他把这件事情搞糟了。/ 彼はこの件をしくじった。

tā bǎ zhè jiàn shì qíng gǎo zāo le

c. 搞出/作り出す

△ 搞出成绩。/ 実績を作る。

gǎo chū chéng jì

△ 搞出乱子来。/ 大変なことをしでかす。

gǎo chū luàn zi lái

d. 搞 到 / 手に入れる

△ 他搞到入场券了。 / 彼は入場券を手に入れた。
tā gǎo dào rù chǎng quàn le

△ 我们想看电影，能不能搞几张票？
wǒ men xiǎng kàn diàn yǐng，néng bu néng gǎo jǐ zhāng piào
 / 映画を見に行きたいので、チケットを何枚か手に入れてくれませんか？

e.「搞・数量詞・名」/ 建てる、作る

△ 公司打算在这儿搞一个加油站。
gōng sī dǎ suan zài zhèr gǎo yí ge jiā yóu zhàn
 / 会社は、ここにガソリンスタンドを 1 つ作るつもりです。

練習 1.（　）から正しい単語を選び、日本語に訳しなさい。　　　　　　（解答は P.494）

① 这件事 ＿＿＿＿ 不好就麻烦了。（想、打、搞）

② 他想＿＿＿＿出点儿成绩。（搞、说、得）

③ 他是＿＿＿＿文学的。（做、搞、来）

④ 老师把学生的名字＿＿＿＿混了。（弄、做、搞）

⑤ 跟客户＿＿＿＿好关系很重要。（搞、弄、说）

練習 2. 次の日本語を中国語に訳しなさい。

① 良好な嫁姑関係の維持は難しい。

② 彼のお父さんは美術関係の仕事をしています。

③ 弟は恋愛中だ。

④ きちんと調査をすることが大事です。

⑤ 君は陰でこそこそ何をしているの？

6. 文法ポイント　　　MP3 CD トラック 180
(1) どうして「把」構文を使うのか？

1. 中国語の動詞述語文の基本構造は、

　　　　　主　語　＋　述語動詞　＋　目的語

(例) ◆ 他 关上 电视了。　／彼はテレビを消した。
　　　　tā　guān shang　diàn shì le

　　◆ 他 做完 作业了。　／彼は宿題をやり終えた。
　　　　tā　zuò wán　zuò yè le

ですが、実際には「把」構文がかなり使われています。
　中国語学習者は、「どうして「把」を使わなければならないのか？」「いつ使うのか？」と疑問に思うことでしょう。

2. 「把」構文は、特定の人・物に対してどのような処置・処理を加えたのか？／どのような行動をとったのか？、／それによってどのような結果になったのか？を強調しています。逆にいえば、そのような処置・処理を加えないと、どのように困るのか？／そのような行動をとったためにどのような結果になったのか？を強調しているのです。文の構造は、次のようになります。

　　　主　語　＋　把　＋　目的語　＋　述語動詞　・　補　語

(例) ◆ 她 把 我的书 拿 走了。
　　　tā　bǎ　wǒ de shū　ná　zǒu le
　　　　　　　　　　　　／彼女は私の本を持って行った。

　　◆ 她 把 房间 打扫 干净了。
　　　tā　bǎ　fáng jiān　dǎ sǎo　gān jing le
　　　　　　　　　　　　／彼女は部屋をきれいに掃除しました。

比較例

　他做完作业了。　　　　彼は宿題をやり終えた。
　tā zuò wán zuò yè le　　（事実のみを述べている）

◆ 他把作业做完了。　　　宿題をやり終えた。（宿題を「する」という行為処置を加え、その結果宿題をやり終え荷が下りた、というニュアンスを含んでいる）
　tā bǎ zuò yè zuò wán le

第7課

◆	jīng jì bù jǐng qì, yín háng cái tuì le 经济不景气，银行裁退了 hěn duō yuán gōng 很多员工。 yín háng bǎ wǒ yě cái tuì le 银行把我也裁退了。	不景気で銀行は多くの職員をリストラした。（銀行が多くの職員をリストラした、という事実のみを述べている） 銀行は私をも首にした。（銀行が「私」を「首にする」という行為処置を加えたことによって今私は失業中で困っている、というニュアンスを含む）
◆	tā guān shang diàn shì le 他关上电视了。 tā bǎ diàn shì guān shang le 他把电视关上了。	彼はテレビを消した。（彼はテレビを消した、という事実のみを述べている） 彼はテレビを消した。（テレビに対して消すという行動をとったことにより、もう電源のことを心配しなくてもよい）
◆	qǐng lā píng dù biān tóng xué hé jú dì 请拉平渡边同学和菊地 tóng xué de jìn dù 同学的进度。 qǐng bǎ dù biān tóng xué hé jú dì tóng 请把渡边同学和菊地同 xué de jìn dù lā píng 学的进度拉平。	渡辺さんと菊池さんの（学習の）進度を同じにしてください。（ただ要望を伝えるだけ） 渡辺さんと菊池さんの（学習の）進度を同じにしてください。（学習の進度を同じにしないと次回のレッスンは一緒に組めず支障が出るので、強く要望している）
◆	tā bǎ nà jiàn shì tuō le jǐ tiān 他把那件事拖了几天。 ✗ 他拖了那件事几天。 　　自動詞　　目的語	彼は、あの件の処理を何日間も先延ばしにした。（わざと延ばすという行動をとった、というニュアンスを含む）→（動作主は意識的に行動を延ばし、相手に悪い影響／結果を持たらすため）
◆	nǐ bié bǎ wū zi nòng luàn 你别把屋子弄乱。	部屋を乱雑にしないでください。（乱雑にするような行為処置を加えたら困る、というニュアンスを含む）
◆	qǐng nǐ bǎ zhè ge xiāo xi gào su tā 请你把这个消息告诉他。	このニュースを彼に知らせてください。（必ず伝える行動をとりなさい、そうしないと困る、というニュアンスを含む）

- 请你把价钱(标签儿)给我撕下来。
  qǐng nǐ bǎ jià qián biāo qiānr gěi wǒ sī xià lái
  値札を剥がしておいてください。(そういう行動をとらないと送り先に見られて困る)

(2)「把」構文の語順および補語と目的語の特徴

1. 「把」構文の中の述語動詞は単独では使われず、必ずその後に補語が来ます。また、その補語にも一定の制限があり、時態・結果・場所・動量・様態・方向補語に限られます。可能補語は使えません。

$$\boxed{主語} + \boxed{把} + \boxed{目的語} + \boxed{述語動詞・補語} \begin{cases} 方向 \\ 完了「了」 \\ 結果 \\ 場所 \\ 動量 \\ 様態 \\ 重ね型 \\ 一下儿 \\ 着 \end{cases}$$

a. 時態補語

主語	+	把	+	目的語	+	動詞・	了

- 他　　　　把　　钱包　　弄丢　了。
  tā　　　　bǎ　　qián bāo　nòng diū　le
  /彼は財布をなくした。(完了)

- 他们　　　把　　屋子　　收拾好　了。
  tā men　　bǎ　　wū zǐ　　shōu shi hǎo le
  /彼らは部屋を片付けた。(完了)

- 他　　　　把　　学费　　交　　　了。
  tā　　　　bǎ　　xué fèi　jiāo　　le
  /彼は学費を納めた。(完了)

- 他不小心　把　　身份证　弄丢　　了。
  tā bù xiǎo xīn bǎ　shēn fèn zhèng nòng diū le
  /彼はうっかり身分証明書をなくした。

b. 結果補語

| 主語 ＋ 把 ＋ 目的語 ＋ 動詞・坏／了／开／上／光／走／好 |

- 你 把 冷气 开 开。
  nǐ bǎ lěng qì kāi kai
  /クーラーをつけて。

- 你 把 冰箱门儿 关 上。
  nǐ bǎ bīng xiāng ménr guān shang
  /冷蔵庫のドアを閉めて。

- 我 把 他的表 弄 坏了。
  wǒ bǎ tā de biǎo nòng huài le
  /私は、彼の腕時計を壊してしまった。

- 你们 把 准考证 带 上。
  nǐ men bǎ zhǔn kǎo zhèng dài shang
  /皆さん、ちゃんと受験票を持ちなさい。

- 你 把 门 锁 上。
  nǐ bǎ mén suǒ shang
  /ドアに鍵をかけて。(きちんと鍵をかけておいて)

- 他 把 文件 准备 好了。
  tā bǎ wén jiàn zhǔn bèi hǎo le
  /彼は書類の準備を整えました。

- 他 把 饭 都吃 光了。
  tā bǎ fàn dōu chī guāng le
  /彼はご飯をすべて食べた。(ご飯がなくなった)

- 老师 把 椅子 搬 走了。
  lǎo shī bǎ yǐ zi bān zǒu le
  /先生は椅子を運んで行った。(椅子はもうここにはない)

c. 場所補語

| 主語 + 把 + 目的語 + 動詞・在 + 名詞・上／里 / 場所名詞 |

- 他 把 邮票 贴 在 信封 上 了。
  tā bǎ yóu piào tiē zài xìn fēng shang le
  ／彼は切手を封筒に貼った。

- 别 把 花盆 放 在 窗台 上。危险！
  bié bǎ huā pén fàng zài chuāng tái shang wēi xiǎn
  ／花瓶を窓のふちに置くな。危ないよ！

- 请 把 书 放 在 书架 上。
  qǐng bǎ shū fàng zài shū jià shang
  ／本を本棚に置いてください。

- 别 把 现金 放 在 家里。／現金を家に置くな。
  bié bǎ xiàn jīn fàng zài jiā lǐ

d. 動量補語

| 主語 + 把 + 目的語 + 動詞了・動量詞 |

- 他 把 那个人从头到脚 打量了 半天。
  tā bǎ nà ge rén cóng tóu dào jiǎo dǎ liang le bàn tiān
  ／彼はあの人を、頭から足元までじっくりと観察した。

- 他 把 那首曲子反复 弹了 好多遍。
  tā bǎ nà shǒu qǔ zi fǎn fù tán le hǎo duō biàn
  ／彼はあの曲を、何度も繰り返し弾いた。

- 老师 把 那篇文章 讲了 三遍。
  lǎo shī bǎ nà piān wén zhāng jiǎng le sān biàn
  ／先生は、あの文を3回説明した。

- 我们可以 把 这个问题再 讨论 一下儿。
  wǒ men kě yǐ bǎ zhè ge wèn tí zài tǎo lùn yí xiàr
  ／我々はこの問題を、もう1回話し合おう。

- 请你 把 你们的要求 谈 一谈。
  qǐng nǐ bǎ nǐ men de yāo qiú tán yi tán
  ／どうぞ、君たちの要求を話してください。

第7課

e. 様態補語

主語 ＋ 把 ＋ 目的語 ＋ 動詞・得 ・ 様態補語

- 爸爸 把 孩子 举 得 高高的。
  bà ba　bǎ　hái zi　jǔ　de　gāo gāo de
  /お父さんは子供を高々と持ち上げた。

- 大狗 把 那个女孩儿 吓 得 直哭。
  dà gǒu　bǎ　nà ge nǚ háir　xià　de　zhí kū
  /大きな犬は、女の子が泣くまで怖がらせた。

- 你应该 把 字 写 得 更清楚点儿。
  nǐ yīng gāi　bǎ　zì　xiě　de　gèng qīng chu diǎnr
  /字をもっと、はっきりと書くべきだ。

f. 方向補語

主語 ＋ 把 ＋ 目的語 ＋ 動詞1・進 ＋ 場所名詞（動詞2）

- 妈妈 把 饺子 放 进 锅里 煮。
  mā ma　bǎ　jiǎo zi　fàng　jìn　guō lǐ　zhǔ
  /母は餃子をゆでるために、なべに入れた。

- 最好 把 现金 存 进 银行。
  zuì hǎo　bǎ　xiàn jīn　cún　jìn　yín háng
  /現金は、銀行に預けておくのが一番よい。

- 居民 把 垃圾 扔 进 垃圾桶里。
  jū mín　bǎ　lā jī　rēng　jìn　lā jī tǒng lǐ
  /住民はごみを、ごみ箱に捨てる。

2. 処置文の中の補語に複合方向補語と場所目的語の両方がある場合は、「把」構文を使います。

〈複合　方向　補語〉

主語 ＋ 把 目的語(人・物) ・ 述語動詞・方向補語① ＋ 場所名詞 ＋ 方向補語②

- 陈主任 把 两位客人 带 进 屋子里 来了。
  chén zhǔ rèn　bǎ　liǎng wèi kè rén　dài　jìn　wū zǐ lǐ　lái le
  　主語　　　　　　人　　　　　V　補語1　場所目的語　補語2
  /陳主任は、2人の客を部屋に連れて来た。

- 会计 把 钱 存 进 银行 去了。
  kuài jì　bǎ　qián　cún　jìn　yín háng　qù le
  　主語　　物　　V　補語1　場所目的語　補語2
  /会計係は、現金を入金しに銀行へ行った。

3.「把」構文に使えない補語

> 可能補語は「把」構文には使えません。可能補語：（肯定文：Ｖ１得Ｖ２）
> 　　　　　　　　　　　　　　　　　　　　　（否定文：Ｖ１不Ｖ２）

⊗ 我把这些练习做得完。　→　wǒ zuò de wán zhè xiē liàn xí
　　　　　　　　　　　　　　我 <u>做 得 完</u> 这 些 练 习。
　　　　　　　　　　　　　　／私は、これらの練習をやり終えられる。

⊗ 我把三十个饺子吃得完。　→　wǒ <u>chī de wán</u> sān shí ge jiǎo zi
　　　　　　　　　　　　　　我 <u>吃 得 完</u> 三 十 个 饺 子。
　　　　　　　　　　　　　　／私は30個の餃子を食べきれる。

⊗ 他把这个行李拿不动。　→　tā <u>ná bu dòng</u> zhè ge xíng li
　　　　　　　　　　　　　　他 <u>拿 不 动</u> 这 个 行 李。
　　　　　　　　　　　　　　／彼は、あの荷物を持てない。

⊗ 我把二十个学生教得过来。　→　wǒ <u>jiào de guò lái</u> èr shí ge xué shēng
　　　　　　　　　　　　　　　我 <u>教 得 过 来</u>二 十 个 学 生。
　　　　　　　　　　　　　　　／私は20人の生徒を教えられる。

⊗ 小孩儿把这个大苹果吃不下。　→　xiǎo hái r <u>chī bu xià</u> zhè ge dà píng guǒ
　　　　　　　　　　　　　　　　小 孩 儿 <u>吃 不 下</u> 这 个 大 苹 果。
　　　　　　　　　　　　　　　　／子供は、この大きなリンゴを食べられない。

⊗ 你把那本书看得懂吗？　→　nǐ <u>kàn de dǒng</u> nà běn shū ma
　　　　　　　　　　　　　　你 <u>看 得 懂</u> 那 本 书 吗？
　　　　　　　　　　　　　　／あなたは、あの本を読んで分かりますか？

4.「把」構文に使えない目的語

「把」構文の中の目的語は、話し手の間で特定できるものでなければなりません。不特定なものは使えません。

◆ bǎ wǒ de chèn shān ná lai
　把 我 的 衬 衫 拿 来。／私のシャツを取って。

　　⊗ 把 一 件 衬 衫 拿 来。
　　　　ná yí jiàn chèn shān lai
　　○ 拿 一 件 衬 衫 来。／シャツを１枚取って。

第7課

◆ 把那张画儿挂起来。/ あの絵をかけて。
   bǎ nà zhāng huàr guà qǐ lai

  ⊗ 把一张画儿挂起来。
  ○ 在那儿挂一张画儿吧。/ あそこに絵を1枚かけよう。
     zài nàr guà yì zhāng huàr ba

◆ 把(那盏)灯开开。⟷ 把(那盏)灯关上。
   bǎ nà zhǎn dēng kāi kai   bǎ nà zhǎn dēng guān shàng
   (あの)ライトをつけて。   (あの)ライトを消して。

  ⊗ 把一盏灯开开。
  ○ 开一盏灯吧。/ 明かりを1つつけよう。
     kāi yì zhǎn dēng ba

◆ 请你把(你的)证件给我看看。/ 証明書を見せてください。
   qǐng nǐ bǎ nǐ de zhèng jiàn gěi wǒ kàn kan

◆ 妹妹把(那个)杯子摔碎了。/ 妹はあのコップを落として割った。
   mèi mei bǎ nà ge bēi zi shuāi suì le

  ○ 妹妹摔碎了一个杯子。/ 妹はコップを1つ落として割った。
     mèi mèi shuāi suì le yí ge bēi zi

MP3 CD トラック182

(3)「把」構文の述語動詞の特徴および使用ケース

1.「把」構文の中の述語動詞は目的語を持てる他動詞である。

关(门) guān mén	(ドアを)閉める	拿(东西) ná dōng xi	(物を)取る
吃(饭) chī fàn	(ご飯を)食べる	写(信) xiě xìn	(手紙を)書く
看(电视) kàn diàn shì	(テレビを)見る	讨论(问题) tǎo lùn wèn tí	(問題を)討論する
打破(杯子) dǎ pò bēi zi	(コップを)割る	研究(历史) yán jiū lì shǐ	(歴史を)研究する
翻译(新闻) fān yì xīn wén	(ニュースを)訳す	介绍(对象) jiè shào duì xiàng	(結婚・恋愛の相手を)紹介する

péi yǎng rén cái 培 养（人 才）	（人材を）育成する	shuāi shāng yāo 摔 伤（腰）	（腰を）挫傷する
niǔ shāng jiǎo 扭 伤（脚）	（足を）捻挫する	liú cháng zhǐ jia 留 长（指 甲）	（つめを）伸ばす

2.「把」構文に使えない動詞。

a. 目的語を持てない動詞・自動詞（摔倒、碎、长、掉、坏 _{shuāi dǎo suì zhǎng diào huài}）は「把」構文には使えません。「把」構文に使う場合には、自動詞と同じ意味を持つ他動詞に変えます。

b. 特殊な（v・n.）結合動詞（结婚，洗澡，求婚，见面 _{jié hūn xǐ zǎo qiú hūn jiàn miàn}など）は「把」構文には使えません。

　⊗ 把她结婚了。　　　→　跟她结婚了。_{gēn tā jié hūn le} ／彼女と結婚した。
　　　　　（v・n.動詞）
　┗→◆ 把她娶进了门。_{bǎ tā qǔ jìn le mén}／彼女を妻にした。（娶_{qǔ}は他動詞）
　　　　　　　　（やっと彼女との結婚を実現したというニュアンスを含む）

　⊗ 他把那个大学毕业了。→　他从那个大学毕业了。_{tā cóng nà ge dà xué bì yè le}
　　　　　　（v・n.動詞）　　　　　　　／彼はあの大学を卒業しました。

　⊗ 我把儿子洗澡。　　→　我给儿子洗澡。_{wǒ gěi ér zi xǐ zǎo}
　　　　　（v・n.動詞）　　　　　　　　／私は息子をお風呂に入れます。
　┗→◆ 我和儿子一起洗澡。_{wǒ hé ér zi yì qǐ xǐ zǎo}／私は息子と一緒にお風呂に入ります。

　⊗ 我把她求婚。　　　→　我向她求婚。_{wǒ xiàng tā qiú hūn}
　　　　　（v・n.動詞）　　　　　　　　／私は彼女にプロポーズします。

　⊗ 我把他见面。　　　→　我跟他见面。_{wǒ gēn tā jiàn miàn}
　　　　　（v・n.動詞）　　　　　　　　／私は彼に会います。

⊗ 他把腰摔倒了。　　→　他把腰摔伤了。
　　　　（自動詞）　　　　　tā bǎ yāo shuāi shāng le
　　　　　　　　　　　　　　　　　　　　　／彼は腰を挫傷した。
　└▶◆ 他摔倒了。／彼は転んだ。
　　　　tā shuāi dǎo le

⊗ 她把花瓶碎了。　　→　她把花瓶打碎了。
　　　　（自動詞）　　　　　tā bǎ huā píng dǎ suì le
　　　　　　　　　　　　　　　　　　　　　／彼女は花瓶を割った。
　└▶◆ 那个花瓶碎了。／あの花瓶が壊れた。
　　　　nà ge huā píng suì le

⊗ 学生把护照掉了。　→　学生把护照弄丢了。
　　　　（自動詞）　　　　　xué shēng bǎ hù zhào nòng diū le
　　　　　　　　　　　　　　　　　　　　／学生はパスポートをなくした。
　└▶◆ 学生的护照掉出来了。／学生のパスポートが落ちた。
　　　　xué shēng de hù zhào diào chū lai le

⊗ 模特儿把头发长长了。→　模特儿把头发留长了。
　　　　（自動詞）　　　　　mó tèr bǎ tóu fa liú cháng le
　　　　　　　　　　　　　　　　　　　　／モデルは髪を伸ばした。
　└▶◆ 模特儿的头发长长了。／モデルの髪が長くなった。
　　　　mó tèr de tóu fa zhǎng cháng le

⊗ 他把我的车坏了。　→　他把我的车弄坏了。
　　　　（自動詞）　　　　　tā bǎ wǒ de chē nòng huài le
　　　　　　　　　　　　　　　　　　　　／彼は私の車を壊した。
　└▶◆ 我的车坏了。／私の車が壊れた。
　　　　wǒ de chē huài le

⊗ 小孩儿把花瓶掉了。→　小孩儿把花瓶碰掉了。
　　　　（自動詞）　　　　　xiǎo háir bǎ huā píng pèng diào le
　　　　　　　　　　　　　　　　　　　　／子供が花瓶を落とした。
　└▶◆ 花瓶掉下来了。／花瓶が落ちて来た。
　　　　huā píng diào xià lái le

解釈　V・n 結合動詞が「把構文」に使えない理由は下記のようになります。

①「把 她 结 婚」を例にすると、この文の中には目的語が「她」と「婚」2つ
　　目1　V　目2
あります。

②「把構文」には目的語を2つ入れてはいけないので、「把她结婚」は正しくないです。

③その他の「洗澡」「见面」「毕业」も同じ原因で「把構文」に使えません。

c. 具体的な動作を表さない静止状態（存在、所属、所有など）を表す動詞
   有(yǒu)・是(shì)・像(xiàng)・在(zài)・姓(xìng)・属于(shǔ yú)・等于(děng yú)

d. 知覚、感覚および心理活動を表す動詞
   知道(zhī dao)・认识(rèn shi)・感觉(gǎn jué)・觉得(jué de)・相信(xiāng xìn)・希望(xī wàng)

e. 方向動詞
   来(lái)・去(qù)・进(jìn)・出(chū)・坐(zuò)・回(huí)・到(dào)・站(zhàn)・躺(tǎng)・跪(guì)・趴(pā)・过去(guò qu)・起来(qǐ lai)

MP3 CD トラック 183

(4) 習慣上「把」構文を使う状況

1. 不注意で失敗した時。

   ◆ 他把钱包弄丢了。(tā bǎ qián bāo nòng diū le) / 彼は財布をなくした。

   ◆ 我不小心把杯子打破了。(wǒ bù xiǎo xīn bǎ bēi zi dǎ pò le) / うっかりコップを割った。

   ◆ 老师把字写错了。(lǎo shī bǎ zì xiě cuò le) / 先生は字を書き間違えた。

   ◆ 小孩儿把座钟弄坏了。(xiǎo háir bǎ zuò zhōng nòng huài le) / 子供が置時計を壊した。

2. 「着る」「かぶる」「履く」「脱ぐ」のように着脱を表す動詞はよく「把」構文を使います。

   ◆ 天冷了。你把外套穿上。(tiān lěng le nǐ bǎ wài tào chuān shang) / 寒くなった。オーバーを着なさい。
   （そうしないと風邪を引くよ、というニュアンスを含む）

   ◆ 进屋以后他就把帽子摘了。(jìn wū yǐ hòu tā jiù bǎ mào zi zhāi le) / 部屋に入るなり、彼は帽子をとった。

◆ <ruby>我<rt>wǒ</rt></ruby> <ruby>们<rt>men</rt></ruby> <ruby>要<rt>yào</rt></ruby> <ruby>做<rt>zuò</rt></ruby> <ruby>运<rt>yùn</rt></ruby> <ruby>动<rt>dòng</rt></ruby>。<ruby>你<rt>nǐ</rt></ruby> <ruby>把<rt>bǎ</rt></ruby> <ruby>裙<rt>qún</rt></ruby> <ruby>子<rt>zǐ</rt></ruby> <ruby>脱<rt>tuō</rt></ruby> <ruby>了<rt>le</rt></ruby>，<ruby>把<rt>bǎ</rt></ruby> <ruby>裤<rt>kù</rt></ruby> <ruby>子<rt>zǐ</rt></ruby> <ruby>换<rt>huàn</rt></ruby> <ruby>上<rt>shang</rt></ruby>。
／運動をするから、スカートを脱いでズボンに着替えなさい。

3 意識的に人や物にある処置を加え、悪い結果をもたらした時にはよく「把」構文が使われます。

◆ 他把警察打伤了。／彼は警官にケガをさせた。

◆ 你别把她弄哭了。／彼女を泣かせるな。

◆ 农民把树都砍光了。／農民は木を切りつくした。

◆ 小偷儿把电脑偷走了。／泥棒がパソコンを盗っていった。

4. 人や物にある処置を加えたことによって当事者に不便を与えた時には、よく「把」構文が使われます。

◆ 谁把我的字典拿走了？／誰が私の字典を持って行ったの？

◆ 孩子不小心把画儿弄脏了。／子供がうっかり絵を汚した。

◆ 同学把衣服拿错了。／同級生が服をとり違えた。

5. 文章用語では「把」の代わりに「将」を使うことがあります。

◆ 日本女足姑娘展现了惊人的战斗力和意志力，两次比分落后，却两次成功扳平比分，<u>将</u>比赛拖入了点球大赛。
把
／日本女子サッカーの選手は驚くべき戦力と強い意志で、2度リードされても2度とも同点に追いつき、試合をPK戦に持ち込んだ。

(5) 必ず「把」構文を使う表現

次のような場合には、他に選択の余地なく自動的に「把」構文を使います。

1. ある事物が何らかの動作行為を加えられ、その処置によって変化し、「別の物になった」(物①を物②に変えた →「述語V成」) で表現する時には「把」構文を使います。

```
主語  +  把 ・ (物①) ・ 動詞・成 ・ (物②)
```

- nà ge mó shù shī bǎ 那个魔术师把 huār花儿 biàn chéng变成 xiǎo niǎo le小鸟了。
 / あのマジシャンは花を小鳥に変えた。

- xiǎo wáng qǐng nǐ bǎ小王,请你把 zhè fēng xìn这封信 fān yì chéng翻译成 yīng wén英文。
 / 王君、この手紙を英語に訳してください。

- mā ma妈妈 bǎ把 lián yī qún连衣裙 gǎi chéng改成 chāo duǎn qún le超短裙了。
 / 母はワンピースをマイクロミニのスカートにリフォームした。

- tā他 bǎ把 měi yuán美元 huàn chéng换成 rén mín bì le人民币了。
 / 彼はアメリカドルを人民元に両替した。

- nǐ kě yǐ你可以 bǎ把 zhèr这儿 dāng chéng当成 nǐ de jiā你的家。
 / ここを自分の家のように思ってください。

2. 述語動詞の後に「在」「到」「给」「成」などの補語がつく時には自動的に「把」構文を使い、「~をどのようにする (した)」という処置内容を表します。

- qǐng bǎ zhè ge jiāo gěi xiǎo wáng请把这个交给小王。/ どうぞ、これを王君に渡してください。
- tā bǎ xiōng zhēn bié zài yī fu shang le她把胸针别在衣服上了。/ 彼女はブローチを服にとめた。
- nǐ bāng wǒ bǎ yǐ zi bān dào chú fáng qù你帮我把椅子搬到厨房去。/ 椅子をキッチンに運ぶのを手伝って。
- tā bǎ xiāng zi ná dào lóu shang qù le他把箱子拿到楼上去了。/ 彼は箱を2階に運んだ。

- ◆ jīn tiān zǎo shang wǒ bǎ kè rén sòng dào huǒ chē zhàn le
  今天早上我把客人送到火车站了。
  　　　　　　　　　　　　　　　　／今朝、私は客を駅まで送った。

- ◆ wǒ xiǎng bǎ cóng měi guó dài huí lái de lǐ pǐn sòng gěi zhāng lǎo shī
  我想把从美国带回来的礼品送给张老师。
  　　／アメリカから持ち帰ったお土産を、張先生に差し上げようと思います。

- ◆ wǒ bǎ hù zhào hé zhī piào fàng zài bǎo xiǎn xiāng lǐ le
  我把护照和支票放在保险箱里了。
  　　　　　　　　　　　　／私はパスポートと小切手を金庫にしまった。

- ◆ lǎo bǎn bǎ xīn tóng shì jiè shào gěi dà jiā
  老板把新同事介绍给大家。／社長は新入社員をみんなに紹介した。

- ◆ tā men yào bǎ xīng qī èr de kè gǎi dào xīng qī sān shàng
  她们要把星期二的课改到星期三（上）。
  　　　　　　　　　　　　　　（改在）／彼女たちは、火曜日の授業を水曜日に
  　　　　　　　　　　　　　　　　　　　変えてほしいと言っています。

3. 下記の動詞の場合は「把」構文を使います。

　　　主語　＋　把　＋　(物①)　＋　当做　＋　(物②)
　　　　　　　　　　　　　　　　　看做
　　　　　　　　　　　　　　　　　叫做

- ◆ nǐ bié bǎ wǒ dàng zuò wài rén
  你　别　把　我　　当（作）　外人。
  　　　　　　　　　　　　　　／私を他人扱いしないでください。

- ◆ jiā hè wū bǎ ā xìn kàn zuò jiā lǐ rén
  加贺屋　把　　阿信　　看做　　家里人。
  　　　　　　　　　　　　／加賀屋は、おしんを身内とみなしている。

- ◆ dāng dì rén bǎ hē chá jiào zuò yǐn chá
  当地人把　　喝茶　　叫做　　饮茶。
  　　　　　　　　　／地元の人は、「喝茶」を「饮茶」と呼んでいる。

- ◆ rén men yě bǎ hē yào jiào zuò chī yào
  人们也把　　喝药　　叫做　　吃药。
  　　　　　　（薬を飲む）　／人々は、「喝药」を「吃药」とも言う。

(6)「把」構文の否定形

1. 「把」構文の否定形は、一般的には「把」の前に「还没（有）」を置きます。「まだ～を…のように処置していません」という意味を表します。

主語 +	没（有）・把 +	目的語 +	述語動詞・補語

- <u>wǒ</u> <u>hái méi</u> <u>bǎ</u> <u>zhào piàn</u> <u>jì gěi</u> <u>xiǎo zhōu</u>
  我 还没 把 照片 寄给 小周。
  ／私はまだ、写真を周君に郵送していない。

- <u>wǒ</u> <u>hái méi yǒu</u> <u>bǎ</u> <u>jiè lái de shū</u> <u>huán gěi</u> <u>tú shū guǎn</u>
  我 还没有 把 借来的书 还给 图书馆。
  ／私はまだ、借りた本を図書館に返していない。

- <u>tā</u> <u>hái méi</u> <u>bǎ</u> <u>zhào xiàng jī</u> <u>dài</u> <u>lái</u>
  他 还没 把 照相机 带 来。
  ／彼はまだ、カメラを持って来ていない。

2. 「把」構文の<u>否定命令形</u>は「别把～」「不要把～」を使います。
「～を…のように処置するな」という意味を表します。

- <u>nǐ bié bǎ jiǎo shēn jìn shuǐ lǐ</u>
  你别把脚伸进水里。／足を水につけないでください。

- <u>nǐ bié bǎ chē kāi zǒu</u>
  你别把车开走。／車をどこかへ運転して行かないでください。

- <u>bú yào bǎ qiáng shang de huàr ná xià lai</u>
  不要把墙上的画儿拿下来。
  ／壁の上の絵を取り外さないでください。

3. 「把」構文の否定形では、ほとんど「不」を使いませんが、「就不把～」の形で「わざと／絶対に～をしない」という特別なニュアンスを表すことができます。

- <u>wǒ jiù bù bǎ zhào piàn jì gěi xiǎo zhōu</u>
  我就不把照片寄给小周！／私は写真を周君に郵送しない！
  （何か特別な理由で絶対に送らない）

- <u>wǒ jiù bù bǎ shū huán gěi tā</u>
  我就不把书还给他！／私は本を彼に返さない！
  （何か特別な理由でわざと返さない）

4. 「不把～」と「没把～」の違いは下記のようです。「不把」は「～に処理を加えない」という決意や意志を表し、「没把」は「～を処理していない」という事実を表します。

- ◆ 不把工作做完我们不回家。
  / われわれは、仕事が終わらないと家に帰らない。（決意を表現する）
- ◆ 他没把工作做完就回家了。
  / 彼は、仕事をやり終えていないのに家へ帰った。（事実を言う）

- ◆ 你怎么不把话说完？
  / どうして最後まで話さないの？（話を続ける意志についてたずねる）
- ◆ 他还没把话说完呢，你让他把话说完。
  / 彼はまだ話し終えてない。最後まで聞こうよ。
  （まだ話が済んでいないという事実を言う）

- ◆ 你怎么不把家装修完呢？
  なぜ家の内装工事を（途中で）やめるの？（意志を聞く）
- ◆ 你还没把家装修完，怎么就搬进去了？
  / まだ内装工事は終わっていないのに、なぜ引っ越したの？
  （内装工事が終わっていない事実を述べる）

5.「把」構文の否定形に助動詞（可能・願望など）がある時、文型は次のようになります。

主語 + 不・助動詞・把 + 目的語 + 述語動詞・補語 ｛ 人称代名詞 / 主述フレーズ / 結果補語、方向補語など

- ◆ wǒ bù xiǎng bǎ nà jiàn shì gào su tā
  我 不 想 把 那 件 事 告 诉 他。
  （人称代名詞）
  ／私は、あの件を彼に言いたくない。

- ◆ fù mǔ bú yuàn yi bǎ hái zi jiāo gěi nǚ yōng dài
  父 母 不 愿 意 把 孩 子 交 给 女 佣 带。
  （主述フレーズ）
  ／両親は、子供をメイドさんにまかせたくない。

- ◆ tā men bù xiǎng bǎ jiù jiā jù dài zǒu
  他 们 不 想 把 旧 家 具 带 走。
  （V・結果補語）
  ／彼らは古い家具を持って行きたくない。

- ◆ nǐ men bù yīng gāi bǎ gōng sī de dōng xi dài huí jiā
  你 们 不 应 该 把 公 司 的 东 西 带 回 家。
  （V・方向補語）
  ／会社の備品を家に持ち帰るべきではない。

MP3 CD トラック186

（7）「把」構文と普通構文の両方が使えるケース

「把」構文と普通構文の両方が使えるケースもたくさんあります。
（両者のニュアンスは微妙に異なります）

- ◆ nǐ niàn yí biàn kè wén
  你 念 一 遍 课 文。
  ／本文を（声を出して）読みなさい。（一般的な指示）

- ◆ nǐ bǎ kè wén niàn yí biàn
  你 把 课 文 念 一 遍。
  ／（他の部分ではなく）本文を（声を出して）読みなさい。

- ◆ nǐ shōu shi yí xiàr wū zi
  你 收 拾 一 下儿 屋 子。／部屋を片付けなさい。（一般的な要求）
- ◆ nǐ bǎ wū zi shōu shi yí xiàr
  你 把 屋 子 收 拾 一 下儿。／部屋を片付けなさい。（片付けないと困る）

- ◆ guān shang mén
  关 上 门。／ドアを閉めて。（一般的な要求）
- ◆ bǎ mén guān shang
  把 门 关 上 。／ドアを閉めて。（閉めないと困る）

- ◆ nǐ zuò wán zuò yè zài wánr
  你 做 完 作 业 再 玩儿。
  ／宿題を終えてから遊びなさい。（物事の順番を教える）
- ◆ nǐ bǎ zuò yè zuò wán zài wánr
  你 把 作 业 做 完 再 玩儿。
  ／宿題を終えてから遊びなさい。（宿題を終えないと遊べない）

- ◆ tā cā gān jing zhuō zi le
  他 擦 干 净 桌 子 了。
  ／彼は机をきれいに拭いた。（汚れが残っていない）
- ◆ tā bǎ zhuō zi cā gān jìng le
  他 把 桌 子 擦 干 净 了。
  ／彼は机をきれいに拭いた。（もう拭く必要がない）

- ◆ tā chóng xīn yùn le yí biàn yī fu
  她 重 新 熨 了 一 遍 衣 服。
  ／彼女は服に、もう一度アイロンをかけた。（事実の説明のみ）
- ◆ tā bǎ yī fu chóng xīn yùn le yí biàn
  她 把 衣 服 重 新 熨 了 一 遍 。
  ／彼女は服に、もう一度アイロンをかけた。（そうしないと着られない）

「把」構文と普通構文を自在に使いこなすのは、外国人にとってはとても難しいことです。実際の学習の中でたくさんの例文を見て、実際の会話練習の中で少しずつ感覚をつかんでいくしかありません。それを積み重ねることで徐々にうまくなっていきます。この課の学習を通して「把の使い方」に対する理解が少しでも深まればと願っています。

練習：次の日本語を中国語に訳してください。　　　　　　（解答は P.495）

① 私は、あの手紙を出しました。

② 私は、あの短編小説を読み終えました。

③ 私は、日本円を人民元に換えた。

④ 彼は日本円を人民元に換えたいのではなく、アメリカドルに換えたいのです。

⑤ ドアを閉めて。

⑥ 机を拭きなさい。

⑦ あの写真を私に見せてください。

⑧ 誰がガラスを割ったのですか？

⑨ メニューを持って来てください。

⑩ 私は仕事を終えなければ帰りません。

⑪ 彼は、仕事が終わっていないのに帰りました。

⑫　私は財布を落としてしまいました。

⑬　お金を重視しすぎてはいけません。

⑭　彼女は私のことなど眼中にありません。

⑮　彼はマオタイ酒を一気に飲み干しました。

⑯　このスーツケースを開けてください。

⑰　パスポートと航空券は失くさないように。

⑱　君は私の印鑑をどこに置きましたか？

⑲　私は世界地図を壁に掛けました。

⑳　息子が言うことを聞かないので、1回たたきました。

㉑　このことを彼女には言わないでください。内緒にしてね。

応用会話 38

A. 前两天我看到了一篇报道，让我既惊讶又感动。

2日前に見た1つの報道には驚かされたし、感動させられました。

B. 什么方面的报道？

どのような分野の報道ですか？

A. 讲的是中国老人给年青人让座的事。

中国の老人が若者に席を譲ったことについての報道でした。

B. 真的吗？全世界都是年轻人给老人让座，怎么在中国老人给年轻人让座？

本当ですか？ 世界では一般的に若者が老人に席を譲るものですが、なぜ中国の老人は若者に席を譲ったのでしょう？

A. 这就是中国老人的善良和体谅了。在高峰时段的公共汽车里，一位老人起身给刚下班的年轻人让座。老人对年轻人说"你们忙了一天一定很累。我们退休了在家总是坐着，站一站没关系。"

これこそが中国の老人の善良さと思いやりですよ。ラッシュアワー時のバスで1人の老人が席を立って、勤務を終えたばかりの若者に、「君たちは忙しい一日を過ごして疲れたことだろう、われわれはリタイアしていつも家で座っているから、少しくらい立っていても大丈夫だよ」と言って席を譲ったのです。

B. 那真的很让人感动。
你这么一说我想起来了。有一次我在银行办理汇款手续,排队的时候看到前面的一位老人让排在后面的年轻人先办理。老人对年轻人说:"你年轻你优先,你们还得赶着上班,我没什么事儿不着急。"

A. 有了这些善良体谅的中国老人,让我们这些为了生存而疲于奔命的年轻人觉得社会很温暖,人与人之间很有人情味儿。

それは本当に感動させられますね。あなたの話を聞いて思い出しましたが、前に私が銀行で送金手続きを行うために列に並んでいた時に、前に並んでいた1人の老人が後ろにいる若者に順番を譲りました。老人は若者に「あなたは若いから先にやりなさい、君たちはこの後、急いで仕事に行かなければならないが、私には何も急ぎの用事などないからね」と言いました。

そのような善良で思いやりのある中国の老人の存在は、われわれのような生活のためにあくせく駆け回って疲れている若者に社会の温かさや人情味を感じさせてくれますね。

応用会話 39

A. 现在社会上的好人好事不少，可是自私自利的人也比比皆是，有的人丢脸还丢到外国去了。

今の社会には立派な人や良い行いがたくさんありますが、自分のことしか考えない人もあちこちにいますね。海外に行ってまで恥をさらしている人もいますよ。

B. 你怎么这么说呢？

どういうことですか？

A. 这是一件真实的事情。有一位在德国留学的中国学生各门功课都很优秀，但是就是在德国找不到工作。

これは実際にあった話ですが、ドイツに留学していた中国人が、すべての学科が優秀だったのにドイツで仕事が見つからなかったのです。

B. 怎么会这样？

どうしてですか？

A. 他以为人家是种族歧视非常愤怒。但殊不知人家是因为查出他坐公共汽车常常不买票而怀疑他的人品才不录用他。

彼は人種差別だと言って、とても憤慨しました。でも彼がバスでたびたび無賃乗車をしていることを会社側が調べていて、彼の人格を疑って、不採用としたのですが、彼はそのことを知らなかったんです。

B. 原来如此。难道他不知道因小失大这个简单的道理吗？

そういうことだったのですね。まさか彼は「小利にこだわって大利を失う」という簡単な道理さえ知らなかったのでしょうかね？

A: 可能他以为这么点儿鸡毛蒜皮的小事不算什么，没有在意吧！

こんな些細なことなど大したことではないと、気にしていなかったのでしょう！

B: 其实看重蝇头小利的人往往是自私自利的。所以德国公司非常会看人，不录用他是对的。

実際のところ、ちっぽけな利益にこだわる人は往々にして利己的ですから、ドイツの会社は人を見る目がありますね。彼を不採用にしたのは正解ですよ。

応用会話 40

A: 听说法国名牌路易威登和爱马仕又在中国几个大城市里开了旗舰店。

フランスのルイヴィトンとエルメスが、中国のいくつかの大都市にまた旗艦店を出したそうよ。

B: 对，因为他们感到在中国有巨大的商机。中国现在有钱人多的是。像一些企业家、知名学者、教授、电台名嘴、海龟人士、炒股暴富的股民等等都有实力购买名牌产品，但同时社会的贫富差别也越来越大了。

ああ、彼らは中国には大きなビジネスチャンスがあると思っているからね。とにかく、今の中国には金持ちなんていくらでもいる。企業家や有名な学者、教授、テレビの人気キャスター、留学帰り、株長者などなど、みんなブランド品の購買力があるからね。でも、それと同時に貧富の差がどんどん広がっているよ。

A. 没错，现在城市里的弱势群体，如下岗工人、农民工、残疾人、孤寡老人的生活水准也越来越降低了。

そのとおりね。今、都市部の弱者層、失業者、出稼ぎ農民、障害者、身寄りのない老人たちの生活レベルはどんどん下がっているわ。

B. 我觉得如果不防止贫富差距继续扩大那社会不稳定的因素就会越来越多。

貧富の差が広がることを放っておいたら、社会の不安定要素がどんどん増えると思うね。

A. 这是政府要考虑的不是我们操心就能解决的。我们还是守本份做个好公民吧！

これは政府が考えることで、私たちがあれこれ考えて解決できる問題じゃないわ。私たちは自分のやるべきことを行って良き国民でいましょう！

応用会話 41

山寨文化 (shān zhài wén huà)

山寨(パクリ)文化

A: 最近流行「山寨」一词，我实在弄不明白这是什么意思你能给我解释解释吗?
(zuì jìn liú xíng shān zhài yì cí, wǒ shí zài nòng bu míng bái zhè shì shén me yì si nǐ néng gěi wǒ jiě shì jiě shì ma?)

最近流行の「山寨」という言葉だけど、意味が全く見当がつかないんだ。ちょっと説明してくれないかな？

B:「山寨」本来是指江湖人士或盗匪的据点，这些据点大多在偏远的地方或山里。现在把「山寨」的意思引伸了，把一切非法的、地下的、仿冒的、非主流的、盗版的产品或是活动都称为「山寨…」
(shān zhài běn lái shì zhǐ jiāng hú rén shì huò dào fěi de jù diǎn, zhè xie jù diǎn dà duō zài piān yuǎn de dì fāng huò shān lǐ. xiàn zài bǎ shān zhài de yì si yǐn shēn le, bǎ yí qiè fēi fǎ de, dì xià de, fǎng mào de, fēi zhǔ liú de, dào bǎn de chǎn pǐn huò shì huó dòng dōu chēng wéi shān zhài…)

「山寨」とは、もともと流れ者や盗賊のアジトを指す言葉で、このアジトの多くは辺鄙な場所か山の中にあったんだ（政府の管轄が及ばない場所）。今はその意味が拡大されて、違法である、地下マーケットで扱われる、違法コピーの、非主流の、海賊版の製品あるいは活動すべてを「山寨…」と呼ぶよ。

A: 那「山寨手机」就是指非法制造的手机啦。
(nà shān zhài shǒu jī jiù shì zhǐ fēi fǎ zhì zào de shǒu jī la.)

では「山寨携帯」は、非合法に製造された携帯電話のことなんだね。

B: 对,还有「山寨电脑」「山寨家电」等等。
(duì, hái yǒu shān zhài diàn nǎo shān zhài jiā diàn děng děng.)

正解だ。その他にも「コピーパソコン」、「コピー家電」などがあるよ。

明星也有「山寨版」的,知名的有「山寨周华健」「山寨周杰伦」「山寨刘翔」等。他们因为长得酷似正版,从而模仿正版明星的演唱与谈吐。像本名周财峰的「山寨周华健」不仅模仿周华健出场表演,2002年至今还接拍过十几个广告,为产品代言呢!

A. 这样的仿冒、剽窃行为难道不违法吗?

B. 这种在民间兴起的「山寨行为」政府也完全干涉不了。现在「山寨」甚至进入了文化传播领域,被称为「山寨文化」。如自学历史的大学生自制了「山寨百家讲坛」,也有与中央电视台的春节联欢晚会对抗的「山寨春晚」。

スターにも「山寨版（そっくりさん）」がいて、有名なのは「山寨版・周華健（エミール・チョウそっくりさん）」「山寨版・周杰倫（ジェイ・チョウそっくりさん）」「山寨版・劉翔（劉翔そっくりさん）」などだ。彼らは本物にとてもよく似ているので、歌い方や話し方・態度をまねしてるんだ。本名が周財峰の「山寨版・周華健（エミール・チョウそっくりさん）」は、舞台パフォーマンスをまねるだけじゃなくて、2002年から今までに十何本かのCMに出演し、製品キャラクターを務めたんだよ！

そのようなモノマネや盗作みたいなことは違法じゃないの？

この手の民間に出現したパクリ行為は、政府も完全には干渉できないよ。今「山寨」は文化の発信分野にまで進出して、「山寨文化」と呼ばれているんだ。例えば歴史を独学した大学生が自主制作した「山寨百家教壇」や、中国中央テレビの「春節聯歡晚会」に対抗した「山寨版・春節聯歡晚会」があるよ。

B. 人们对这种山寨文化怎么看?

A. 有人支持,有人反对。支持的人说:"山寨文化激发人们追求创新的精神,山寨产品不仅价廉而且功能也不输给名牌产品,值得发展和提倡。"反对的人则说:"山寨产品模仿抄袭,是违法的东西,发展山寨文化则是鼓励侵权行为,要严禁。"

B. 但是现在山寨文化、山寨产品如洪水猛兽,很难禁止了。

みんなは、そんな「山寨文化」についてどう思ってるんだい?

支持する人もいれば、反対する人もいるね。支持している人は、「山寨文化は人々が新しいものを追求し、生み出す精神を喚起する。コピー商品は低価格で、かつ、機能もブランド商品に劣らない。発展・奨励する価値がある」と言っている。反対する人は、「パクリ商品のような模倣、盗用は違法だ。山寨文化を成長させることは権益の侵害行為を奨励することであり、厳しく禁じるべきだ」と言っている。

でも今の山寨文化・山寨製品はまるで洪水や猛獣のようなすさまじい勢いがあるから、取り締まるのはとても難しいね。

7. 宿　題

1. 次の質問を中国語に訳し、答えも中国語で書きなさい。　　　　　　（解答は P.495）

① 李君は、なぜ情熱的に仕事をし、業績が良いのですか？

Q：＿＿＿＿＿＿＿＿＿＿＿＿＿＿＿＿＿＿＿＿＿＿＿＿＿＿＿＿＿

A：＿＿＿＿＿＿＿＿＿＿＿＿＿＿＿＿＿＿＿＿＿＿＿＿＿＿＿＿＿

② 李君にとって「玉にきず」なことは何ですか？

Q：＿＿＿＿＿＿＿＿＿＿＿＿＿＿＿＿＿＿＿＿＿＿＿＿＿＿＿＿＿

A：＿＿＿＿＿＿＿＿＿＿＿＿＿＿＿＿＿＿＿＿＿＿＿＿＿＿＿＿＿

③ 李君は、どうして辞職を決意したのですか？

Q：＿＿＿＿＿＿＿＿＿＿＿＿＿＿＿＿＿＿＿＿＿＿＿＿＿＿＿＿＿

A：＿＿＿＿＿＿＿＿＿＿＿＿＿＿＿＿＿＿＿＿＿＿＿＿＿＿＿＿＿

④ 社長は、辞表を受け取ってから李君に何と言いましたか？

Q：＿＿＿＿＿＿＿＿＿＿＿＿＿＿＿＿＿＿＿＿＿＿＿＿＿＿＿＿＿

A：＿＿＿＿＿＿＿＿＿＿＿＿＿＿＿＿＿＿＿＿＿＿＿＿＿＿＿＿＿

⑤ 李君は、社長にどのような書類を提出しましたか？

Q：＿＿＿＿＿＿＿＿＿＿＿＿＿＿＿＿＿＿＿＿＿＿＿＿＿＿＿＿＿

A：＿＿＿＿＿＿＿＿＿＿＿＿＿＿＿＿＿＿＿＿＿＿＿＿＿＿＿＿＿

⑥ 社長は李君が提出した書類を見て、なぜ驚いたのですか？

Q：＿＿＿＿＿＿＿＿＿＿＿＿＿＿＿＿＿＿＿＿＿＿＿＿＿＿＿＿＿

A：＿＿＿＿＿＿＿＿＿＿＿＿＿＿＿＿＿＿＿＿＿＿＿＿＿＿＿＿＿

⑦　社長が、そのマネージャーを辞めさせた理由は何ですか？

　　Q：＿＿＿＿＿＿＿＿＿＿＿＿＿＿＿＿＿＿＿＿＿＿＿＿＿＿＿＿＿

　　A：＿＿＿＿＿＿＿＿＿＿＿＿＿＿＿＿＿＿＿＿＿＿＿＿＿＿＿＿＿

⑧　李君の人間的魅力は、どのように表されていますか？

　　Q：＿＿＿＿＿＿＿＿＿＿＿＿＿＿＿＿＿＿＿＿＿＿＿＿＿＿＿＿＿

　　A：＿＿＿＿＿＿＿＿＿＿＿＿＿＿＿＿＿＿＿＿＿＿＿＿＿＿＿＿＿

2．次の文型を使って文を作りなさい。

① 也许

＿＿＿＿＿＿＿＿＿＿＿＿＿＿＿＿＿＿＿＿＿＿＿＿＿＿＿＿＿＿＿＿

② …的是…

＿＿＿＿＿＿＿＿＿＿＿＿＿＿＿＿＿＿＿＿＿＿＿＿＿＿＿＿＿＿＿＿

③ 也许

＿＿＿＿＿＿＿＿＿＿＿＿＿＿＿＿＿＿＿＿＿＿＿＿＿＿＿＿＿＿＿＿

④ …的是…

＿＿＿＿＿＿＿＿＿＿＿＿＿＿＿＿＿＿＿＿＿＿＿＿＿＿＿＿＿＿＿＿

⑤ 关于

＿＿＿＿＿＿＿＿＿＿＿＿＿＿＿＿＿＿＿＿＿＿＿＿＿＿＿＿＿＿＿＿

3. 次の四字成語を使って文を作りなさい。

① 美中不足

___

② 幸灾乐祸

___

③ 一帆风顺

___

④ 血本无归

___

⑤ 蝇头小利

___

4. 次の中国語の単語を正しい語順に並べ、日本語に訳しなさい。

① 的 女儿 地窖里 狼父 禁锢在 把 24年 亲生 自己 的 一个 奥地利。

___

② 出言不逊 打发 衣着朴素 把 校长 夫妇 地 的 走了 那对。

___

③ 感到 让 为了 疲于奔命 的 生存 那些 年轻人 而 社会 的。
温暖 很 谦让

___

④ 讲座 让 获益匪浅 理财 我 个人 的 计划。

⑤ 人 把 甩了 我 的 那个 考上 没有 大学。

5. 次の日本語を中国語に訳してください。

① 明日の中国語のレッスンを、明後日の午後3時に変更してほしい。

② 子供20人を養うのは大変なことですが、幸いどの子も聞き分けがよく、利口です。

③ 現金がない生活はまるでアラビアンナイトの物語のようですが、ドイツでは実際に現金なしで生活をしている女性がいます。彼女は現金のない生活で精神的には豊かになったと言っています。

④ あるアメリカの青年は交通事故の後に英語を忘れてしまい、なんとドイツ語がしゃべれるようになったのですが、本当に信じがたいことです。

⑤ 自分が家で家事全般をやり、妻が外で働き、稼ぐことを願う夫も結構います。

⑥ 家事をやるより、仕事をやる方が楽だと思います。

6. 作文： ①「如果有一天我辞职时…」（もし、ある日私が辞職したら…）
　　　　　②「我的同事是这样辞职的」（私の同僚はこのように辞職した）

豆知識7 「祝福と社会教育」

(1) 元旦&春节吉祥祝福话

在中国的新年（元旦）和春节来临之际，中国人都会向亲朋好友寄语吉祥祝福的话，表达诚挚的问候。目前以手机短信或微信传发吉祥祝福话的方式是最普遍的。手机短信也称为信息。以下就为大家列举几个吉祥祝福短信的内容。这些内容不仅吉祥，有的还充满了哲理，让人读后有所顿悟。

中国の新年（元旦）や春節がやってくると、中国人は親戚や友人たちに縁起が良くておめでたい言葉をおくり、心のこもったあいさつを伝えます。現在は携帯電話のショートメールやウェイ・チャットでおめでたい言葉を送る方法が最も一般的で、携帯メールも「信息（xìn xī）」と呼ばれています。以下にお祝いメールのメッセージ文を挙げてみますが、その内容はおめでたいだけではなく、哲学にあふれ、読んだ人を啓発します。

1. 新年快乐！希望新的一年里你可以梦想成真；事事顺心；身体健康；青春美丽；好运连连；出入平安。要珍惜幸福就在你身边。

あけましておめでとう！ 新たな1年が、あなたにとって夢がかない、何事も順調で、健康に恵まれ、美しくなり、幸運が次々と舞い込み、常に安全でありますように。身近にある幸せを大切にね。

2. 一年的辛苦就快结束；一年的忙碌变成幸福；一年的奔波瞬间止步；一年的期盼化作满足。祝您新年更胜旧年，愿快乐、好运、吉祥、健康。幸福永远伴随您！

1年の苦労もまもなく終了です、1年の忙しさは幸せに変わり、1年の奔走もその瞬間に停止し、1年の期待も満足に変化するでしょう。新たな年が、旧年よりすばらしい年でありますように。あなたが常に楽しく、幸運で、順調で、健康で、幸福でありますように！

3. 远也好近也好,只要牵挂就好;平淡也好富贵也好,只要健康就好;电话也好信息也好,只要里面有我的祝福就好。元旦快乐!

遠くても、近くてもかまわない。お互いに気にかけてさえいればいい。平凡でも、地位や財産があってもなくてもかまわない。お互いに健康でさえあればいい。電話でも、手紙でもかまわない。その中に私からの祝福がありさえすればいい。あけましておめでとう!

4. 千山万水阻止不了我的思念,一封短信捎去我无限的祝福。龙年大吉!

われわれの間に千の山と1万の河が隔たっていても(お互いにすごく遠く離れていても)、私の思いは止められません。一通の短いメッセージが、私の尽きることのない祝福を届けます。辰年おめでとう!

5. 感谢今生有缘;感谢时间历练;感谢缘分相连;感谢友情相伴;年复一年让快乐相随。祝您及家人新年快乐!龙年大吉!

この世での縁に感謝、時間の修練に感謝、連なる縁に感謝、私たちの友情がずっと続くことに感謝します。1年また1年と、喜びが私たちとともにありますように! あなたとあなたのご家族が良い年でありますように! 良い運に恵まれた辰年でありますように!

6. 许个美好的心愿祝你快乐无边;许个期盼的心愿祝你事业圆满;许个幸福的心愿祝你天天开心;许个甜美的心愿祝你靓丽永远!祝新春快乐,事事顺意。

あなたの永遠の幸せを心よりお祈りいたします。あなたの事業が成功しますように、心より望んでいます。あなたの毎日が楽しいものでありますように、心より願っています。あなたの美しさが永遠でありますように、心よりお祈りいたします! 新年明けましておめでとうございます、万事順調でありますように。

第7課

7. 回忆在灯火中摇曳；牵挂在寒风中穿越；思念在雪花中飞舞；问候在真挚中启航。

思い出は灯りの中で揺らめき、あなたを気遣う気持ちは北風をも貫き、恋しさはひらひらと降る雪の中を舞い飛びます。心より良き船出のご挨拶を申し上げます。

8. 人之所以快乐,不是得到的多,而是计较的少；人之所以充实,不是拥有的多,而是奋斗的过程。财富不是一辈子的朋友,朋友却是一辈子的财富。

人の喜びは多くを得たからではなく、計算高くないことだ。人生の充実は多くを所有しているからではなく、その努力の過程にある。財産は一生の友ではなく、友は一生の財産である。

9. 也许忙碌的日子让彼此疏远,但知心的朋友一生难忘!

忙しくあくせくした日々は互いを疎遠にするかもしれないが、気心の知れた友は一生忘れ難いものである。

10. 莫让时间冲淡友谊的酒,莫让距离拉开思念的手。

時間は友情の酒を薄めたりはしない。距離が、懐かしむ互いの手を引き離したりはしない。

11. 当时光流逝,物转星移,我依然惦记着你!

時は流れるがごとく去り、物事は移り変わる。しかし私は、ずっと変わらずに君のことを思っている！

12. 人生其实只有三天：昨天、今天、明天。愿你昨天值得回味!今天尽情发挥!明天充满机会!祝你新年快乐!

人生は実際には昨日、今日、明日のわずか3日だといえる。君の昨日が、振り返る価値がありますように！ 君の今日が、思う存分力を発揮できますように！ 君の明日が、チャンスに充ちあふれますように！ 君の新たな年が、良い年になりますように！

(2) 文明教育

为了对市民进行文明礼貌、道德环保的教育，中国各大城市的街头经常挂出一些公益宣传广告或标语。这些广告和标语的用词有些幽默，有些内容深刻，有些形象生动，总之极富于教育意义。为了让大家对中国的目前的新的社会信息和语言动向有一个了解，在此给大家列举一些街头宣传广告和标语的例子。对于学中文的外国人来说，这些文字内容不仅值得玩味，还值得学习。

市民に対してマナー、エチケット、道徳、環境保護教育をするために、中国各大都市の街頭には常に公共広報広告やスローガンが掲げられています。これらの広告やスローガンは、ユーモラスな言葉を使ったり、深い内容を持っていたり、生き生きとしたイメージが表現されていたりと、いずれも教育的な意義にあふれています。皆さんに現在の中国の新しい社会の情報と言語動向を理解していただくために、ここに街頭広告やスローガンをいくつかとりあげてみました。その言葉や内容は中国語を学ぶ外国人にとって、深く味わうだけでなく、学ぶ価値もあります。

〔1〕道徳教育方面

1. 爱国、创新、包容、厚德！

愛国、刷新、寛容、厚德（広く大きな徳）！

2. 关爱今天的老人就是关爱明天的自己。

今日の老人への思いやりは、明日の自分への思いやり。

3. 向前一小步，文明一大步！（公共男厕小便池前标语）

あなたの一歩の前進が、エチケットの大きな前進！（公衆トイレ男性用便器前の標語）

4. 对一个人的评价,不可视其财富出身,更不可视其学问的高下,而是要看他的真实的品格。

個人の評価を財産や地位で決めてはならない、さらには学歴の高低で決めてはならない。真の品性、人格で決めよ。

5. 如果没有德行,人类就是一种忙碌、有害和可怜的生物,不会比任何一种渺小的害虫更优越。

徳がなければ、人は忙しいだけの有害で哀れな生き物だ。小さな取るに足らない害虫にも劣る。

6. 道德是永存的,而财富是可以随时更换主人的。一个人最伤心的事情莫过于良心的死灭。

道徳は永遠に残るが、財産は絶えず主人を取り換える。人にとって最も痛ましいことは、良心の死滅である。

〔2〕交通安全方面

1. 宁停3分钟,不抢一秒钟。

1秒を争うよりも、いっそ3分車を停めよう。

2. 爱妻、爱子、爱家庭,无视交规等于零。高高兴兴上班去,平平安安回家来。

妻を愛し、子を愛し、家庭を愛しても、交通規則を無視すればすべてを失います。元気に出勤し、無事に帰宅しよう。

3. 实线、虚线、斑马线都是生命安全线。一秒钟车祸,一辈子痛苦。

実線、点線、横断歩道、どれも命の安全ライン。一秒の交通事故、一生の苦しみ。

4. 生命只有一次，平安伴君一生。醉（罪）在酒中，毁（悔）在杯中。安全在你脚下，生命在你手中。

生命はただ1つ、安全は一生の伴侶。酔いも罪も酒の中、破壊も後悔も杯の中。安全はあなたの足の下、命はあなたの手の中に。

5. 健康人生减速前进，酒色乱纪禁止通行。

健やかな人生は減速前進、飲酒運転風紀の乱れは通行禁止。

〔3〕身体健康方面

1. 营造健康环境；追求健康生活；多蔬、多果、多动；少油、少盐、少怒！

健康的な環境（汚染もなく体に良い環境）を創造しよう。健康的な生活を求めるならば、野菜・果物・運動を多めに、油・塩・怒りは控えめに！

2. 健康百分百，人生才精彩，预防保健生活化，享受健康一路发。

百パーセント健康でこそ人生はすばらしくなる。予防保健を生活にとりいれて、健康体で人生を満喫しよう。

3. 运动、活动！脂肪不跳动，筋骨不再痛。

運動しよう、活動しよう！贅肉がブルブルとゆれることもなくなり（運動により脂肪が減り）、体の痛みも消える。

4. 动头动脑防痴呆，动手动脚健康来，笑口常开心愉快，长命百岁最实在。

頭を使えば認知症の予防に、手足を動かせば健康がやってくる、いつも笑顔で愉快にしていることが、百まで生きられるなら最高。

5. 粗茶淡饭好消化，生活规律精神足，扭腰伸腿体力佳，一日三笑快乐多。

質素な食事は消化によく、規則的な生活は元気の素、軽い運動（ウエストをねじって足を伸ばす）で体力がつき、1日3回笑えば幸福が増える。

〔4〕环境保护方面

1. 树立环境保护意识；建设绿色文明家园，保护人类生态环境；倡导全球绿色文明。

   エコのふるさとを創造し、人間が生活する自然環境を保護しよう。全世界のエコ文化提唱の先頭に立とう。

2. 保护环境是责任；爱护环境是美德。

   環境保護は責任、環境愛護は美徳。

3. 人人爱心献环保；明天生活更美好。既要金山银山；更要碧水蓝天。

   すべての人が思いやりを持って環境保護に献身すれば未来の生活はより良くなります。金山、銀山（財と富）も必要ですが、美しい空や海はもっと必要です。

4. 拯救地球刻不容缓；保护环境迫在眉睫；共建文明家园任重道远。

   地球救済には一刻の猶予もない。環境保護に残された時間は少ない。ふるさとである文明的な社会をともに創造することの責任は重く、道のりは長い。

5. 清新氧气源于绿色；健康生命源于自然。

   さわやかな空気は緑から、健康な生命は自然から。

第8課 北京"小私族"成时尚
北京で流行の「プライベート族」

1. 本 文

　　北京最时尚的群体是「小私族」，就是喜欢享受私人服务的人。他们聘请私人医生、私人律师、私人保姆、私人理财顾问等来完善自己的生活，他们追求的就是专人、专业、专心服务的私人生活和享受。

　　「小私族」大约28岁到45岁，是教育背景高，职场得意的高收入男女。他们强调个性化和专业化，注重隐私、追求时尚、懂得享受。但小私族也是分层次的，其层次包括入门级、中级和发烧友级。

　　聘请私人形象顾问、私人健身顾问等私人服务人员是小私族的入门级装备。私人形象顾问的职责就是利用一对一的贴心的专业的服务让顾客知道最适合自己的化妆、发型和服装搭配技巧，让他们不论是在办公室、宴会场或高尔夫球场上都展现完美的形象。私人形象顾问每小时的费用是人民币200元左右。

作为中级小私族,就要有私人理财顾问和私人律师等服务人员。中级小私即使在公共场合吃饭也要追私,譬如选择在一次只为一对客人服务的西餐厅吃饭等。

发烧友级小私大多是企业老总,他们追求的私生活更是"海阔天空,"如购置私人飞机,买私人游艇等等。

从以上这三个阶段的小私生活来看,曾经是黑、蓝、灰三色一统天下,所有人的服装和说话口吻都如出一辙的中国随着经济的发展和社会的开放,已经发生了翻天覆地的变化。

小私族的出现是社会财富增长的展现,这说明温饱问题解决后的中国越来越多的人开始追求多姿多彩的个性化生活方式。小私族这些看似物质化的需求,实际上是中国人精神需求的又一次升级。

2. 新しい単語

MP3 CD トラック 196

1. 时尚　　　　　　　　　　　［形容詞・名詞］はやり（である）、流行（している）

2. 群体　　　　　　　　　　　［名詞］　　グループ、団体、共通するものの集まり

△ 弱势群体　　　　　　　　　　　　　　社会的弱者層（身体障害者、老人、失業者など）

3. 小私族 (xiǎo sī zú)	[名詞]	プライベートを大切にし、生活の質やスタイルにこだわる人々	
4. 聘请 (pìn qǐng)	[動詞]	（国家資格が必要である医者や弁護士、教師、コックなどを）招聘する	
5. 完善 (wán shàn)	[形容詞・動詞]	完全な、揃っている、完全なものにする	
6. 专人 (zhuān rén)	[名詞]	専任者、担当者、専門スタッフ	
△ 公寓的设施由专人管理。(gōng yù de shè shī yóu zhuān rén guǎn lǐ)		マンションの施設は専門スタッフが管理している。	
7. 专心 (zhuān xīn)	[形容詞]	一心不乱である、専念している	
8. 专业 (zhuān yè)	[名詞・形容詞]	（大学などの）専攻、専門職の、プロの	
△ 他很专业。(tā hěn zhuān yè)		彼は専門家です。／彼はプロ意識が強いです。	
△ 我的专业是日语。(wǒ de zhuān yè shì rì yǔ)		私の専攻は日本語です。	
9. 职场得意 (zhí chǎng dé yì)	[形容詞]	職場で成功した人	
10. 个性化 (gè xìng huà)	[名詞・形容詞]	個性化、個性的	
△ 她很有个性。(tā hěn yǒu gè xìng)		彼女はとても個性的だ。	
11. 注重 (zhù zhòng)	[動詞]	重視する、重んじる	
△ 艺人很注重个人形象。(yì rén hěn zhù zhòng gè rén xíng xiàng)		芸能人は個人のイメージを大切にする。	
12. 隐私 (yǐn sī)	[名詞]	プライバシー	
△ 现代人注重隐私。(xiàn dài rén zhù zhòng yǐn sī)		現代人はプライバシーを重視する。	
13. 追求 (zhuī qiú)	[動詞]	追いかける、追い求める	
△ 年青人追求时尚。(nián qīng rén zhuī qiú shí shàng)		若者は流行を追いかける。	
14. 层次 (céng cì)	[名詞]	レベル、ランク、段階、程度	

15.	发烧友 fā shāo yǒu	[名詞]	熱烈なファン、マニア
16.	形象顾问 xíng xiàng gù wèn	[名詞]	イメージアドバイザー、スタイリスト
17.	健身顾问 jiàn shēn gù wèn	[名詞]	アスレチックトレーナー
18.	装备 zhuāng bèi	[動詞・名詞]	整備（する）、装備（する）
△	现代化军队装备精良。 xiàn dài huà jūn duì zhuāng bèi jīng liáng		近代化された軍隊の装備はすぐれている。
19.	贴心 tiē xīn	[形容詞]	心が通い合っている、最も親しい、心が温められる
△	女儿很贴心。 nǚr hěn tiē xīn		娘は心を温めてくれる存在です。
20.	适合 shì hé	[動詞]	（実際の状況や客観的な要求に）適合する、ちょうど合う、似合う
△	这个发型很适合你。 zhè ge fà xíng hěn shì hé nǐ		この髪型はあなたに、とても似合っています。
21.	搭配 dā pèi	[動詞]	組み合わせる、とり合わせる
△	她的服装搭配得很好。 tā de fú zhuāng dā pèi de hěn hǎo		彼女のファッションは、コーディネートがとてもうまい。
22.	追私 zhuī sī	[動詞]	プライバシーを大切にする
23.	企业老总 qǐ yè lǎo zǒng	[名詞]	会社の社長
24.	海阔天空 hǎi kuò tiān kōng	[四字成語]	天地が茫漠として限りない、想像や話の内容がとりとめのないさま
25.	购置 gòu zhì	[動詞]	（長期で使用するものを）買い入れる
26.	游艇 yóu tǐng	[名詞]	遊覧船、ヨット
27.	一统天下 yì tǒng tiān xià	[四字成語]	天下を統一する、一人天下→社会のすべてが統一されている。
28.	口吻 kǒu wěn	[名詞]	口ぶり、話しぶり

△ 他对下属说话的口吻很不客气。　　　　彼が部下に話す口調はとても失礼だ。

29. 如出一辙　　　　　　　［四字成語］　　まるで1つの轍から出たようだ、2つの事柄が全く同じである、よく似ているたとえ

30. 翻天覆地　　　　　　　［四字成語］　　天地がひっくりかえるほどの変化

31. 温饱　　　　　　　　　［名詞］　　　　衣食が満ち足りること

△ 小康社会　　　　　　　　　　　　　　生活に困らない、ややゆとりのある社会

△ 人民生活从温饱转向了小康　　　　　　人々の生活は基本的な衣食住には困らないレベルから、ややゆとりのあるレベルに変わった。

32. 多姿多彩　　　　　　　［四字成語］　　多種多様

33. 看似…　　　　　　　　［文型］　　　　…のように見える

△ 看起来像…　　　　　　　　　　　　　…のように見える

34. 需求　　　　　　　　　［名詞］　　　　需要、ニーズ

35. 升级　　　　　　　　　［動詞］　　　　昇格、進級する、エスカレートする、アップグレードする

3. 訳　文

北京で流行の「プライベート族」

　北京で最先端を行くのは「プライベート族」、つまりは自分だけのサービスを享受する人々のことである。彼らは個人的に医師・弁護士・家政婦・資産運用アドバイザーなどを雇うことで、自分の生活をより向上させる。彼らは、その道のプロによる、専門的な、自分だけに向けられたサービスを私生活にも求めている。

　「プライベート族」はおよそ28歳から45歳、学歴が高く、職場でも活躍している高収入の男女である。彼らは個性的であること、専門的であることを主張し、プライバシーを重視し、流行を追い求め、生活の楽しみ方を知っている。ただし、プライベート族にもレベルがある。それは入門レベル、中級レベル、マニアレベルである。

個人的にスタイリスト（イメージアドバイザー）、トレーナーなど、自分専用に雇い入れることが入門レベルの条件である。

スタイリスト（イメージアドバイザー）の仕事とは、顧客に合わせた1対1のプロのサービスで、最適なメイク、ヘアスタイル、ファッションのコーディネートテクニックを教え、仕事、宴会、ゴルフなどどんな場面においても顧客たちの完璧なイメージを作り上げる。スタイリストの1時間当たりの費用は200人民元前後である。

中級のプライベート族には、個人的な資産運用アドバイザー、弁護士などが必要となる。たとえ外で食事をとるような際にもプライバシーを求める。彼らは一度に一組の客しか受け入れないレストランで食事をするなど。

「マニアレベルのプライベート族のほとんどは企業のトップであり、彼らが求めるプライベートライフはプライベートジェットやクルーザーの購入など、その上限は計り知れない。

かつての黒・青・灰色の3色だけの中国社会では、誰もが服装や話しぶりが同じであった。3段階のプライベートライフから判断すると、かつての中国社会は、経済の成長や社会の開放につれて、天地を覆すほどの変化が起きたようだ。

プライベート族の出現は、社会が豊かになったことの表れである。衣食問題が解決した後の中国では、多種多彩で個性的なライフスタイルを求め始める人がますます増えている。プライベート族は、一見すると物質的なニーズのようだが、実際には中国人の精神的なニーズが一段階上昇したのである。

4. 文型と慣用句

MP3 CD トラック 197

1. 不论／无论 …都… …を問わず、…であろうとなかろうと

△ xiǎo sī zú bú lùn shì zài bàn gōng shì yàn huì chǎng huò gāo ěr fū qiú chǎng
　小 私 族 不 论 是 在 办 公 室、宴 会 场 或 高 尔 夫 球 场
shàng dōu yào zhǎn xiàn wán měi de xíng xiàng
　上 都 要 展 现 完 美 的 形 象。

／「小私族」は職場であろうと、宴会場・ゴルフ場であろうと、常に完璧な姿でいたいのです。

△ bú lùn shéi dōu kě yǐ tiǎo zhàn xīn shēng huó
　不 论 谁 都 可 以 挑 战 新 生 活。

／誰であろうと、新しい生活に挑戦できます。

解釈 1　「不论…都…」は「无论…都…」と同じです。条件がどうであろうと結論は同じであることを表します。

2. 从…来看… …から見れば、…から判断すると

△ 从现阶段来看手足口症还不会蔓延。
/ 今の段階で判断すると、手足口病は拡散しないでしょう。

△ 从发展趋势来看，中文一定能成为国际通用语言。/ 成長の勢いから見れば、中国語は必ずや国際語になるでしょう。

解釈2 「从」と「来看」の間には通常名詞フレーズを置きます。
「来看」の後には、これからの事態の成り行きを予測する文を置きます。

MP3 CD トラック 198

トピック会話 8

A: 听说北京有家「两人世界咖啡厅」很受小私族推崇，这是一家什么样的餐厅啊？

B: 这是一家西餐厅，这里一次只招待一对客人，也就是说在客人享受服务的几个小时内，这里的调酒师、服务生、和家庭影院设备都只为一对客人而存在。

A: 哇！还有这样的奢华服务啊！那一定很贵吧！

B: 在这里消费至少要提前两天预定，每小时最低消费100块人民币，如果需要特殊布置环境还要提前缴付定金。

A: 等我有了女朋友也带她去享受一下儿这种服务。

B: 你还是先找到工作，挣到钱再说吧。

トピック会話8　訳文

A. 北京にある「カフェ・二人世界」という店がプライベート族にとても人気があるらしいね。どんなカフェなんだい？

B. そこは一度に一組の客しか受け入れないレストランなんだ。客は数時間自分たちだけのサービスを受ける。バーテン、サービス係、ホームシアターの設備すべてが一組の客のためだけに用意されているんだ。

A. わあ、そんなにぜいたくなサービスなんだ！　きっとすごく高いんだろうね！

B. 利用するには、少なくとも2日前には予約して、1時間当たり最低でも100人民元かかるよ。もし何か特別な装飾などが必要ならば、事前に予約金を払わないといけないんだ。

A. 恋人ができたら、彼女を連れてその店のサービスを楽しもう。

B. 君はその前に仕事を見つけて、金を稼がないとね。

5. キーポイント

MP3 CD トラック 199

「打」の使い方

　中国は歴史的に戦乱が多かったためでしょうか、中国語には「打」を使った動目フレーズがたくさんあります。「打」を使うフレーズと慣用句はいろいろな意味があり、ここではその中から、生活によく使われている「打」を用いたフレーズの一部を紹介します。

1. 打つ、叩く、殴るの意味として使う

① 打鼓 (dǎ gǔ)

　　a. 太鼓を叩く

　　　△ 敲锣打鼓庆胜利。(qiāo luó dǎ gǔ qìng shèng lì)

　　　　　　　／銅鑼や太鼓を鳴らして、にぎやかに勝利を祝う。

　　b. 緊張する、不安になる

　　　△ 去面试前我心里直打鼓。(qù miàn shì qián wǒ xīn li zhí dǎ gǔ)

　　　　　　　／面接に行く前は、とても不安で心臓がどきどきします。

② 打人 (dǎ rén) ／人を殴る

　　　△ 不能随便打人。(bù néng suí biàn dǎ rén)

　　　　　　　／人を好き勝手に殴ってはいけません。

　　　△ 小孩儿淘气妈妈打屁股。(xiǎo háir táo qì mā ma dǎ pì gu)

　　　　　　　／子供が腕白なので、お母さんはお尻を叩いた。

③ 打铁 (dǎ tiě) ／鉄を打つ

　　　△ 趁热打铁！(chèn rè dǎ tiě)

　　　　／好機逸すべからず、鉄は熱いうちに打て（物事は好機を逃さずに進め）！

第8課

2. 人と係わる行為をする

① 打交道 dǎ jiāo dào /付き合う、応待する、交際する

　　△ 跟外国人打交道最好了解他们的风俗习惯。
gēn wài guó rén dǎ jiāo dào zuì hǎo liǎo jiě tā men de fēng sú xí guàn
　　　　/外国人と付き合うには、彼らの風俗習慣を理解する方がよい。

② 打招呼 dǎ zhāo hu /挨拶をする、解釈する

　　△ 邻居见了面互相打招呼。
lín jū jiàn le miàn hù xiāng dǎ zhāo hu
　　　　/お隣と会えば、互いに挨拶をする。

③ 打搅 / 打扰 dǎ jiǎo / dǎ rǎo /邪魔をする

　　△ 打搅你啦。 dǎ jiǎo nǐ la /お邪魔します。

　　△ 请勿打扰！ qǐng wù dǎ rǎo /邪魔しないでください！

　　△ 打搅你了。 dǎ jiǎo nǐ le /お邪魔しました。

④ 打赌 dǎ dǔ /賭けをする（負けたら何かの形で罰せられる）

　　△ 咱们打赌，看哪个队会赢。
zán men dǎ dǔ kàn nǎ ge duì huì yíng
　　　　/どちらのチームが勝つか、賭けましょう！

⑤ 打圆场 dǎ yuán chǎng /（仲裁して）まるく収める、その場を穏便に収める

　　△ 两个同事因为工作吵起来了,老王出来打圆场。
liǎng gè tóng shì yīn wéi gōng zuò chǎo qǐ lái le lǎo wáng chū lai dǎ yuán chǎng
　　　　/2人の同僚が仕事の件でけんかを始めたので、王さんが仲裁に入った。

⑥ 打岔 dǎ chà /（他人の話を）妨げる、茶々を入れる

　　△ 大人说话小孩儿别打岔！
dà ren shuō huà xiǎo háir bié dǎ chà
　　　　/大人の話に、子供が口をはさむな！

⑦ 打电话 / 電話をする

△ 到了目的地以后别忘了给家里打电话。
/ 目的地に着いたら、家に電話を入れるのを忘れないように。

⑧ 打折 / 値引きする

△ 这件衣服打三折。／ この服は七割引きです。

3. 喧嘩をする、紛争を起こす、偽造・劣悪商品の取り締まりをする、お金を振り込む

① 打架 /（殴り合い、つかみ合いなど、体がぶつかる）けんかをする

△ 他跟同学打架、被老师罚站了。
/ 彼はクラスメートとけんかしたので、罰として先生に立たされた。

② 打官司 / 告訴する、訴えを起こす

△ 兄弟俩为了争遗产而打官司。
/ 兄弟2人は、遺産を争って訴訟を起こした。

③ 打假 / 偽造・劣悪商品の取り締まりをする

△ 为了打击假冒伪劣商品，各地工商局展开了打假活动。
/ 偽造・劣悪商品を撲滅するために、各地の商工局は取り締まり活動を行った。

④ 把钱打到账户上 / 銀行口座にお金を振り込む

△ 请把钱打到我的银行账户上。
/ お金を、私の口座に振り込んでください。

4. 人間の本能に基づく動作

△ 打哈欠 (dǎ hā qian) / あくびをする　　△ 打呼噜 (dǎ hū lu) / いびきをかく

△ 打盹儿 (dǎ dǔnr) / 居眠りをする　　△ 打嗝儿 (dǎ gér) / げっぷ、しゃっくりをする

△ 打颤 (dǎ zhàn) / 震える　　△ 打喷嚏 (dǎ pēn ti) / くしゃみをする

5. 仕事をする

① 打工 (dǎ gōng) / アルバイトをする、働く

△ 上大学的时候，一边读书一边在餐馆打工。
(shàng dà xué de shí hòu, yì biān dú shū yì biān zài cān guǎn dǎ gōng)
/ 大学生の頃、勉強しながらレストランでアルバイトをしました。

△ 我想自己创业，不愿意一辈子给人打工。
(wǒ xiǎng zì jǐ chuàng yè, bú yuàn yì yí bèi zi gěi rén dǎ gōng)
/ 私は一生、会社で他人のもとで雇われたくない、自分で起業したい。

② 打工的(人) (dǎ gōng de rén) / 従業員、雇われ人

△ 我只是个打工的，没有权力决定。
(wǒ zhǐ shì ge dǎ gōng de, méi yǒu quán lì jué dìng)
/ 私はただの従業員ですから、決定権は持っていません。

③ 打下手 (dǎ xià shǒu) / 二次的・補助的な仕事をする、(炊事・雑用などの) 手伝い、下働きをする。

△ 饭都是她做的，我只是打(打)下手。
(fàn dōu shì tā zuò de, wǒ zhǐ shì dǎ da xià shǒu)
/ ご飯はすべて彼女が作ったのです。私はただ手伝っただけです。

6. 手を使う球技をする

△ 打篮球 (dǎ lán qiú) / バスケットボールをする　　△ 打排球 (dǎ pái qiú) / バレーボールをする

△ 打网球 (dǎ wǎng qiú) / テニスをする　　△ 打棒球 (dǎ bàng qiú) / 野球をする

△ 打羽毛球 / バドミントンをする　△ 打乒乓球 / 卓球をする

MP3 CD トラック 205

7. 自然現象に使う

△ 打雷 / 雷が鳴る　　　　△ 打闪 / 稲妻が光る

△ 打春 / 立春

MP3 CD トラック 206

8. 動物を捕まえる

△ 打猎 / 狩猟をする　　　△ 打鱼 / 漁をする

MP3 CD トラック 207

9. 機械製品に使う

△ 打字机 / タイプライター、ワープロ

△ 打印机 / プリンター　　△ 打火机 / ライター

MP3 CD トラック 208

10. ことわざに使う

△ 打破砂锅问到底
　　　　　　　/ とことんまで問いただす、根掘り葉掘りたずねる

△ 打肿脸充胖子 / 虚勢を張って、やせ我慢する

△ 打退堂鼓
　　　　　　　/ 途中でやめる、約束を途中で破る、前言を取り消す

△ 打草惊蛇
　　　　　　/ 草をたたいて蛇を驚かす、やぶへび（相手に警戒心を抱かせる）

第8課

練習：（　）の中から正しい単語を選び、下線部に入れ、日本語に訳しなさい。

（解答は P.497）

① 他们 _____ 起来了（明白　打　笑）。

② 趁热 _____ 铁（做　拿　打）。

③ 邻居们见了面互相 _____（打　说　笑）招呼。

④ 他晚上睡觉 _____（搞　弄　打）呼噜。

⑤ _____ 破砂锅问到底（打　摔　碰）。

6. 文法ポイント

MP3 CD トラック 209

1.「被」(受け身) の使い方

(1)「被」の本来の意味と役割

「被」は「被害（bèi hài）」「被迫（bèi pò）」という意味から、「～によって…される」という受け身を表す標識格助詞になっており、受け手が利益を受けたり、または被害を受けたりすることを強調して表現します。

(2) 受け身「被構文」の文の構造 (語順)

受け手 ＋ 被 ＋ 行い手 ＋ 動詞 ＋ 補語 ｛ 了 / 了・目的語 / 方向補語 / 様態補語 / 結果補語
(物・人)　　　　(人物・動物)
　　　　　　　　(自然現象)

△ 电脑（diàn nǎo） 被（bèi） 我女儿（wǒ nǚr） 弄（nòng） 坏了（huài le）。
  / パソコンは娘に壊された。

△ 电脑（diàn nǎo） 被（bèi） 电脑工程师（diàn nǎo gōng chéng shī） 修（xiū） 好了（hǎo le）。
  / パソコンは、パソコンのエンジニアに修理された。

△ 我的护照（wǒ de hù zhào） 被（bèi） 小偷（xiǎo tōu） 偷（tōu） 走了（zǒu le）。
  / 私のパスポートは、どろぼうに盗まれた。

△ 那件古董（nà jiàn gǔ dǒng） 被（bèi） 清洁工（qīng jié gōng） 打（dǎ） 破了（pò le）。
  / あの骨董品は清掃員に割られた。

(3)「被」以外の受け身標識格助詞「叫 jiào」「让 ràng」「给 gěi」

受け身表現文には「被」の代わりに「叫」「让」も使われます。

「让」「叫」は「被」に比べて、より口語的であり、話し言葉で多く用いられます。

「给」は口語表現として「叫」や「让」と比べると、使用される割合が低く、一部の地域でしか使われていません。

例：△ 衣服 [被/让/叫] 钉子 挂破了。

／服が釘に引っかかって破れた。

△ 那个灯迷 [被/叫/让] 外国人 猜中了。

／あのランタンのなぞなぞは外国人に当てられた。

△ 我们的约会 [被/给/让] 他 看见了。

／私たちのデートは彼に見られた。

△ 那个秘密全 [被/叫/让] 他 听见了。

／あの秘密はすべて彼に聞かれた。

(4) 受け身文の強調型

行い手（物・人） ＋ 被/让/叫 ＋ 受け手 ＋ 给 ＋ 動詞 ＋ 補語成分

dì tǎn bèi nà xiē rén gěi nòng zāng le
地毯　　　被　　那些人　　给　　弄　　脏了。
　　　　　　　／カーペットは、あの人たちに汚されてしまった。

shǒu tí diàn nǎo ràng tā gěi nòng diū le
手提电脑　　让　　她　　给　　弄　　丢了。
　　　　　　　／ノートパソコンは彼女に紛失させられた。

pò lànr jiào gē ge gěi rēng le
破烂儿　　　叫　　哥哥　　给　　扔　　了。
　　　　　　　／ガラクタは兄に捨てられた。

shèng xià de shí wù bèi gǒu gěi chī guāng le
剩下的食物　被　　狗　　给　　吃　　光了。
　　　　　　　／残った食べ物は、イヌにすべて食べられた。

※行い手の後に「给」を置くと、受け身を強調するようになり、「给」は省略できます。

(5) 「被構文」の中の「行い手」の省略

1. 「被構文」では、動作の「行い手」をとりたてて説明する必要がなかったり「行い手」が不明の場合には、その「行い手」を省略することがあります。

例：△ 那张桌子　　被（人）　　搬到那儿了。
　　　／あの机は向こうに運ばれた。＊（「行い手」が分からない）

　　△ 老王　　　　被（大家）　　选为厂长了。
　　　／王さんは工場長に選ばれました。＊（「行い手」をとりたてて説明する必要がない）

　　△ 那个小孩儿　被　　（开水）烫伤了。
　　　／あの子は（熱湯で）やけどした。＊（「行い手」をとりたてて説明する必要がない）

　　△ 他　　　　　被　　（大家）说服了。
　　　／彼は（みんなに）説得された。＊（「行い手」をとりたてて説明する必要がない）

△ 旧庙　　　　　被（人）　　拆了。
jiù miào　　　　bèi rén　　　chāi le
/ 古いお寺が取り壊された。＊（「行い手」を知らない）

2.「叫」と「让」の後に来る「行い手」は省略できません。

例 ｛ ⊗ 学生　　　　叫　　　　　　表扬了。
　　　学生　　　　叫　　　　　　老师表扬了。
　　　xué sheng　jiào　　　　　lǎo shī biǎo yáng le
/ 学生は先生に誉められた。

　 ｛ ⊗ 自行车　　　让　　　　　　骑走了。
　　　自行车　　　让　　　　　　同事骑走了。
　　　zì xíng chē　ràng　　　　tóng shì qí zǒu le
/ 自転車は同僚に乗って行かれた。

(6)「被構文」の中の否定詞・副詞成分の位置

否定詞「不」「没」「不会」「不曾」などは"被"の前に置きます。
他の副詞成分「又」「也」「刚」「都」なども"被"の前に置きます。

例：△ 我　　　　　从来没　　　被　　老师批评过。
　　　wǒ　　　　cóng lái méi　bèi　lǎo shī pī píng guò
/ 私は、今まで先生に叱られたことがない。

　　△ 他们　　　不会　　　　被　　这次困难吓倒。
　　　tā men　　bú huì　　　bèi　zhè cì kùn nan xià dǎo
/ 彼らは今回の困難にもおびえることはないだろう。

　　△ 她　　　　不曾　　　　被　　炒过鱿鱼。
　　　tā　　　　bù céng　　 bèi　chǎo guo yóu yú
/ 彼女は解雇されたことがない。

　　△ 他　　　　刚　　　　　被　　开除了。
　　　tā　　　　gāng　　　　bèi　kāi chú le
/ 彼は解雇されたばかりです。

　　△ ｛ 他　　　　　　　　　被　　女朋友甩了。
　　　　tā　　　　　　　　　bèi　nǚ péng you shuǎi le
　　　　他哥哥　　　也　　　被　　女朋友甩了。
　　　　tā gē ge　　yě　　　bèi　nǚ péng you shuǎi le
/ 彼は恋人に振られた。彼の兄も恋人に振られた。

△ 小偷 又 被 警察 抓到了。
　　　　　　　　　　　/泥棒は、また警察につかまった。

△ 植物 都 被 细菌感染了。
　　　　　　　　　　　/植物はバイ菌に感染した。

(7)「被構文」で使われる動詞と使われない動詞

1.「被構文」には目的語を従える他動詞を使います。

例：△ 这本书昨天 被 借走了。
　　　　　　　　　　　/その本は昨日、借りて行かれた。

（借 ・ 书）
他動詞　　目

△ 冰淇淋 被 姐姐和妹妹吃完了。
　　　　　　　　　　　/アイスは姉と妹に食べられてしまった。

（吃完 ・ 冰淇淋）
他動詞　　　目

△ 旧报纸 被 扔掉了。
　　　　　　　　　　　/古い新聞紙は投げ捨てられた。

（扔 ・ 报纸）
他動詞　　目

△ 他刚才 被 老师罚站一个小时。
　　　　　　　　　　　　　　　時量詞

/彼はさっき先生に、罰として１時間立たされた。
＊（時量詞を従える自動詞も「被構文」に使えます）

2.「被構文」に使えない動詞

「把構文」に使えない動詞とほぼ同じですが、「把構文」ほど制限は多くありません。

a. 具体的な動作を表さない静態動詞（存在、所属、所有などを表す）
   有(yǒu)・是(shì)・像(xiàng)・在(zài)・姓(xìng)・属于(shǔ yú)・等于(děng yú)

b. 知覚、感覚および心理活動を表す動詞
   知道(zhī dao)・认识(rèn shi)・感觉(gǎn jué)・觉得(jué de)・相信(xiāng xìn)
   明白(míng bai)・希望(xī wàng)・生气(shēng qì)・讨厌(tǎo yàn)・愿意(yuàn yì)

c. 方向を表す方向動詞
   来(lái)・去(qù)・进(jìn)・出(chū)・坐(zuò)・回(huí)・到(dào)・站(zhàn)・躺(tǎng)・跪(guì)・趴(pā)・过去(guò qu)・起来(qǐ lai)

d. 自動詞： 坏了(huài le)　掉了(diào le)　碎了(suì le) →「被」構文に使えない
   ↓
   (他動詞： 弄坏了(nòng huài le)　弄掉了(nòng diào le)　打碎了(dǎ suì le)) →「被」構文に使える

(8)「被構文」と「把構文」の置き換え

「把」は、主語が物・人にどのような処理・処置を加えたかという面から物事を説明するのに対し、「被」は物・人が主語（行い手）によって、どのようにされたか、という面から物事を説明します。このように何を強調したいかにより「被構文」と「把構文」を使い分けます。

以下の例で比べてみましょう。

①
wǒ de zì xíng chē bèi xiǎo lǐ qí zǒu le
我的自行车被小李骑走了。／私の自転車は、李さんに乗って行かれた。
＊（行い手を強調、他の人ではなく乗って行ったのは李さん）

xiǎo lǐ bǎ wǒ de zì xíng chē qí zǒu le
小李把我的自行车骑走了。／李さんは、私の自転車に乗って行った。
＊（主語「小李」が加えた処置によって、自転車はここにない）

②
nà běn gù shi shū bèi xiǎo háir sī pò le
那本故事书被小孩儿撕破了。／あの本は子供に破かれた。
＊（行い手を強調）

xiǎo háir bǎ nà běn shū sī pò le
小孩儿把那本书撕破了。／子供はあの本を破いた。
＊（主語「小孩儿」が加えた処置によって、本は破れた状態になった）

③
fáng zi bèi hóng shuǐ chōng zǒu le
房子被洪水冲走了。／家は洪水によって流された。
＊（行い手を強調、あの家を流したのは洪水だ）

hóng shuǐ bǎ nà suǒ fáng zi chōng zǒu le
洪水把那所房子冲走了。／洪水はあの家を流した。
＊（主語「洪水」が加えた処置によって、あの家はもうあそこにはない）

④
diàn nǎo bèi ruǎn jiàn gōng chéng shī xiū hǎo le
电脑被软件工程师修好了。
／コンピューターはソフトウェアエンジニアに修理されました。
＊（コンピューターがソフトウェアエンジニアによって修理されたことを強調）

ruǎn jiàn gōng chéng shī bǎ nà tái diàn nǎo xiū hǎo le
软件工程师把那台电脑修好了。
／ソフトウェアエンジニアは、あのコンピューターを修理しました。
＊（主語「ソフトウェアエンジニア」が加えた処置によって、あのコンピューターが使えるようになった）

⑤
shèng xia de qián bèi xiǎo tōur tōu zǒu le
剩下的钱被小偷儿偷走了。／残ったお金は泥棒に盗まれた。
＊（行い手をあえて強調）

xiǎo tōur bǎ shèng xia de qián tōu zǒu le
小偷儿把剩下的钱偷走了。／泥棒は残ったお金を盗んだ。
＊（主語「泥棒」の加えた行為により、お金がなくなった）

第8課

⑥
　　zhào xiàng jī bèi nǐ cáng dào nǎr le
　　照 相 机 被 你 藏 到 哪儿 了？
　　　　　　　　　／カメラは（あなたによって）どこにしまわれたの？
　　　　　　　　　＊（行い手によってカメラはどうされたかを尋ねる）

　　nǐ bǎ zhào xiàng jī fàng dào nǎr le
　　你 把 照 相 机 放 到 哪儿 了？／あなたはカメラを、どこにやったの？
　　　　　　　　　＊（主語「你」カメラを、どこにどうしたかを尋ねる）

(9) 受け身標識のない受け身文

1. 日本語で「〜される」と表現される文でも、中国語では受け身表現を使わない、または使う必要がないケースがたくさんあります。

例：△ péng you tuō wǒ, wǒ tuī bu diào
　　　朋 友 托 我，我 推 不 掉。／友達から頼まれたので、断れません。

　　△ chuāng hu bèi rén guān shang le
　　　窗 户（被人）关 上 了。／窓が閉められました。

　　△ shàng hǎi bèi jiě fàng jūn jiě fàng le
　　　上 海（被解 放 军）解 放 了。／上海は解放されました。

　　△ dà xué lù qǔ tōng zhī shū bèi xué xiào jì lái le
　　　大学 录取 通 知 书（被学 校）寄 来 了。
　　　　　　　　　／大学の合格通知が送られてきました。

　　△ nà tái diàn nǎo gǎn rǎn le bìng dú
　　　那台 电 脑 感 染 了 病 毒。／あのパソコンはウイルスに感染しました。
　　　　　　　　　（ウイルスによって感染させられた）

　　△ diàn yǐng piào yǐ jing bèi diàn yǐng yuàn mài wán le
　　　电 影 票 已 经（被 电 影 院）卖 完 了。
　　　　　　　　　／映画のチケットは、もう売り切れてしまいました。

　　△ tā de sūn zi bèi yé ye guàn de yuè lái yuè bú xiàng huà le
　　　他的孙子（被爷爷）惯 得越 来 越 不 像 话 了。
　　　　　　　　　／彼の孫は甘やかされて、どんどん手に負えなくなった。

＊（ ）の中の「被・行い手」は通常言いません。

2. 中国語では、結果を強調するために、非生命体の目的語を仮主語にして、本来の生命体の主語を隠すことがよくあります。その場合には補語つきの動詞が述語になります。

例：
　　tā de shāng　　bèi yī shēng　zhì hǎo le
　　他的伤（被医生）治好了。／彼のケガは（医者に）治療されました。
　　　仮主語　　　隠された本来の主語　V・結果補語

　　yī shēng zhì hǎo le tā de shāng
　　医生治好了他的伤。
　　　主語　　述語V.　　目的語

例：
　　zhào piàn　bèi rén　sòng lái le
　　照片（被人）送来了。／写真が（誰かによって）送られてきました。
　　　仮主語　本来の主語　V・方向補語

　　rén sòng lái le zhào piàn
　　人送来了照片。
　　　主語　述語　　目的語

　　xíng li dōu　bèi nǐ　shōu shi hǎo le ma
　　行李都（被你）收拾好了吗。／荷物は（あなたによって）片付けられましたか?
　　　仮主語　　本来の主語　V・結果補語

　　nǐ shōu shi hǎo xíng li le ma
　　你收拾好行李了吗？
　　　主語　　述語　　　目的語

（10）独特な中国語の受け身表現

1. 中国語の古語表現を使って、受け身を強調する

　　bèi　　suǒ　　　wéi　　suǒ
　　被 … 所 …／为 … 所 …　／…によって…される

例：△
　　wǒ bèi tā de fèi fǔ zhī yán suǒ gǎn dòng le
　　我被他的肺腑之言所感动了。
　　　　／私は、彼の心底からの誠意ある言葉に感動させられました。

　　tā shēn shēn de wéi zhè li de tóu zī huán jìng suǒ xī yǐn
　△她深深地为这里的投资环境所吸引。
　　　　／彼女は、この土地の投資条件に深くひかれました。

2. 中国式の受け身文（日本語では受け身文として使われない）

例：△ 很抱歉，票<ruby>被<rt>bèi</rt></ruby>我忘在家里了。
　　／すみません、私はチケットを家に忘れてしまいました。

△ 出境卡让我（给）填错了。
　　／私は、出国カードを書き間違えてしまいました。

△ 今天吃涮羊肉又叫我赶上了。
　　／今日は折よく、また羊のしゃぶしゃぶが食べられてラッキーです。

(11)「被(bèi)」を使う流行用語

最近の中国では「自主的ではなく、仕方なしに受身的に…のようにさせられた」という状況を表す場合に、よく「被・動目フレーズ」が使われます。

1. 被就业(bèi jiù yè)　仕事が見つかっていないのに、就職決定扱いされる。

△ 大学为了扩大影响和声誉，于是制造假的就业数字，把还没有找到工作的毕业生归入到已经找到工作的类别中。这种没就业却被说成已经就业的情况被称为「被就业」。
　／大学は影響力や評判を高めるために、就職者数を偽り、就職先の決まっていない卒業生を就職決定者の枠内に算入する。このように、仕事がないのに、就職済みに算入させられた状況を「被就业（就職決定扱い）」という。

△ 大学造假成风，被就业的学生太多了。
　／大学ではデータの偽造がすでに慣習となり、就職決定扱いされた学生の数はあまりにも多い。

2. **被全勤** 皆勤ではないのに、皆勤に記入された。

△ 某些公司为了得到奖励或表扬就虚报全勤的人数。没有出全勤的人却被申报为全勤,这种情况被称为「被全勤」。

／某企業では褒賞や表彰を受けるため、皆勤者数を偽って、皆勤でない者を皆勤者として報告する。このような状況を「被全勤（皆勤扱い）」という。

△ 我已经连续两年被全勤了。

／私は連続2年間、皆勤扱いにされました。

3. **被自愿** 自発的ではないのに、自発的に行ったと扱われる。（自主扱い）

△ 不是本人自愿,而是被强迫做某事如捐款,捐血等,却被说成是自愿的,这种情况被称为「被自愿」。

／その人自身が自ら望んだことではなく、無理やりさせられたこと（寄付、献血など）を自発的に行ったことにされる。このようなことを「被自愿（自主扱い）」という。

△ 现在社会上「被就业」「被全勤」「被自愿」的事屡见不鲜。

／今社会では「就職決定扱い」「皆勤扱い」「自主扱い」のようなことは、ごく普通に行われています。

> 練習

1. 次の単語を正しい語順に並べ替え、日本語に訳しなさい。　　　（解答は P.497）

　① 我的 / 说破 / 他 / 秘密 / 被 / 了 /。

　② 了 / 被 / 甩了 / 吗? / 你 / 听说 / 他 / 她 /。

　③ 床单 / 雨 / 淋湿 / 被 / 了 /。

　④ 吓倒过 / 困难 / 从来 / 被 / 没有 / 他们 /。

　⑤ 孩子 / 一顿 / 打 / 妈妈 / 被 / 了 /。

2. "被"または"把"を使って次の日本文を中国語に訳しなさい。

　① 私は、この光景に深く感動させられました。

　② 彼は雨に濡れて３日間病気になりました。

　③ 彼女はお客様を空港から連れて来ました。

　④ 白菜はネズミに食い荒らされた。

⑤　ネズミが白菜を食い荒らした。

⑥　私は彼に振られた。

⑦　私は彼を振った。

⑧　試験が不合格だったので、彼は両親から厳しく叱られた。

⑨　シンガポール政府は国をきちんと管理している。

⑩　コップは妹に割られてしまった。

⑪　財布が盗まれてしまった。

⑫　椅子は彼に壊されてしまった。

⑬　彼は騙されました。

⑭　この物語に深く感動させられました。

⑮　彼は彼女に魅了された。

3. 次の文を中国語に訳しなさい。

① 昨夜は子供にひどく泣かれて、眠れなかった。

② 社長は、みなに働き者だと言われている。

③ 彼は小さい時に父親に死なれ、母親にも死なれ、本当にかわいそうだ。

④ 上司に、「明日会社に来い」と言われました。

⑤ コンピューターがウイルスに感染した。

応用会話 42

A. <ruby>田<rt>tián</rt></ruby> <ruby>中<rt>zhōng</rt></ruby> <ruby>先<rt>xiān</rt></ruby> <ruby>生<rt>sheng</rt></ruby>, <ruby>你<rt>nǐ</rt></ruby> <ruby>看<rt>kàn</rt></ruby> <ruby>得<rt>de</rt></ruby> <ruby>懂<rt>dǒng</rt></ruby> <ruby>中<rt>zhōng</rt></ruby> <ruby>文<rt>wén</rt></ruby> <ruby>报<rt>bào</rt></ruby> <ruby>纸<rt>zhǐ</rt></ruby> <ruby>吗<rt>ma</rt></ruby>？

田中さん、中国語の新聞は読めますか？

B. <ruby>不<rt>bú</rt></ruby> <ruby>太<rt>tài</rt></ruby> <ruby>难<rt>nán</rt></ruby> <ruby>的<rt>de</rt></ruby> <ruby>看<rt>kàn</rt></ruby> <ruby>得<rt>de</rt></ruby> <ruby>懂<rt>dǒng</rt></ruby>。

あまり難しくないものなら読めます。

A. <ruby>你<rt>nǐ</rt></ruby> <ruby>喜<rt>xǐ</rt></ruby> <ruby>欢<rt>huan</rt></ruby> <ruby>看<rt>kàn</rt></ruby> <ruby>哪<rt>nǎ</rt></ruby> <ruby>方<rt>fāng</rt></ruby> <ruby>面<rt>miàn</rt></ruby> <ruby>的<rt>de</rt></ruby>？

どんな分野の記事が好きですか？

B. <ruby>我<rt>wǒ</rt></ruby> <ruby>喜<rt>xǐ</rt></ruby> <ruby>欢<rt>huan</rt></ruby> <ruby>看<rt>kàn</rt></ruby> <ruby>老<rt>lǎo</rt></ruby> <ruby>百<rt>bǎi</rt></ruby> <ruby>姓<rt>xìng</rt></ruby> <ruby>的<rt>de</rt></ruby> <ruby>生<rt>shēng</rt></ruby> <ruby>活<rt>huó</rt></ruby> <ruby>水<rt>shuǐ</rt></ruby> <ruby>准<rt>zhǔn</rt></ruby> <ruby>有<rt>yǒu</rt></ruby> <ruby>差<rt>chā</rt></ruby> <ruby>距<rt>jù</rt></ruby> <ruby>的<rt>de</rt></ruby> <ruby>报<rt>bào</rt></ruby> <ruby>道<rt>dào</rt></ruby>。

庶民の生活レベルの格差に関する記事を読むのが好きですね。

A. <ruby>现<rt>xiàn</rt></ruby> <ruby>在<rt>zài</rt></ruby> <ruby>人<rt>rén</rt></ruby> <ruby>们<rt>men</rt></ruby> <ruby>的<rt>de</rt></ruby> <ruby>生<rt>shēng</rt></ruby> <ruby>活<rt>huó</rt></ruby> <ruby>水<rt>shuǐ</rt></ruby> <ruby>平<rt>píng</rt></ruby> <ruby>的<rt>dí</rt></ruby> <ruby>确<rt>què</rt></ruby> <ruby>有<rt>yǒu</rt></ruby> <ruby>很<rt>hěn</rt></ruby> <ruby>大<rt>dà</rt></ruby> <ruby>的<rt>de</rt></ruby> <ruby>差<rt>chā</rt></ruby> <ruby>别<rt>bié</rt></ruby>，<ruby>穷<rt>qióng</rt></ruby> <ruby>的<rt>de</rt></ruby> <ruby>穷<rt>qióng</rt></ruby> <ruby>富<rt>fù</rt></ruby> <ruby>的<rt>de</rt></ruby> <ruby>富<rt>fù</rt></ruby>，<ruby>你<rt>nǐ</rt></ruby> <ruby>们<rt>men</rt></ruby> <ruby>日<rt>rì</rt></ruby> <ruby>本<rt>běn</rt></ruby> <ruby>人<rt>rén</rt></ruby> <ruby>觉<rt>jué</rt></ruby> <ruby>得<rt>de</rt></ruby> <ruby>很<rt>hěn</rt></ruby> <ruby>吃<rt>chī</rt></ruby> <ruby>惊<rt>jīng</rt></ruby> <ruby>吧<rt>ba</rt></ruby>。

今の人々の生活レベルには、確かに大きなひらきがありますからね。貧しいものはとても貧しくて、金持ちはすごく裕福だ、あなたたち日本人にはとても驚きでしょうね。

B. <ruby>可<rt>kě</rt></ruby> <ruby>不<rt>bú</rt></ruby> <ruby>是<rt>shì</rt></ruby> <ruby>嘛<rt>ma</rt></ruby>！ <ruby>前<rt>qián</rt></ruby> <ruby>两<rt>liǎng</rt></ruby> <ruby>天<rt>tiān</rt></ruby> <ruby>我<rt>wǒ</rt></ruby> <ruby>看<rt>kàn</rt></ruby> <ruby>了<rt>le</rt></ruby> <ruby>一<rt>yì</rt></ruby> <ruby>则<rt>zé</rt></ruby> <ruby>报<rt>bào</rt></ruby> <ruby>道<rt>dào</rt></ruby> <ruby>说<rt>shuō</rt></ruby> <ruby>有<rt>yǒu</rt></ruby> <ruby>一<rt>yí</rt></ruby> <ruby>个<rt>ge</rt></ruby> <ruby>生<rt>shēng</rt></ruby> <ruby>活<rt>huó</rt></ruby> <ruby>在<rt>zài</rt></ruby> <ruby>北<rt>běi</rt></ruby> <ruby>京<rt>jīng</rt></ruby> <ruby>的<rt>de</rt></ruby> <ruby>年<rt>nián</rt></ruby> <ruby>轻<rt>qīng</rt></ruby> <ruby>人<rt>rén</rt></ruby> <ruby>一<rt>yí</rt></ruby> <ruby>个<rt>ge</rt></ruby> <ruby>月<rt>yuè</rt></ruby> <ruby>的<rt>de</rt></ruby> <ruby>伙<rt>huǒ</rt></ruby> <ruby>食<rt>shí</rt></ruby> <ruby>费<rt>fèi</rt></ruby> <ruby>人<rt>rén</rt></ruby> <ruby>民<rt>mín</rt></ruby> <ruby>币<rt>bì</rt></ruby> 120 <ruby>元<rt>yuán</rt></ruby>，<ruby>折<rt>zhé</rt></ruby> <ruby>合<rt>hé</rt></ruby> <ruby>成<rt>chéng</rt></ruby> <ruby>日<rt>rì</rt></ruby> <ruby>元<rt>yuán</rt></ruby> <ruby>不<rt>bú</rt></ruby> <ruby>到<rt>dào</rt></ruby> <ruby>两<rt>liǎng</rt></ruby> <ruby>千<rt>qiān</rt></ruby> <ruby>日<rt>rì</rt></ruby> <ruby>元<rt>yuán</rt></ruby>，<ruby>折<rt>zhé</rt></ruby> <ruby>合<rt>hé</rt></ruby> <ruby>成<rt>chéng</rt></ruby> <ruby>新<rt>xīn</rt></ruby> <ruby>币<rt>bì</rt></ruby> <ruby>也<rt>yě</rt></ruby> <ruby>只<rt>zhǐ</rt></ruby> <ruby>有<rt>yǒu</rt></ruby> 25 <ruby>元<rt>yuán</rt></ruby>。

もちろんですよ！ 2日前に見た記事によると、北京で暮らしているある若者の1ヵ月の食費が何とたった120人民元とか。日本円に換算して2000円にも満たないし、シンガポールドルに換算してもわずか25ドルです。

第8課

A: 太难以置信了！在北京到咖啡馆儿喝杯咖啡也得30元，吃一套稍微好一点儿的套餐也要100多元，她怎么生活呀？

とても信じられない！北京の喫茶店でコーヒーを1杯飲んでも30元はするし、ちょっと豪華なセットメニューを食べれば100元を超える。彼女はどうやって暮らしているんですか？

B: 她是一个来自边远山区的大学生，是全国数百万的特困学生当中的一个。她的学费靠助学金解决了，但生活费就得自己想办法，所以她格外节省。

彼女は辺鄙な山間地区から来た大学生で、全国で100万人はいるという支援が必要な貧しい学生の1人です。学費は奨学金で賄えますが、生活費は自分で何とかしないといけないので、ことのほか節約していたそうです。

A: 再怎么省也不够呀！

どんなに節約しても足りないでしょう？

B: 比如她一日三餐只花四块钱，在北京上学四年从来没有去过天安门，上街靠双腿等等。但是她从不自卑而是开朗、乐观地生活。

例えば、1日3食の食費はわずか4元。北京で4年間学生生活を送っていても、天安門には行ったことがないし、町へ行く時にもバスには乗らず歩いて行くとか。それでも彼女はコンプレックスを感じず、明るく、楽しく生活しています。

A: 她太了不起了，很少有人能这么做。我听了也非常感动，跟她比起来我们真是身在福中不知福。从今以后我也要知足常乐，还要勤俭节约。

すごいなあ、そんなふうにできる人はなかなかいませんよ。私も、それを聞いて感動しました。彼女と比べると、私たちは幸せな生活を送っているのに、その幸せに気がついていないんですね。これからは私も足るを知り、楽しく、倹約に努める生活をしたいと思います。

応用会話 43

A. tīng shuō xiàn zài zhōng guó de dà xué bì yè shēng bì yè yǐ hòu zhǎo gōng zuò fēi cháng kùn nan ér qiě qǐ xīn yě dī, yǒu de yuè xīn hái bú dào rén mín bì yì qiān yuán.
听说现在中国的大学毕业生毕业以后找工作非常困难而且起薪也低,有的月薪还不到人民币一千元。

B. méi cuò. zuì jìn shèn zhì hái yǒu yuàn yì jiē shòu "líng gōng zī" de bì yè shēng.
没错。最近甚至还有愿意接受「零工资」的毕业生。

A. líng gōng zī? nà tā men zěn me shēng huó?
零工资?那他们怎么生活?

B. zhè xiē rén wèi le jī lěi jīng yàn jiāng lái zhǎo dào gèng hǎo de gōng zuò, suǒ yǐ bù xī fàng qì gōng zī. dāng rán tā men zài líng gōng zī qī jiān yào kào fù mǔ gōng yǎng.
这些人为了积累经验将来找到更好的工作,所以不惜放弃工资。当然他们在零工资期间要靠父母供养。

A. yīn wéi jìng zhēng jī liè, zhōng guó de shè huì biàn de yuè lái yuè ràng rén nán yǐ lǐ jiě le. xiǎng dāng nián wǒ men shàng dà xué shí bèi chēng wéi "tiān zhī jiāo zǐ", bì yè yǐ hòu yóu guó jiā tǒng yī fēn pèi gōng zuò, gēn běn bú yòng dān xīn jiù yè hé gōng zī de wèn tí.
因为竞争激烈,中国的社会变得越来越让人难以理解了。想当年我们上大学时被称为「天之骄子」,毕业以后由国家统一分配工作,根本不用担心就业和工资的问题。

中国の大学生は卒業後の仕事探しがとても大変な上に、初任給も安く、月給が1000元未満の人もいるらしいね。

確かに。最近は「給料ゼロ」でも働きたい卒業生までいるとか。

「給料ゼロ」? じゃあ、彼らはどうやって生活するんだい?

彼らは経験を積んで、将来もっとよい仕事を見つけるためなら、給料がなくてもよいと思っているんだ。もちろん、給料ゼロの間は両親に養ってもらわないといけないけどね。

厳しい競争のせいで、中国社会はどんどん理解しがたい状態になってきたね。われわれが大学生だった頃は神の寵児と呼ばれ、卒業後も「統一分配」制度で国が就職先を決めたから、就職と給料の心配をする必要は全くなかった。

第8課

B. zhè jiù shì shè huì zhuǎn xíng suǒ dài lái de
这就是社会转型所带来的
biàn huà ma
变化嘛。

これこそ、社会の構造変化がもたらした変化だね。

応用会話 44　　　MP3 CD トラック212

歪风邪气的"官场酒文化"

A. zhōng guó guān chǎng de gōng kuǎn chī hē
中国官场的公款吃喝
yì zhí shì yì gǔ wāi fēng bàn suí zhè gǔ
一直是一股歪风，伴随这股
wāi fēng de bù liáng yǐn jiǔ xíng wéi yě shì
歪风的不良饮酒行为也是
dēng fēng zào jí dāng xià guān chǎng bù
登峰造极。当下官场不
jǐn jī hū shì wú jiǔ bù chéng xí ér qiě
仅几乎是无酒不成席，而且
wú hǎo jiǔ bù chéng xí
无好酒不成席。

B. wǒ yě tīng shuō lǐng dǎo gàn bù bù hē jiǔ
我也听说，领导干部不喝酒，
yí ge péng you yě méi yǒu zhōng céng gàn
一个朋友也没有；中层干
bù bù hē jiǔ yì diǎnr xìn xī yě méi yǒu
部不喝酒，一点儿信息也没有；
jī céng gàn bù bù hē jiǔ yì diǎnr xī
基层干部不喝酒一点儿希
wàng yě méi yǒu jì jiǎn gàn bù bù hē
望也没有；纪检干部不喝
jiǔ yì diǎnr xiàn suǒ yě méi yǒu
酒，一点儿线索也没有。

悪しき風潮、「役人社会の酒文化」

中国の役人社会には、公金で飲み食いするという悪い習慣が、ずっとありますね。その悪しき風潮とともに好ましくない飲酒行為もエスカレートしています。酒がなければ席が成り立たないどころか高級な酒がなければダメなようです。

私も聞いたことがあります。酒を飲まない指導幹部は友達が一人もいない、酒を飲まない中級幹部は情報が何も入らない、酒を飲まない末端の幹部には何の希望さえない、酒を飲まない紀律検査委員会の幹部は何の手がかりもつかめない。

A. 这真是一股歪风邪气。我还看到了这样一条民谣：能喝八两喝一斤，这样的同志可放心；能喝一斤喝八两，这样的同志要培养；能喝白酒喝啤酒，这样的同志要调走；能喝啤酒喝饮料，这样的同志不能要。

本当に不健全な悪い風潮ですね、私もこんな小話を見ましたよ。8両しか飲めないのに1斤飲む者は安心できる、1斤飲めるのに8両しか飲まない者は育てがいがある。白酒を飲めるのにビールしか飲まない者は異動させ、ビールが飲めるのにソフトドリンクしか飲まない者は採用するな。（＊1斤は0.5キロで、8両0.4キロ。）

B. 唉！现在官场上有人设高档酒宴取悦上司，有人以酒送礼谋取私利，有人用劝酒灌酒作为一种乐趣，有人把命令下属喝酒视为一种权威。

やれやれ！ 今、役人の社会には高級な宴会を設けて上司の機嫌をとったり、酒を送って利益を得ようとする人もいますね。また、酒を無理やり勧めることを楽しみにしたり、部下に酒を強要するのを権力の証のように思う人もいます。

A. 更有甚者有人因嗜酒、醉酒而忘乎所以、不理政事、贻误工作、丑态百出。有人不想喝酒陪酒却欲罢不能，痛苦不堪。有人因终日陪酒而伤害身体，家庭不合，甚至"以身殉职"。每年因公款吃喝而糟蹋的食物、浪费的钱财更是触目惊心。

さらにひどいのになると、飲酒にふけったり、調子に乗って我を忘れたり、政務を怠けたり、仕事でミスを犯したり、醜態の限りをさらす人もいます。逆に、酒が嫌で酒の相手もしたくないけれど、やめるにやめられない人もいて、とてもつらいですね。また、一日中酒の相手をさせられ、体を壊し、家庭はうまくいかず、さらには「身をもって職に殉じる（仕事での酒の付き合いで命を落とす）」人もいます。毎年、公金での接待で無駄にされる食料、浪費される金銭を考えると、恐ろしくなりますよ。

第8課

B. 看来中国的酒文化,特别是腐败官场的「酒文化」已经堕落到无可救药的地步。有关人士是该清醒地思考一下儿了,酒可怡情,亦可丧志,还可亡国呀!

中国の酒文化、特に腐敗した役人の「酒文化」は、今や救いようのないほど堕落しています。心にやましいところのある人たちは、頭を冷やして考えるべきです。酒は、心を和ませるものですが、志をなくすことも、さらには国を滅ぼすこともあります。

新动向:
中共十八大召开后,习近平和李克强领导的中共新领导班子对贪污腐败行为,包括公款吃喝的歪风邪气开始进行严厉的打击。

新たな動き
中国共産党第18回全国代表大会の開催後、習近平と李克強が率いる中国共産党の新指導部は汚職腐敗行為、公金での飲み食いを含む悪しき風潮に対して厳しい取り締まりを始めた。

民众期盼的是新的领导班子能够走进民众、贴近平民、克制强势力,扶助弱势群体,大刀阔斧地反腐败。

新指導部が民衆に歩み寄り、庶民の側に立ち、社会的強者の力を抑えて、弱者層を助け、腐敗撲滅に大なたを振るうよう民衆は期待している。

2. 中国語の動詞の種類

中国語には10種類以上の多くの動詞があります。
ここでは、動詞の種類を簡単にまとめたものを紹介します。

	動詞の種類	単語と例文	特徴	文法ポイント
動作動詞	1. 持続動作動詞	「跑・笑・走・拿・吃・玩・喝・学习・看・观察・等・哭」など ① 我不喝咖啡。 ② 他吃过烤鸭。 ③ 小王昨天走了。 ④ 我们没玩儿麻将。 ⑤ 他把论文写完了。 ⑥ 公司让她写报告。 ⑦ 朋友让我陪他打麻将。 ⑧ 学生看过京剧。 ⑨ 医生观察了病人。 ⑩ 我们不吃榴梿。 ⑪ 小孩儿没哭。 ⑫ 你让我看看。	a. 最も頻繁に使われている動詞で、生命体（人間、動物、植物）の基本行為を表す。 b. 持続動作動詞は、通常1分間以上持続する動作行為に使う。持続動作動詞は一番数が多い。 c. 持続動作動詞には自動詞も、他動詞もある。他動詞の後には目的語が来る。（例②⑧⑨）	a. 過去形には「了」を使い、過去経験には「过」を使う。（例②③⑧⑨） b. 否定形は否定詞の「不」あるいは「没」を使う。（例①④⑩⑪） c. 一部の行為動詞は「把」構文、「被」受け身文および「让」使役文に使える。（例⑤⑥⑦⑫）

動詞の種類	単語と例文	特徴	文法ポイント
動作動詞 2. 瞬間動作動詞	「扔rēng・拿ná・坐zuò・眨zhǎ（眼yǎn）・开kāi・关guān・跳tiào、醒xǐng」など ① 妈mā妈mā让ràng我wǒ把bǎ垃lā圾jī扔rēng了le。 ② 他tā坐zuò在zài沙shā发fā上shang。 ③ 我wǒ手shǒu里li拿ná着zhe书shū。 ④ 屋wū里lǐ没méi开kāi灯dēng。 ⑤ 旧jiù家jiā具jù被bèi扔rēng了le。 ⑥ 把bǎ电diàn视shì关guān上shang。 ⑦ 他tā跳tiào了le一yí下xià儿r。 ⑧ 我wǒ不bú坐zuò。 ⑨ 他tā把bǎ孩hái子zi弄nòng醒xǐng了le。	a. 頻繁に使われている動詞で、生命体（人間、動物、植物）の基本行為を表す。 b. 瞬間動詞の動作は通常30秒以内で終わる。 c. ほとんどの瞬間動詞は他動詞であり、後には目的語が来る。 d. 一部の瞬間動詞は自動詞である。	a. 過去形には「了」を使い、過去経験には「过」を使う。（例①） b. 否定形は否定詞の「不」あるいは「没」を使う。（例④⑧） c. 一部の瞬間動詞の後に「着」や「在」を置くと持続動詞になる。（例②③） d. 一部の瞬間動詞は「把」構文、あるいは「被」受身文、「让」使役文に使える。（例①⑤⑥）

動詞の種類	単語と例文	特徴	文法ポイント
3. 知覚感覚＆心理活動動詞	「想・害怕・觉得・认为・讨厌・喜欢・愿意」など ① 我小时候害怕狗。 ② 我现在喜欢运动了。 ③ 我没觉得他不好。 ④ 女儿不想去留学。 ⑤ 我认为这样做不对。 ⑥ 我讨厌赌博。 ⑦ 你的行为让我讨厌。 ⑧ 我把狗害怕。⊗ ⑨ 他被配偶觉得不忠。⊗	a. 知覚感覚＆心理活動動詞は人間の心理活動や知覚感覚を表す動詞であり、動作動詞ではない。 b. 知覚感覚＆心理活動動詞は他動詞であり、後には目的語が来る。 c. 知覚感覚＆心理活動動詞の目的語は人称代名詞、名詞およびセンテンスである。 d. 知覚感覚＆心理活動動詞の使い方は形容詞と同じところがある。	a. 過去形には「了」を使わず、過去時間詞と過去時間副詞を用いる。(例①) b. 一部の心理活動動詞の後に「了」が来た場合は、その心理活動の変化を表しており、過去のことを言っていない。(例②) c. 否定形は多くの場合、否定詞の「不」を使うが「没」を使う時もある。(例③④) d. 「让」使役文に使う。(例⑦) e. 心理活動動詞は「把」構文、「被」受け身文には使われない。(例⑧⑨)

動詞の種類	単語と例文	特徴	文法ポイント
4. 様態・状態動詞	「病・死・疼・累・轻松・胖・瘦」など。 ① 他没醒。 ② 牛奶坏了。 ③ 我病过很多次。 ④ 肚子不疼。 ⑤ 我很累。	a. 人、物の様子・状態を表す。様態・状態動詞が形容詞と同じ役割を果たすため、形容詞扱いで使われることもある。 b. 様態・状態動詞は自動詞なので、後には目的語が来ない。	a. 過去形には「了」を使い、過去経験には「过」を使う。(例②③) b. 様態・状態動詞の前に程度副詞「很」「非常」がよく置かれます。(例⑤) c. 否定形は否定詞の「不」あるいは「没」を使う。(例①④)
5. 趨向動詞	「去・来・回」 ① 我去过北京。 ② 他回日本了。 ③ 家人不去非洲。 ④ 她没回家。 ⑤ 公司让他去南非。 ⑥ 我把它回去。⊗ ⑦ 他被来。⊗	a. 趨向動詞は動作の移動を表す。 b. 趨向動詞は他動詞であり、後には目的語が来る。 c. 趨向動詞の目的語は場所名詞である。	a. 過去形には「了」を使い、過去経験には「过」を使う。(例①②) b. 否定形は「不」や「没」を使う。例③④ c. 趨向動詞は「让」使役文に使える。(例⑤) d. 趨向動詞は「把」構文や「被」受け身文には使えない。例⑥⑦

動詞の種類	単語と例文	特徴	文法ポイント
6. 判断動詞	「是_{shì}」 ① 我们不是荷兰人。 　wǒ men bú shì hé lán rén ② 我以前是空中小姐。 　wǒ yǐ qián shì kōng zhōng xiǎo jiě ③ 这里的天气(的确)是热。 　zhè lǐ de tiān qì (dí què) shì rè ④ 他现在不是飞行员了。 　tā xiàn zài bú shì fēi xíng yuán le ⑤ 我(的确)是想出国留学。 　wǒ dí què shì xiǎng chū guó liú xué	a. 判断動詞「是」の後には名詞が来る。 b. 判断動詞「是」の後に形容詞が来る場合、この「是」は副詞「的确是」(確かに)の省略である。(例③) c. 「是」を願望助動詞の前に置く場合、同じく、副詞「的确是」の省略である。(例⑤)	a. 「是」の否定形は「不是」である。(例①) b. 「是」の過去表現には過去時間詞を使う。(例②) c. 「不是…了」は、「以前は…であったが今はそうではない」ことを表す。(例④)
7. 時態動詞	「进行・开始・继续」など。 　jìn xíng kāi shǐ jì xù ① 他开始学车了。 　tā kāi shǐ xué chē le ② 我们继续租房子。 　wǒ men jì xù zū fáng zi ③ 家里还没开始装修。 　jiā lǐ hái méi kāi shǐ zhuāng xiū ④ 公司不继续营业了。 　gōng sī bú jì xù yíng yè le ⑤ 进行工作交接。 　jìn xíng gōng zuò jiāo jiē ⑥ 工作交接正在进行。 　gōng zuò jiāo jiē zhèng zài jìn xíng	a. 時態動詞「开始」「继续」の後には、通常他の動作動詞が来るため、文中では助動詞として扱われる。 b. 「进行」は「行う」の意味で現在進行を表さない。(例⑤) c. 「正在进行」は動作の現在進行を表す。(例⑥)	a. 否定表現は時態動詞の前に「不」や「没」を置く。(例③④) b. 「开始…了」は固有表現で「～をし始めた」と言う意味である。(例①) c. 「继续」は持続を表す。(例④)

動詞の種類	単語と例文	特徴	文法ポイント
8. 授受動詞	「给・送给・赠送・还・借」など。 返す ① 我把钱还给他了。 ② 昨天他让我借他三百块。 ③ 我不跟别人借东西。 ④ 我没跟他借钱。 ⑤ 我从他那儿借了一本书。 ⑥ 老板给我发奖金。 ⑦ 奶奶给我做衣服。 ⑧ 老师赠送我一本词典。 ⑨ 妹妹给我一份礼物。 ⑩ 我被他送给一份礼物。✗	a. 授受動詞「还」「借」の対象は「把」「让」「从」「跟」を通して表すことが多い。（例①②③④⑤） b. 授受動詞「给」の後には直接対象を表す人称代名詞が来る。（例⑦⑨） c. 「给」には動詞と前置詞の2つの役割がある。文の中に他の述語動詞がある場合「给」は前置詞である。その場合、対象を表す人称代名詞は「给」の後ろに置く。（例⑥）	a. 過去表現は過去時間詞や「了」で表す。（例①②） b. 否定形は動詞の前に「不」や「没」を置く。（例③④） c. 授受動詞は「把」構文および「让」使役文に使える。（例①②） d. 授受動詞は「被」受け身文に使えない。（例⑩）

動詞の種類	単語と例文	特徴	文法ポイント
9. 関係動詞	「属于・像・是」など ① 他不属于这个部门。 ② 他像是医生~~了~~。	a. 関係動詞「属于」「像是」は他動詞であり、後に目的語が来る。(例①) b.「像是」の後に来るのは不確定な内容である。(例②)	a. 否定形は「不属于」「不像是」である。(例①) b.「属于」「像是」の過去表現には「了」を使わない。(例②)
10. 使役動詞	「让・叫・使」	『本気で学ぶ中級中国語』第6課の文法ポイント参照	
11. 能願動詞	「能・会・可以・愿意」	『本気で学ぶ中国語』第23課の文法ポイント参照	
12. 心脳活動動詞	「猜測・估计・计算・梦想」	P.461の 1. 持続動作動詞の使い方を参照	

応用会話 46

台湾女艺人嫁大陆富男

A. 随着大陆的经济崛起,两岸的经济和文化交流也愈加频繁,两岸通婚也越来越平常。

B. 对啊,2000年以前由于台湾经济繁荣,基本都是大陆女子嫁给台湾男人,而且是老夫少妻居多。现在随着海峡两岸经济差距逐渐缩小,两岸婚姻质量也开始提升。年龄、地位对称型的婚姻增多,自由恋爱比例增加。尤其是近几年来,台湾许多女艺人嫁给大陆富二代的不少。其中台湾著名女主持人大S—徐熙媛嫁给大陆餐饮业女强人张兰的独子阔少—汪小菲的婚姻尤其引起了轰动。

台湾の女性タレントが大陸の金持ち男性に嫁ぐ

大陸の経済が勢いを増すにつれて、両岸の経済や文化交流はますます密になり、両岸を結ぶ婚姻もだんだんと当たり前になってきましたね。

ええ、2000年以前は台湾の経済が繁栄していたので、基本的には大陸の女性が台湾の男性に嫁ぐ、しかも夫が年長者で妻が若いケースがほとんどでしたね。海を隔てた両岸の経済格差が徐々に縮んでいくにつれて、今は両岸を結ぶ結婚の質も上がり始めました。年齢やステータスの釣り合いがとれた結婚が増え、自由恋愛の割合も増加しました。特にこの数年は、大勢の台湾の女性タレントたちが大陸の裕福な家庭の御曹司に嫁いでいます。中でも、台湾の有名な女性司会者である大スター徐熙媛(バービィー・スー)が大陸のレストラン業界の女傑・張蘭の御曹司の一人息子——汪小菲と結婚したことは、大いに世間を騒がせました。

A. 这真是风水轮流转,以前港台电视剧中常搬演的土到不行、傻到可爱的「阿灿」已经不再是大陆男人的代名词。曾几何时,大陆有了熟男、型男、富男。这些男士成了台湾女艺人征服的对象。许多港台的美女艺人都嫁给了大陆富商,男方的身价往往都是几百亿新台币起跳。这也印证了人往高处走,水往低处流的古话。

B. 我觉得还是改革开放好,造就了一批有钱人和他们的富二代,更美了钓到金龟婿的台湾女人。

A. 其实只要男女两人真心相爱,你情我愿,这种跨地域的爱大多数有益无害还可以促进两岸的民间交流,都应该受到祝福。

B. 我同意你的观点。

これこそ「人生は幸運と不幸が代わる代わる交互に訪れる」ですね。以前は香港・台湾ドラマの中で、ダサくて冴えない、愛すべきおバカキャラとして描かれていた「阿灿」(1970年代から1990年代にかけて香港人が中国大陸からの男性移民を差別的に呼んだ俗称)は、もはや大陸男性の代名詞ではなくなりました。いつの頃からか大陸には成熟した大人の男、イケメン、リッチな男性が現れ、彼らは台湾女性タレントの攻略ターゲットになりました。多くの香港・台湾美人タレントが大陸の富豪に嫁ぎましたが、男性側の財産は往々にして百億NT$以上ですよ。これも「水が自然に低い所に流れるように、人は高い所を目指す」とのことわざどおりです。

やはり改革開放はいいですね。(改革開放が)一群の金持ちとその2代目を育みました。さらには、その金持ち男性を釣り上げた金持ちと結婚するという台湾女性の願いもかないました。

男女双方が心から愛し合い、望んだならば、このような地域を越えた婚姻は、民間交流を促進でき、(大陸と台湾の)敵意を取り除ける、大きなメリットはあってもデメリットのない婚姻です。祝福すべきですよ。

私も、その考えに賛成です。

第8課

7. 宿　題

1. 次の質問を中国語に訳し、答えも中国語で書きなさい。　　　　（解答は P.498）

① 北京のプライベート族はどんなサービスを楽しんでいますか？

Q：

A：

② プライベート族の特長は何ですか？

Q：

A：

③ プライベート族のランクはどのようになっていますか？

Q：

A：

④　プライベート族の入門条件は何ですか？

Q：

A：

⑤　スタイリスト (イメージアドバイザー) の職責は何ですか？

Q：

A：

⑥　中級プライベート族はどのようにプライベートを追い求めていますか？

Q：

A：

⑦　マニアックレベルのプライベート族はどんな人達ですか？彼らはどのようにプライベートを追い求めていますか？

Q：

A：

⑧ プライベート族の出現は何を意味していますか？

Q：

A：

2. 次の文型を使って文を作りなさい。

① 不论 … 都

② 从 … 来看

3. 次の中国語の単語を正しい語順に並び替え、日本語に訳しなさい。

① 所　被　他的　了　我　肺腑之言　感动

② 实现了　在这次大选中　选举　政权　交替　赢得了　民主党

③ 价格低廉　一部分　不仅　山寨产品　而且　名牌产品　功能　也　不　输给

④ 吸引　为　深深地　投资家　这里的　所　投资环境

⑤ 泥沼　衰退的　期待　带领　奥巴马　他们　经济　走出　美国人民

4. 次の文を中国語に訳してください。

　子供を海外に遊学させるには高い費用がかかるが、広州の保護者の間ではすでに人気の選択肢となっている。留学プランは期間の長短で大きく分けられる。長期のものは、一般的に、国内のトレーニングスクールで語学の基礎訓練を行い、その後、外国で研修を受ける。期間は、およそ20日間。短期のものは直接ツアーに参加して海外を旅行して回るもので、期間はおよそ10日、費用はほとんどが1万～3万元である。留学ツアーの主な目的は精神を鍛え、教育の雰囲気を感じること、その他に、語学の学習やホームステイ等もある。

「遊学」＝学位取得が目的ではない、短期の語学研修や観光、ホームステイを兼ねる留学）

5. 次の中国語単語を中国語で説明を書いた後、日本語に訳しなさい

① 拼爹　　　　　　　　⑥ 弱爆了

② 坑爹　　　　　　　　⑦ 闺蜜

③ 被吐槽　　　　　　　⑧ 小长假

④ 槽点　　　　　　　　⑨ 限塑令

⑤ 代驾　　　　　　　　⑩ 萝莉

6. 作文：① 「我希望过的生活」（私が過ごしたい生活）
　　　　② 「我现在的生活」　（私の今の生活）

豆知識8 「世界の人々から見た日本人の特徴」　MP3 CDトラック 222

　私の学校には、様々な国籍の先生がいます。先生方は日本人の生徒さんに英語や中国語を教えています。また生徒さんの中には国際結婚で生まれた子供さんもたくさんいますし、外国人の親御さんとも、よく話をします。そこで外国人教師と外国人保護者の皆さんに日本人に対するコメントをもらいました。皆さんのコメントは中国語や英語なので、中国語はそのまま掲載し、英語は中国語に訳しました。

　学習者の皆さんがこれらの外国人の日本人観を知り、日本人と外国人との交流、理解の促進に役立てられたら幸いです。また皆さんが、このコメントを読解や翻訳（日訳・中訳）の教材として活用されるのもいいでしょう。

1. 各国の英語教師からのコメント

① シンガポール ― インド系の英語先生から

rì běn rén huì zǐ xì líng tīng gōng zuò
日本人会仔细聆听，工作
shàng hé mù xiāng chǔ yǒu tuán duì jīng shén
上和睦相处，有团队精神，
hěn xì xīn ér qiě zūn jìng tā rén hěn zhōng chéng
很细心而且尊敬他人，很忠诚。
rì běn rén yí dài yí dài de chuán chéng zhe
日本人一代一代地传承着
zhè xiē yōu liáng pǐn zhì
这些优良品质。

日本人は人の話をちゃんと聞きますね。仕事では、同僚と仲良く付き合い、団結心があり、気遣いもあります。その上、他人を敬い、誠実です。日本人は、代々このようなすぐれた性質を受け継いできたのですね。

② ベルギー人の英語先生から　MP3 CDトラック 223

rì běn rén hěn yǒu shàn yǒu lǐ mào hěn
日本人很友善，有礼貌，很
zhuān zhù shǔ yú nèi xiàng de mín zú kě shì
专注，属于内向的民族，可是
yǒu de shí hòu yòu huì tū rán kāi fàng zì jǐ
有的时候又会突然开放自己。
rì běn rén hěn hào xué hěn nǔ lì xī wàng
日本人很好学，很努力，希望
qǔ dé jìn bù wǒ hěn xǐ huān rì běn yuàn
取得进步。我很喜欢日本，愿
yì liǎo jiě rì běn wén huà yě xǐ huān gēn xué
意了解日本文化，也喜欢跟学
shēng tǎo lùn zhè fāng miàn de huà tí yǒu jī
生讨论这方面的话题。有机
huì jiāo rì běn rén wǒ jué de hěn xìng yùn
会教日本人我觉得很幸运。

日本人は、友好的で、礼儀正しく、集中力も高いです。内向的な民族ですが、ある時、突然心を開きます。日本人は勉強が好きで、とても努力し向上心があります。私は、日本が大好きで日本文化を理解したいと思っています。また、学生とこの分野の話をするのが好きです。日本人を教えるチャンスを持ててラッキーです。

③ シンガポール華人の英語教師から

对于一个民族做出一个统一的评价是不容易的。不过我接触的日本人，尤其是经常接触的日本人教会了我自觉、自律和体谅别人。我教日本孩子学英语。他们聪明、活泼、可爱，进步很快。我非常非常地爱他们。

1つの民族に対して、1つの評価をするのは簡単ではありません。ただし、私が接した日本人、特に普段から付き合いのある人から、自制心や思いやりの心を教えられました。日本人の子供に英語を教えていますが、その子供たちは、とても賢く活発でかわいらしく、進歩も速いです。私は彼らを、とても愛しています。

④ マレー系の英語教師から

我9岁时，第一次看到日本连续剧「没有家的孩子」(家無き子)。从此我对日本语言和文化有了浓厚的兴趣，并从13岁开始学习日语，也结交了日本朋友。通过和日本人一起工作和交流，让我发现了很多事情。如日本人很善良、有礼貌、互相协助、互相支持。

私は9歳の時に初めて日本の連続ドラマ「家なき子」を見て、この時から日本語と日本文化に強い興味を持ちました。13歳から日本語を学び始め、日本人の友達とも付き合いました。日本人との仕事や付き合いを通して気付かされたことが、たくさんあります。例えば、日本人は善良で礼儀正しく、互いに助け合い支え合います。私も励まされたことがあります。

我也因此受到鼓舞，希望自己善良，做事有效率和对别人有帮助。

ですから、私も善良であり、仕事の時には効率的で、他人の力になれる人になりたいと思っています。

另外日本人有一种从不放弃的精神，他们努力延续和发展自己的历史、传统和文化。我相信在这些方面他们会做得更好。我爱日本。

また、日本人はもともと諦めない心を持っています。そして彼らは努力を続け、自らの歴史・伝統文化を発展させてきました。この面で日本はさらに良くなると信じています。私は日本を愛しています。

⑤ インド人ビジネスマンから　MP3 CD トラック226

在我看来日本人很可靠，很敬
业，很准时。就因为这些原因，
一旦日本人对任何事情产
生怀疑，他们就不会采取行
动会踌躇不前。

私の知るところでは、日本人は大変信頼でき、勤勉で、時間に正確です。それゆえ日本人は何かに疑問を感じたとしても、行動を起こさず、二の足を踏んでしまいます。

日本人似乎对于事情有一个
统一的看法和概念，没有太多
的不同意见。这也使他们显得
没有个人的思想和性格。

日本人は、物事に対し単一的な見方・考えを持ち、異なる考えはあまり持っていないように思えます。このことも、日本人には個人の考えや個性がないという印象を与えます。

2. 中国語の先生からのコメント

① 大連出身の先生から　MP3 CD トラック227

我觉得日本人在工作和学习
上非常刻苦努力，而且有着
认真严谨的态度。年长一些
的日本人不太流露感情和表
达意见，所以外国人在跟他们
沟通时，有可能会不得要领。

日本人は、仕事や勉強に対して骨身を惜しまず努力し、まじめで几帳面な姿勢を持っていると思います。ある程度ご年配の日本人は、感情をあまり表に出さず、意見も述べません。ですから、外国人が日本人とコミュニケーションをとろうとすると、要領を得なくて困る可能性があります。

不过现在的年轻一代，特别
是在国外生活过的年轻人，
相对来讲比较洋化。对我而
言和这一类留过洋的年轻日
本人沟通时，感到轻松自在。

ただし現在の若者世代、特に海外で暮らしたことのある若者はわりとウエスタンナイズされています。私の場合は海外での留学経験のある日本人の若者と付き合う時は、のびのびとリラックスできます。

② 瀋陽出身の先生から　　　　　　　　　　　MP3 CD トラック228

wǒ jué de
我觉得

a. rì běn rén píng shí hěn nèi liǎn　gōng zuò de
日本人平时很内敛，工作的
shí hou néng chī kǔ nài láo　tuán duì hé zuò
时候能吃苦耐劳，团队合作
jīng shén hěn qiáng　yě néng shàn shǐ shàn
精神很强，也能善始善
zhōng　dàn yú lè de shí hou yě huì biàn dé
终。但娱乐的时候也会变得
sì wú jì dàn
肆无忌惮。

b. rì běn rén hěn jiǎng zhì xù　shǒu guī ju
日本人很讲秩序、守规矩，
zūn shǒu shè huì gōng dé　dàn yǒu shí hou
遵守社会公德。但有时候
huì jué de tā men zuò shì yǒu xiē sǐ bǎn
会觉得他们做事有些死板。

c. rì běn rén hěn zhù zhòng zhì liàng hé xì jié
日本人很注重质量和细节
shàng de dōng xi　bǐ rú shuō　tā men de
上的东西，比如说：他们的
chǎn pǐn dōu hěn nài yòng　biàn dāng zuò de
产品都很耐用，便当做得
měi lì jīng zhì　ràng rén kàn le dōu shě bù
美丽精致，让人看了都舍不
de chī　dàn shì yǒu shí hou huì ràng wǒ gǎn
得吃。但是有时候会让我感
jué yǒu diǎnr jīn jīn jì jiào
觉有点儿斤斤计较。

私は、次のように思います

(1)日本人は日頃は内向的で、仕事では、辛抱強く、団結心に富み、最初から最後まできちんとやり遂げます。しかし、遊びとなると、思い切り羽目をはずし、ガラリと変わります。

(2)日本人は秩序を重んじ、決まりを守り、社会道徳を遵守します。しかし、やり方が杓子定規だと感じることもあります。

(3)日本人は質や細かい部分にこだわります。例えば、製品は長持ちし、お弁当は細部までこだわった美しいもので、食べるに忍びないほどです。けれど、あまりに細かすぎて、計算しすぎると思うこともあります。

③ ハルビン出身の教師から　　　　　　　　　　MP3 CD トラック229

suī rán lí kāi rì běn jǐ nián le　kě shì duì
虽然离开日本几年了，可是对
yú rì běn de qíng gǎn sī háo méi yǒu suí zhe
于日本的情感丝毫没有随着
suì yuè de liú shì ér biàn de dàn mò　fǎn ér
岁月的流逝而变得淡漠，反而
yǒu xǔ xǔ duō duō de wǎng shì biàn de yù jiā
有许许多多的往事变得愈加
qīng xī hé zhēn qiè
清晰和真切。

日本を離れて数年になりますが、日本に対する気持ちは年月の流れとともに薄れることもなく、かえって、様々な昔の出来事が、より鮮明に思い出されます。

我叹服日本人的尽职尽责的敬业精神，欣赏日本人的无微不至的服务态度，喜欢日本人居安思危的忧患意识。不过我也深深体会到日本人的思想缺陷，就是崇洋媚外，欺软怕硬。所以你若想得到日本人的尊重和赏识，你就要比他们更强、更硬。

④ 湖北出身の教師から　MP3 CD トラック230

在日本生活多年，感触最深的就是日本人心里想一套嘴上说一套，口是心非。从善意的角度来解释是怕说真话，说实话对方不喜欢听，会引起不快。从否定的角度来看就是日本人很虚伪。

刚开始跟日本人接触的中国人都会为日本人的口是心非而相当困惑，接触时间长了才逐渐明白这是日本人独特的沟通方式。

日本人の、職務に励み責任を果たす勤勉な精神には感服します。日本人の手厚いおもてなしのサービスを高く評価します。日本人の、備えあれば憂いなしの考え方が好きです。ただし私は、日本人の思想上の欠陥をひしひしと感じさせられたことがあります。それは西洋を崇拝し媚びへつらい、弱い者をいじめ、強い者にはぺこぺこすることです。ですから、もし日本人の尊敬や評価を得ようと思うなら、彼らより意志を強く持ち、何事にも屈しない心を持たなければなりません。

長年の日本での暮らしで、最も強く感じたのは、日本人は心で思っていることと、口から出る言葉は違うということです。好意的に見れば、真実やありのままを話せば相手が気を悪くしたり不愉快になったりしないか、と気にかけているように思われます。否定的にみれば、日本人は「不誠実（上辺だけで中身が伴わない）」となります。

日本人と付き合い始めたばかりの中国人は、口で言うことと内心が食い違う彼らに、とても戸惑いを感じます。しかし付き合いが長くなると、これは日本人独特のコミュニケーション方法だと次第に分かってきます。

虽然我很难理解日本人的沟通方式,但对于日本人的敬业精神却非常佩服。在日本各个公司的工作人员做事都是一丝不苟、精益求精。这是值得学习的。

私にはこのような日本人のやり方は理解しがたいのですが、彼らの勤勉さには感服させられます。日本の各企業の社員たちが仕事で手を抜かず、さらなる向上を求める姿勢は、学ぶ価値があります。

⑤ 北京出身の先生から

MP3 CD トラック231

a. 日本民族是一个理性的、严谨的、认真的和刻苦努力的民族。他们做事有计划、有条理、按部就班、遵循应有的程序且尽心尽力。比如学外语,他们希望在规定的时间内学完一本书,如果因为某种原因没有学完这册书,他们会觉得没有完善一件事,感觉很别扭。

(1)日本民族は、理性的で、几帳面で、まじめで努力を惜しまない民族です。彼らは事に当たる時、計画的で、秩序正しく、段取りよく、手順に従い、精いっぱい努力します。例えば外国語学習において、彼らは規定の時間内に1冊のテキストを終わらせたいと考えます。何らかの事情で1冊終わらないと、完璧に成し遂げられなかった(すっきりしない)、と思います。

但是由于日本人太有计划和有条理,有时就显得过于死板和墨守成规。比如日本人最喜欢用的是「けじめ」「きりのいい所」「メリハリ」等等这样的词,而这些词恰恰是在中文中很难用一个恰当的词翻译出来的。

日本人の過度な計画性や手順の重視は、時に杓子定規で保守的に見えます。例えば、日本人の好きな言葉に「けじめ」「きりのいい所」「メリハリ」などがありますが、間違いなくこれらは中国語の1つの単語で適切に訳しにくいものです。

b.中国人想问题和处理问题都更加灵活、宽松而且经常随机应变,有时甚至还有些敷衍了事。

正因为日本人的理性、严谨和按部就班的特性,所以日本人能在技术研究上发挥极致,做出高质量的产品,成为精于技术的民族。

正是由于中国人的灵活和随机应变,中国人才非常擅长做生意和逆境求生存。

c.还有因为中国是大陆,所以自古以来当周围的环境不利于自己时,中国人可以用双脚逃跑,跑到新的地方开创新的生活。

(2)中国人は問題を考えたり、トラブルを解決する際には、一段と自由に、応用範囲を広げて、臨機応変に当たります。ですから、いい加減にお茶を濁すこともあります。

確かに、日本人は理性的で厳格で段取りどおりに事を進めるので、技術研究においてすばらしい力を発揮し、高品質の製品を生み出し、技術面に長けた民族となりました。

中国人は、その順応性の柔軟さ、臨機応変さによって、商才に長け、逆境の中でも上手に生き抜いていけます。

(3)さらに中国は大陸であるために、周辺の状況が自分たちにとって不利になった時には、そこから逃げ出し、たどり着いた地で新しい生活を切り開くことができます。

中国几千年来的历史也证明：逃到新的地方转败为胜的例子比比皆是。所以「人挪活树挪死」「三十六计走上」被中国人奉为生存的最高智慧。

而日本人由于生活在大海中的岛国，远古时代人们在生存困难的时候很难坐船或者坐飞机逃离岛国，到别的大陆去寻求新的机会。所以日本人的信条是忍耐。"即使再艰苦的环境也要忍耐三年"（石の上にも3年）这一谚语正是日本人善于忍耐的写照。

d.所以在做生意时，当中国人发现这盘生意不能达到预期的效果时，马上就转换方向或改变做法或停止经营。由于没有长久性，所以中国很难创造出国际知名品牌。

逃れてきた新しい土地で負けを勝ちに転じた例が数多くあることを、数千年の歴史も証明しています。ですから、「木は他へ移されると枯れてしまうが、人間は住む場所が変われば生き残れる。」「三十六計逃げるにしかず」（逃げるべき時は逃げ、その後再起を図るのが最上の選択）が、中国人に信奉される生き残るための最高の知恵なのです。

しかし、日本人は大海の中の島国で生活しています。昔は有事の際に人々は船に乗ることも飛行機に乗ることも困難で、島から逃げ出せなかったため、他の大陸で新しいチャンスを求めることもできませんでした。したがって、日本人の信条は忍耐、つまり「石の上にも三年」です。このことわざは、まさに日本人の忍耐強さを具現しています。

(4)商取引で、予想通りの結果が得られないと気づくや中国人はすぐに方向を転換したり、やり方を変えたり、取引を中止します。このように継続性がないせいで、中国は世界的に知られるブランドを生み出すことが難しいのです。

e. 相反日本人有时因为很难快速做出转换方向或停止经营的决定。因为拖延久了导致失败的例子有很多，但由于善于坚持，日本也产生了很多国际名牌。

(5)逆に日本人は、方向転換や計画の中止の決断が遅いのです。むやみな引き延ばしが失敗につながる例はたくさんあります。しかし、その優れた粘り強さで、日本は世界的ブランドを多く作り出しました。

f. 在外语学习方面，由于长久以来的民族大融合、异国通商以及多种异民族语言的影响和渗透，汉语／中文成为语音最多的语言之一。

(6)外国語学習の面では、昔から民族の大規模な融和、他の民族の言語の影響、浸透により、漢語／中国語は発音の種類が最も多い言語の1つとなりました。

因为母语中有很多语音，所以中国人学外语时，在发音方面比母语只有一百多个语音的日本人学得快。又由于自古以来的广泛的对外交流使得中国人学外语的实践应用能力也比日本人强。

母語にたくさんの発音があるので中国人が外国語を学ぶ際には、母語の発音が100余りしかない日本人より発音においては速くマスターできます。または古代からの対外交流のおかげで、中国人が外国語を学ぶ際、外国語の実践応用力も日本人より上です。

● 練習問題解答集 ●──本気で学ぶ中国語（上級）

第1課　我的中文学习

P.44「通过」と「经过」

① 通过促销活动，提高营业额。
② 通过发行股票筹集资金。
③ 经过妈妈的严格教育，孩子们出色地成长起来了。
④ 经过老师的清楚／明确的讲解，所有的问题都弄清楚了。
⑤ 学生们通过海外留学，开阔了视野，增广了见闻。
⑥ 通过高考前的大量练习，我的实力提高了。
⑦ 经过他家门前的时候，我听到了一种奇怪的声音，闻到了一股奇怪的味道。
⑧ 通过画展和书展提高国民的文化素养。
⑨ 通过调停／调解，兄弟二人和解了。
⑩ 通过二氧化碳的减排，实行环保。

P.80

1.① Q：为什么世界上学中文的人越来越多了？
　　A：因为随着中国的改革开放和经济发展，中文变得越来越重要，所以世界上学中文的人越来越多。

② Q：他为什么学中文？
　　A：他学中文是因为工作的需要，因为将来他很有可能去中国工作。

③ Q：所有的语言中，中文的发音为什么（是）最难（的）？
　　A：因为中文有21个声母（子音），38个韵母（母音），将近400个音节，再加上每个音节都有4声，所以一共有1600种发音。

④ Q：学好发音的关键是什么？
　　A：学好发音的关键是首先掌握好声母，韵母的发音，还有4声的音调，然后要多听录音，多做朗读练习和会话练习。

⑤ Q：为什么日本人学中文越学越觉得有意思？
　　A：因为中文和日语里都有汉字，中文的语法结构又不难理解，对于日本人来说只要过了发音这一关，语法和词汇的学习就容易多了。而且中日两国的文化源远流长有相近的一面，日本不仅从中国引进了汉字还引进了很多文化习俗，所以日本人学中文越学越觉得有意思。

⑥ Q：你对自己的中文学习是怎么想的？
　　A：回答は各自作成
2. の回答は各自作成
3.① 中文的新词（汇）/（最新）流行（用）语太多了，记不过来 / 记不住。
② 日语的外来语大多数都是把原文音译成片假名使用，中文则一定要翻译成汉字。否则中国人不能理解这个词的含义 / 意思。
③ 现在不只是 / 不仅是美国，欧洲诸国也被债务问题困扰。
④ 世界银行预测 50 年后中国会成为富裕国家，(到) 那时，世界上学中文的人会越来越多吧！。
⑤ 对于高级班的学生 / 程度高的学生来说，弄清同义词 / 近义词的意思而且能（够）正确地区分使用，这很重要。
4.① 面书 / 脸书
② 索尼
③ 卡西欧
④ 黑匣子
⑤ 肯德基
⑥ 麦当劳
⑦ 提拉米苏
⑧ 大吉岭（红茶）
5. の回答は各自作成

第 2 課　工作和人生

P.100「后悔」「懊悔」「懊恼」「懊丧」
① 这笔大生意被竞争对手抢去了，真是懊恼。
② 输给了情敌真（是）懊恼。
③ 世界上没有卖后悔药的。
④ 考了三次都没有考过中检 1 级 / 通过中检 1 级（的考试），(真是) 懊恼极了。
⑤ 一次的手术失败，行医资格就被取消了，真是懊丧不已。
⑥ 父母健在的时候，应该多陪陪他们，现在真是后悔莫及。
⑦ 期末考试如果输给同学，我会觉得很懊恼，所以从现在起要更加努力 / 再加把劲儿。
⑧ 如果你不想将来后悔，现在最好马上表白。

P.125

1. ① Q：现代人为什么必须工作？
    A：现代人为了生存都必须工作。
   ② Q：为什么（说）能做自己喜欢的工作是幸运的？
    A：因为人们很难找到一份喜欢的工作而且做喜欢的工作会很开心。
   ③ Q：她在工作中感到了什么样的压力？
    A：早上一睁眼她就会着急明晚播什么？哪里有好的新闻线索？如何安排采访等等。
   ④ Q：你工作吗？你有工作压力吗？
    A：我工作。绝大多数工作的人都有工作压力，所以我也有工作压力。
   ⑤ Q：怎样才能减轻工作压力？
    A：不同的人有不同的减压<u>方式</u> / <u>方法</u>。最好的减压方式是做自己喜欢的事。大部分人的减压方法是看电视、看电影、看书、和朋友吃饭、去旅游等。

2. の回答は各自作成

3. ① A：他学<u>中文</u> / <u>的中文</u>学得怎么样？
    B：日常会话说得很流利，听力也提高了。
   ② A：你母亲的身体恢复得怎么样了？
    B：恢复得很好。谢谢你的关心。
   ③ A：我<u>认为</u> / <u>觉得</u>学外语没有捷径，你怎么<u>想</u> / <u>认为</u>？
    B：（我觉得）你说得对。
   ④ A：<u>你找工作找得怎么样？</u> / <u>你的工作找得怎么样了？</u>
    B：（找得）不顺利。竞争者非常多。
   ⑤ A：你妈妈<u>做饭</u> / <u>的饭做</u>得怎么样？
    B：一般。我爸爸的<u>厨艺很好</u> / <u>做得很好</u>。
   ⑥ A：他说<u>中文</u> / <u>的中文</u>说得好吗？
    B：他说<u>中文</u> / <u>的中文</u>说得象中国人一样好。
   ⑦ A：我的头发这次剪得好吗？
    B：这次剪得很好，这个发型很适合你。
   ⑧ 父亲走得很快，母亲走得很慢，母亲总是对父亲说："等等我。"
   ⑨ 你唱得真好，<u>再来</u> / <u>唱</u>一个。
   ⑩ 时间过得真快！

4.① 老师的课不仅讲得很清楚而且还非常有条理。
　　／先生の説明ははっきりだけではなく、とても理路整然でもあります。
　② 妹妹把房间收拾得很干净。／妹は部屋をとてもきれいに片付けました。
　③ 昨天晚上我睡得太晚了。／夕べ寝るのが遅すぎました。
　④ 他今天走着来的。／彼は今日、歩いて来たのです。
　⑤ 我还要／还得再拼搏几年。／私は数年、頑張らなければならない。
　⑥ 我还得赶着去公司开会。／私は、急いで会社の会議に出なければならない。

5.の回答は各自作成

第3課　电脑和现代生活

P.151「惊讶」「吃惊」「惊呆了」「惊恐」「惊慌」「吓一跳」
　① 听说她跟她先生离婚了，我们都大吃一惊。
　② 去欧洲旅行的时候，我们住在古城堡里，夜里看见鬼了，吓死我们了。
　③ 目睹／眼看着交通事故在眼前发生，她惊呆了。
　④ 听说美国的信用评级从 AAA 降至 AA+ 投资者都惊谎失措，不知如何是好。
　⑤ 2008 年金融危机的时候，很多银行倒闭，储户／存款的人都感到惊恐万分。
　⑥ 我婆婆／婆母突然中风，一家人惊慌失措。
　⑦ 听说现在在中国名牌儿大学的毕业生也有可能找不到工作，我相当惊讶。
　⑧ 我儿子大喊一声突然从门后跳出来，吓了我一跳。

P.175
1.① Q：计算机的出现改变了什么？
　　A：计算机的出现改变了现代人的生活和咨讯方式，为社会生活带来了极大的
　　　　变化。
　② Q：人们可以用电脑做什么？
　　A：人们可以用电脑上网查资料、发电邮、找工作、与网友聊天，
　　　　还可以上网购物、预定酒店和机票、观赏电影、观看比赛，
　　　　甚至还可以通过电脑进行视频对话等。
　③ Q：使用电脑的益处是什么？
　　A：电脑可以为人们的生活提供极大的方便。
　④ Q：电脑的滥用带来了哪些社会问题？
　　A：网上交易和交友存在着很大的欺骗性。有些人过度地沉迷于上网而影响了
　　　　正常的生活，也有些人进行网上色情交易和犯罪活动。
　⑤ Q：怎么样才能避免滥用电脑？

A：为了避免长时间上网，人们可以设定上网的时间，也可以为电脑加置密码，防止孩子滥用。
2. の回答は各自作成
3. ① A：小王，你看起来很累，发生什么事儿了吗？/ 有什么事儿吗？
　　　B：最近工作压力很大，我晚上睡不着觉。
　② A：我不知道帮得上忙帮不上忙 / 能不能帮上忙，我会尽力。
　　　B：那麻烦你了。/ 那拜托了。
　③ 对于日本人来说，新加坡是一个方便的地方，什么日本食品都买得到 / 能买到。
　④ 小学生目睹了交通事故，惊吓过度，说不清楚事故的经过。
　⑤ 老师讲得不清楚 / 的讲解不清楚。
　⑥ 不能轻视 / 看不起别人。
　⑦ 昨天晚上睡得好吗？
　⑧ 我换了地方睡不着觉。
　⑨ 我干不了这么多的工作。
　⑩ 我学中文学了两三年，日常会话还是说得不流畅。我想改变（学习）方法。
　⑪ 如果什么都能买得起，那多好啊！/ 真想过想买什么就能买什么的（有钱人的）生活。
　⑫ 好朋友托我 / 求我，我怎么也拒绝不了。你能帮我吗？/ 帮个忙吗？
4. ① 剪切　　② 发帖子
　③ 博客　　④ 复制
　⑤ 乱码　　⑥ 连接
　⑦ 桌面　　⑧ 点击率
　⑨ 删除　　⑩ 密码
5. の回答は各自作成

第4課　人类的自我鉴定

P.195 合适，适合，适应，适宜
　① 幼儿学外语的最佳年龄是什么时候？
　② 对处于反抗期的孩子硬性命令效果会适得其反 / 会收到反效果。
　③ 南极的企鹅不能适应气候变暖，很多都死了 / 死去了很多。
　④ 我胖了很多，这个西服不合适了 / 不合身了，你喜欢就拿去吧！
　⑤ 因为人事关系太复杂，我不适应大公司的工作 / 我不适合在大公司工作。

⑥ 适可而止吧!

P.199 好看、漂亮、美丽、亮丽

① 他渴望（着）/ 希望娶一个漂亮的太太。

② 我憧憬着留学几年以后能说一口漂亮的中文。

③ 做事的时候不要只顾面子 / 光考虑面子好看，更重要的是抓住本质。

④ 日本妈妈做的盒饭非常漂亮，象画儿一样。

⑤ 这件事大家做得很漂亮。

⑥ 芭蕾表演会的时候，看着孩子们的美丽的舞姿，父母们感动不已。

⑦ 听着美妙的小提琴乐曲，宝宝进入了甜美的梦乡。

⑧ 二十岁的女性正值青春亮丽。

P.208 過去形

① 他在韩国住过。

② 他进行过环球旅行。/ 他去全世界旅行过。

③ 我用信用卡付了学费。

④ 去年的今天，他在瑞士滑雪。

⑤ 他刚从日本回来。

⑥ 我以前很喜欢吃肉，现在吃素了 / 是素食者。

⑦ 今年冬天跟去年比起来 / 相比，暖和多了。

⑧ 我很早就考过了中文检定 2 级 / 通过了中检 2 级的考试。

⑨ 今年暑假去北京还是去上海还没有决定。

⑩ 三年前，我们在日本打工，现在在新加坡创业了。

P.231

1. ① Q：人们生活快乐与否、工作成功与否、以及是否富有都与什么因素有关系？

A：人们生活快乐与否、工作成功与否、以及是否富有都与五种因素有关系。这五种因素分别是智商、情商、逆境智商、文化智商还有财商。

② Q：智商指的是什么？

A：智商指的是一个人头脑的聪明指数。它决定一个人学问能力的高低和记忆力的好坏。

③ Q：情（绪智）商包含 / 包括什么？

A：情绪智商包括

（1）了解自己的情绪　　（2）控制自己的情绪

（3）激励自己　　　　　（4）了解自己

　　　　(5) 了解别人的情绪　　(6) 维持融洽的人际关系。

④　Q：文化智商指什么？文化智商有什么作用？
　　A：文化智商指一个人的文化修养和艺术造诣。一个人的文化智商越高，人们对你的尊重程度也越高。

⑤　Q：把人们从低迷引向成功的是什么因素？
　　A：把人们从低迷引向成功的是逆境智商。

⑥　Q：成为百万富翁或亿万富翁，什么因素最重要？
　　A：成为百万富翁或亿万富翁财商最重要。

2. の回答は各自作成

3. ①　在中国不拿到大学毕业证书 / 大学文凭很难找到工作。
　　②　年轻的时候，我很瘦。
　　③　你不说，我也早就知道了。
　　④　孩子们大了的时候，我们已经上年纪了 / 老了。
　　⑤　金钱不是万能的 / 不能左右世间的一切。
　　⑥　你的话很有参考价值 / 很值得参考。
　　⑦　他小的时候，非常调皮，现在很有出息 / 成长得很优秀。
　　⑧　我上大学的时候，自己打工赚零花钱。
　　⑨　西方人和东方人的想法不一样，教育孩子的方法也大相径庭 / 完全不一样。
　　⑩　中文检定考试一年有几回？
　　⑪　伊藤和家人一起在南非住了六年。
　　⑫　绝大多数父母都期望孩子出人头地。

4. ①　你们多长时间回一次日本？
　　　（あなたたちはどのぐらいに１回のペースで日本へ帰りますか？）
　　②　他把学过的内容重新复习了一遍。
　　　（彼は習った内容をもう一度復習しました。）
　　③　大伙儿劝了他很多次。（みんなは何回も彼を慰め、説得しました。）
　　④　大多数中国人也还没有到过西藏。
　　　（大多数の中国人も、チベットへ行ったことがありません。）
　　⑤　公司早就决定了人选。（会社はとうに人選を決めていました。）
　　⑥　持之以恒就能取得好的学习效果。
　　　（継続されすれば良い学習効果が得られます。／継続は力です）

5. の回答は各自作成

第5課　中国人和日本人之间的文化差异

P.256 害羞，羞耻，羞愧，羞辱

① 日语的［认生］一词也用于大人。可是中文的［认生］一词只用于小孩儿。
② 我小的时候很害羞，可是长大了什么也不怕了。
③ 人人都有自尊心，上司批评部下的时候，不能羞辱他。
④ <u>学生时代／上学的时候</u>，我很害羞，不敢在众人面前发言。
⑤ 这（个）孩子认生。
⑥ 日本人觉得在人前搞砸了什么，被别人笑话，特别不好意思。
⑦ 日本民族是一个追求完美、怕出丑儿／丢丑儿的民族。
⑧ 上了电梯后，后面的人小声提醒我："你的拉链儿开了。"
　 那一瞬间我真是（觉得）<u>窘极了／难堪极了</u>。

P.271 了

① A：你吃饭了吗？
　 B：我吃饭了。
② 他给我<u>写了／来了</u>一封信，我给他回了一封信。
③ A：下午一起<u>上街买东西去吧。／去街上买东西吧</u>！
　 B：我已经去过（回来）了。
④ 下雪了。
⑤ 他出去了。
⑥ 我学了一年半（的）中文，现在不学了。
⑦ 他已经学了两年（的）中文了。
⑧ 下周新学期就要开始了。
⑨ 我下课以后就去打工。
⑩ <u>打搅啦／打扰啦。打搅了／打扰了</u>。
⑪ 你把我的手提电脑放哪儿了？
⑫ 我把油画挂在墙上了。
⑬ 快点儿！<u>否则／要不然</u>来不及了。
⑭ 小孩儿在购物中心迷路了。
⑮ 我想买的包儿被别人买走了。
⑯ 昨晚我住的公寓起火了。
⑰ 我等了30多分钟，可是他还没有来。
⑱ 我妈妈先感冒了，后来我也被<u>传染了／传染给我了</u>，最后全家都病倒了。

⑲ 冬天来了,春天还会远吗?／春天就快要到了!

⑳ 我小的时候,不敢一个人坐电车。

P.285

1.① Q:从民族性格上来讲,日本人和中国人有什么不同?

　　A:日本人崇尚团队精神,对所属的组织有归属感,强调人与人之间的协调,不主张突出个性.中国人则崇尚自由行动,不愿意受组织或纪律的束缚,喜欢突出个人,人与人之间不容易协调和团结.

② Q:为什么中国人喜欢自己创业,日本人愿意在公司打工?

　　A:因为中国人认为出来创业自己当老板虽然风险大,但成功的可能性更大。还有中国人无论在多大的公司做到多高的职位,他们都觉得是在为别人打工,而不是在耕耘自己的事业,没有自豪感。相反的,因为在日本个人创业承担的风险太大,失败的可能性也很高,所以日本人不愿冒风险创业,认为在公司打工更稳定。

③ Q:调(动)工作或搬家以后,日本人和中国人采取的行动有什么不同?／采取什么不同的行动?

　　A:调(动)工作和搬家以后,日本人出于礼貌,给想继续交往的人和不想再交往的人都寄一张"搬迁通知";相反中国人正好是在趁搬家之际,清理自己的关系网,绝对不会在搬家以后把地址和电话告诉不想再交往的人。

④ Q:为什么绝大多数中国女性都想一直工作?

　　A:中国女性认为不工作,只在家里为家人服务,不能体现自己的社会价值,这样既不受周围的人尊重,人生也没有意义。所以绝大多数中国女性都想一直工作。

⑤ Q:中国社会怎样体现男女平等?

　　A:中国女性如果和男性一样拥有同等的学历和同样的能力的话,就有同等的机会获得升职和加薪。

2.の回答は各自作成

3.① 父母辛辛苦苦地把孩子养大了。(両親は苦労して、子供を育て上げた。)

② 警卫把主人当成小偷了。(警備員は主人を泥棒と思った。)

③ 海啸把很多房屋都冲走了。(たくさんの家が津波に流されました。)

④ 最好把学过的内容背下来。(できれば、習った内容は暗記した方がいい。)

⑤ 把这一点搞清楚很重要。(この点をはっきりさせることが、とても大事です。)

⑥ 不要把问题混淆了。(問題をごちゃごちゃにしないでください。)

4.① 中国人相信十年河东,十年河西。最初的十年即使失败了,后来的十年也有可能成功。

② 中国人信奉民以食为天。

③ 在中国人的家庭观念中，家务事一定要夫妇双方共同承担。
④ 他是我的左膀右臂。
⑤ 中国人对失败者宽大。
⑥ 学习中文的人（特别是高级班的学生／程度高的学习者）必须认识到日本人和中国人的想法不同、价值观不同、处理问题的方法不同。
⑦ 与日本人截然不同／相反的是中国人非常渴望自己开公司当老板。
⑧ 这件事对于日本人来说简直就像天方夜谭一样吧！

5.の回答は各自作成

第6課　中文新语

P.302 温柔，温和／平和，和善／和蔼，亲切

① 世界上对日本女性的评价是"超级温柔"，所以有不少的中国男性想娶日本女性为妻。
② 她温柔善良是典型的贤妻良母。
③ 随着社会的发展，人们的热心助人的观念也越来越淡薄了。
④ 别人对自己太热情／被太热情地对待，日本人会觉得困惑和为难，因为他们不知道对方的意图／企图是什么？
⑤ 我嫁到外国，夫家人／丈夫一家人都对我很好，我娘家的父母总算放心了。
⑥ 我先生很体贴／很温和，所以我决定嫁给她。
⑦ 哥哥想找一个温柔、漂亮、善解人意又体贴人的女朋友。大家告诉他："这种完美的人很少有。"可是他不断念／不放弃。
⑧ 手术之前患者非常紧张，这时医生的和蔼的笑容和亲切的话语能缓解患者不安的情绪。
⑨ 研究和生产环保的产品是今后的课题。
⑩ 过分的热情／热心反而会让人感到不安。

P.307 满意，满足

① 跨栏选手刘翔在雅典奥运会上取得了跨栏的金牌、他的教练很满意。
② 我已经老了，没有奢望，在家里含饴弄孙，悠闲自在地生活就很满足了。
③ 他经历过很多挫折，对人生有很多不满。
④ 我对学校的教学感到非常满意。
⑤ 我对这辆车的性能感到不满意。
⑥ 如果有不满的话请别客气，说出来。

⑦ 他在猎头公司的斡旋下进入了新公司，他对新公司开出的条件很满意。

⑧ 股东对今年分得的红利没有不满。

P.365

1.① Q：为什么现在中国产生了很多新词汇？

　　A：很多新词汇是随着中国的经济发展和社会情况以及人们的生活方式的变化而产生的。

② Q："丁克家庭"指的是什么样的家庭？

　　A："丁克家庭"指的是夫妻双方均有收入并自愿不生育子女的家庭。

③ Q："灰色技能"指的是什么样的技能？

　　A："灰色技能"指的是比如喝酒、唱歌、打麻将、打牌等特殊交际技能。

④ Q："啃椅族"的特点是什么？

　　A："啃椅族"经常在快餐厅买一杯饮料，然后坐四五个小时。

⑤ Q："穷人跑"是贫穷的人跑步的意思吗？

　　A："穷人跑"是指低价位的国产跑车。

2.の回答は各自作成

3.① 你看得清楚／看得见白板上的字吗？

　　／あなたはホワイトボードの字が（はっきり）見えますか？

② 我要两天之内赶写完报告。／私は2日以内に急いでレポートを書き終えます。

③ 他弄错地址了。／彼は住所を間違えた。

④ 演唱会的票都卖光了／卖完了吗？

　　／コンサートのチケットは売り切れましたか？

⑤ 我终于认清了他的真面目。／私はやっと彼の本心が分かりました。

4.① 牢牢抓住机会！

② 你算错了。

③ 从中国来的公公婆婆／公公婆婆从中国来的，在日本完全住惯了。

④ 我不小心弄错了。

⑤ 我想要的手提电脑还没有买到／弄到手。

⑥ 他学会了针灸。

⑦ 鲁迅先生把很多日本小说翻译成了中文。

⑧ 儿子哭了2个小时后，终于睡着了。

⑨ 他获得了最优秀论文奖。

⑩ 都准备／安排好了。

5.① 家庭教育の本質は親子で学ぶ喜びを感じることであり、共同参加し、相互に影響し合い、即時に交流し合うところにある。
② 海外に留学して帰国した人々は、中国企業の争奪の的となった。
③ 上海の高速道路に入る車両は、通行カード1枚さえあれば通過できます。
④ オリンピックプレスセンターは世界各国の数千人の記者が毎日仕事をする場所で、外資系のファーストフード店がビジネスチャンスをつかもうと、大挙して押し寄せた。
⑤ この救済金は市の慈善総会が責任をもって受領、送付し、すべては公開され、各界の監査を受けます。
⑥ ここの景色は絵のようで、とても目の保養になります。
⑦ プチブルはわずかな資本のことではなく、一種のライフスタイルであり、心のありようである。
⑧ 私は一昨年の後半に北京に来て、2人のパートナーとこのレストランを開いたのです。
⑨ **二锅头**（二番しぼりの焼酎）は大いに座を盛り上げ、流行の音楽は心を揺さぶり、そして男たちは仕事や女や不動産の話（価格変動、家の売買）をする。
⑩ 司会者の給料は決して高くはないのに、プレッシャーはかなり強く、さらにサブビジネスの臨時収入を得ることも禁じられるので、多くの名司会者（キャスター）が辞職して、自分で商売を始めました。

6.の回答は各自作成

第7課　人格魅力

P.382 弄

① 孩子被弄醒后大哭了起来。
② 对不起，我弄错了。
③ 他弄到了三张奥运会开幕式的入场卷。
④ 红酒洒了，把衣服弄脏了。
⑤ 别把小提琴弄坏了。

P.386 搞

1.① 这件事搞不好就麻烦了。／この件は、下手をすると大変なことになる。
② 他想搞出点儿成绩。／彼は良い実績を作りたいのです。
③ 他是搞文学的。／彼は文学作品を創作しています。
④ 老师把学生的名字弄／搞混了。／先生は混乱して、生徒の名前を間違えた。

⑤ 跟客户搞好关系很重要。
／お客さんとの良い関係を維持するのは、とても大切なことです。

2.① 搞好婆媳关系不容易。

②她父亲是搞美术的。

③弟弟开始搞对象了／谈恋爱了。

④搞好调查很重要。

⑤你在背地里搞什么(鬼)?

P.405 把

① 我把那封信寄出去了。

② 我把那本短篇小说看完了。

③ 我把日元换成人民币了。

④ 他不想把日元换成人民币，想换成美元。

⑤ 把门关上。

⑥ 把桌子擦擦。

⑦ 把那张照片给我看看。

⑧ 谁把玻璃打碎了?

⑨ 请把菜单拿来。

⑩ 我不干完工作不回家。

⑪ 他没把工作干完就回家了。

⑫ 我把钱包弄丢了。

⑬ 不能把钱看得太重。

⑭ 她不把我放在眼里。

⑮ 他把茅台酒一口气喝光了。

⑯ 把这个箱子打开。

⑰ 别把／不要把护照和机票弄丢了。

⑱ 你把我的图章放（在）哪儿了?

⑲ 我把世界地图挂在墙上了。

⑳ 儿子不听话我把他打了一顿。

㉑ 别把／不要把这件事告诉她，保密。

P.415

1.① Q：小李为什么工作热情，业绩好?

A：小李来自农村，有一股拼劲儿，对销售工作很热衷，所以业绩一直不错。

② Q：小李的"美中不足"是什么？
　　A：小李的美中不足是和主管的关系有些不协调。
③ Q：小李为什么下决心辞职？
　　A：有一天因为一件不值一提的事情，小李和主管吵了起来，最后一怒之下，小李向老板递交了辞呈。
④ Q：老总接到小李的辞呈后说了什么？
　　A：老总说："把手里的业务清理一下儿，我会同意的。"
⑤ Q：小李向老总提交了什么文件资料？
　　A：小李向老总提交了4份文件资料。第一份是关于自己本月需要结算的各种业务上的经济往来；第二份是关于目前已经建立良好合作的单位的名单，第三份是目前正在争取的客户名单。第四份是对于还没有开展业务地区的攻关计划。
⑥ Q：为什么老总看到小李提交的文件资料吃惊了？
　　A：因为那四份文件资料分门别类详细地记录了客户的信息，对于争取客户，搞定生意有很大的帮助，也反映了小李的认真负责的工作态度和较强的工作能力。
⑦ Q：老总辞去那个经理／把那个经理辞掉的理由是什么？
　　A：因为老总认为那个经理跟小李这样的人才搞不好关系，是他的失职。
⑧ Q：小李的个人魅力表现在哪儿？
　　A：小李的个人魅力表现在平时精益求精地把工作做好，递交辞呈后也认真负责把工作交代好。

2. の回答は各自作成
3. の回答は各自作成
4. ① 奥地利的狼父把自己的一个亲生女儿禁锢在地窖里24年。
　　／オーストリアのけだもののような父親は、実の娘1人を地下牢に24年間監禁しました。
　② 校长出言不逊地把那对衣着朴素的夫妇打发走了。
　　／校長先生は失礼な言葉遣いで、質素な服装の夫婦を外へ出した。
　③ 谦让的社会让那些为了生存而疲于奔命的年轻人感到很温暖。
　　／謙譲な社会（譲り合いの社会）は、生きるために必死に頑張っている若者に温かさを感じさせた。
　④ 个人理财计划的讲座让我获益匪浅。
　　／個人向け資産運用プログラム講座は、私に多くのメリットを与えてくれた。
　⑤ 那个把我甩了的人没有考上大学。
　　／私を振ったあの人は、大学受験に失敗した。

5.① 我想把明天的课改到后天下午 3 点上。
　② 抚养 20 个孩子真的是<u>很不容易</u> / <u>很辛苦</u>，<u>所幸的是</u> / <u>幸运的是</u>每个孩子都很听话，都很乖。
　③ 没有现金的生活简直就像天方夜谭。但是在德国就有一位这样的女性过着没有现金的生活，她说：没有现金的生活让她的精神变得很富足。
　④ 有一位美国青年车祸之后，不会说英语了，竟然说起了德语，
　　<u>这真是</u> / <u>简直是</u>难以置信。
　⑤ 希望自己全职在家做家务，太太外出挣钱养家的丈夫也大有人在。
　⑥ 我觉得工作比做家务轻松。
6.の回答は各自作成

第8課　北京"小私族"成时尚

P.440 打

1.① 他们<u>打</u>起来了。／彼らは殴り合いを始めた。
　② 趁热<u>打</u>铁。／鉄は熱いうちに打て。
　③ 邻居们见了面互相<u>打</u>招呼。／ご近所同士は、会えば挨拶をする。
　④ 他晚上睡觉<u>打</u>呼噜。／彼は、夜寝ている時にいびきをかきます。
　⑤ <u>打</u>破砂锅问到底。／根掘り葉掘りたずねる。

P.452「被」

1.① 我的秘密被他说破了。／私の秘密は彼に暴露された。
　② 你听说了吗？她被他甩了。／彼女が彼に振られたことを聞きましたか？
　③ 床单被雨淋湿了。／シーツは雨で濡れました。
　④ 他们从来没有被困难吓倒过。
　　／彼らは、これまで困難にひるんだことがありません。
　⑤ 孩子被妈妈打了一顿。／子供はお母さんにたたかれた。
2.① 我被这个光景深深地感动了。
　② 他淋雨了／被雨淋湿了，病了三天。
　③ 她把客人从机场接来了。
　④ 白菜被老鼠吃光了。
　⑤ 老鼠把白菜吃光了。
　⑥ 我被他甩了。
　⑦ 我把他甩了。
　⑧ 因为考试不及格，他被父母狠狠地骂了一顿。

⑨ 新加坡政府把国家管理得很好。
⑩ 杯子被妹妹打破了。
⑪ 钱包被偷走了。
⑫ 椅子被他弄坏了。
⑬ 他被骗了。
⑭ 我被这个故事深深地感动了。
⑮ 他被她迷住了。

3. ① 昨天晚上孩子哭得很厉害，我被吵得睡不着觉。
② 大家都说社长是工作狂 / 社长被大家称为工作狂。
③ 他小的时候父亲死了、母亲也死了 / 父母双亡，很可怜。
④ 上司让我明天来公司。
⑤ 电脑感染病毒 / 被病毒感染了。

P.470

1. ① Q：北京的小私族享受什么服务？
   A：他们喜欢享受私人服务，他们聘请私人医生、私人律师、私人保姆、私人理财顾问来完善自己的生活。
② Q：小私族的特点是什么？
   A：小私族大约28岁到45岁，是教育背景高，职场得意的高收入男女。他们强调个性化和专业化，注重隐私、追求时尚、懂得享受。
③ Q：小私族有什么层次？
   A：小私族有入门级、中级和发烧友级。
④ Q：小私族入门级的条件是什么？
   A：聘请私人形象顾问、私人健身顾问等私人服务人员是小私族入门级的条件。
⑤ Q：私人形象顾问的职责是什么？
   A：私人形象顾问的职责就是利用一对一的贴心的专业的服务让顾客知道最适合自己的化妆、发型和服装搭配的技巧。
⑥ Q：中级小私族怎么追求私人服务？
   A：中级小私族要有私人理财顾问和私人律师等服务人员。还有中级小私族要在一次只为一对客人服务的西餐厅吃饭等。
⑦ Q：发烧友级的小私族是什么样的人？他们追求什么样的私人服务？
   A：发烧友级小私族大多是企业老总，他们追求的私人生活更是"海阔天空"。比如购置私人飞机、买私人游艇等等。

⑧　Q：小私族的出现意味着什么？
　　A：小私族的出现是社会财富增长的展现。小私族的出现意味着温饱问题解决后的中国，越来越多的人开始追求多姿多彩的个性化的生活方式，也是中国人精神需求的又一次升级。

2. の回答は各自作成

3. ①　我被他的肺腑之言所感动了。／私は、彼の誠意のある話に感動させられた。

　② <u>在这次大选中民主党赢得了选举</u>／<u>民主党在这次大选中赢得了选举</u>，实现了政权交替。
　　／今回の選挙の中で民主党は選挙で勝ち、政権の交代を実現しました。

　③　一部分山寨产品不仅价格低廉而且功能也不输给名牌产品。
　　／一部分の海賊版の製品は値段が安いだけではなく、製品の性能もブランド品に劣りません。

　④　投资家深深地为这里的投资环境所吸引。
　　／投資家は、ここの投資環境に深く惹かれました。

　⑤　美国人民期待奥巴马带领他们走出经济衰退的泥沼。
　　／合衆国国民は、オバマのリーダーのもとで経済の泥沼からの脱出を期待しています。

4. 尽管孩子出国游学价格不菲，但仍成为广州家长们的热选。游学项目有时间长短之分。长的一般先在国内的培训学校先进行一些基本语言培训，再到国外进修，耗时约二十天。短的则直接通过参加旅游团到国外游历 约十天。费用多在人民币一万至三万元。游学团的主要目的是锻炼意志，感受教育氛围，此外还要学语言，住寄宿家庭等。

5. ①　在升学就职等方面凭借老爹的实力拼胜负。／「親の七光」。人生の競争（進学や就職等）において、自分の実力ではなく、親の力（金や権力に頼りにして、勝負をつける。

　②　坑人／「はめられた！」等のように、騙されて「はめられた！」とくやしい思いを表す時に使う。

　③　被抨击、被指责／つっこまれる、批判される。

　④　被抨击、被指责的地方／つっこみポイント、批判される所

　⑤　代替别人驾车／運転代行サービス。他人に代わって車を運転すること、

　⑥　非常软弱、非常没用／非常に気が弱い、全く役に立たない

　⑦　女性的非常亲密的女性朋友／女姓の最も親しい信頼できる女性の友人

　⑧　五一、清明节、端午节、中秋节等三连休的假日／メーデー、清明節、中秋節などの3日ほどの休暇。

　⑨　塑料袋使用限制令／レジ袋規制令

　⑩　把自己打扮得象公主一样的女孩儿／ロリ、ロリータ

6. の回答は各自作成

索 引

単語	訳	課

A

ài fēng 爱疯	携帯電話i-Phone	L1
ài fēng shǒu jī 爱疯手机	i-Phone	L3
ài hào 爱好	好む、喜ぶ、愛好する、趣味	L7
ān jìng 安静	静かである	L2
ān pái 安排	手配する、段取りする	L2
ān wèi 安慰	慰め(る)、心が慰められて和やかである	L6
àn bù jiù bān 按部就班	段取りを踏んで仕事をする	L8
àn zhōng gǎo guǐ 暗中搞鬼	背後で悪だくみをする	L2
áo chū lai 熬出来	(苦労を)耐えぬく、(苦難を)くぐりぬける	L5
ào bā mǎ 奥巴马	オバマ	L4
ào dài ěr hè běn 奥戴尔·赫本	オードリー・ヘップバーン	L4
ào huǐ 懊悔	悔み後悔する	L2
ào lín pǐ kè 奥林匹克	オリンピック	L1
ào mì 奥秘	神秘、奥深い謎	L3
ào nǎo 懊恼	実力不足や油断による悔い	L2
ào sàng 懊丧	悔やんで落ち込んでいる	L2
ào yùn huì 奥运会	オリンピック	L1
ào zhōu 澳洲	オーストラリア	L8

B

bā jīn kù 扒金库	パチンコ	L1
bā líng hòu 八零后	1980年後に生まれた人	L4
bā zì hái méi yì piē 八字还没一撇	見当がつかない、目途が立たない	L2
bá miáo zhù zhǎng 拔苗助长	功を焦って、方法を誤る(成長を早めようと思って、苗を手で引っ張る)	L4
bǎ 把…	…を	L1
bǎ dāng chéng 把A当成B	AをBと見なす	L6
bǎi píng 摆平	解決する、うまく処理する	L6
bǎi wàn fù wēng 百万富翁	百万長者	L4
bài gāo táng 拜高堂	昔男女が結婚式を行う際、両親に拝礼の儀式を行う	L4
bài tiān dì 拜天地	昔男女が結婚式を行う際、天と地の神に拝礼の儀式を行う	L4
bài nián 拜年	新年の挨拶	L1
bān mǎ xiàn 斑马线	横断歩道の白線、横断歩道	L7
bān píng 扳平	点差を挽回し、同点にする	L7
bān bu zǒu 搬不走	運べない	L6
bān jìn 搬进…	…に運ぶ、…へ引っ越す	L1

単語	訳	課
bān qiān 搬迁	会社や住宅地など地区全体が移転する	L3
bān qiān tōng zhī 搬迁通知	転居通知	L5
bǎn běn 版本	バージョン	L3
bàn fǎ 办法	方法	L1
xiǎng bàn fǎ 想办法	方法を考える	L1
bàn lǐ 办理	処置する、手続きする	L7
bàn tú ér fèi 半途而废	途中でやめる、中途半端になる	L4
bāng 帮	助ける	L1
bàng qiú 棒球	野球	L2
bāo kuò 包括	含む、含まれる	L4
bǎo gé lì 宝格丽	ブルガリ	L1
bǎo mǎ 宝马	(車) BMW	L1
bǎo xiǎn 保险	保険	L1
shàng bǎo xiǎn 上保险	保険をかける	L1
bǎo xiǎn xiāng 保险箱	金庫、手提げ金庫	L7
bào lù 暴露	暴露する	L6
bào 抱	抱く、抱える	L2
bào hái zi 抱孩子	子供を抱く	L2
bào yǎng 抱养	養子をもらう	L3
bào yuàn 抱怨	文句を言う	L4
bào jǐng 报警	警察に通報する、警報を発する	L7
bēi cuī 悲催	悲しい、悲惨な	L6
bào dào 报道	報道(する)	L5
bào fù 报复	報復する、仕返しをする	L5
bào míng 报名	申し込む	L1
bào míng fèi 报名费	申し込み料	L1
bào míng rì qī 报名日期	出願日	L4
bào zēng 暴增	急増する	L4
bēi āi / bēi tòng 悲哀/悲痛	悲しい悲痛な	L5
bèi 背	暗唱する	L2
bèi kè wén 背课文	テキストを暗記する	L2
bèi kè hàn mǔ 贝克汉姆	ベッカム	L4
bèi jiù yè 被就业	就職してないのに、就職したリストに載せられる	L6
bèi quán qín 被全勤	皆勤ではないのに、皆勤と記録される	L6
bèi tuī fān 被推翻	政権が倒される	L3
bèi zì yuàn 被自愿	自発的ではないのに、自発的だと決めつけられる	L6
bēn chí 奔驰	(車)ベンツ	L1
běn dì 本地	当地、ローカル	L2
běn dì rén 本地人	地元の人	L2
běn zhí gōng zuò 本职工作	本来の職責	L4
bǐ bǐ jiē shì 比比皆是	いずれもみんなそのようである、至る所にある	L7
bǐ fāng shuō 比方(说)	例えば	L3
bǐ fēn 比分	試合のスコア、得点	L7

単語	訳	課
bì dà yú lì 弊大于利	利より害が大きい	L5
bì duān 弊端	弊害	L3
bì shang yǎn 闭上眼	目を閉じる	L2
bì shèng kè 必胜客	ピザハット	L1
bì jiā suǒ 毕加索	ピカソ	L4
bì jìng 毕竟	やはり、さすがに	L7
bì yè 毕业	卒業(する)	L1
bì yè shēng 毕业生	卒業生	L1
bì yǔ 避雨	雨を避ける	L2
biān mǎ 编码	エンコード	L3
biān yuǎn shān qū 边远山区	辺境の山岳地帯	L8
biàn gé 变革	変革(する)	L8
biāo qiānr 标签儿	ラベル、レッテル、付箋	L7
biāo zhì 标志	記号、標識、示す、表す	L8
biǎo xiàn zì jǐ 表现自己	自己を表現する、自分をよく見せようとする	L8
biǎo yáng 表扬	誉める、表彰する	L6
biē zài xīn li 憋在心里	心にため込む、胸にしまう	L6
bié shù 别墅	別荘	L5
bié shuō shì 别说是A	Aはもちろんのこと、Bでさえ…	L6
biè niu 别扭	気分が悪い、すっきりしない	L8
bīng diāo 冰雕	氷の彫刻品	L2
bìng dú 病毒	ウイルス	L1

単語	訳	課
zhòng bìng dú 中病毒	ウイルスに感染する	L1
bō sī yǔ 波斯语	ペルシャ語	L2
bó dà jīng shēn 博大精深	文化が豊かで歴史が奥深い	L5
bó kè 博客	ブログ	L3
bó zhǔ 博主	ブログ主	L3
bú bì 不必…	…する必要がない	L1
bú cuò 不错	悪くない	L2
bú duàn 不断…	たえず…、常に	L2
bú hài sào 不害臊	恥を知らない	L5
bú jì qí shù 不计其数	数えきれない	L5
bú jìn 不禁	思わず、…せずにいられない	L3
bú kào pǔ 不靠谱 / bù kě kào 不可靠 / bù kě xìn 不可信	信頼できない、当てにならない	L6
bú kuì shì 不愧是	さすが…である	L4
bú lùn dōu 不论…都… / wú lùn yě 无论…也…	…を問わず、…であろうとなかろうと	L4
bú pà 不怕	恐くない	L1
pà 怕	恐い	L1
bú shèng méi jǔ 不胜枚举	数えきれない、枚挙にいとまがない	L10
bú xiàng huà 不像话	お話にならない、でたらめである	L8
bú xiè de 不懈的	たゆまない、怠らない、一貫の	L1

502

単語	訳	課
bù dé yào lǐng 不得要领	要領を得ない	L8
bù dōu 布兜	布袋	L7
bù dé liǎo 不得了	…でたまらない、たいへんである	L2
bù hǎo yì sī 不好意思	恐縮する	L1
bù jǐn ér qiě 不仅…而且…	…だけでなく…でもある	L1
bù jǐn hái 不仅…还…	…だけではなく…も	L7
bù jǐng qì 不景气	不景気	L1
jǐng qì 景气	景気	L1
bù kě huò quē 不可或缺	絶対必要	L3
bù kě quē shǎo 不可缺少	不可欠である	L3
bù wěn dìng de yīn sù 不稳定的因素	不安定要因	L6
bù xī 不惜…	…に惜しまない、ものともしない	L3
bù zhē teng 不折腾	無駄な行動をしない、めちゃくちゃなことをしない	L6
bù zhī suǒ cuò 不知所措	どうしたらいいか分からない	L1
bù zhí yì tí 不值一提	言及する価値がない	L1
bù zhōng 不忠	忠実ではない	L8
V・bu liǎo le V・不了了	～できなくなった	L2
chī bu liǎo le 吃不了了	おなかいっぱいで、これ以上食べられない	L2
shòu bu liǎo le 受不了了	もう我慢できなくなった	L2

単語	訳	課
C		
cāi 猜	（なぞや答えを）当てる、推量する	L2
cāi bu chū lai 猜不出来	当てることができない	L2
cāi de chū lai 猜得出来	当てることができる	L2
cāi zhòng le 猜中了	的中した、的中させた	L8
cái fù 财富	富、財産	L4
cái shāng 财商	財務管理と投資能力	L4
cái wù 财物	財物、財産	L7
cái huá 才华	才能	L3
cái zhì 才智	才能と知恵	L3
cái tuì 裁退	人員を削減し解雇する	L3
cái yuán 裁员	人員を整理する	L1
cǎi líng 彩铃	携帯電話の特別な着信音	L6
cǎi xìn 彩信	画像つき携帯ショートメール	L3
cài dān 菜单	メニュー	L3
cān bài 参拜	参拝、参拝する	L1
cán fèi rén 残废人	障害者	L6
cán kuì 惭愧	恥ずかしい、慙愧に耐えない	L7
cāo xīn 操心	心労がある、気を配る	L6
cǎo gēn 草根	社会の下層にいる農民や出稼ぎ労働者	L6
cǎo tā mā 草他妈	実在しない責任者	L6

503

単語	訳	課
cè dìng 测定	測定する	L4
cè huá 策划	画策(する)、策を立てる、たくらむ	L6
céng cì 层次	レベル、段階、程度	L8
chā bié 差别	区別、格差	L8
chā jù 差距	格差、へだたり、差異	L8
chā yì 差异	違い	L5
chá 查	調べる	L1
chá zì diǎn 查字典	辞書をひく	L1
chà bu duō 差不多	だいたい、ほとんど	L1
chāi 拆	（組み立てたものを）はずす、離す、ばらばらにする、取り壊す	L8
chǎn pǐn dài yán 产品代言	製品の宣伝役、CMキャラクター	L8
cháng shì 尝试	試してみる、試み	L2
chàng qǐ lai 唱起来	歌い始める	L1
chāo duǎn qún 超短裙	マイクロミニスカート	L7
chāo qián xiāo fèi 超前消费	過剰消費	L6
chāo xí 抄袭	盗用、盗作する	L8
chǎo 吵	騒がしくする、騒がしい	L2
chǎo de bù kě kāi jiāo 吵得不可开交	激しいけんかをする	L4
chǎo jià 吵架	けんかをする、口論する	L2
chǎo qǐ lai 吵起来	口げんかを始める	L7

単語	訳	課
chǎo 炒	炒める	L2
chǎo gǔ bào fù de gǔ mín 炒股暴富的股民	株取引で大きな利益を得た人、株長者	L6
chǎo yóu yú 炒鱿鱼	解雇する、首になる	L8
chǎo zuò 炒作	繰り返して大げさに宣伝する	L2
chén mí yú… 沉迷于…	…に熱中する	L3
chén nì 沉溺	（悪い習慣などに）おぼれる、ふける	L10
chén zhòng de fù dān 沉重的负担	重い負担	L8
chèn rè dǎ tiě 趁热打铁	鉄は熱いうちに打て、好機逸すべからず	L4
chèn shān 衬衫	ワイシャツ、ブラウス	L7
chēng wéi… 称为…	…と称す	L3
chéng dān 承担	引き受ける	L3
chéng dān zé rèn 承担责任	責任を引き受ける	L3
chéng dān fēng xiǎn 承担风险	リスクを引き受ける	L5
chéng gōng 成功	成功(する)	L1
chéng jiā lì yè 成家立业	結婚して経済的に独立する	L4
chéng zhì 诚挚	誠意に満ちている	L7
chī bu liǎo 吃不了	食べきれない（量が多いから）	L3
chī bu xià 吃不下	食べられない（食欲がないから）	L3
chī jīng 吃惊	びっくりする、驚く	L3
chī kǔ nài láo 吃苦耐劳	苦労に耐える	L8

単語	訳	課
chī ruǎn fàn 吃软饭	女性に養ってもらう、ひもになる	L6
chǐ shē pǐn 侈奢品	ぜいたく品	L6
chōng zǒu 冲走	押し流す	L8
chóng chóng kùn nán 重重困难	数々の困難	L8
chóng jiàn 重建	再建する	L1
chóng shàng 崇尚	尊ぶ	L5
chóng shàng jié jiǎn 崇尚节俭	倹約を尊ぶ	L5
chóng yáng mèi wài 崇洋媚外	西洋文化と西洋人の前に頭が上がらない	L8
chóu chú bù qián 踌躇不前	躊躇して前へ進まない	L8
chóu jí 筹集	調達する、集める	L8
chǒu tài bǎi chū 丑态百出	醜態の限りを尽くす	L8
chǒu wén 丑闻	スキャンダル、醜聞	L7
chū liàn de qíng rén 初恋的情人	初恋の相手	L7
chū chāi 出差	出張する	L1
chū guó yóu xué 出国游学	海外遊学、留学（する）	L8
chū jià 出价	希望価格を出す	L2
chū jìng kǎ 出境卡	出国カード	L8
chū lai 出来	出て来る	L1
chū qu 出去	出て行く	L1
chū rén tóu dì 出人头地	出世する、人の上に出る、頭角を現す	L4
chū sè 出色	際立ってすぐれている、出色である	L7
…chū tóu …出头	（年齢が）…歳を少し超える	L2

単語	訳	課
sān shí chū tóu 三十出头	三十歳を少し出た	L2
chū yán bú xùn 出言不逊	話の仕方が不遜である	L7
chū yú lǐ mào 出于礼貌	礼儀から	L5
chū zū 出租	貸し出す、レンタルする	L7
chú le 除了	〜以外に、〜を除いて	L3
chǔ bu hǎo 处不好	仲良く付き合えない	L7
chǔ de hǎo 处得好	仲良く付き合える	L7
chù dòng 触动	ぶつかる、触れる	L3
chuān tuō 穿・脱	着る⇔脱ぐ	L2
chuān yuè 穿越	通り抜ける	L7
chuān zhuó 穿着	着こなし	L4
chuán bō 传播	伝播する、広める（まる）	L8
chuán qí 传奇	伝奇	L3
chuǎn bu guò qì lái 喘不过气来	呼吸できない、息抜きできない、	L2
chuāng hu 窗户	窓	L1
chuāng kǒu 窗口	ウィンドウズ	L3
chuáng dān 床单	シーツ	L6
chuǎng 闯	新天地を開拓する、実体験を積む、飛び込む	L5
chuàng xīn 创新	新しいものを作り出す	L8
chuàng yè 创业	創業する、事業を始める	L5
chuàng yì 创意	創造性とアイデア	L3

単語	訳	課
chūn yùn 春 运	春節期間中の旅客輸送	L4
cí huì 词 汇	語彙、単語	L1
cí huì liàng 词 汇 量	語彙量	L10
cí chéng 辞 呈	辞表	L7
cí qù 辞 去	辞める	L3
cí tuì 辞 退	解雇する、辞職する	L7
cōng ming 聪 明	賢い	L4
cóng 从…	…から	L1
cóng lái kàn 从…来 看	…から見れば、…から判断すれば	L8
cóng tóu dào jiǎo 从 头 到 脚	頭から足元まで	L7
cóng yī ér zhōng 从 一 而 终	昔、婦人が節を守り、再婚しないこと → 終生1つの会社、人に忠誠を尽くし従うこと	L5
còu bu qí 凑 不 齐	揃えられない	L6
còu qí le 凑 齐 了	揃った	L6
cū liáng 粗 粮	雑穀	L6
cù chéng 促 成	促進する、成功するように助力する	L6
cuò wù pàn duàn 错 误 判 断	判断ミス	L7
cuò zhé 挫 折	挫折(する)	L4

D

単語	訳	課
dā 搭	乗る、便乗する、建てる、似合う	L6
dā pèi 搭 配	組み合わせる、とり合わせる	L8
dá bu shàng lái 答 不 上 来	答えられない	L3
dá de shàng lái 答 得 上 来	答えられる	L3
dǎ ban 打 扮	装う	L2
dǎ bu kāi 打 不 开	開けられない	L6
dǎ cǎo jīng shé 打 草 惊 蛇	藪をつついて、蛇を驚かす、相手に警戒心を抱かせる	L8
dǎ chà 打 岔	(人の話を)妨げる、話に水をさす	L8
dǎ chūn 打 春	立春になる	L8
dǎ cuò 打 错	(電話を)かけ間違う	L8
dǎ dòng 打 动	感動させる、胸を打つ	L8
dǎ dǔ 打 赌	儲け、儲ける	L8
dǎ dǔnr 打 盹儿	居眠りをする	L8
dǎ fa zǒu le 打 发 走 了	帰した、追い出した	L8
dǎ gér 打 嗝儿	しゃっくりが出る、げっぷが出る	L8
dǎ gōng huáng dì 打 工 皇 帝	サラリーマンの高収入者	L5
dǎ gǔ 打 鼓	a. 太鼓を叩く b. 緊張する、不安になる	L8
dǎ guān si 打 官 司	訴訟を起こす、裁判沙汰にする、裁判沙汰になる	L8
dǎ hā qian 打 哈 欠	あくびをする	L8
dǎ hū lu 打 呼 噜	いびきをする	L8
dǎ huǒ jī 打 火 机	ライター	L8

単語	訳	課
dǎ jiǎ 打假	偽造・劣悪商品の 取り締まり(をする)	L8
dǎ jià 打架	けんかをする	L8
dǎ jiāo dào 打交道	交際する、往き来する、交渉する	L8
dǎ léi 打雷	雷が鳴る	L8
dǎ liè 打猎	猟をする	L8
dǎ pēn ti 打喷嚏	くしゃみをする	L8
dǎ pīn 打拼	創業する、 奮闘努力する	L1
dǎ pò shā guō wèn dào dǐ 打破砂锅问到底	とことんまで問いただす、根掘り葉掘り聞く	L8
dǎ sǎn 打伞	傘をさす	L2
dǎ sǎo 打扫	掃除する	L2
dǎ sǎo fáng jiān 打扫房间	部屋を掃除する	L2
dǎ sǎo wèi shēng 打扫卫生	大掃除をする	L2
dǎ shǎn 打闪	稲光がする	L9
dǎ suàn 打算…	…するつもり	L1
dǎ suì 打碎	(粉々に)壊す、 壊れる	L7
dǎ tuì táng gǔ 打退堂鼓	途中でやめる、 約束をほごにする	L8
dǎ xià shǒu 打下手	(炊事・雑業などの) 二次的・補助的な 仕事をする、	L8
dǎ yuán chǎng 打圆场	(仲裁して)まるく収める、その場を穏便に収める	L9
dǎ zào 打造	(金属製品を) 製造する、イメージや環境を作る	L8
dǎ zhàn 打颤	震える、身震いする	L8
dǎ zhāo hu 打招呼	挨拶をする	L8
dǎ zhǒng liǎn chōng pàng zi 打肿脸充胖子	うわべを繕う、 見栄を張る	L8
dà chī yì jīng 大吃一惊	びっくり仰天する、 非常に驚く	L8
dà è 大鳄	各業界で実力のある人物や組織	L6
dà gài 大概	だいたい	L1
dà jiàn 大件	大きな物	L1
xiǎo jiàn 小件	小さな物	L1
dà jiǎn jià 大减价	バーゲン	L1
dà nián chū yī 大年初一	元旦	L1
dà nián chū èr 大年初二	正月二日	L1
dà nián chū sān 大年初三	正月三日	L1
dà nián sān shí 大年三十	大晦日	L1
dà pái zhǎng lóng 大排长龙	長い行列を作る	L3
dà piān fú de bào dào 大篇幅地报道	大々的に報道する	L5
dà qiān shì jiè 大千世界	広大無辺な世界、 広い世の中	L7
dà wànr 大腕儿	有名なスター、 大物、有力者	L6
dà xiāng jìng tíng 大相径庭	大きな隔たりがある、 雲泥の差がある	L5
dà yī 大衣	コート	L2

単語	訳	課
chuān dà yī 穿大衣	コートを着る	L2
dài 戴	かぶる	L2
dài mào zi 戴帽子	帽子をかぶる	L2
dài 带人	人を連れて	L1
dài tóu 带头	率先する、先頭をきる	L8
dān gàn 单干	単独で(事を)やる、独立をする	L3
dān jiān 单间	シングルルーム	L2
shuāng rén fáng jiān 双人房间	ツインルーム	L2
dān nǚ 单女	未婚の女性	L6
dān wèi 单位	勤め先、勤務先	L7
dān wèi míng dān 单位名单	会社のリスト	L7
dān wù 耽误	遅れる、遅れによって、まずい影響が出る、とどこおる	L3
dān xīn 担心	心配する	L2
dàn yuàn 但愿…	切望する、ひたすら…を願う	L6
dāng bīng 当兵	兵士になる、入隊する、兵役に着く	L7
dāng chǎng biǎo yǎn 当场表演	その場で実演する	L4
dāng jiā 当家	家の采配を振る、家の決定権を握る	
dāng jú zhě mí 当局者迷 páng guān zhě qīng 旁观者清	傍目八目(当事者は反って事態の見通しが利かないこと)	L4
dāng qián 当前	目下	L4

単語	訳	課
dāng rén bù ràng 当仁不让	為すべきことは積極的にこれを為し、誰にも譲らない	L4
dāng shì rén 当事人	当事者	L4
dāng tóu yī bàng 当头一棒	頭ごなしに一喝する、厳しい警告やショックを与える	L4
dāng wù zhī jí 当务之急	当面の急務	L4
dāng xuǎn 当选	当選する	L4
dāng yì tiān 当一天 hé shang zhuàng 和尚撞 yì tiān zhōng 一天钟	坊主である間は鐘をついてやる、仕事を適当にやる、仕事に力を入れないたとえ	L4
dāng zhī wú kuì 当之无愧	与えられた地位(または栄誉)に恥じない	L4
dāng zhòng chū chǒu 当众出丑	みんなの前で恥をかく	L4
dàng cì 档次	グレード	L8
dāo chā 刀叉	ナイフとフォーク	L1
dǎo bì le 倒闭了	倒産した	L5
dǎo mài huǒ chē piào 倒卖火车票	鉄道切符の不法売買	L4
dǎo yóu 导游	ガイド、観光客の案内をする	L2
dào bǎn 盗版	海賊版	L8
dào fěi 盗匪	盗賊、匪賊	L8
dào shì bú cuò 倒是不错	悪くない	L2
dào wèi 到位	所定の位置につく、問題が解決する	L6
dēng fēng zào jí 登峰造极	最高峰に達する	L8
dēng lù 登录	ログインする	L3

単語	訳	課
dēng mí 灯迷	ランタンのなぞなぞ	L8
dèng 瞪	にらむ	L4
de yào mìng …得要命	死ぬほど…である	L2
dī gǔ 低谷	低迷状態	L4
dí què 的确	確かである	L2
dí ào 迪奥	ディオール	L1
dí bài 迪拜	ドバイ	L4
dí sī ní lè yuán 迪斯尼乐园	ディズニーランド	L1
dì jiāo 递交	手渡す(正式な書類を)提出する	L7
dì bu 地步	(物事の)到達程度	L5
dì tǎn 地毯	じゅうたん	L8
dì xià de 地下的	やみの、非合法な	L8
dì zhèn le 地震了	地震があった	L1
diǎn jī 点击	クリック	L3
diǎn qiú 点球	ペナルティーキック	L7
diàn dìng jī shí 奠定基石	人生の基盤を築く	L5
diàn huà bù 电话薄	電話帳	L3
diàn yóu 电邮	Eメール	L1
diāo sī nán 屌丝男	クズ男	L6
diào 掉	落ちる	L7
diào chū lái 掉出来	落ちる、落とす、遅れる	L7
diào chá yán jiū 调查研究	調査と研究	L2
diào dòng 调动	引き出す、動かす	L4
diào dòng gōng zuò 调动工作	転勤する、異動する	L4

単語	訳	課
diào dòng jī jí xìng 调动积极性	やる気を引き出す	L4
diào huàn gōng zuò 调换工作	転職する	L5
diào lí… 调离…	…の部署から配置転換する、転勤する	L7
diào yú 钓鱼	魚を釣る、罠をしかける	L6
diē le 跌了	株や不動産の金額が下落した	L2
dīng chǒng jiā tíng 丁宠家庭	ペットを子供のように育てている夫婦2人の家庭	L6
dīng kè zú 丁克族	ディンクス	L4
dīng kè jiā tíng 丁克家庭	ディンクス、夫婦とも収入があり、子供を持たない家庭	L6
dīng zi 钉子	釘	L8
dīng zi hù 钉子户	立ち退き拒否世帯	L6
dǐng tóu shàng sī 顶头上司	直属の上司	L4
dìng jīn 定金	予約金、手付金	L8
diū liǎn 丢脸	面目を失う、恥をさらす	L7
dōng shān zài qǐ 东山再起	成功者として再起する	L5
dǒng shì jú 董事局	取締役会	L1
dòng róng 冻容	20歳前後の女性が老化予防対策を始めること	L6
dòng màn 动漫	アニメと漫画	L3
dòng xiàng 动向	動向	L5
dòu fu zhā gōng chéng 豆腐渣工程	手抜き工事、欠陥工事	L6

509

単語	訳	課
dòu zhēng 斗争	闘争(する)	L4
dú dāng yí miàn 独当一面	単独で仕事を担当できる	L3
dú èr dài 独二代	両親も一人っ子である一人っ子	L6
dú lì zì zhǔ 独立自主	独立自主	L4
dú shù yí zhì 独树一帜	独自の旗じるしを掲げる。独自の道を切り開くたとえ	L1
dǔ bó 赌博	ギャンブル、ばくちを打つ	L6
dǔ chē 堵车	交通渋滞	L2
dǔ xìn 笃信	信仰心が厚い、深く信じること	L4
duǎn xìn 短信	SMS 携帯ショートメール	L3
duàn dìng 断定	断定する	L7
duàn liàn 锻炼	鍛える	L1
duàn liàn shēn tǐ 锻炼身体	体を鍛える	L1
duàn liàn yì zhì 锻炼意志	精神を鍛える	L8
duàn nǎi 断奶	断乳	L4
duì dài 对待	対処する、扱う、相対する	L8
duì hào rù zuò 对号入座	指定席に座る〈喩〉個人を特定される	L6
duō duō yù shàn 多多愈善	多ければ多いほどよい	L5
duō xiàng 多项	多項目	L4
duō zī duō cǎi 多姿多彩	多彩な	L8

単語	訳	課
duǒ māo māo 躲猫猫	責任を逃れるため、事実を隠したり、逃げたりする	L6

E

単語	訳	課
è mèng 噩梦	悪夢	L9
è shā 扼杀	扼殺する、しめ殺す	L4
ěr bèi 耳背	耳が遠い	L6
ěr duo 耳朵	耳	L6
èr nǎi 二奶	二号、愛人	L4

F

単語	訳	課
fā bù 发布	発表する、発布する、公表する	L4
fā dá guó jiā 发达国家	先進国	L8
fā diàn yóu 发电邮	メールを送信する	L3
fā fú 发福	「太る」の婉曲な言い方、幸せ太り	L2
fā huī 发挥	発揮する	L4
fā láo sao 发牢骚	愚痴をこぼす	L6
fā shāo yǒu 发烧友	熱烈なファン、マニア	L8
fā tiě 发帖	書き込み	L3
fā xiàn 发现	発見する	L4
fā xìn 发信	手紙を出す	L3
fá 罚	罰、罰する	L8
fá dān 罚单	罰金通知	L6
fá wèi 乏味	味気ない、つまらない	L4

単語	訳	課
fǎ wǎng huī huī shū ér bù lòu 法网恢恢疏而不漏	法律のネットは天下を覆い漏れがない、犯人を必ず捕らえる	L3
fà xíng 发型	ヘアスタイル	L4
fān lái fù qù 翻来覆去	寝返りを繰り返す	L7
fān tiān fù dì 翻天覆地	天地がひっくり返るほどの変化	L8
fán nǎo 烦恼	悩むこと	L2
fán sǐ le 烦死了	とても悩んでいる	L2
fán zào bù ān 烦躁不安	いら立って不安を感じる	L2
fàn cuò wù 犯错误	誤りを犯す	L7
fǎn fù 反复	反復(する)、繰り返し、繰り返す	L1
fàn lái zhāng kǒu, yī lái shēn shǒu 饭来张口、衣来伸手	自分で何もせず、人に世話をしてもらうさま	L4
fāng biàn miàn 方便面	インスタントラーメン	L5
fāng miàn 方面	方面	L1
fáng zi 房子	家、家屋	L2
mǎi fáng zi 买房子	家を買う	L2
fáng jià 房价	部屋代、不動産価格	L3
fáng nú 房奴	住宅ローンの返済に追われている人	L6
fǎng wèn 访问	サイトへアクセスする	L3
fǎng mào 仿冒	ものまね、コピー	L8
fàng 放	置く	L1
fàng huí (qu) 放回(去)	元の位置に戻す	L1
fàng qì 放弃	放棄する、あきらめる	L1

単語	訳	課
fàng xīn 放心	安心する	L2
fànr 范儿	風格、構え	L6
fēi fán de 非凡的	普通ではない、すばらしい	L1
fēi dié 飞碟	UFO、空飛ぶ円盤	L6
fēi lai fēi qu 飞来飞去	飛んで来たり、飛んで行ったり	L1
fēi xíng yuán 飞行员	パイロット	L8
fēi zǒu le 飞走了	飛んで行った	L6
fèi fèi yáng yáng 沸沸扬扬	沸き返るように騒ぐさま	L2
fèi fǔ zhī yán 肺腑之言	心の奥底から出た誠意のある言葉	L8
fēn 分	分ける	L2
fēn bié shì 分别是	それぞれ	L4
fēn bu kāi 分不开	分けられない	L6
fēn guāng le 分光了	きれいに分けた	L6
fēn jiā chǎn 分家产	家の財産を分ける	L2
fēn kāi le 分开了	別れた、分けた	L6
fēn wéi 氛围	雰囲気	L8
fěn dǐ shuāng 粉底霜	ファンデーション	L1
fēng shàn 风扇	扇風機	L6
fēng shuǐ lún liú zhuàn 风水轮流转	風水は回る、幸運と悪運は交代で訪れる	L8
fēng xiǎn 风险	危険、リスク	L2
fèng máo lín jiǎo 凤毛麟角	鳳凰の毛とキリンの角貴重で稀なもののたとえ	L4

511

単語	訳	課
fèng wéi 奉为	信奉する	L8
fèng xiàn… 奉献…	献上する、贈呈する	L5
fū yǎn liǎo shì 敷衍了事	いい加減にお茶を濁す	L8
fú wù zhōu dào 服务周到	サービスが行き届く	L7
fú yún 浮云	浮雲、瞬間に消えるもの	L3
fǔ yǎng 抚养	扶養(する)、養う	L7
fǔ zhù 辅助	協力する、助ける	L4
fù chū 付出	支払う	L7
fù jiàn 附件	添付ファイル	L3
fù guì zhī rén 富贵之人	お金持ち	L7
fù wēng 富翁	金持ち	L4
fù yǒu 富有	豊富に持つ、…に富む、裕福である	L7
fù yu 富裕	豊か、裕福である	L1
fù yǔ 赋予	与える	L3
fù zá 复杂	複雑(である)	L1
fù zhì 复制	コピーする	L3
fù zé 负责	責任を持つ	L3
fù zé rén 负责人	責任者、直接の担当者	L7
fù zé rèn 负责任	責任を負う	L7

G

単語	訳	課
gā lǐ 咖哩	カレー	L1
gǎi biàn le… 改变了…	…を変えた	L3
gān cuì 干脆	いっそ、さっぱり、てきぱき	L4
gān rǎo 干扰	乱れる、邪魔する	L3
gān gà 尴尬	気まずい、ばつが悪い	L1
gǎn jǐn 赶紧	急いで	L4
gǎn lǎn qiú 橄榄球	ラグビー	L1
gǎn chù jí shēn 感触极深	感慨深い	L5
gǎn dào… 感到…	…と感じる	L2
gǎn rǎn 感染	感染する、うつる	L8
gǎn rén fèi fǔ 感人肺腑	感動的である、人の胸に深く感銘を与える	L1
gǎn tàn 感叹	感嘆する	L8
gǎn zhe・述・V 赶着・述・V	(間に合うように)急いで…する	L2
gāng lái 刚来	来たばかり	L2
gāo bu chéng dī bu jiù 高不成低不就	帯に短し、たすきに長し	L6
gāo cháo dié qǐ 高潮迭起	山場が次々と起こる	L3
gāo fēng shí duàn 高峰时段	ラッシュアワー	L7
gāo fēng xiǎn 高风险	ハイリスク	L7
gāo qīng diàn shì 高清电视	ハイビジョンテレビ	L3
gāo xīn 高薪	高額の給与	L5
gǎo chòu 搞臭	名誉を失墜させる	L2
gǎo chū chéng jì 搞出成绩	良い実績を作り出す	L2
gǎo chū luàn zi 搞出乱子	大変なことをしでかす	L2

単語	訳	課
gǎo dào 搞 到	手に入れた	L2
gǎo dìng 搞 定	解決する、 うまく処理する、 とりまとめる	L4
gǎo duì xiàng 搞 对 象	恋愛を始める	L2
gǎo gōng zuò 搞 工 作	仕事をする	L2
gǎo guān xì 搞 关 系	コネをつける	L2
gǎo guǐ 搞 鬼	悪だくみをする	L2
gǎo shén me guǐ 搞 什 么 鬼	何をこそこそ やっている	L2
gǎo hǎo 搞 好	きちんとやり遂げる	L2
gǎo hún 搞 混	混乱させる	L2
gǎo huó jīng jì 搞 活 经 济	経済を活性化する	L3
gǎo mào yì de 搞 贸 易 的	貿易の仕事をして いる人	L2
gǎo rén kǒu 搞 人 口 pǔ chá 普 查	人口調査を行う	L2
gǎo yán jiū 搞 研 究	研究をする	L2
gǎo yīn yuè de 搞 音 乐 的	音楽をする人	L2
gǎo zá 搞 砸	しくじる、壊す	L2
gǎo zāo le 搞 糟 了	うまくやれない	L2
gào 告	訴える	L1
gào sù 告 诉	告げる・話す	L1
gē zi 鸽 子	ハト	L6
gé shì huà 格 式 化	フォーマット(する)	L3
gé wài 格 外	特別に、格別に	L3
gè mén gōng kè 各 门 功 课	どの科目も	L7

単語	訳	課
gè zhǒng gè yàng 各 种 各 样	様々な、いろいろな	L7
gè rén lǐ cái 个 人 理 财 jì huà 计 划	個人向け資産 運用プログラム、 個人財務管理	L7
gè xìng 个 性	個性	L5
gè xìng huà 个 性 化	個性的、 個性を持たせる、	L8
gěi lì 给 力	力になってあげる、 支援する	L6
gēng xīn huàn dài 更 新 换 代	機種変更する、 モデルチェンジする	L3
gèng dà de 更 大 的	さらに大きな	L4
gōng guān 攻 关	難関に挑む	L7
gōng pò 攻 破	攻め落とす、 突破する	L5
gōng néng 功 能	機能	L3
gōng sī zhù chóng 公 司 蛀 虫	すべての行為 (ご飯、休憩、恋な ど)を全部会社です る人、会社に寄生し ている人	L6
gōng yù 公 寓	マンション、アパート	L1
gōng xīn zú 工 薪 族	給与所得者層、 サラリーマン	L4
gōng xīn jià wèi 工 薪 价 位	庶民価格	L5
gōng xīn jiē céng 工 薪 阶 层	サラリーマン(層)、 給与所得者(層)	L6
gōng zī 工 资	給料	L8
gòng shí 共 识	共通認識	L3
gòng yǎng 供 养	養う、扶養する	L8
gōng pò nán guān 攻 破 难 关	難関を突破する	L5

単語	訳	課
gōu tōng 沟通	（意志、文化、言語などを）疎通する、コミュニケーションをとる	L5
gǒu zǎi duì 狗仔队	パパラッチ	L6
gòu wù 购物	ショッピング	L3
gòu wù kuáng 购物狂	気が狂ったように買い物に熱中する人	L3
gòu zhì 购置	（長期で使用するものを）買い入れる	L8
gū guǎ lǎo rén 孤寡老人	身寄りのない老人	L6
gǔ dǒng 古董	骨董	L8
lǎo gǔ dǒng 老古董	時代遅れのもの	L8
gǔ jìnr 鼓劲儿	元気づける	L4
gǔ lì 鼓励	励ます、激励（する）	L1
gǔ qǐ yǒng qì 鼓起勇气	勇気を奮い起こす	L4
gǔ wǔ 鼓舞	励ます、励み	L8
guā fēn 瓜分	分割する	L2
guā fēng 刮风	風が吹く	L2
guà pò le 挂破了	引っかかって破れた	L8
guāi guāi nǚ 乖乖女	親の言うことをよく聞く娘	L3
guài 怪	責める、不思議に思う、怪しむ、恨む	L8
guān bì 关闭	閉める、閉じる、廃業する	L7
guān xì 关系	関係	L2
guān xì wǎng 关系网	人脈	L5
guān xì jiāng 关系僵	仲が悪い	L4

単語	訳	課
guān xì róng qià 关系融洽	仲がいい	L4
guān zhù 关注	関心や注目を寄せる	L4
guān kàn bǐ sài 观看比赛	試合の観戦	L3
guān shǎng diàn yǐng 观赏电影	映画鑑賞	L3
guān zhòng 观众	観衆	L2
tīng zhòng 听众	聴衆	L2
guǎn de liǎo 管得了	コントロールできる	L3
guǎn de zháo 管得着	（関係があるから）干渉できる	L3
guàn jiǔ 灌酒	むりやりにお酒を注いで飲ませる	L9
guāng biāo 光标	カーソル	L3
guāng guài lù lí 光怪陆离	奇怪千万	L10
guāng zhe pì gu 光着屁股	お尻を出す	L3
guǎng fàn de 广泛地	幅広く	L3
guàng jiē 逛街	町をぶらつく	L1
guī quàn 规劝	諫め勧告する、忠告する	L7
guī zé 规则	規則、法則、規則正しい、整然としている	L5
guī shǔ gǎn 归属感	帰属意識	L5
guì rén 贵人	力になってくれる人、貴重なチャンスを与えてくれる人	L6
gǔn dòng 滚动	スクロール	L3
guó chǎn pǎo chē 国产跑车	国産スポーツカー	L6
guó jì tōng yòng yǔ yán 国际通用语言	国際共通語	L8

単語	訳	課
guó shū 国书	国書、(大使・公使の)信任状	L7
guó yǒu 国有	国有(の)	L1
guó yǒu qǐ yè 国有企业	国営企業	L1
guò nián 过年	新年を過ごす	L1
guò dù 过度	過度の、度を越えた	L3
guò liàng 过量	量を過ごす、過度にする(多く飲酒に用いる)	L5
guò shēng rì 过生日	誕生日を祝う	L2
guò yì bu qù 过意不去	申し訳ないと思う	L5

H

単語	訳	課
hā fó dà xué 哈佛大学	ハーバード大学	L7
hā lì bō tè 哈利·波特	ハリー・ポッター	L4
hái nú 孩奴	子供の奴隷のように無条件に子供に奉仕する親	L6
hǎi dài 海带	帰国後仕事を待つ海外留学経験者	L6
hǎi guī rén shì 海归(人士)	帰国した海外留学経験者	L6
hǎi kuò tiān kōng 海阔天空	天地が茫漠として限りない、想像や話の内容がとりとめのないさま	L8
hǎi xiào 海啸	津波	L3
hǎi xuǎn 海选	有権者が候補者を指名して行う直接選挙	L6
hài pà 害怕	恐がる、怖れる、心配する	L6
hài xiū 害羞	恥ずかしがり屋、人見知り(子供に使う)	L5
hán guó 韩国	韓国	L1
hǎn jiàn 罕见	まれに見る、めったにない	L6
hàn liú jiá bèi 汗流夹背	汗が流れ、体中汗だくである	L2
háng qíng 行情	相場	L4
hǎo huài 好坏	良しあし	L4
hǎo rén hǎo shì 好人好事	善人美挙	L7
hào shí 耗时	かかった時間	L8
hé bì dāng chū 何必当初	最初からやらなくてもよかったのではないか	L4
hé jiā tuán yuán 阖家团圆	一家団らん	L4
hé lán dòu 荷兰豆	さやえんどう	L3
hé shì 合适	ちょうどよい、ぴったりである	L4
hé tóng 合同	契約(する)	L1
hè suì piān 贺岁片	正月映画	L6
hēi kè 黑客	ハッカー	L3
hèn bu de·述V目 恨不得·述V目	…がしたくてたまらない、じれったい	L2
hōng dòng 轰动	大勢の注意を引く	L9
hóng shuǐ měng shòu 洪水猛兽	洪水、猛獣(激しい災害をもたらすもの)	L8
hū lái huàn qù 呼来唤去	威張って目下のものを好き勝手に使う	L1
hū yù 呼吁	呼びかける、呼びかけ	L8

単語	訳	課
hū you 忽悠	大げさに言う、ホラを吹く、人を落とし穴にはめる	L6
hǔ mā 虎妈	子供の教育に関して非常に厳格な母親	L6
hù gōng 护工	看護ヘルパー	L6
hù dòng 互动	共同参加、相互作用、即時交流、相互影響をする	L3
hù lián wǎng shì pín 互联网视频	インターネットテレビ	L3
hù lián wǎng yè jiè 互联网业界	ネット業界	L3
huā shù 花束	花たば	L2
huá ěr jiē 华尔街	ウォール街	L7
huá xuě 滑雪	スキー（をする）	L2
huá zhòng qǔ chǒng 哗众取宠	派手に振る舞い、大衆をワッと言わせて、その歓心を買おうとすること	L1
huà xué 化学	化学	L1
huà xué tiān jiā jì 化学添加剂	化学添加物	L1
huà jiě 化解	溶解する、とける、解決する、除去する	L8
huà zhuāng 化妆	化粧をする	L1
huà zhuāng pǐn 化妆品	化粧品	L1
huái yí 怀疑	疑う、推測する、疑い	L4
huài rén 坏人	悪人	L7
huán bǎo 环保	環境保護	L4
huán jìng 环境	環境	L3

単語	訳	課
huǎn jiě 缓解	やわらぐ、緩和(する)	L2
huàn 换	換える、交換する	L2
huàn kè 换客	物品を交換する人	L6
huàn wèi sī kǎo 换位思考	立場を替えて考える	L6
huàn rán yì xīn 焕然一新	面目を一新する	L1
huáng guā 黄瓜	きゅうり	L3
huī sè jì néng 灰色技能	飲酒、カラオケ、麻雀などの接待能力	L6
huī sè shōu rù 灰色收入	合法と非合法の間の経済活動で得た所得	L6
huí 回	帰る	L1
huí bào 回报	(好意に)応える、報いる、報復する	L7
huí lái 回来	帰って来る	L1
huí qù 回去	帰って行く	L1
huǐ le 毁了	壊した、つぶした	L10
huì kuǎn 汇款	送金(する)	L7
huì suǒ 会所	団体・会の事務所、社交クラブ	L8
hūn dǎo 昏倒	気を失う	L3
hūn lǐ 婚礼	結婚式	L2
jǔ xíng hūn lǐ 举行婚礼	結婚式を挙げる	L2
hūn nú 婚奴	婚姻生活の奴隷、結婚生活に多くの努力と代価を払う人	L6
hūn yīn 婚姻	婚姻、結婚生活	L2
hún shēn 浑身	体中、全身	L2

単語	訳	課
hún shēn méi jìnr 浑身没劲儿	全身がだるい	L2
hùn bu xià qù 混不下去	生活できなくなる、いづらくなる	L5
huǒ chē zhàn 火车站	駅	L7
huǒ shí fèi 伙食费	食費	L8
huò dé 获得	獲得する、得る	L3
huò shèng 获胜	勝利を得る、勝つ	L8
huò yì fěi qiǎn 获益匪浅	多くのメリットを得た、とてもプラスになった	L1

J

単語	訳	課
jī fēn 积分	累計ポイント、積分	L6
jī huì 机会	機会、チャンス	L2
jī lěi 积累	累積(する)	L4
jī lì 激励	激励(する)	L4
jī lǜ 几率	確率	L5
jī máo suàn pí 鸡毛蒜皮	取るに足りない些細なこと	L7
jī quǎn bù níng 鸡犬不宁	治安がひどく乱れる	L2
jí guàn 籍贯	原籍、本籍、出身地	L7
jí cōng cōng 急匆匆	急いで、慌ただしく	L1
jí dài jiě jué 急待解决	早急なる解決が待たれる	L5
jí shì 急事	急用	L1
jiǎng zhì xù 讲秩序	秩序を重んじる	L8
jí shǐ yě 即使…也…	仮に…としても…する	L2

単語	訳	課
jí yóu 集邮	切手の収集	L7
jí yóu rè 集邮热	切手収集ブーム	L5
jì jiǎn gàn bù 纪检干部	紀律監査役人	L9
jì néng 技能	技能、スキル	L2
jì qiǎo 技巧	技法、テクニック	L5
jì shù 技术	技術	L1
jì nǚ 妓女	娼婦	L10
jì rén lí xià 寄人篱下	他人の家に厄介になる、居候になる	L5
jì sù jiā tíng 寄宿家庭	ホームステイ先	L8
jì yǔ 寄语	伝言する、言い伝える	L9
jì suàn qì 计算器	計算器、電卓	L3
jì xù 继续	継続する、続く	L5
jì yào yòu yào 既要…又要…	…しなければならないと同時に、…しなければならない	L4
jì yě 既…也…	…であり、…でもある	L5
jì yòu 既…又…		
jì shì běnr 记事本儿	手帳	L3
jì yì lì 记忆力	記憶力	L4
jì zhě 记者	記者	L1
jiā chǎn 家产	家の財産	L2
jiā lè fú 家乐福	カルフール、フランス系のスーパー	L1
jiā wù 家务	家事	L5
jiā xiāng 家乡	ふるさと	L2

単語	訳	課
jiā ná dà 加拿大	カナダ	L1
jiā shēn 加深	深める、深まる	L5
jiā xīn 加薪	給料を上げる	L5
jiā yóu 加油	頑張る、励ます	L1
gěi chē jiā yóu 给车加油	車にガソリンを入れる	L1
jiā yóu zhàn 加油站	ガソリンスタント	L2
jiǎ chàng 假唱	口パクで歌う	L4
jiǎ mào wěi liè shāng pǐn 假冒伪劣商品	偽造、劣悪商品	L9
jiǎ rú 假如…	もしも…、仮に…	L2
jià gé 价格	価格	L2
jià gé bù fěi 价格不菲	値段が高い	L8
jià qian 价钱	値段	L3
jiān chí dào dǐ 坚持到底	最後まで頑張る	L1
jiān kǎo 监考	試験監督	L1
jiān nán kùn kǔ 艰难困苦	苦難に満ちている	L4
jiǎn chá shēn tǐ 检查身体	身体検査、定期健診	L2
tǐ jiǎn 体检	身体検査	L2
jiǎn dìng kǎo shì 检定考试	検定試験	L1
zhōng wén jiǎn dìng kǎo shì 中文检定考试	中国語検定試験	L1
jiǎn ér yán zhī 简而言之	簡単に言えば	L6
jiǎn lì 简历	略歴	L7
jiǎn qiē 剪切	切り取り	L3

単語	訳	課
jiàn chǎng 建厂	工場を建てる	L1
jiàn dié 间谍	スパイ	L5
jiàn jiàn 渐渐	だんだん、しだいに	L5
jiàn pán 键盘	キーボード	L3
jiàn qiào yán 腱鞘炎	腱鞘炎	L6
jiàn shēn gù wèn 健身顾问	アスレチックトレーナー	L8
jiàn yì 建议	提案（する）	L2
jiāng 僵	硬直する、こわばる	L4
jiāng yìng 僵硬	（体が）硬直する、こわばる	L6
jiāng hú rén shì 江湖人士	旧時、香具師あるいは旅芸人、薬売りなどの行商人、侠客	L8
jiǎng 讲	話す、スピーチをする	L2
jiǎng dào lǐ 讲道理	道理を説く	L7
jiǎng pái chǎng 讲排场	格式を重んじる、見栄を張る	L4
jiǎng tán 讲坛	演壇、討論の場	L8
jiàng zhí 降职	降格する	L7
jiāo shēng guàn yǎng 娇生惯养	甘やかされて育つ、蝶よ花よと育てられる	L4
jiāo zào bù ān 焦躁不安	いら立ち、落ち着かない	L2
jiāo zhī 交织	入り混じる、交錯する	L5
jiǎo fù 缴付	支払う、納付する	L8
jiào gāo 较高	比較的高い	L4

単語	訳	課
jiào de guò lái 教得过来	教えられる	L3
jiào shòu xué zhě 教授学者	教授と学者	L2
jiē kāi 揭开	開ける、明らかにする	L3
jiē shòu 接受	受け取る、受け入れる、受理する	L2
jié chí 劫持	乗っ取る	L3
jié chí rén zhì 劫持人质	人質をとる	L3
jié fěi 劫匪	おいはぎや乗っ取り犯など	L7
jié gòu 结构	構造	L4
jié jiāo 结交	知り合う、交際する	L2
jié jiāo péng you 结交朋友	友人付き合いをする	L2
jié lùn 结论	結論	L5
jié shù 结束	終わる、終わらせる	L2
jié suàn 结算	決算(する)	L7
jìn zhí jìn zé 尽职尽责	職務に励み、責任を果たす	L8
jié jū 拮据	お金が足りない	L3
jié kè 杰克	(人名)ジャック	L1
jié rán xiāng fǎn 截然相反	全く反対である	L5
jié zhǐ 截止	締め切る、打ち切る	L4
jié zhǐ rì qī 截止日期	締切日	L4
jié shěng 节省	節約(する)	L8
jiè jiàn 借鉴	参考にする	L4
jiè lai 借来	借りて来る	L1
jiè yòng 借用	借りて使う	L1
jiè zǒu 借走	借りて行く	L1
jīn jīn jì jiào 斤斤计较	細かいことでケチケチする、1円でも勘定高く計算する	L1
jīn bì huī huáng 金碧辉煌	金色や赤青の色がきらびやかである	L8
jīn guī xù 金龟婿	金持ちの旦那	L8
jīn qián guà shuài 金钱挂帅	拝金主義	L4
jīn róng 金融	金融	L1
jīn róng fēng bào 金融风暴	金融危機	L7
jǐn bēng 紧绷	ぴんと張る	L3
jǐn liàng 尽量	できるだけ	L7
jìn gù 禁锢	監禁する、束縛する	L7
jìn bù 进步	進歩(する)	L2
jìn ér 进而	さらに、その上	L2
jìn jūn 进军	進出する、突き進む	L5
jìn jūn fáng dì chǎn 进军房地产	不動産業に進出する	L7
jìn lai 进来	入って来る	L1
jìn qu 进去	入って行く	L1
jìn lì ér wéi 尽力而为	全力を尽くしてやる	L2
jīng cháng 经常	しょっちゅう	L1
jīng dāi le 惊呆了	驚いて呆然とする	L3
jīng hū 惊呼	驚いて叫ぶ	L8
jīng huāng 惊慌	驚き慌てる	L3
jīng huāng shī cuò 惊慌失措	驚いて慌てる	L3
jīng kǒng 惊恐	驚き恐れる	L3

単語	訳	課
jīng kǒng wàn fēn 惊恐万分	ひどく驚き恐れる	L3
jīng kǒng bù ān 惊恐不安	恐ろしさで不安になる	L3
jīng xīn dòng pò 惊心动魄	驚いて動転する、手に汗を握らせる、はらはらさせる	L1
jīng yà 惊讶	驚きいぶかしく思う	L3
jīng jì shì yòng fáng 经济适用房	エコノミー住宅	L3
jīng jù 京剧	京劇	L5
jīng cǎi jué lún 精彩绝伦	ずばぬけてすばらしい	L3
jīng huá 精华	精華、精髄	L5
jīng pí lì jìn 精疲力尽	疲れてくたくた、精も根も尽き果てる	L10
jǐng chá 警察	警察、警官	L1
jǐng jǐng yǒu tiáo 井井有条	整然としている、きちんとしている、	L7
jìng shēn chū hù 净身出户	男性が離婚した際、全財産を前妻に渡す	L6
jìng wài yóu 境外游	海外旅行	L5
jìng pèi 敬佩	敬服する	L10
jìng yān 敬烟	タバコを勧める	L5
jīng yì qiú jīng 精益求精	さらなる向上を求める	L8
jiū jié 纠结	気持ちが複雑で、すっきりしない	L6
jiǔ bā 酒吧	バー	L1
jiǔ cài 韭菜	ニラ	L3
jiǔ děng 久等	長く待つ	L3
ràng nǐ jiǔ děng le 让你久等了	長くお待たせしました	L3

単語	訳	課
jiǔ zuò 久坐	長居する、長座する	L6
jiǔ zhài gōu 九寨沟	九寨溝	L4
jiù jì pǐn 救济品	救援物資	L6
jiù miào 旧庙	古い寺	L8
jiù lián dōu 就连…都…	…でさえ…である	L6
jiù xíng le …就行了	…したら、もう結構です	L2
jiù yè 就业	就職（する）	L8
jìng yè 敬业	仕事にまじめに、プロ意識が強い	L8
jìng zhòng 敬重	敬意を払い、尊重する	L5
jū ān sī wēi 居安思危	平和な時も困難や危険に備えて準備を怠らない	L8
jǔ 举	挙げる	L2
jǔ de gāo gāo de 举得高高的	高々と挙げる	L2
jù dà de shāng jī 巨大的商机	大きなビジネスチャンス	L6
jù diǎn 据点	拠点	L8
jù huì 聚会	集まる、集まり	L5
jù lí 距离	距離	L3
jù tǐ 具体	具体的な	L4
juān gěi 捐给	寄付する	L5
juān qì 捐弃	捨てる、投げうつ	L10
juān qián 捐钱	寄付する、寄付を募る	L7
jué qiào 诀窍	コツ、奥の手	L4

単語	訳	課
jué shì yuè 爵士乐	ジャズ	L5

K

単語	訳	課
kā fēi 咖啡	コーヒー	L1
kǎ nú 卡奴	クレジットカードの奴隷、クレジットカードを使いすぎ、その返済に苦しむ人	L6
kǎ shén 卡神	カード使いの達人	L6
kāi huì 开会	会議に出る、会議を開く	L2
kāi kuò yǎn jiè 开阔眼界	視野を広める	L1
kāi lǎng 开朗	明るく広々としている、明朗である	L8
kāi qǐ 开启	開く、起動する	L3
kāi tuò 开拓	開拓する	L5
kāi wán xiào 开玩笑	冗談を言う	L2
kāi yuán jié liú 开源节流	収入を増やし、支出を減らす	L4
kǎn 侃	興奮して話す、雑談にふける、ほらを吹く	L6
kǎn guāng 砍光	切り尽くす	L7
kǎn jià 砍价	値段の駆け引きをする	L6
kàn bu xià qù 看不下去	見ていられない	L3
kàn bu cuò 看不错	見間違えるはずがない	L6
kàn bu shang 看不上	気に入らない	L6
kàn de jiàn 看得见	見える	L3
kàn de qǐ 看得起	軽蔑しない	L3

単語	訳	課
kàn kāi diǎnr 看开点儿	心を広く持つ、前向きに考える	L6
kàn qǐ lái xiàng 看起来像…	見たところ…のようだ	L8
kàn sì 看似…	…のように見える	L8
kàng shuāi lǎo 抗衰老	アンチエイジング	L6
kǎo guò 考过…	…に受かる	L1
kǎo lǜ 考虑	考える	L6
kǎo píng 考评	審査と試験	L1
kǎo shì 考试	試験(する)	L1
hàn yǔ shuǐ píng kǎo shì 汉语水平考试	HSK	L1
kǎo yàn 考验	試練(を与える)	L4
kào 靠	頼りにする	L5
kào pǔ 靠谱 kě xìn 可信 kě kào 可靠	信頼できる、当てになる	L6
kē dǒu 蝌蚪	おたまじゃくし	L10
kē kè 苛刻	過酷である、厳しい	L1
kē lì wú shōu 颗粒无收	作物の収穫が全くない	L4
ké sou 咳嗽	せきをする	L2
kě wàng 渴望	渇望する、切望する	L5
kě bú shì ma 可不是嘛	おっしゃるとおりです	L3
kě kǒu kě lè 可口可乐	コカコーラ	L1
kùn huò 困惑	戸惑う、戸惑いを感じる	L8

単語	訳	課
kě děi 可得・述V目…	…しなければならない	L2
kè bù róng huǎn 刻不容缓	一刻の猶予もならない	L7
kè hù 客户	得意先、取引先	L5
kè hù míng dān 客户名单	顧客リスト	L7
kěn dìng 肯定	必ず、きっと、肯定的である、肯定する	L5
kěn lǎo zú 啃老族	働かずに親の収入に依存して生活する人	L4
kěn yǐ zú 啃椅族	ファストフード店で長居する人たち	L6
kōng cháo lǎo rén 空巢老人	子供と同居していない高齢者	L6
kōng cháo jiā tíng 空巢家庭	子供と同居していない、老夫婦だけの家庭	L8
kǒng guī zú 恐归族	帰郷を恐れる人々	L4
kòng zhì 控制	コントロール(する)	L4
kě kě 可可	ココア	L1
kǒu hóng 口红	口紅	L1
kǒu shuǐ zhàn 口水战	舌戦、口論、論争	L6
kǒu wěn 口吻	口ぶり、話しぶり、口調	L8
kǒu shì xīn fēi 口是心非	裏と表がある	L8
kòu rén xīn xián 扣人心弦	人を興奮させ、ぞくぞくさせる、人の心をつかむ	L1
kū 哭	泣く	L1
kū xiào bù dé 哭笑不得	笑うに笑えず泣くに泣けず	L1
kū zào 枯燥	単調である、味気ない	L4
kǔ jìn gān lái 苦尽甘来	苦しい時期が終わり、よい時期を迎えた	L2
kǔ kǒu pó xīn 苦口婆心	老婆心から繰り返し忠告する、こんこんと諭す	L1
kǔ nǎo 苦恼	悩み、苦悩、苦しい、苦しめる	L1
kù sì 酷似	酷似する、とても似ている	L8
kuǎ diào 垮掉	ダメになる	L2
kuài cān tīng 快餐厅	ファストフード店	L6
kuài zi 筷子	箸	L1
kuān chǎng 宽敞	場所が広くゆったりしている	L5
kuān dài 宽带	ブロードバンド	L3
kuān sōng 宽松	寛大な厳しくない	L8
kuī sǔn 亏损	損失(する)	L7
kuī xīn shì 亏心事	やましいこと、良心に背くこと	L1
kǔn zhù 捆住	しっかりと縛る	L8
kùn rǎo 困扰	悩ませる、困らせる	L4
kuò dà zhāo shēng 扩(大)招(生)	大学の入学生枠を増やす	L4

L

lā piào 拉票	票を集める、選挙運動をする、投票運動をする	L6

単語	訳	課
lā guān xi 拉关系 / zǒu hòu mén 走后门	関係を利用して裏工作をする、裏で根回しをする	L5
lā píng 拉平	ならす、進度と進み具合などを同じにする	L7
lā jī tǒng 垃圾桶	ごみ箱	L7
là zhú 蜡烛	ろうそく	L8
lài xiào zú 赖校族	大学を卒業した後も、就職願望がなく、学校に残り、両親の収入で、修士や博士の勉強をする人	L6
làn yòng 滥用	濫用する	L3
làn wěi lóu 烂尾楼	資金問題などにより建設が途中で中止されている建物	L6
láng bà yīng bà 狼爸=鹰爸	教育に関して非常に厳格な父親	L6
lǎo yí bèi 老一辈	1世代上の人	L5
lè guān 乐观	楽観、楽観的である	L8
lè qù 乐趣	楽しみ	L2
lè yú jiē shòu 乐于接受	喜んで受ける	L5
lěng de yào mìng 冷得要命	すごく寒い	L2
lěng kù 冷酷	冷酷(である)	L7
lěng pán 冷盘	前菜	L4
lí hūn 离婚	離婚(する)	L2
lí jiā chū zǒu 离家出走	家出	L3
lí kāi 离开	離れる	L2
lǐ cái néng lì 理财能力	財務管理能力	L4

単語	訳	課
lǐ gēn 里根	レーガン	L1
lǐ jīn 礼金	祝儀、謝礼金	L8
lǐ mào 礼貌	礼儀	L5
lǐ pǐn 礼品	贈り物、みやげ、ギフト	L6
lǐ suǒ dāng rán 理所当然	理論上当然である	L4
lǐ zhí qì zhuàng 理直气壮	筋が通っているので、話に勢いがある	L4
lì wǎn kuáng lán 力挽狂澜	必死になって劣勢を挽回する	L3
lì suǒ néng jí 力所能及	できる限り、力の及ぶかぎり	L5
lì bǐ yà 利比亚	リビア	L3
lì hài 厉害	きつい、激しい	L2
téng de lì hài 疼得厉害	すごく痛い	L2
lì liàn 历练	経験と鍛錬、修練	L9
lián jiē 连接	リンク	L3
lián yè pái duì 连夜排队	徹夜で行列に並ぶ	L3
lián jià jī piào 廉价机票	格安航空券	L3
lián jià 廉价	低価格	L8
liǎn shū 脸书	フェイスブック	L3
liáng jiǔ 良久	長い間	L7
liǎng nián nèi 两年内	2年以内	L1
liàng lì 亮丽	輝いて美しい	L4
liàng lì 靓丽=亮丽	美しい	L7
liàng rù wéi chū 量入为出	収入を考えて支出する	L9

523

単語	訳	課
liǎo bu qǐ 了不起	すごい、立派だ	L1
liè rén tóu gōng sī 猎人头公司	ヘッドハンティング会社	L2
lín zhèn mó qiāng 临阵磨枪	急場しのぎ	L3
lín zhōng jiāo dài 临终交代	臨終の際の言葉、遺言→最後の言葉	L7
líng gōng zī 零工资	無給、ただで働く	L8
líng huā qián 零花钱	小遣い	L4
líng huó 灵活	融通が利く	L8
líng tīng 聆听	耳を澄ませて、きちんと聞く	L8
líng xiǎng le 铃响了	ベルがなった	L5
lǐng yù 领域	領域、分野	L8
liú lǎn 浏览	ざっと目を通す	L4
liú lì 流利	流暢である	L2
liú cháng le 留长了	延ばした	L7
liú shǒu ér tóng 留守儿童	親が出稼ぎに出かけ、田舎に残される子供	L6
liú xué zhōng jiè 留学中介	留学斡旋組織	L4
lǒng tǒng 笼统	大ざっぱ、大まかである	L4
lóu pán 楼盘	建設中または販売中の不動産物件（マンション、団地）	L6
lóu tī 楼梯	階段	L1
lú huǒ chún qīng 炉火纯青	（学問、技術、芸術などの）最高レベル	L1
lù qǔ 录取	採用する	L6
lù qǔ tōng zhī shū 录取通知书	合格通知、採用通知	L6
lù yòng 录用	（人を)採用する	L7
lù yíng 露营	野宿する	L4
luàn mǎ 乱码	文字化け	L3
luàn lún 乱伦	人倫を乱す	L3
lún chuán 轮船	船	L4
lún tì 轮替	交代	L5
lùn tán 论坛	論壇	L3
luó bo 萝卜	大根	L3
luǒ guān 裸官	家族や預金のすべてを海外に移し、本人だけが中国にいる高官	L6
luǒ hūn 裸婚	家・車・指輪を買わず、式も挙げず、届けだけを提出する結婚スタイル	L6
luǒ kǎo 裸考	実力で試験を受けること	L6
luò hòu 落后	遅れる、後れをとる、立ち遅れている	L3
bú luò rén hòu 不落人后	人に遅れをとらない人と同じレベルを保つ	L3
luò bǎng 落榜	（試験に)落第する、不合格になる	L7
luò jǐng xià shí 落井下石	他人の災難につけ込んで、さらに害を加える	L5
lǚ lì biǎo 履历表	履歴書	L7
lǚ xíng 旅行	旅行(する)	L1
lǘ yǒu 驴友	バックパッカー	L6

単語	訳	課
M		
má fan 麻烦	迷惑・面倒である	L1
mǎi de dào 买得到	買える（品物があるから）	L3
mǎi de qǐ 买得起	買える（お金があるから）	L3
mǎi bu qí 买不齐	買い揃えられない	L6
mǎi lai 买来	買って来る	L1
mǎi qí le 买齐了	買い揃った	L6
mǎi zǒu le 买走了	買われて行った	L1
mǎn fēn 满分	満点	L7
màn mānr 慢慢儿	ゆっくり	L1
máng bu guò lái 忙不过来	忙しくて、やりきれない	L3
máo róng wán jù 毛绒玩具	ぬいぐるみ	L9
mào yì 贸易	貿易	L2
mào yì gōng sī 贸易公司	貿易会社	L1
méi cuò 没错	間違いない、そのとおりだ	L3
méi jīng shen 没精神	元気がない	L3
méi chū xi 没出息	将来性がない、見込みがない	L5
méi còu qí 没凑齐	まだ揃っていない	L6
mèn sāo 闷骚	表面が静かで内面が野性的である	L6
méng 萌	おさない、どこかが抜けている	L6
méi jìnr 没劲儿	力がない、体がだるい	L2
méi kàn cuò 没看错	見間違えていない	L6
méi mǎi qí 没买齐	まだ買い揃っていない	L6
méi miàn zi 没面子	面子を失う	L5
méi tīng cuò 没听错	聞き間違えていない	L6
méi yǒu lǐ mào 没有礼貌	礼儀正しくない	L5
méi tǐ 媒体	メディア	L2
měi qí míng yuē 美其名曰	聞こえがいい方、聞こえのいいことを言う	L6
měi zhōng bù zú 美中不足	立派な中にも少し足りない点がある、玉にキズ	L1
mèi lì 魅力	魅力	L7
mén hù wǎng zhàn 门户网站	ポータルサイト	L3
méng shòu 蒙受	受ける、こうむる	L3
mí bǔ 弥补	不足を補う	L5
mí bǔ bù zú 弥补不足	足りないところを補う	L5
mí nǐ qún 迷你裙	ミニスカート	L1
mí tú zhī fǎn 迷途知返	道に迷ったことに気づいて引き返す→自分の過ちに気づいて立ち戻る	L1
mì mǎ 密码	パスワード	L3
mì mǎ xiāng 密码箱	パスワードボックス、アタッシュケース	L8
mì mì 秘密	秘密(の)	L8
mián huā 棉花	綿花、綿、綿入れ	L2
miàn bāo chē 面包车	マイクロバス	L1
miàn lín 面临…	…に臨む、直面する	L8

単語	訳	課
miáo shù 描述	描写する	L4
miǎo shā 秒杀	瞬殺する（一瞬で相手を打ち負かす）	L6
miǎo shā 秒杀	一瞬で相手を打ち負かす	
miǎo shā zú 秒杀族	一瞬で購入品を決める客	L6
miào 庙	寺	L1
mín yǐ shí wéi tiān 民以食为天	人は食を頼って生きるので、食を最も大切なものとする	L5
mǐn gǎn 敏感	敏感（である）	L1
míng páir 名牌儿	有名ブランド	L2
shì jiè míng pái 世界名牌	世界の有名ブランド	L3
míng páir dà xué 名牌儿大学	一流大学	L4
míng biǎo 名表	ブランド物の時計	L8
míng dān 名单	名簿、リスト	L7
míng yù 名誉	名誉	L2
míng zuǐ 名嘴	人気キャスター、名司会者	L6
míng xīng 明星	有名な俳優、スター	L2
mó shì 模式	パターン	L3
mó fǎng 模仿	まねる、模倣する	L8
mó shù shī 魔术师	手品師、マジシャン	L7
mò shǒu chéng guī 墨守成规	古いしきたりに固執する	L1
móu fú lì 谋福利	福利を図る	L8
móu qǔ sī lì 谋取私利	私利をはかる	L8

単語	訳	課
móu qǔ bào lì 牟取暴利	不正な手段でぼろ儲けをする	L4
mǔ zhǐ 拇指	親指	L6
mù biāo 目标	目標	L1
mù dèng kǒu dāi 目瞪口呆	あっけにとられる	L2
mù dǔ 目睹	目撃する	L5

N

単語	訳	課
ná bu dòng 拿不动	持てない	L3
ná cuò 拿错	取り違える	L7
ná dōng xi 拿东西	ものを取る	L1
ná guo qu 拿过去	（あちらから）持って行く	L1
ná hui lai 拿回来	持って帰る	L1
ná lai 拿来	（あちらから）持って来る	L1
ná qi lai 拿起来	持ち上げる	L1
ná xia lai 拿下来	降ろす	L1
ná zhù 拿住	しっかり持つ	L6
nà biān 那边	あちら	L1
nà dǎo bú shì 那倒不是	それは違う、ではないが	L7
nài xīn 耐心	辛抱強い、根気がある	L4
nán dào 难道…	まさか…ではあるまい	L8
nán guài 难怪	もっともである、なるほど	L4
nán guò 难过	悲しい、	L7

単語	訳	課
nán kān 难堪	気まずい、困り果てる	L5
nán yǐ zhì xìn 难以置信	信じられない	L8
nán nǚ píng děng 男女平等	男女平等	L5
nán zūn nǚ bēi 男尊女卑	男尊女卑	L5
nán yōng 男佣	男性使用人	L7
náng zhōng xiū sè 囊中羞涩	お金がほとんどない	L4
nǎo yán 脑炎	脑炎、大脑炎	L8
nào 闹	騒ぐ	L2
nèi hán 内涵	中身、内面的な修養	L6
nèi jiù 内疚	やましい、気がとがめる	L6
nèi liǎn 内敛	内向的、ひかえめ	L8
nèi xiàng 内向	内向的、シャイ	L4
néng gòu 能够・述 V 目	～することができる	L3
néng zuò dào 能做到	(目的などを)達成できる	L6
néng zhǎo dao 能找到	見つけられる	L2
zhǎo bu dao 找不到	見つけられない	L2
ní zhǎo 泥沼	泥沼	L8
nǐ qíng wǒ yuàn 你情我愿	互いに希望する	L9
nì ài 溺爱	溺愛する	L4
nì jìng zhì shāng 逆境智商	逆境と戦う指数	L4
nì míng 匿名	匿名にする、名を隠す	L6
nián zhōng 年终	年度末	L7
niàn cuò 念错	読み間違える	L6
niǎo 鸟	鳥	L2
nǐng ba 拧巴	素直ではない、ひねくれている	L6
nìng kě yě bù 宁可…也不…		
nìng kěn yě bù 宁肯…也不…	…よりはむしろ～の方がいい	L5
nìng yuàn yě bù 宁愿…也不…		
niú 牛	誇り高く振る舞う、カッコいい、牛	L8
niú dùn 牛顿	ニュートン	L3
niǔ shāng 扭伤	捻挫する	L7
nóng mín gōng 农民工	農民の出稼ぎ労働者	L4
nòng cuò le 弄错了	やり間違えた	L1
nòng bu hǎo 弄不好…	へたをしたら…になる	L1
nòng dào shǒu 弄到手	手に入れた	L1
nòng hǎo 弄好	うまくやる、うまく仕上げる	L1
nòng huài le 弄坏了	いじって壊した	L1
nòng kāi 弄开	開ける	L1
nòng lái le 弄来了	手に入れた	L1
nòng luàn 弄乱	乱れさせる	L7
nòng míng bái le 弄明白了	分からせた	L1
nòng xǐng le 弄醒了	無理に起こした	L1
nòng zāng le 弄脏了	不注意で汚した	L1
nǔ lì 努力	努力する	L1
nù qì chōng chōng 怒气冲冲	カンカンに怒る	L1

単語	訳	課
nuò ruò 懦弱	気が弱い、意気地がない	L10

O

単語	訳	課
ǒu ěr 偶尔	たまに	L1

P

単語	訳	課
pá 爬	登る	L1
pá lóu tī 爬楼梯	階段を登る	L1
pá qǐ lai 爬起来	這い上がる	L8
pà 怕	恐い	L1
bú pà 不怕	恐くない	L1
pāi dàng 拍档	パートナー、仲間、組み合わせ、コンビネーション	L6
pái háng bǎng 排行榜	ランキング	L4
pái jǐ 排挤	排斥する、締め出す	L4
pái liàn 排练	リハーサル(する)	L6
pán gǔ kāi tiān dì 盘古开天地	古代の英雄盘古の天地開闢	L5
páng dà 庞大	莫大な	L4
páng dà de 庞大的	莫大な	L10
pāo qì 抛弃	投げ捨てる、捨て去る	L8
pǎo 跑	走る	L1
pǎo chu lai 跑出来	中から走って出て来る	L1
pǎo chu qu 跑出去	外へ走って行く	L1
pǎo guo lai 跑过来	向うから走って来る	L1
pǎo hui lai 跑回来	走って戻って来る	L1
pǎo lai pǎo qu 跑来跑去	走って行ったり来たりする	L1
pǎo shang lai 跑上来	下から走って来る	L1
pǎo shang qu 跑上去	上へ走って行く	L1
pào mò jīng jì 泡沫经济	バブル経済	L5
pào wēn quán 泡温泉	温泉につかる	L2
péi jiǔ nǚ láng 陪酒女郎	ホステス	L4
péi xùn 培训	訓練養成する	L8
péi yǎng 培养	育て上げる、養成する	L4
pèi bèi 配备	割り振る、割り当てる	L3
pèi ǒu 配偶	配偶者	L8
pēng jī 抨击	非難する	L5
pěng chē zú 捧车族	車の維持費が高いために、車を使わずに飾りとして置いておく人々	L6
pèng diào le 碰掉了	ぶつけて落とした	L7
pī dòu 批斗	公然と非難する(非難対象を殴る場合もある)	L5
pī fù 批复	(下級機関からの指示求めの文書に対して)意見を書きつけて返答する	L7
pī píng 批评	批判する、叱責する	L6
pí yú bēn mìng 疲于奔命	あくせく駆け回って疲れている	L7
pí fū mǐn gǎn 皮肤敏感	肌が敏感である	L1

単語	訳	課
pì rú (shuō) 譬如(说)	例えば	L3
pì měi… 媲美…	(美しさやすばらしさに)遜色ない	L8
piān yuǎn shān qū 偏远山区	辺鄙な山間部	L5
piān yuǎn 偏远	辺鄙な、遠く離れた	L8
piàn rén 骗人	人を騙す	L3
piāo bó 漂泊	故里以外の場所で不安定な生活をしている	L3
piāo qiè 剽窃	(他人の文章や作品を)盗作する	L8
piào 票	切符、入場券、札	L2
piào fàn zi 票贩子	鉄道切符の不法売買者	L4
pīn bó 拼搏	一生懸命に奮闘し、努力する	L2
pīn hūn 拼婚	費用を節約するため、合同で結婚式を挙げること	L6
pīn mìng 拼命	必死にやる	L2
pīn zhuō 拼桌	相席で食事をすること	L6
pín lín pò chǎn 频临破产	破産の危機にある	L3
pín fán 频繁	頻繁である	L5
pín fù chā jù 贫富差距	貧富の格差	L5
pǐn gé dī liè 品格低劣	人格が劣る、下品	L7
pǐn gé gāo shàng 品格高尚	人格が高尚である	L7
pǐn zhì 品质	(人の)本質、資質、品性、(品物の)品質	L7
pìn qǐng 聘请	招聘する(医者や弁護士、教師などの専門家)	L4

単語	訳	課
píng 凭	頼る、頼みとする	L6
píng mù 屏幕	スクリーン	L3
píng bǎn diàn nǎo 平板电脑	i-PadなどのタブレットPC	L3
píng jūn fǎng wèn liàng 平均访问量	平均アクセス数	L3
píng fán 平凡	平凡である	L5
píng héng fā zhǎn 平衡发展	バランスよく発展する	L5
píng gū 评估	評価する	L4
píng jià 评价	評判(する)	L2
píng jí xià tiáo 评级下调	信用格付けを格下げする	L9
píng jǐng 瓶颈	ボトルネック、障害となっていること	L2
zǒu dào píng jǐng 走到瓶颈	伸び悩みに入った、隘路に踏み込んだ	L2
pó xí guān xi 婆媳关系	嫁と姑の関係	L2
pò chǎn 破产	破産(する)	L3
pò huài 破坏	破壊(する)	L2
pò lànr 破烂儿	ぼろ、くず、廃品	L8
pò zài méi jié 迫在眉睫	(事態が)切迫している	L7
pǔ jí 普及	普及する、広まる	L1
pǔ shí 朴实	飾りけがなくまじめである、質素である	L7

Q

単語	訳	課
qī piàn 欺骗	騙す	L3
qī ruǎn pà yìng 欺软怕硬	弱い者を泣かせ、強い者にへつらう	L8

単語	訳	課
qí jì 奇迹	奇跡	L7
qí jiàn diàn 旗舰店	旗艦店、フラッグシップショップ	L6
qí qiú 祈求	祈る	L1
qí zǒu le 骑走了	乗り去られた	L8
qǐ háng 启航	出航する、船を出す	L7
qǐ fú diē dàng 起伏跌宕	上がったり下がったり波乱万丈である	L5
qǐ tiào 起跳	踏み切る、オークションなどの最低落札価格から始める	L8
qǐ xīn 起薪	初任給	L8
qǐ yè 企业	企業	L1
qǐ yè lǎo zǒng 企业老总	会社の社長	L8
qì gōng 气功	気功	L3
qià qià shì 恰恰是	ちょうど、折しも	L8
qiān qí bǎi guài 千奇百怪	奇々怪々である	L3
qiān wàn fù wēng 千万富翁	千万長者	L4
qiān bǐ 铅笔	鉛筆	L1
qiān guà 牵挂	心配する、気にかかる	L7
qiān zhe shǒu 牵着手	手をつなぐ	L6
qiān xǐ 迁徙	大規模の移動(をする)	L4
qiān zhèng 签证	ビザ	L8
qián yī zhèn zi 前一阵子	過去のある短い一定の期間	L3
qián liè 前列	前列、前の方	L4

単語	訳	課
qián sī hòu xiǎng 前思后想	思案する、あれこれと考える	L1
= sī qián xiǎng hòu 思前想后	思案する、あれこれと考える	L7
qián xī …前夕	…の前	L4
qiǎn táng shǐ 遣唐使	遣唐使	L5
qiāng jī shì jiàn 枪击事件	銃撃事件	L3
qiáng jiān 强奸	強姦する、踏みにじる	L7
qià dàng 恰当	適切な、適切に	L8
qiǎng guāng 抢光	あっという間に奪われる、売り切れる	L4
qiǎng guāng le 抢光了	全部奪われてしまった	L6
qiǎo kè lì 巧克力	チョコレート	L1
qiào mén 撬门	泥棒行為、人の家の鍵をこじ開ける	L3
qīn lì qīn wéi 亲力亲为	自らの力でやる	L3
qīn yǎn mù dǔ 亲眼目睹	実際に目撃する	L10
qīn quán xíng wéi 侵权行为	権利侵害行為	L8
qín cài 芹菜	セロリ	L3
qín jiǎn jié yuē 勤俭节约	勤勉でつましく節約する	L8
qín liú gǎn 禽流感	鳥インフルエンザ	L8
qīng yì 轻易	容易である、簡単に	L8
qīng xī 清晰	クリアー、はっきり	L8
qíng dí 情敌	恋敵	L7
qíng gǎn 情感	情緒と感情	L4

単語	訳	課
qíng lǚ 情侣	カップル、一組の恋人	L6
qíng xù zhì shāng 情绪智商	心の知能指数・情動指数	L4
qíng xù dī luò 情绪低落	意気消沈する	L6
qǐng kè 请客	ごちそうする	L1
qǐng shén róng yì sòng shén nán 请神容易送神难	いったん他人を家に住まわせたら、簡単には出てもらえない	L10
qióng rén pǎo 穷人跑	中国産の安いスポーツカー	L6
qiú xué fáng 求学房	通学に便利なように購入した家	L6
qiú zhí 求职	求職する、職を求める	L7
qū zhú 驱逐	追い出す	L3
qú dào 渠道	ルート、方法、道すじ	L1
qǔ qián 取钱	(銀行やATMから)お金を下ろす	L1
qǔ yuè rén 取悦人	…の機嫌をとる	L8
quán lì 权力	権力	L3
quán lì yǐ fù 全力以赴	全力で対処する	L5
quàn 劝	忠告する、勧告する	L3
quàn jiǔ 劝酒	酒を勧める	L5
quē xiàn 缺陷	欠陥	L8
què shí 确实	確かである、確かに	L8
qún tǐ 群体	グループ、団体、共通するものの集まり	L8

R

単語	訳	課
rán méi zhī jí 燃眉之急	焦眉の急、事態が差し迫っているたとえ	L1
ràng zuò 让座	席を譲る	L7
rè cháo 热潮	ブーム	L5
rè chén 热忱	情熱(がある)	L10
rè mén 热门	人気のある、ホットな、はやりの	L6
rè zhōng 热衷	に熱中する、に対して情熱がある、汲々とする	L7
rén gé 人格	人格	L7
rén gé gāo shàng 人格高尚	人格が高尚である	L7
rén jì guān xì 人际关系	人間関係	L2
rén kǒu pǔ chá 人口普查	人口調査	L2
rén nuó huó shù nuó sǐ 人挪活树挪死	人は環境が変われぱまた新生面が開けてくるが、樹は他へ移されると枯れてしまう	L5
rén pǐn 人品	人柄	L7
rén ròu sōu suǒ 人肉搜索	民衆の力で汚職などの不正を働いた者の身上調査を徹底的にする	L6
rén shì bù 人事部	人事部	L7
rén xīn huāng huāng 人心慌慌	人々が不安になる	L2
rén yuè liǎng tuán yuán 人月两团圆	中秋の名月の日に月は満月となり、家族も団らんを持てること	L3
rèn wéi… 认为…	…と思う、…と認める	L2

単語	訳	課
rèn láo rèn yuàn 任劳任怨	苦労をいとわず、他人からのクレームにも耐える	L7
rèn wu 任务	任務、仕事、役目	L4
rēng diào 扔掉	投げ捨てる	L8
rēng jìn 扔进	投げ入れる	L7
rì lì 日历	カレンダー	L3
róng huá fù guì 荣华富贵	成功と富	L5
róng qià 融洽	融和する、うちとける	L4
róng yì 容易	たやすい、簡単な	L2
rú chū yì zhé 如出一辙	同じ轍をなぞったように2つの事柄がよく似ているたとえ	L8
rú guǒ 如果	もし…	L2
rú hé 如何	どうですか、いかに	L2
rén wǎng gāo chù zǒu, shuǐ wǎng dī chù liú 人往高处走，水往低处流	水が自然に低い所に流れるように、人は高い所をめざす	
rú yuàn yǐ cháng 如愿以偿	願いがかなえられる	L1
rù bù fū chū 入不敷出	収入より支出が多い赤字である	L9
rù chǎng juàn 入场卷	入場券	L1
rù wǔ 入伍	軍隊に入隊する	L4
ruǎn jiàn 软件	ソフトウェア	L8
ruǎn yǐn liào 软饮料	ソフトドリンク	L6
ruò shì qún tǐ 弱势群体	弱者層、社会的弱者	L6

単語	訳	課
S		
sǎ qiē ěr fū rén 撒切尔夫人	サッチャー夫人	L1
sǎ tuǐ jiù pǎo 撒腿就跑	猛スピードで走って逃げる	L10
sāi chē 塞车	交通渋滞	L2
sān shí liù jì zǒu wéi shàng 三十六计走为上	三十六計逃げるにしかず	L8
sāng lǐ 丧礼	葬式	L5
sàng shī zì zūn xīn 丧失自尊心	自尊心を失う	L7
sè qíng 色情	色情、色欲	L3
sè qíng jiāo yì 色情交易	アダルトビジネス	L3
shā sī 沙斯	サーズ	L2
shài kè 晒客	自分のプライバシーをネット上に公開する人	L6
shài mì zú 晒密族	自分のプライバシーをネット上に公開する人々	L6
shài tài yáng 晒太阳	日光浴をする	L6
shài wǎng 晒网	自分のプライバシーを匿名でネット上に公開する	L6
shān chú 删除	削除する	L3
shān zhài 山寨	有名ブランドのコピー製品、パクリ	L8
shān zhài chūn wǎn 山寨春晚	山寨版春節聯歓晩会	L8
shān zhài wén huà 山寨文化	中国のパクリ文化	L8
shǎn lí 闪离	スピード離婚	L6

単語	訳	課
shǎn hūn 闪婚	スピード結婚	L6
shǎn yùn 闪孕	スピード妊娠	L6
shàn jiě rén yì 善解人意	人の気持ちがよく分かる	L3
shàn shǐ shàn zhōng 善始善终	最初から最後まで、きちんと仕上げる	L8
shàn cháng 擅长	（あることに）堪能である、得意とする	L7
shāng jī 商机	ビジネスチャンス	L6
shāng yè tóu nǎo 商业头脑	商才	L4
shǎng shí 赏识	人の才能を認める、賞賛する	L8
shàng zhì xià zhì 上至…下至…	上は…から下は…まで	L3
shàng lai 上来	上って来る	L1
shàng shān xià xiāng 上山下乡	(1966～1976) 中学生や高校生が卒業後、農山村に長期間滞在して思想改造をはかるとともに農山村の社会主義建設に協力すること	L7
shàng tái 上台	舞台に上がる、政権の座に就く	L8
shàng tái biǎo yǎn 上台表演	本番のステージ	L6
shàng wǎng 上网	インターネットにアクセスする	L1
shàng yè bān 上夜班	夜勤する	L6
shāo 烧	燃やす、焼く、焼ける	L4
shē huá 奢华	ぜいたくな、豪華な	L8
shě bu de 舍不得	惜しむ、離れがたい	L8
shè jiāo wǎng zhàn 社交网站	社会リンクネット	L3
shè huì jié gòu 社会结构	社会構造	L4
shè huì zhuǎn xíng 社会转型	社会の構造変化	L8
shè jiāo cí lìng 社交辞令	社交辞令	L5
shè shī 设施	施設、組織、機構	L7
shè jì 设计	デザインする、計略をめぐらす、他人を陥れる	L2
shè mén 射门	シュート（する）	L4
shēn jià 身价	個人の所有する財産額	L8
shēn zài fú zhōng bù zhī fú 身在福中不知福	幸福の中に身を置きながら、それに気づかない	L8
shēn rù 深入	深く入る、深く掘り下げている	L1
shēn sī shú lǜ 深思熟虑	深思熟考する	L1
shén mǎ 神马	仙人のような人、「什么」の別の言い方	L3
shén huà gù shì 神话故事	神話、おとぎ話	L4
shén me yàng de 什么样的	どのような	L1
shèn zhì 甚至	甚だしきに至っては、ひいては	L3
shēng huó xíng tài 生活形态	ライフスタイル	L6
shēng wù gōng chéng 生物工程	バイオテクノロジー	L6
shēng yì rén 生意人	商売人	L1
shēng jí 升级	昇給・昇格・進級する、エスカレートする、バージョンアップする	L8

単語	訳	課
shēng jí huàn dài 升级换代	アップグレードのためのモデルチェンジ	L3
shēng xué 升学	進学する、上級の学校へ入る	L5
shēng zhí 升职	昇進する	L4
shěng xīn 省心	心労がない、安心できる	L2
shèn tòu 渗透	浸透	L8
shèng lì 胜利	勝利(を収める)	L1
shèng nǚ 剩女	婚期を過ぎてもまだ独身でいる女性	L6
shèng xià 剩下	残る、残す	L8
shī bài 失败	失敗(する)	L2
shī luò 失落	何かを失い、淋しく思う	L5
shī luò gǎn 失落感	喪失感	L5
shī péi le 失陪了	お先に失礼いたします	L5
shī zhí 失职	責任と職務を果たさない、職務怠慢	L4
shī zōng 失踪	失踪する、行方不明になる	L2
shī zú qīng nián 失足青年	道を誤った青年	L7
shí nián hé dōng 十年河东 shí nián hé xī 十年河西	人生山あり、谷あり、この10年間失敗したとしても、次の10年再起し成功を収める可能性もある	L5
shí guāng liú shì 时光流逝	時が流れる	L7
shí máo 时髦	はやりの、モダンな	L4
shí shàng 时尚	モダンな、はやり、流行	L4
shí zhuāng xiù 时装秀	ファッションショー(時代の服装を見せるの意味)	L1
shí míng gòu piào 实名购票	実名で切符を買う	L4
shí yàn 实验	実験(する)	L1
shí yòng 实用	実用的である	L2
shí zhǐ 食指	人差し指	L6
shì pín duì huà 视频(对话)	(スカイプなど)でテレビ通話	L3
shì chuāng 视窗	ウィンドウズ	L3
shì shì 逝世	世を去った、死んだ	L3
shì bàn gōng bèi 事半功倍	倍の労力をかけて半分の成果しか上がらない	L1
shì bèi gōng bàn 事倍功半	労力が半分なのに倍の効果が上がる	L1
shì xiān 事先	事前(に)	L5
shì fàng qíng xù 释放情绪	感情を吐き出す	L6
shì jiǔ 嗜酒	酒にふける	L9
shì dé qí fǎn 适得其反	願いと逆効果になる、事の成り行きが希望とは裏腹になる	L4
shì hé 适合	(実際の状況や客観的な要求に)適合する、ちょうど合う当てはまる、似合う	L4
shì kě ér zhǐ 适可而止	ころあいを見てやめる、適当なところでやめる	L4
shì yí 适宜	…に適する、ほどよい	L4

単語	訳	課
shì yìng 适应	慣れる、順応する、適応する、慣れていく	L2
bú shì yìng 不适应	慣れない	L2
shì nèi shè shī 室内设施	室内の設備	L5
shì nèi qì fēn 室内气氛	室内の雰囲気	L7
shǒu guī ju 守规矩	決まりを守る	L8
shōu bu shàng lái 收不上来	回収できない	L3
shōu de shàng lái 收得上来	回収できる	L3
shōu dào 收到	受け取る、収める	L2
shōu shì lǜ 收视率	視聴率	L2
shōu shi 收拾	片付ける、修理する	L8
shǒu běn fèn 守本份	自分の本分を守る	L6
shǒu jī 手机	携帯電話	L1
shǒu jī shǒu 手机手	携帯SMSの発信に指を使いすぎて激痛を感じる指	L6
shǒu tí diàn nǎo 手提电脑	モバイルパソコン	L8
shǒu xù 手续	手続き	L7
shǒu zú kǒu zhèng 手足口症	手足口病	L8
shǒu qī 首期	分譲住宅購入の際の頭金、第1期	L9
shǒu shì 首饰	アクセサリー	L8
shǒu yào 首要	一番重要である	L4
shòu bu liǎo 受不了	がまんできない	L3
shòu yì zhě 受益者	利益を受ける者	L3
shòu huì 受贿	賄賂を貰う	L5

単語	訳	課
shòu hòu fú wù 售后服务	アフターサービス	L3
shū cài 蔬菜	野菜	L3
shū gān jìng 输干净	すべて負ける	L6
shū huǎn 舒缓	やわらげる	L2
shū tǎn 舒坦	気持ちがよい、快適である	L6
shú nán xíng nán fù nán 熟男、型男、富男	成熟した見た目のよい、金持ちの男	L8
shú rén 熟人	知り合い、知人	L1
shú xi 熟悉	親しい、よく知っている	L2
shǔ biāo 鼠标	マウス	L3
shǔ jià 暑假	夏休み	L1
shù zì diàn shì 数字电视	デジタルテレビ	L3
shù fù 束缚	束縛(する)	L5
shuǎ shé 耍蛇	蛇使い	L3
shuāi dǎo 摔倒	転倒する、投げ出す	L7
shuāi le yì jiāo 摔了一跤	転んだ	L5
shuāi shāng 摔伤	転んでケガをする	L7
shuāi suì 摔碎	落ちて砕ける	L7
shuǎi 甩	振る、投げる、振り切る	L8
shuài 帅	カッコいい、ハンサム	L2
shuàn yáng ròu 涮羊肉	羊肉のしゃぶしゃぶ	L8
shuāng jiǎo 双脚	2本の足、自らの足	L5

単語	訳	課
shuǐ jīng 水晶	水晶	L8
shuǐ píng 水平	水準、レベル	L1
shuì bu zháo jiào 睡不着觉	眠れない	L3
shuì de ān wěn 睡得安稳	安心して眠る	L4
shuō bu chū lai 说不出来	答えられない	L2
shuō de yě shì 说的也是	それはそうだ	L2
shuō de chū lai 说得出来	答える、答えられる	L2
shuō de duì 说得对	おっしゃるとおりです、言われたとおりです。	L2
shuō fú 说服	説得する	L8
shuò shì 硕士	修士、マスター	L2
shuò shì xué wèi 硕士学位	修士号	L4
sī chóu zhī lù 丝绸之路	シルクロード	L5
sī 撕	引きはがす、引き裂く	L7
sī pò 撕破	引き裂く、破る	L8
sī jiā chē 私家车	自家用車	L1
sī mì 私密	プライバシー	L6
sī tǎn fú dà xué 斯坦福大学	スタンフォード大学	L7
sī lǜ 思虑	思慮する、考えめぐらす	L7
sī qián xiǎng hòu 思前想后	あれこれ考える	L1
sī wéi fāng shì 思维方式	考え方、思考パターン	L5
sǐ gōng zī 死工资	決まった額の給与、基本給	L3

単語	訳	課
sǐ bǎn 死板	堅い、融通が利かない	L8
sì wú jì dàn 肆无忌惮	悪いことを大胆にやる、やりたい放題をする	L1
sōu hú 搜狐	SOHUネット	L3
sú huà shuō 俗话说	よく言われるように（ことわざで言うには）	L1
sù liào dài 塑料袋	ビニール袋	L3
sù liào dà péng 塑料大棚	ビニールハウス	L3
sù kǔ mèn 诉苦闷	苦しみを訴える	L6
suī rán dàn shì 虽然…但是… / suī rán kě shì 虽然…可是… / suī rán què shì 虽然…却是…	…であるけれども…、…であるが…	L5
suí biàn 随便	気ままに、勝手に	L1
suí jī yìng biàn 随机应变	臨機応変(にする)	L8
suō duǎn 缩短	短縮する、縮める	L3
suǒ xìng 所幸	幸いなことに	L3
suǒ wèi de 所谓的	いわゆる	L7
suǒ xū 所需	必要であるもの	L3
xū yào 需要	必要	L3

T

単語	訳	課
tā jīng jì 她经济	女性が主に消費者になる商売	L6
tái cí 台词	せりふ	L6
tái wān 台湾	台湾	L1
tài zhòng le 太重了	重すぎる	L1

単語	訳	課
tān wū 贪污	汚職をする、横領する	L5
tán tǔ 谈吐	言葉遣いや態度、話しぶり	L8
tàn suǒ 探索	探求する	L3
tàn fú 叹服	感服する	L8
tàn xún 探寻	探し求める、探求する	L5
táng cháo 唐朝	唐の時代	L5
tàng shāng 烫伤	やけどする、やけど	L8
táo fàn 逃犯	逃亡中の犯人	L3
táo bǎo wǎng 淘宝网	中国で最大のインターネットショッピングサイト	L3
táo qì 淘气	いたずらである、やんちゃである	L5
tǎo ge shuō fǎ 讨个说法	納得できる説明を求める、きちんと説明してもらう	L7
tǎo lùn 讨论	討論(する)、検討(する)	L7
tǎo shēng huó 讨生活	働きながら、生計を図る	L4
tǎo yàn 讨厌	嫌う、嫌がる、嫌だ	L8
tè bàng、tài bàng le 特棒、太棒了	大変すばらしい	L2
téng fēi 腾飞	急速に発展する	L5
téng 疼	痛い	L2
téng tòng nán rěn 疼痛难忍	痛くてたまらない	L6
tī bào 踢爆	内部情報、実情を明るみに出す	L6

単語	訳	課
tǐ huì 体会	体験する、感じる	L2
tǐ liàng 体谅	相手の立場で考える、思いやる、同情する	L7
tí chàng 提倡	提唱する	L5
tí chàng jīng shén wén míng 提倡精神文明	精神文明を提唱する	L5
tí gōng 提供	提供する	L3
tí yì 提议	提案(する)	L5
tiān dào chóu qín 天道酬勤	天も勤勉な人を助ける	L1
tiān fāng yè tán 天方夜谭	アラビアンナイト	L5
tiān zhī jiāo zǐ 天之骄子	神の寵児、天の寵児、並はずれた幸運児	L4
tiān jiā jì 添加剂	添加剤	L1
tiāo bō 挑拨	そそのかす	L4
tiǎo zhàn 挑战	チャレンジする	L4
tiào cáo 跳槽	転職(する)	L5
tiào chuāng hù 跳窗户	窓を乗り越える	L1
tiē xīn 贴心	心が通い合っている、最も親しい	L8
tiě zi 帖子	書き込み	L3
tīng bu cuò 听不错	聞き違えていない	L6
tīng cuò 听错	聞き間違う	L6
tīng guàn 听惯	聞き慣れる	L6
tīng qǔ 听取	聴取する	L4
tīng tiān yóu mìng 听天由命	運を天に任せする	L9

単語	訳	課
tíng diàn 停电	停電(する)	L1
tíng zhì bù qián 停滞不前	止まって前へ進まない	L9
tōng guò 通过	合格する、通る、～を通して	L2
tōng bu guo 通不过	合格できない、通れない	L2
bù tōng 不通	通じない	L2
tōng huò péng zhàng 通货膨胀	インフレーション	L9
tóng gōng tóng chóu 同工同酬	同一労働同一賃金	L5
tóng xīn xié lì 同心协力	心を一つにして協力する	L8
tóng xíng 同行	同行する	L7
tǒng chēng 统称	総称	L8
tǒng yī fēn pèi 统一分配	就職先など国が統一的に配属する	L8
tòng gǎi qián fēi 痛改前非	前非(前に犯した罪)を徹底的に改める	L1
tòng gǎi qián fēi 痛改前非	前非(前に犯した罪)を徹底的に改める	L7
tōu qiè 偷窃	泥棒する、盗む	L5
tóu tào 头套	かつら	L3
tóu téng 头疼	頭が痛い	L1
tóu yī huí 头一回	最初の1回、初めて	L8
tóu piào 投票	投票(する)	L8
tóu zī 投资	投資(する)	L1
tóu zī rè 投资热	投資ブーム	L5
tóu zī gǔ piào 投资股票	株に投資する	L7

単語	訳	課
tóu piào lǜ 投票率	投票率	L8
tū chū 突出	突破する、強調する、目立たせる、飛び出ている、際立っている	L5
tū chū gè rén 突出个人	でしゃばる、個人を目立たせる	L5
tú jìng 途径	ルート、道程	L1
tǔ dòu 土豆	じゃがいも	L3
tǔ li tǔ qì 土里土气	野暮ったい、古くさい	L7
tuán duì gōng zuò 团队工作	チームプレー	L4
tuán duì jīng shén 团队精神	チームワーク、集団精神、団結心	L5
tuán gòu 团购	共同購入、グループ購入	L6
tuán yuán fàn 团圆饭	家族団らんの夕飯(大晦日の日に食べる)	L1
tuī chū 推出	売り出す	L3
tuī bu diao 推不掉	断りきれない	L8
tuī chóng 推崇	推賞する、高く評価する	L8
tuī guǎng 推广	広める、普及させる	L9
tuī jiàn 推荐	推薦する	L1
tuī xiāo 推销	セールス(を行う)	L7
tuì chū 退出	ログアウト	L3
tuì xiū 退休	定年(する)	L2
tuō shǒu 脱手	手から離れる、手離す、売り出す売り出す	L2
tuō yán 拖(延)	引き延ばす	L

単語	訳	課
tuǒ shàn 妥善	妥当、適切である	L3
tuōr 托儿	詐欺行為の協力者、さくら	L6

W

単語	訳	課
wāi fēng xié qì 歪风邪气	悪い風潮	L8
wán měi 完美	完璧である、すべて整っていて欠点がない	L8
wán shàn 完善	揃っている、立派である、完全にする	L5
wán wèi 玩味	しみじみと味わう	L7
wǎng bā 网吧	インターネットバー（カフェ）	L1
wǎng gòu 网购	インターネットショッピング（をする）	L4
wǎng jì wǎng luò 网际网络	インターネット	L1
wǎng luò yóu xì 网络游戏	ネットゲーム	L3
wǎng mín 网民	ネットユーザー	L3
wǎng míng 网名	ハンドルネーム	L3
wǎng shàng jiāo yì 网上交易	インターネットで商売をする	L3
wǎng shàng jiāo yǒu 网上交友	インターネットを通して友人を作る	L3
wǎng yè 网页	ホームページ	L3
wǎng yǒu 网友	ネット友達	L3
wǎng zhǐ 网址	URL、ホームアドレス	L3
wǎng lái 往来	往来（する）、交際（する）	L7

単語	訳	課
wǎng wǎng 往往	往々にして	L4
wàng chuān qiū shuǐ zhǐ pàn jūn guī 望穿秋水 只盼君归	首を長くして、君の帰りを待っている	L3
wàng nǚ chéng fèng 望女成凤	娘のよき前途を望む	L4
wàng zǐ chéng lóng 望子成龙	息子の成功を強く望んでいる	L4
wēi xìn 微信	ウェイチャット	L7
wēi bó 微博	ミニブログ	L3
wéi jīn 围巾	マフラー、スカーフ	L2
wéi fǎ 违法	法に背く	L8
wéi tā mìng 维他命	ビタミン	L1
wèi jū 位居	…に位置する	L4
wèi jù 畏惧	危惧する、心配し恐れる	L8
wèi shēng jiān 卫生间	浴室、トイレの総称	L7
wēn bǎo 温饱	衣食が満ち足りること	L8
wén bǐ 文笔	文章力、文章語句の風格	L2
wén bǐ hǎo yǒu wén cái 文笔好 有文才	文才がある	L2
wén jiàn jiā 文件夹	ファイル	L3
wén huà xiū yǎng 文化修养	文化素養、教養	L4
wén huà zhì shāng 文化智商	文化素養・教養指数	L4
wén píng 文凭	証書、卒業証書	L4
wěn dìng 稳定	安定している、安定させる	L5

539

単語	訳	課
wěn luàn 紊乱	神経や情緒が乱れている、乱す	L7
wěn tuǒ 稳妥	妥当である、確実である	L4
wō jū 蜗居	狭苦しい部屋に住むこと	L6
wò cáo zú 卧槽族	転職のチャンスを窺う人	L6
wò guǐ zì shā 卧轨自杀	鉄道自殺	L5
wò xīn cháng dǎn 卧薪尝胆	復讐のために耐え忍ぶこと、また成功するために苦労に耐えること	L1
wū xiàn 诬陷	無実の人を罪に落とす	L3
wú dòng yú zhōng 无动于衷	無関心、全く心を動かさない	L4
wú fǎ 无法述・V	～できない	L2
wú fǎ shì huái 无法释怀	胸のつかえが下りない、納得できない	L6
wǔ huì 舞会	ダンスパーティー	L1
wú jiù yè yuàn 无就业愿	就職する意欲がない人々	L4
wàng yì zú 望一族		L4
wú kě jiù yào 无可救药	救いようがない	L9
wú liáo 无聊	退屈である、つまらない	L2
wú lùn　hái shì 无论 A 还是 B	Aにしても、Bにしても	L7
wú lùn dōu 无论…都…	…を問わず…、…であろうとなかろうと…	L5
wú míng zhǐ 无名指	薬指	L6

単語	訳	課
wú kě jiù yào 无可救药	救いようがない	L8
wú suǒ wèi 无所谓	どちらでも構わない、どうでもよい	L6
wú wēi bú zhì 无微不至	行き届く、手厚い	L8
wú yán miàn duì 无颜面对	合わせる顔がない	L7
wú yí 无疑…	間違いなく…である	L2
wǔ guāng shí sè 五光十色	色とりどりである	L10
wù jiě 误解	誤解（する）	L5
wù rén zǐ dì 误人子弟	（教師の教えが悪いことで）人の弟子を誤る道へ導く（教師を批判する言葉）	L1
wù zhuǎn xīng yí 物转星移	月日がたち、状況が変わる	L7

X

単語	訳	課
xī yǐn 吸引	引きつける、吸い寄せる	L8
xí jī 袭击	襲う	L3
xí guàn 习惯	習慣、慣れる	L2
xí guàn chéng zì rán 习惯成自然	慣れると当たり前のこととなる	L5
xǐ hào 喜好	好む、喜ぶ、愛好する	L7
xǐ xiào yán kāi 喜笑颜开	満面の笑顔	L7
xǐ yī jī 洗衣机	洗濯機	L1
xǐ zǎo 洗澡	ふろに入る	L1
xiā pīn 瞎拼	ショッピング	L1

単語	訳	課
xià fàng 下放	政府の命令に従い、(1966〜1976年頃、文化大革命の間）幹部また知識人が農村に長期間滞在して思想改造をはかるとともに、農村の社会主義建設に協力すること	L7
xià gǎng gōng rén 下岗工人	失業者	L6
xià jiàng 下降	下がる、降下する	L8
xià jié lùn 下结论	結論を出す	L5
xià lai 下来	下って来る	L1
xià qu 下去	下って行く	L1
xià xún 下旬	下旬	L1
xià yǔ 下雨	雨が降る	L2
xià zǎi 下载	ダンロード	L3
xià 吓	脅かす	L7
xià le yí tiào 吓(了)一跳	飛び上るほど驚く	L3
xiān jìn 先进	（思想・技術など）が進んでいる	L1
xiān qǐ 掀起	わき上がる、巻き起こす	L5
xiàn mù 羡慕	羨ましい、羨望する、うらやむ	L2
xiàn suǒ 线索	手がかり、糸口	L2
xiāng bīn jiǔ 香槟酒	シャンパン	L1
xiāng cǎo 香草	バニラ	L1
xiāng gǎng 香港	香港	L2
xiāng nài ěr 香奈尔	シャネル	L1

単語	訳	課
xiāng dāng 相当	なかなか、相当	L2
xiāng fǎn 相反	逆である、逆に	L5
xiāng hù zuò yòng 相互作用	インタラクティブ、相互作用	L6
xiǎng de dǎo měi 想得倒美	そのような都合がいいことはあり得ない	L2
xiǎng bu kāi 想不开	納得できない、あきらめられない	L6
xiǎng kāi diǎnr 想开点儿	心を広く持つ、前向きに考える、執着しない	L6
xiǎng guo 想过	考えたことがある	L1
méi xiǎng guo 没想过	考えたことがない	L1
xiǎng shòu 享受	楽しむ、楽しみ	L2
xiàng mù 项目	プロジェクト	L3
xiàng fū jiào zǐ 相夫教子	夫を支え、子供を教育する	L5
xiàng sheng 相声	漫才	L2
xiàng wǎng 向往	あこがれる	L5
xiāo chú 消除	除去する、取り除く	L5
xiāo chú wù huì 消除误会	誤解を解く	L5
xiāo fáng duì yuán 消防队员	消防隊員	L7
xiāo shòu 销售	売る、販売する	L7
xiāo shòu é 销售额	売上額	L4
xiǎo fèi 小费	チップ	L7
xiǎo jiàn 小件	小さな物	L1
xiǎo kāng shè huì 小康社会	ややゆとりのある、生活に困らない社会	L8

単語	訳	課
xiǎo sānr 小三儿	三男、三女、愛人	L6
xiǎo shì 小事	つまらないこと、小さなこと	L7
xiǎo sī zú 小私族	私生活を大切にして、プライベートサービスを楽しむ人たち	L4
xiǎo tōu 小偷	こそ泥、泥棒	L1
xiǎo zhí yuán 小职员	下っ端のスタッフ、若い職員	L5
xiǎo zhǐ 小指	小指	L6
xiǎo zī 小资	プチブル、ブルジョア志向者	L6
xiào qǐ lai 笑起来	笑い始める	L1
xiào shùn fù mǔ 孝顺父母	親孝行(する)	L5
xiào yìng 效应	効果、反応	L4
xiē huǐr 歇会儿	ちょっと休む	L6
xié tiáo 协调	協調(する)、調和(させる)	L4
xié zhù 协助	協力する	L1
xiè zhuāng 卸妆	化粧を落とす	L4
xīn ān lǐ dé 心安理得	やましいことがないので、心安らかである	L4
xīn dé 心得	(仕事経験・学習などで体得し会得した)知識、心得	L7
xīn qíng fán zào 心情烦躁	いら立たしい、いらいらする	L6
xīn xián 心弦	心の糸	L3
xīn yǒu yú ér lì bù zú 心有余而力不足	やる気はあるが、実力または体力が足りない	L4

単語	訳	課
xīn kuǎn 新款	ニューモデル	L3
xīn làng wǎng 新浪网	SINAネット	L3
xīn gōng yù 新公寓	新しいマンション	L1
xīn jiāng 新疆	新疆	L4
xīn jiāng wéi wú ěr zì zhì qū 新疆维吾尔自治区	新疆ウイグル自治区	L4
xīn wén 新闻	ニュース	L2
guó jì xīn wén 国际新闻	国際ニュース	L2
xìn xī 信息	情報、インフォメーション	L3
xīng bā kè kā fēi 星巴克咖啡	スターバックスコーヒー	L1
xīng qǐ 兴起	出現する、盛んに興る	L8
xíng li 行李	荷物	L1
xíng lǐ jià 行李架	荷物を置く棚	L1
xíng shì 形式	形、形式、形態	L5
xíng xiàng 形象	形象、形状、イメージ	L6
xíng xiàng gù wèn 形象顾问	スタイリスト、イメージアドバイザー	L8
xíng xíng sè sè 形形色色	様々な、いろいろな	L1
xū wěi 虚伪	偽善	L8
xìng yùn 幸运	幸運(な)	L2
xìng zāi lè huò 幸灾乐祸	他人の災難と不幸を見て喜ぶ	L1
xiōng cán 凶残	凶悪である、残忍である	L7

単語	訳	課
xiōng zhēn 胸针	ブローチ	L7
xiū chǐ 羞耻	しゅう恥、恥	L5
xiū kuì 羞愧	恥かしい、申し訳ない、慙愧	L5
xiū kuì nán dāng 羞愧难当	恥ずかしくてたまらない	L5
xiū rǔ 羞辱	侮辱する、恥をかかせる、	L5
xiū xián fú 休闲服	カジュアルウエア	L4
xiū yǎng 修养	素養、教養、修養	L7
xiù shǒu páng guān 袖手旁观	手をこまねいて見ている、ヘルプしない	L5
xū qiú 需求	ニーズ、需要	L6
xū qiú liàng 需求量	必要な量、需要量	L2
xū yào 需要	必要である	L2
xū yào 需要・述Ｖ目…	…する必要がある	L2
xǔ xǔ rú shēng 栩栩如生	描写や作品が生き生きしている	L2
xuān shì 宣誓	宣誓する、誓う	L8
xuǎn wéi 选为	…として選ばれる	L8
xuǎn zé 选择	選択（する）	L2
xuǎn zé bàn lǚ 选择伴侣	伴侶を選ぶ	L5
xuàn fù 炫富 =xuàn yào cái fù 炫耀财富	富をひけらかす	L6
xuè běn wú guī 血本无归	投資した資金が全く回収できなくなった、皆無になる	L1
xuè pīn 血拼	ショッピング	L1
xūn yī cǎo 熏衣草	ラベンダー	L1

単語	訳	課
xún mì 寻觅	探し求める	L9
xún zhǎo 寻找	探し求める	L5

Y

単語	訳	課
yā kuǎ 压垮	つぶす	L4
yā lì 压力	プレッシャー	L2
yā suì qián 压岁钱	お年玉	L4
yā yì 压抑	重苦しい、抑えつける	L2
yǎ rán shī xiào 哑然失笑	思わずふき出す	L3
yà dāng 亚当	アダム	L3
yán chí qǐ fēi 延迟起飞	離陸時間が遅れる	L7
yán dú 研读	精読する、研究する	L5
yán jiū 研究	研究（する）	L4
yán jìn 严禁	かたく禁じる	L8
yán jǐn 严谨	几帳面である、慎み深い	L8
yán jùn 严峻	深刻な	L5
yán lì 严厉	厳しい	L5
yán rè 炎热	ひどく暑い	L4
yán zhe 沿着…	…に沿って	L5
yǎn shì 掩饰	（不正、欠点などを）覆い隠す	L3
yǎn chàng huì 演唱会	歌のコンサート	L1
yǎn chū 演出	パフォーマンス	L6
yǎn yǐng 眼影	アイシャドウ	L1

単語	訳	課
yáng guāng 阳　光	事物、現象などが公開されていて、透明である	L6
yáng méi tǔ qì 扬　眉　吐　气	抑圧された気持ちが解放され、心が晴れ晴れしていきいきしたさま	L1
yǎng yǎn 养　眼	目の保養	L6
yāo qiú 要　求	要求、要望(する)	L2
yāo wéi 腰　围	ウエスト	L4
yāo zhé 夭　折	夭逝する	L7
yáo yì 摇　弋	漂い揺れている	L9
yào jǐn de 要　紧　的	大切な、重要な	L7
yào lǐng 要　领	要領、コツ	L4
yào shi 钥　匙	カギ	L1
yě xǔ 也　许	…かもしれない	L7
yè jī 业　绩	業績、功績、手柄	L7
yè wù wǎng lái 业　务　往　来	仕事上の付き合い	L7
yè wù zhǔ guǎn 业　务　主　管	業務責任者	L7
yī cì wéi 依　次　为…	順番は…	L3
yī lài 依　赖	頼りにする	L4
yī lā kè 伊　拉　克	イラク	L2
yī lì shā bái 伊　丽　莎　白	エリザベス	L1
yī liáo 医　疗	医療	L1
yī mèir 伊　妹　儿	Eメール	L1
yī wǔ yī shí 一　五　一　十	一部始終、漏れなく全部	L10

単語	訳	課
yí wù gōng zuò 贻　误　工　作	政務を怠けて、仕事でミスを犯す	L8
yí dìng 一　定	必ず	L1
yí fèn gōng zuò 一　份　工　作	1つの仕事	L2
yí dòng yìng pán / pán 移　动　硬　盘 / U 盘	USB	L3
yí chuán 遗　传	遺伝	L4
yí hàn 遗　憾	残念、遺憾である	L1
tài yí hàn le 太　遗　憾　了	すごく残念だ	L1
yí jiàn shì 一　件　事	1つの用件	L1
yí nù zhī xià 一　怒　之　下	カッとなって	L7
yí qiào bù tōng 一　窍　不　通	ずぶの素人である、全くの不案内である	L5
yí zhì qiān jīn 一　掷　千　金	惜しげもなく大金を使う	L8
yí qíng 怡　情	精神を楽しませたり、癒したり、情緒を養う	L8
yí shuāng 遗　孀	未亡人	L5
yǐ hòu …以　后	…の後	L1
yǐ jí 以　及	および	L4
yǐ shēn xùn zhí 以　身　殉　职	職責を果たすために命を投げ出す	L8
yǐ zú 蚁　族	生活条件が悪いアリのように勤勉に働く人々	L6
yì kē 一　颗	量詞、1本 (菌や木や心に使う)	L3
yì fēn qián yì fēn huò 一　分　钱　一　分　货	品質と値段は相当する	L3

単語	訳	課
yì bān shàng 一般上	一般的には	L1
yì fān fēng shùn 一帆风顺	順風満帆、物事が順調に進むたとえ	L1
yì gān èr jìng 一干二净	きれいになくなった	L2
yì gǔ 一股	一筋の、一縷の	L7
yì gǔ pīn jìnr 一股拼劲儿	ぐっと頑張るエネルギー、敢闘精神、不屈のファイト	L7
yì gǔ xiāng wèi 一股香味	一筋の香り	L7
yì gǔ yān 一股烟	一筋の煙	L7
yì lián chuàn de 一连串的	一連の	L1
yì mén jì néng 一门技能	1つのノウハウ	L2
yì tǒng tiān xià 一统天下	天下を統一する、一人天下〈転〉社会のすべてが統一されている、同じである	L8
yì yī dài shuǐ 一衣带水	一衣帯水、両国が一本の帯のような水（河・海）を隔てた近いところにあること、両国が親密な関係があることを表す	L5
yì sī bù gǒu 一丝不苟	手を抜かず、きちんとする	
yì yīng jù quán 一应俱全	すべて揃っている	L5
yì zhuāng 一桩	1つの(事柄)	L7
yì lùn 议论	議論(する)	L1
yì gōng huó dòng 义工活动	ボランティア活動	L7
yì kě yě kě yǐ 亦可=也可以	…もできます	L8
yì zhì bó ruò 意志薄弱	意志が弱い	L3
yì wú fǎn gù 义无反顾	道義上、後へは引けない	L3
yì shù 艺术	芸術	L4
yì wàn fù wēng 亿万富翁	億万長者	L4
yì wèi zhe 意味着	…を意味している	L4
yīn sù 因素	要素、要因	L4
yīn tè wǎng 因特网	インターネット	L1
yīn xiǎo shī dà 因小失大	小さな利益にこだわって、大きな損失を招く	L7
yín háng 银行	銀行	L1
yín háng hù tóu 银行户头	銀行口座	L7
yín sòng 吟诵	暗唱、朗読する、吟ずる	L5
yǐn rén rù shèng 引人入胜	内容が魅力的で、人を引きつける	L3
yōu huàn yì shí 忧患意识	安全な環境にいながら、憂いを感じる	L8
yǐn shēn 引伸	伸びる、拡大する	L8
yǐn liào 饮料	飲料、飲み物	L6
yǐn sī 隐私	プライバシー	L4
yìn xiàng 印象	印象	L7
yīng ér 婴儿	嬰児、赤ん坊	L7
yù jiā 愈加	より一層	L8
yīng nián zǎo shì 英年早逝	最も英気がみなぎる時期(壮年期)に世を去る	L3
yíng tóu xiǎo lì 蝇头小利	（ハエの頭ほどの）わずかな利益	L1

単語	訳	課
yíng xiāo 营销	経営と販売	L4
yíng yè é 营业额	売り上げ	L8
yìng quàn 硬劝	強硬に勧める	L5
yìng fù de liǎo 应付得了	対処できる	L8
yìng pìn 应聘	招聘に応じる	L7
yīng yǒu jìn yǒu 应有尽有	何でもある	L3
yìng zhēng 应征	応募する	L1
yǒng yú 勇于述V.目…	勇んで…する	L2
yòng de shàng 用得上	使える機会がある	L1
yōu yù zhèng 忧郁症	鬱病	L7
yóu tǐng 游艇	遊覧船、ヨット	L8
yóu xíng 游行	デモ行進、パレード	L1
yóu xué 游学	(観光重ねの)非公式留学	L8
yǒu běn shì 有本事	能力がある	L4
yǒu chū xi 有出息	将来性がある、見込みがある	L5
yǒu kě néng 有可能…	…する可能性がある	L1
yǒu lǐ mào 有礼貌	礼儀正しい	L5
yǒu sǔn yú 有损于…	…を損する	L5
yǒu tiáo lǐ 有条理	順序よく、論理的である	L2
yǒu xìng qù 有兴趣	興味がある	L7
yú lè 娱乐	娯楽	L3
yú jiā 瑜咖	ヨガ	L3

単語	訳	課
yú shì wú bǔ 于事无补	後の祭り、実際の役に立たない	L7
yǔ fǎ 语法	文法	L1
yǔ yán bù tōng 语言不通	言葉が通じない	L2
yǔ fǒu 与否…	…するかどうか	L4
yǔ qí bù rú 与其A不如B	AをするよりむしろBをする方がいい	L4
yǔ yǒu guān 与…有关	…と関連がある	L4
yù ér sǎo 育儿嫂	資格のあるベビーシッター	L2
yù dìng 预定	予約(する)	L3
yù dìng jiǔ diàn 预定酒店	ホテルを予約する	L3
yù dìng jī piào 预定机票	航空券を予約する	L3
yù dào 遇到	会う、出会う	L2
yù dào cuò zhé 遇到挫折	挫折に遭う	L4
yù jiā qīng xī 愈加清晰	より明確になる	L8
yuán lái rú cǐ 原来如此	なるほどね、そうでしたか	L7
yuán chù 原处	元の場所	L1
yuán wěi 原委	経緯、事のてん末	L7
yuán zhū bǐ 圆珠笔	ボールペン	L1
yuàn hèn 怨恨	憎しみ、憎む	L10
yuàn zi 院子	庭、中庭	L7
yuē 约	誘う	L5
yuē huì 约会	デート(する)	L8
yuè nán 越南	ベトナム	L2

単語	訳	課
yuè guāng zú 月 光 族	月給を毎月使いきってしまう人々のこと	L6
yuè sǎo 月 嫂	産婦と乳児の世話を専門に行う女性	L6
yuè xīn 月 薪	月給	L8
yùn yòng 运 用	運用する、利用する	L3
yùn yī fu 熨 衣 服	服にアイロンをかける	L7

Z

単語	訳	課
zāi mín 灾 民	被災民	L3
zài xiàn 在 线	オンライ	L3
zài shuō ba 再 说 吧！	また話しましょう！	L2
zàn shí 暂 时	とりあえず、一時的、今のところ	L2
zāo dào 遭 到	（不幸や事件に）遭う	L2
zāo yù 遭 遇	遭遇する	L4
zāo tà 糟 蹋	無駄にする、（女性を）強姦する	L8
zǎo cān táo pǎo zú 早 餐 逃 跑 族	朝食をとらない人	L6
zǎo jiù　　le 早 就 V．了	とっくに…した	L2
zǎo shuì zǎo qǐ 早 睡 早 起	早寝早起き	L2
zǎo yì tiān 早 一 天	一日も早く	L8
zǎo zhī jīn rì 早 知 今 日 hé bì dāng chū 何 必 当 初	こうなると知っていたら、最初からやらない	L4
zào chéng le 造 成 了	…（局面と結果を）もたらした	L3
zào yì 造 诣	造詣	L4

単語	訳	課
zé wú páng dài 责 无 旁 贷	他に転嫁できない責任を負う	L3
zé guài 责 怪	責める	L2
zěn me shuō ne 怎 么 说 呢	どう言っていいか	L3
zěn me gǎo di 怎 么 搞 的	どうしたことか	L2
zhāi le 摘 了	（帽子などを）とる、（眼鏡を）はずす	L7
zhǎi 窄	狭い	L3
zhān tiē 粘 贴	ペイスト	L3
zhǎn tīng 展 厅	展示ホール	L7
zhàn jù 占 据	占領する、占める	L4
zhàn wèi 占 位	場所をとる、席をとる	L6
zhàn zhe V. 站 着 V．	立ちながら…する	L2
zhàn zhēng 战 争	戦争	L2
zhǎng cháng le 长 长 了	長くなった	L7
zhǎng de piào liang 长 得 漂 亮	顔立ちがきれいである	L2
zhǎng wò 掌 握	把握する、身につける	L2
zhāo pìn 招 聘	招聘する、募集する	L7
zháo jí 着 急	焦る	L2
zhǎo bu dao 找 不 到	見つけられない	L1
zhǎo de dao、 找 得 到、 néng zhǎo dao 能 找 到	見つけられる	L1
zhǎo gōng zuò 找 工 作	仕事を探す	L2
zhào bān 照 搬	まねをする、そっくり引用する	L10

547

単語	訳	課
zhào gù 照顾	世話をする、面倒を見る	L3
zhào xiàng jī 照相机	カメラ	L7
zhé hé 折合	換算(する)、相当(する)	L8
zhēn jiǔ 斟酒	酒をつぐ、酌をする	L5
zhēn rén zhēn shì 真人真事	実在の人の本当にあったこと	L7
zhēn zhèng 真正	正真正銘の	L2
zhèn jīng 震惊	驚愕する、驚かせる	L7
zhèn zuò 振作	発奮する、奮い立たせる	L8
zhēng kāi yǎn 睁开眼	目を開ける	L2
zhēng chǎo 争吵	言い争う、口論する	L5
zhēng qǔ 争取	目標を達成できるよう頑張る、勝ち取る	L1
zhěng lǐ hǎo 整理好	きちんと整理する	L7
zhěng tǐ shuǐ píng 整体水平	全体のレベル	L2
zhěng tiān 整天	一日中	L4
zhèng bǎn 正版	正規版	L8
zhèng jiàn 证件	証明書	L7
zhèng quán jiāo tì 政权交替	政権交代	L8
zhī piào 支票	小切手	L7
zhī zú cháng lè 知足常乐	足るを知り、常に幸福である	L8
zhí chǎng dé yì 职场得意	職場で成功した人	L8
zhí fěn 职粉	プロのファン	L6

単語	訳	課
zhí wèi 职位	職務上の地位、ポスト	L5
zhí wèi gāo 职位高	職務上の地位が高い	L5
zhí yuán 职员	スタッフ、職員	L5
zhí zhèng 执政	政権を握る	L8
zhǐ bu shàng 指不上	当てにならない	L3
zhǐ biāo 指标	指標、指数	L4
zhǐ shì 只是…	ただ…である	L2
zhǐ yào jiù 只要…就…	…さえすれば（すぐ）…	L1
zhì néng shǒu jī 智能手机	スマートフォン	L3
zhì shāng 智商	知能指数、IQ	L4
zhì fù 致富	裕福になる	L4
zhì liàng 质量	品質	L1
zhōng jiè 中介	エージェント	L4
zhōng qiū jié 中秋节	中秋節	L8
zhōng tú 中途	中途、途中	L2
zhōng wén zào yì hěn shēn 中文造诣很深	中国語の造詣が深い	L4
zhōng zhǐ 中指	中指	L6
zhōng xīn xī wàng 衷心希望	心から願う	L8
zhǒng zú qí shì 种族歧视	人種差別	L7
zhòng bìng dú 中病毒	ウイルスに感染する	L1
zhòng rén 众人	みんな、大勢の人	L1
zhòng yì yuán 众议员	衆議員	L4

単語	訳	課
zhōu dào 周到	よく行き届く、周到である	L3
zhǔ biān 主编	編集長	L1
zhǔ cài 主菜	メイン料理	L4
zhǔ chí rén 主持人	司会者	L2
zhǔ guǎn 主管	主管者、責任者、マネージャー	L7
zhǔ liú 主流	主流	L8
zhù 祝	祝う、祈る	L2
zhù shǒu 助手	助手、アシスタント	L3
zhù xué jīn 助学金	奨学金	L8
zhù chù 住处	住むところ	L3
zhù yuàn 住院	入院する	L1
zhù zhái 住宅	住宅	L1
zhù zhòng 注重	重要視する	L4
zhuā xiǎo tōu 抓小偷	泥棒を捕まえる	L1
zhuān jiā xué zhě 专家学者	専門家、学者	L4
zhuān rén 专人	担当者、専任者、専門スタッフ	L8
zhuān xīn 专心	一心不乱である、精力を傾けている、集中する	L8
zhuān yè 专业	(大学などの)専攻、専門職の、プロの	L8
zhuān yè lǎo shī 专业老师	プロの教師	L7
zhuān zhù 专注	集中している	L8
zhuǎn yǎn 转眼	あっという間に	L2
zhuǎn xiàng… 转向…	…の方向に転ずる	L4
zhuàn 赚	儲かる、儲ける	L4
zhuàn qián、zhèng qián 赚钱、挣钱	金を稼ぐ、お金を儲ける、お金が儲かる	L2
zhuàn wài kuài 赚外块	本職以外で稼ぐ	L3
zhuāng xiū 装修	内装を整える	L3
zhuāng bèi 装备	整備(する)、(器材や武器などの)装備	L8
zhuī bǔ 追捕	追いかけて捕まえる	L3
zhuī pěng 追捧	アイドルを追っかけ、崇拝する	L3
zhuī qiú 追求	追いかける、追い求める	L8
zhuī sī 追私	プライバシーを大切にする	L8
zhuī xia lai 追下来	追いかけながら下りて来る	L1
zhuī zài 追债	返済を迫る	L1
zhǔn bèi 准备	〜を準備する、〜するつもり	L3
zhǔn kǎo zhèng 准考证	受験票	L7
zhǔn què de 准确的	正確な	L5
zhuō miàn 桌面	デスクトップ	L3
zī jīn 资金	資金	L1
zī liào 资料	資料	L1
zī xùn 资讯	データ、情報	L3
zǐ yù yǎng ér qīn bú zài 子欲养而亲不在	親孝行したい時には、親はなし	L2

単語	訳	課
zì diǎn 字典	字典、辞書	L1
zì bēi 自卑	劣等感(を持つ)	L8
zì jǐ 自己	自分	L2
zì kòng xìng 自控性	自己コントロール力	L4
zì qiáng bù xī 自强不息	たゆまずに努力する、自分を向上させることに努めて怠らない	L1
zì sī 自私	利己的である	L1
zì sī zì lì 自私自利	利己主義、私利私欲(をむさぼる)	L7
zì xué 自学	独学する	L6
zì yóu zhuàn gǎo rén 自由撰稿人	フリーライター	L2
zòng guān 纵观	大枠で見る	L3
zǒu chū 走出	出て行く	L4
zǒu chu qu 走出去	外へ歩いて行く	L1
zǒu hui lai 走回来	歩いて戻って来る	L1
zǒu shang qu 走上去	上へ歩いて行く	L1
zǒu tóu wǔ lù 走头无路	窮地に陥る	L1
zǒu xué 走穴	一部の芸能人が、無断でにわか作りのグループに参加して公演を行い、臨時収入を得る	L6
zǒu zhe lái 走着来	歩いて来る	L2
zū jiè 租借	借用する、賃貸しをする	L7
zú jīn 足金	純金、24K	L8

単語	訳	課
zuì jiǔ 醉酒	酔っ払う	L9
zuì 最	最も	L1
zuì hǎo shì 最好是	一番いいのは	L1
zuì xīn 最新	最新の	L4
zuì xīn xiāo xī 最新消息	最新情報	L4
zuì zhuàng 罪状	罪状	L5
zūn zhòng 尊重	尊重する、大事にする	L4
zuǒ bǎng yòu bì 左膀右臂	右腕、有能な部下	L5
zuò jiā wù 做家务	家事をする	L2
zuò bì 作弊	カンニングする	L5
zūn xún 遵循	従う	L8
zuò lì bù ān 坐立不安	心配で、居ても立ってもいられない	L2
zuò qi lai 坐起来	起き上がる	L1
zuò xia lai 坐下来	ちゃんと座る	L1

著者紹介

趙　玲華（チョウ・リンカ）

文中苑（Chinalingua School）校長
中国・北京生まれ。
北京第二外国語大学日本語科を卒業。
国家観光出版会社で編集と翻訳業務に従事。
日本企業で6年間、技術移転と貿易業務にかかわる通訳と翻訳を担当。
早稲田渋谷シンガポール校中国語講師、シンガポール日系企業の中国語講師を経て、2003年6月よりシンガポールで「文中苑」（Chinalingua School）を開校する。2009年よりシンガポール・アメリカンスクールで日本語と中国語の非常勤教師。
著書に『CD BOOK 本気で学ぶ中国語』『CD BOOK 本気で学ぶ中級中国語』（ベレ出版）。

MP3の内容

ナレーター：李　軼倫・干　暁飛
タイム：330分

MP3音声付き　本気で学ぶ上級中国語

2013年 9月25日	初版発行
2020年 3月15日	第7刷発行
著者	趙　玲華
カバーデザイン	竹内　雄二
DTP	WAVE 清水　康広

©Zhao Rinka 2013. Printed in Japan

発行者	内田　眞吾
発行・発売	ベレ出版 〒162-0832　東京都新宿区岩戸町12 レベッカビル TEL.03-5225-4790　FAX.03-5225-4795 ホームページ　http://www.beret.co.jp/ 振替 00180-7-104058
印刷	株式会社　文昇堂
製本	根本製本株式会社

落丁本・乱丁本は小社編集部あてにお送りください。送料小社負担にてお取り替えします。

ISBN 978-4-86064-369-0 C2087　　　　編集担当　脇山和美

MP3 CD について

この CD は MP3 データ CD-ROM です。
一般的な音楽 CD ではないので、MP3 未対応のラジカセなどでは再生できません。
パソコンまたは MP3 対応のプレーヤーにて再生してください。

【再生方法】
①パソコンに CD を入れてください。
② Windows Media Player・iTunes 等が自動で開き、再生できます。
③複数のソフトの選択が表示される場合
　画面に再生ソフト一覧が表示されるので、使用するソフト（Windows Media Player・iTunes 等）の「再生します」を選択してください。再生ソフトが開き、再生できます。
④何もソフトが表示されず再生できない場合
　・Windows ロゴ（スタートボタン）ボタンより「マイコンピュータ」を選び、「CD・DVD ドライブ」を選択してください。Windows Media Player・iTunes 等が自動で開き、再生できます。
　　・複数のソフトの選択が表示される場合
　　　画面に再生ソフト一覧が表示されるので、使用するソフト（Windows Media Player・iTunes 等）の「再生します」を選択してください。再生ソフトが開き、再生できます。

【iTunes に取り込む場合】
①パソコンに CD を入れてください。
② Media Player 等が自動で立ち上がっている場合は終了させてください。
③iTunes を立ち上げてください。左上の"ファイル"をクリックして、"ファイルをライブラリに追加"を選んでください。
④別ウインドウで音声ファイル一覧が表示されます（音声ファイルが表示されない場合は、CD の場所を選んで表示させてください）。
⑤全てを選択して"開く"をクリックすると保存され、iTunes 上に表示・再生されます。